H.C. OPFERMANN
Schach-Eröffnungen
meisterhaft gespielt

Das moderne
Kampf- und
Kombinationsspiel

WILHELM HEYNE VERLAG

MÜNCHEN

HEYNE-BUCH Nr. 4562
im Wilhelm Heyne Verlag, München

2. Auflage

Copyright © 1976 by Econ Verlag GmbH, Wien und Düsseldorf
Genehmigte Taschenbuchausgabe
Printed in Germany 1979
Umschlaggestaltung: Atelier Heinrichs, München
Gesamtherstellung: Ebner Ulm

ISBN 3-453-41237-0

Inhalt

Vorwort . . . . Seite 11

Einleitung . . . . Seite 13

Michail Iwanowitsch Tschigorin und Alexander Aljechin als Dogmenverächter

1. Trainingsabschnitt . . . . Seite 18

Die Möglichkeiten der Grundstellung
Die rasche und sichere Erkennung der von Weiß und Schwarz beherrschten freien Felder
Die Bilanz der freien starken und schwachen Felder und deren Wirkungsgewichte
Die spielpraktische Bedeutung der Bilanz der freien Felder für die Eröffnungstheorie
Wer mehr Felder beherrscht, steht meistens – aber nicht immer – überlegen
Warum der Schäfermatt-Versuch für Weiß nachteilig ist
Welchen strategischen Sinn hat der erste Zug von Weiß?
Was sich aus 1. a2–a4 oder 1. h2–h4 erkennen läßt
Der Vorteil und das Risiko von 1. e2–e4
Die Aljechin-Verteidigung als unmittelbare Bedrohung von Be4

2. Trainingsabschnitt . . . . Seite 41

Der Wechsel vom strategisch-positionellen zum taktisch-kombinatorischen Denken und zurück
Wodurch die Beherrschung freier Felder verlorengehen kann
Warum 1. d2–d4 stärker ist als 1. e2–e4
Der strategische Sinn der Sizilianischen Verteidigung
Der strategisch-kombinative Sinn der »klassischen« Sizilianischen Verteidigung

3. Trainingsabschnitt . . . . Seite 51

Analyse: Boris Spasski gegen Bobby Fischer
Das Urteil von Großmeister Tarrasch über die Sizilianische und Französische Verteidigung

4. Trainingsabschnitt . . . . Seite 59

Das angebliche Geheimnis der Schach-Giganten

5. Trainingsabschnitt . . . . Seite 65

Das Blitzturnier als Beobachtungsfeld
Die Stärken und die Schwächen der Eröffnungstheorie
Der sinnvolle Eröffnungsplan für den werdenden Schachmeister

6. Trainingsabschnitt — Seite 70

Turnier spielen verlangt mehr als nur Schach spielen
Die allgemeinen Vorbereitungen
Die schachtechnischen Vorbereitungen
Vor allen Dingen: Nie ärgern
Das Fundamentalproblem des Turnierspielers

7. Trainingsabschnitt — Seite 75

Der allgemeine Eröffnungsplan hilft Ihnen
Analyse: Bobby Fischer gegen Weltmeister Michail Tal
Wissen Großmeister alles?
Wählen Sie stets die schärfste, theoretisch begründete mögliche Fortsetzung
Paul Morphys Geheimnis
Analyse: Schulten gegen Morphy

8. Trainingsabschnitt — Seite 89

Achtung vor Eröffnungsfallen
Analyse: Dr. Max Euwe gegen Dr. Alexander Aljechin
Die Chance, gegen gleichstarke Partner ohne Glück zu gewinnen

9. Trainingsabschnitt — Seite 97

Analyse: Boris Spasski gegen Michail Tal

10. Trainingsabschnitt — Seite 103

Analyse: Michail Tal gegen Bent Larsen
Analyse: Großmeister Erich Eliskases gegen Landesmeister Walter Henneberger

11. Trainingsabschnitt — Seite 112

Ihr grundsätzliches Verhalten in jeder Spielphase oder der Stufenplan
Der allgemeine pragmatische Verhaltensplan für den werdenden Meister
Welche Art Vorteile Sie auf welchen Wegen gefahrlos anstreben können
Kleine Vorteile sind leichter erreichbar als große

12. Trainingsabschnitt — Seite 118

Die praktische Partie
Die Französische Verteidigung
Analyse: Paul Morphy gegen Richter Meek
Die richtig geführte Französische Verteidigung weist das Risiko des Be4 nach
Vom Mißbrauch der Abtauschvarianten
I. Stufe der Kombination
II. Stufe der Kombination
III. Stufe der Kombination
Noch etwas für die Schach-Tüftler
Wenn der Spieß umgedreht wird
Analyse: Tartakower gegen Spielmann

13. Trainingsabschnitt   Seite 136

Die solide Remisfortsetzung
Weltmeister B. Fischer verzichtet auf 5. Dd1–g4
An dieser Stelle wird die Theorie wieder nützlich
Das letzte Aufgebot
Das System der sowjetischen Schachschule
Analyse: Fischer gegen Larsen

14. Trainingsabschnitt   Seite 160

Über den grundsätzlichen Vorrang des intuitiven Schachgefühls vor aller wissenschaftlichen Schachtheorie
Wie wird man überhaupt ein Schachmeister?
Analyse: Bent Larsen gegen Boris Spasski
Die Großmeister-Eröffnung ist also als Vorbild für Sie vorläufig nur bedingt brauchbar

15. Trainingsabschnitt   Seite 175

Der entartete Steinitz-Eröffnungsplan
Das Indische Verteidigungssystem
Die schärfsten Züge der Nimzo-Indischen Verteidigung
Nebenwege zur Sämisch-Variante
Der Zug 4. Lc1–g5
Die zweite Möglichkeit nach 6. ––– b7–b5 für Weiß
Großmeister Spielmanns Zug 4. Dd1–b3
Und was zieht Schwarz nach 4. Dd1–c2?

16. Trainingsabschnitt   Seite 196

Die meistgespielte Rubinstein-Variante
Analyse: Boris Spasski gegen Bobby Fischer
Wie Weiß die Nimzo-Indische Verteidigung vermeiden kann
Auch die Damenindische Verteidigung sollten Sie vorläufig nicht spielen
Das Blumenfeld-Gambit als vorläufiger Ausweg
Aufforderung zur Analyse eines fraglichen Zuges
Eine pragmatische Empfehlung zu 3. g2–g3
Der strategische Sinn der Damenbauern-Eröffnung ohne 2. c2–c4

17. Trainingsabschnitt   Seite 211

Mit welchen Plänen sich die Großmeister an das Schachbrett setzen
Jeder begabte Schachspieler macht die historische Entwicklung durch
Philidor und Steinitz gegen Gustavus Selenus und Adolf Anderssen
Philidors Kombinationsschwächen
Steinitz gegen Zukertort
»Die schönste Kombination, die je vor einem Schachbrett geschaffen wurde«

18. Trainingsabschnitt   Seite 230

Sind große Kombinationsspieler heute ausgestorben?
Analyse: Tal gegen Smyslow

Wodurch Wilhelm Steinitz die Kombinationsspieler überwand
Den Blick für ruinierte Stellungen schulen
Die Spielgrundsätze von Steinitz waren für ihn nur Werkzeuge
Analyse: Steinitz gegen Tschigorin

19. Trainingsabschnitt — Seite 245

Die Systematiker ergreifen die Macht
Die Geburt der allgemeingültigen Spieltheorie
Dr. Siegbert Tarrasch, der Schach-Präceptor Germaniae

20. Trainingsabschnitt — Seite 252

Analyse: Tarrasch gegen Rubinstein

21. Trainingsabschnitt — Seite 264

Tarrasch entfesselt die Variantenfluten
Aaron Nimzowitsch oder die Revolution an der Nabelschnur
Die offene Turmlinie als »Erfindung« von Großmeister Nimzowitsch
Allgemeine Spielgrundsätze müssen vor allem Variantenwissen entdeckt und begriffen werden

22. Trainingsabschnitt — Seite 275

Analyse: Bogoljubow gegen A. Nimzowitsch

23. Trainingsabschnitt — Seite 280

Die »Hypermodernen« versuchen die Nabelschnur zu kappen

24. Trainingsabschnitt — Seite 286

Wie Ihr Eröffnungsrepertoire aussehen könnte
Wie eröffnen Sie mit Weiß möglichst variantenarm
Was Sie nach beendeter Turnierpartie tun sollten
Der Endsieg beruht stets auf einer taktischen oder positionellen Kombination
Das systematische Studium der »Englischen Partie«
Analyse: Larsen gegen Gheorghiu
1. Eröffnungsentwicklung: Die Drachenvariante der Sizilianischen Verteidigung
2. Eröffnungsentwicklung: Englisch als »Sizilianisch im Anzuge«
Strategisch-positionelle Überlegungen
Analyse: Furman gegen Kortschnoi
Analyse: Weltmeister Botwinnik gegen Großmeister Dückstein

25. Trainingsabschnitt — Seite 312

Was zieht Weiß nach 3. --- Lf8–b4?
Anscheinend ist 1. --- e7–e5 tatsächlich nicht korrekt
Analyse: D. Byrne gegen Smyslow

Zurück zur Vermeidung vom 1. --- e7-e5
Zweites Brett: Damengambit
Erstes Brett: Englische Eröffnung

26. Trainingsabschnitt   Seite 319

Die weitaus wichtigste Antwort auf 1. c2-c4
Die Symmetrievarianten der »Englischen Eröffnung«
Die strategisch-positionelle Lage nach 8. --- a7-a6
Vom Experiment zum praktischen Partienbeispiel
Analyse: Hamann gegen Bednarski
Niemals die Initiative abgeben, es sei denn zur Widerlegung überstürzter Angriffe
Wenn Schwarz die Symmetrie schon nach 1. --- c7-c5 verläßt
Analyse: Kirillow gegen Botwinnik

27. Trainingsabschnitt   Seite 331

Eine für Weiß günstige Variante des Symmetriespiels
Zusammenfassung: Weiß darf mehr wagen als Schwarz
Schlußbetrachtung

Vom Wesen des Schachspiels und des Schachspielers   Seite 339

Denklogik und Schachlogik
Das Schachspiel als Sport, als Wissenschaft und als Kunst
Material gegen Beweglichkeit
Material gegen Phantasie
Siegen durch Nachgeben
Der geniale strategisch-positionelle Blick
Die Hierarchie der Schachspieler
Die Schachsportler
Die Schachwissenschaftler
Aus der Geschichte der Schachwissenschaft

Wie echte und unechte Schachkunstwerke entstehen   Seite 356

Das falsche und das echte Schachkunstwerk
Das Schachspiel ist kein Kriegsspiel
Von der Schädlichkeit der Kriegsanalogien
Über die Abneigung gegen das Wort-Denken und die dadurch bewirkte Verkennung der künstlerischen Aufgabe bei Schachmeistern
Das echte Schachkunstwerk braucht zu seiner Entstehung *drei* Partner
Die philosophische Beschränkung des Schachspiels

Bibliographie   Seite 370

Namen- und Sachregister   Seite 372

Vorwort

Die Methode, die hier zur erfolgreichen Behandlung von Schacheröffnungen angeboten wird, ist pragmatisch.

Sie vermeidet, soweit dies möglich ist, den Schachspieler mit dem Auswendiglernen von Varianten zu belasten.

Sie macht sich aber auch dort, wo dies ohne übermäßige Anstrengungen erreicht werden kann, wissenschaftlich-theoretisch erarbeitete Varianten zunutze.

So wird dem kommenden Meisterspieler ein Eröffnungsrepertoire angeboten, das er sich durch mäßige Arbeit und auch im Rahmen seiner Freizeit rasch und sicher erwerben kann. Damit wird er im Turnier dann auch Erfolge haben.

Außerdem kann er, je nach seiner Begabung und seinem Arbeitseifer, dieses Eröffnungsrepertoire für die weißen wie für die schwarzen Steine, sowohl in schachsportlicher als auch in schachwissenschaftlicher Richtung, beliebig ausbauen.

Wer das Schachspiel als Sport oder Unterhaltung ausüben möchte, ohne den Ehrgeiz zu haben, Turnierrekorde zu brechen oder gar Schachkunstwerke zu gestalten, für den kann es in jedem Falle zum idealen Trimmgerät, zur Schulung einer der wichtigsten und edelsten Lebensaufgaben werden, nämlich des begrifflichen wie unbegrifflichen *Denkens*.

Wenn auch die vollkommene Bewältigung des Lebens weit mehr voraussetzt als nur richtiges und rasches Denken, so ist das Denken doch die Hauptvoraussetzung für alles vernünftige Handeln.

Das Denken erst macht den tätigen Menschen zum sozialen Wesen, das aus der Zuneigung zur menschlichen Kreatur die Bedingungen der Eingliederung in die Gemeinschaft – auch auf eigene Kosten – zu erkennen fähig ist. Nur auf diesem Wege kann das Ideal der »Freiheit für alle« angemessen verwirklicht werden. Erst die Verschmelzung der Freiheit mit der Intelligenz gebiert die allen Mitmenschen zugute kommende Toleranz.

Das Denken aber, das all dem erst das rechte Fundament gibt, das bekommt der Mensch von der Natur nicht geschenkt. Er muß die Anlage zum Denken, die ihm eingeboren wird, gründlich schulen, damit er nicht den Denkverkrümmungen des Fanatismus oder der Ansteckung des Größenwahns zum Opfer falle.

Für diese Schulung des Denkens aber kann ihm das Schachspiel ein ganz vorzüglicher Helfer sein. Es erzieht ihn zur Sorgfalt und zum genauen Urteil. Es rächt jede Nachlässigkeit und Überschätzung. Es belohnt ihn, wenn er alles recht gemacht hat, mit einem Sieg, der sein Selbstbewußtsein stärkt.

Darüber hinaus ist das Schachspiel auch noch das einzige abendländische Spiel, das von zwei Einzelpersonen mit gleichen Werkzeugen, unabhängig vom Zufall, sowohl gegeneinander als auch miteinander gespielt werden kann. Mit dieser außerordentlichen Möglichkeit läßt es die beiden Kämpfer gleichzeitig zu Gegnern und zu Genossen am Aufbau eines echten gemeinsamen Kunstwerks werden. Aus diesen Gründen darf das Schachspiel mit Recht das edelste Spiel genannt werden, das der menschliche Geist bis zum heutigen Tage ersonnen hat.

Zu danken habe ich meinem Verleger, Herrn Erwin Barth v. Wehrenalp, für die großzügige Betreuung und die wirkungsvolle Ausstattung des Buches. Zu danken habe ich aber auch den vielen wohlwollenden wie einigen weniger wohlwollenden Kritikern der »Neuen Schachschule. Meister durch schöpferisches Spiel«, das im gleichen Verlag erschien. Ihre Kritiken waren für mich wertvolle Anregungen, die auch dieses Buch nach Form und Inhalt weitgehend beeinflußt haben.

Mein namentlicher Dank gilt schließlich noch dem Deutschen Meister Rudolf Teschner und den Schachspielern Werner Eckart, Carlheinz Riepenhausen, Herbert Navara, Hans-Lutz Müller, Roland Weber, Walter Dohrer, Helmut Höller, Horst Hoike, Winfried Szafarczyk, Gerhard Weber und dem Kollegen Werner A. Widmann.

Einleitung

Ein Schachspieler, der den Versuch macht, den schachlichen Sinn des ersten Zuges von Weiß in einer der üblichen oder auch ungewöhnlichen Eröffnungen zu erfahren, bekommt auf diese Frage keine ausreichende oder stichhaltige Antwort.

Wie es scheint, hat bisher weder ein Schachspieler noch ein Eröffnungstheoretiker über den ersten Zug von Weiß tiefer nachgedacht als bis zu der Feststellung, daß 1. e2–e4 ein Zentrumsfeld besetzt, ebenso 1. d2–d4 und daß insbesondere 1. e2–e4 der Dd1 und dem Lf1 »den Weg zum Herausziehen freimacht«.

Auch Großmeister Richard Réti, der die Schachwelt mit der Erfindung von 1. Sg1–f3 überraschte, wußte für diesen von ihm mit neuem Sinn erfüllten Eröffnungszug keine tiefere Begründung anzugeben, als daß er die Besetzung des Feldes e5 durch Schwarz als sofortigem Antwortzug verhindere und damit den Kampf um die Eroberung des Zentrums aufnehme, ohne das Zentrum zu besetzen.

Als statistisches Ergebnis wurde bei der Untersuchung üblicher Spielweisen im Laufe der Schachgeschichte dann noch festgestellt, daß der mit 1. e2–e4 beginnende Eröffnungszug die Tendenz habe, zu sogenannten »offenen Stellungen«, das heißt zum Bauernabtausch und zu offenen Linien, die durch Türme besetzt werden können, zu führen. Dagegen hätten die mit 1. d2–d4 beginnenden Eröffnungen die Tendenz, zu »geschlossenen Stellungen«, die vor allem durch unverrückbar ineinander verzahnte Bauernketten gekennzeichnet sind, zu führen.

Mit diesen mageren Feststellungen begnügten sich die Turnierspieler und die Eröffnungstheoretiker bisher vollauf. Sie entwickelten aus diesen wenigen Grundthesen der Spieleröffnungen die sogenannte wissenschaftliche Eröffnungstheorie, die sich infolge der übersehenen Vielseitigkeit der möglichen Eröffnungszüge und ihrer theoretischen Vernachlässigung bald in einem fast nicht mehr übersehbaren, kaum noch im Gedächtnis des einzelnen Schachspielers unterzubringenden Variantendschungel verlief.

Das ist die Situation von heute.

Es scheint daher an der Zeit, den Versuch zu machen, das Schachspiel und seine Möglichkeiten einmal bereits vor dem ersten Zuge zu untersuchen.

Wenn diese Untersuchung zu wissenschaftlich allgemeingültigen Erkenntnissen führt, dann darf erhofft werden, daß sich diese Erkenntnisse auch für die Beurteilung des ersten Eröffnungszuges von Weiß und dem darauf folgenden ersten Eröffnungszuge von Schwarz fruchtbar machen lassen und so für die gesamte Eröffnungstheorie erfolgreich ausgewertet werden können.

Der erste Schachtheoretiker, der versucht hat, die Grundstellung des Schachspiels einer eröffnungstheoretischen Untersuchung zu unterziehen, war der allzu jung gestorbene, ungarische Schachmeister Ir. Gyula Breyer, der, wie Richard Réti überliefert hat, zu Beginn der 20er Jahre in einer ungarischen Schachzeitschrift die Grundstellung in einem Artikel mit der Überschrift »Eine komplizierte Stellung« abbildete. In diesem Artikel versuchte Breyer den Nachweis zu führen, daß 1. d2–d4 besser sei als 1. e2–e4.

Bei dieser Untersuchung war es Breyer indessen nicht darum zu tun, die Möglichkeiten, die in der Grundstellung stecken, aufzudecken und von den Ergebnissen *dieser* Untersuchung aus die Züge 1. d2–d4 und 1. e2–e4 zu beurteilen, sondern er erforschte, wie übrigens schon manch einer vor ihm, *die Folgen*, die sich aus den Antwortzügen auf diese beiden Eröffnungszüge für die Entwicklung der Partie ergaben.

Er kam dabei zu recht verblüffenden Ergebnissen, weil inzwischen, das heißt seit der Jahrhundertwende, im Schachspiel die »revolutionären Erkenntnisse« des »Neuromantikers« Aaron Nimzowitsch der von Großmeister Siegbert Tarrasch eingeführten »Klassischen Schule« erheblichen Abbruch getan hatten.

Die neuen Erkenntnisse von Meister Breyer, die sich auch in den internationalen Turnieren bewährten, erschreckten sogar einen so »hypermodernen Spieler« wie Großmeister S. G. Tartakower so sehr, daß er diese Spielweise, allerdings nicht ohne ironische Hintergedanken, nachdrücklich verdonnerte: »Pläne, die uns nie erreichten; Anlagen, die der ganzen Partie ein krankhaftes Gepräge geben; Züge, die jedem Streben nach freier Entwicklung hohnsprechen; Methoden endlich, die in der tückisch-endlosen Aufspeicherung latenter Spannungskräfte das Heil suchen, werden in allem Ernst wissenschaftlich durchleuchtet... Umgeworfen werden die entlarvten Götzen der alten Schule; die beliebtesten Eröffnungen erscheinen widerlegt; das Vierspringerspiel – kompromittierend, und überhaupt (also predigt Breyer in einer von ihm veröffentlichten Abhandlung) dürfte schon nach dem 1. Zuge 1. e2–e4 die weiße Partie in den letzten Zügen liegen! Credo quia absurdum.«

Wenn diese revolutionären Versuche, die klassische Spielweise vom Turnierbrett zu fegen, schließlich in den Jahrzehnten nach dem 2. Weltkriege durch die sowjetischen Theoretiker und Turnierspieler als neuer Spielstil und mit den Groß- und später Weltmeistern Michail Tal, Bobby Fischer und Bent Larsen ihren vorläufigen Höhepunkt gefunden haben, so bleibt es doch das bleibende Verdienst Meister Breyers, auf die theoretische Bedeutung der Grundstellung für die Eröffnungstheorie als erster aufmerksam gemacht zu haben. Großmeister Milan Vidmar verdanken wir die Mitteilung, daß Großmeister Tarrasch »die Eröffnung, als sei sie das Mittelspiel« behandelte, doch hat dieses Verhalten weder Großmeister Vidmar noch Großmeister Tarrasch dazu veranlaßt, die schachtheoretische Qualität der Grundstellung *unabhängig* von ihrem Zusammenhang mit den Folgezügen zu untersuchen.

Michail Iwanowitsch Tschigorin und Alexander Aljechin als Dogmenverächter

Großmeister Tschigorin und Weltmeister Aljechin leugneten die unbedingte Gültigkeit allgemeiner Spielgrundsätze und geltender Dogmen.

Weltmeister Lasker kümmerte sich, obwohl ein Verehrer des großen Schachtheoretikers Wilhelm Steinitz, dem er die Weltmeisterkrone entrissen hatte, um die Eröffnungstheorie überhaupt nicht.

Weltmeister Capablanca hatte nach dem Urteil seines Biographen, des Internationalen Meisters Lodewijk Prins, keine fundierten Eröffnungskenntnisse, was ihn manchmal, genau wie Weltmeister Lasker, in schlechte Stellungen brachte. Das geschah ihm zum

Beispiel im Moskauer Turnier 1936 gegen Großmeister Salo M. Flohr und gegen Alexander Aljechin: »Das Hindernis bildet wieder die Eröffnung, die er so schlecht behandelt, daß sein Gegner Flohr einen überwältigenden Angriff aufbauen kann.«

Auch Weltmeister Dr. M. Euwe stellt in einer 1952 angestellten Analyse des Weltmeisterschaftskampfes Aljechin/Capablanca über Capablancas Spielweise fest: »... daß Capablanca jedoch eine schwache Stelle hatte: die Eröffnung. Der Kubaner, der stets eine Abneigung gegen genaues theoretisches Studium gehabt hatte und sich bei der Behandlung der Eröffnungen hauptsächlich vom Positionsgefühl und allgemeinen Richtlinien leiten ließ, war stets der Gefahr ausgesetzt, durch die eine oder andere Eröffnungsneuerung seines erfinderischen Gegners in die Enge getrieben zu werden ... Es waren zwar keine umstürzlerischen Gedanken, die Aljechin in der Praxis anwandte, sondern gut durchdachte neue Systeme, auf die Capablanca am Brett jedoch keine richtige Erwiderung zu finden wußte.«

Diese und viele andere Schachmeister glauben mehr an die schöpferische Kraft des Wollens, an den Erfindungsgeist, die *Intuition* und die grundsätzliche Möglichkeit, das Schachspiel über alle wissenschaftlich-theoretischen Analysen hinaus eigenständig weiterentwickeln zu können.

Großmeister Milan Vidmar hat die Spielweise von Weltmeister Lasker folgendermaßen charakterisiert: »Wenn ich Lasker richtig verstanden habe, schob er das Vorausberechnen in schwieriger Stellung unter Anwendung gewaltiger Gedankenarbeit rücksichtslos von sich weg. Er lobte die 'sparsame Partieführung', d.h. das Überlassen der herankommenden Ereignisse der Meisterung durch das 'Positionsgefühl', d.h. durch das Verstehen der jeweiligen Ansprüche an den Spieler.«

Großmeister Vidmar bricht im Verfolg dieser Überlegungen schließlich in den schachlichen Stoßseufzer aus: »Ist denn das Spiel großer Schachmeister verurteilt, auf einer festgezimmerten Leiter von Neuerung zu höherer Neuerung, von Sprosse zu Sprosse hinaufzuklettern und auf diese Weise allmählich zu erstarren? Wollen die heutigen großen Meister kämpfen oder mnemotechnische Wettläufe veranstalten, dabei aber immer wieder nach neuen Eröffnungsfallen Ausschau halten? Nein. Nein. Noch wollen sie kämpfen ... Allerdings spielt der junge Schachspieler leider allzu sklavisch die Eröffnungszüge nach, die der vor ihm stehende noch tätige große Meister spielt.«

Seit dem Ausscheiden Großmeister Vidmars aus der internationalen Turnierarena sind reichlich zehn Jahre vergangen. Seit dieser Zeit feiert die schon von Weltmeister Aljechin vorbereitete sowjetische Schachschule ungebrochen weltweite Triumphe.

Die Eröffnungstheoretiker, deren Wirken Großmeister Vidmar für so unheilvoll hielt, haben mit Michail Tal, Bobby Fischer, Bent Larsen und anderen wieder intuitive Schachkämpfer vom Schlage Laskers, Marshalls, Aljechins, Tartakowers und Vidmars erlebt, wenn sich diese Kämpfer auch der inzwischen so umfassend und tiefschürfend gewonnenen Ergebnisse der wissenschaftlichen Schachtheorie bedienen. Die Theorie schafft ihnen einen Spielrahmen, innerhalb dessen sie ihrem Schachgefühl und Kampfeswillen freie Betätigung einräumen.

Diese schachspielerische Haltung ist die gleiche, um deren Vermittlung sich dieses Buch auch für Sie bemüht.

Dazu kommt eine eröffnungstheoretische Erweiterung der Untersuchung des ersten Zuges, die bisher nur ganz einseitig unternommen worden ist.

Die Schachmeister und die Eröffnungstheoretiker fragten sich bisher fast ohne jede Ausnahme nur: Was kann Schwarz stärkstens auf 1. e2–e4 oder d2–d4 etc. *antworten* und nicht: Was *bewirkt* der Zug 1. e2–e4 oder 1. d2–d4 etc. und was sind unter diesem Gesichtspunkt seine Stärken und Schwächen?

Wäre es der bisherigen Eröffnungstheorie gelungen, auf diese Fragen eine allgemeingültige, stichhaltige Antwort zu geben, dann wäre eine ganz erhebliche Einschränkung der auswendigzulernenden Eröffnungsvarianten die automatische Folge gewesen.

Damit der werdende Meister sich mit der Überladung seines Gedächtnisses mit überflüssigen Variantenströmen nicht länger unablässig herumplagen muß, wurde dieses Buch geschrieben.

1.
Trainingsabschnitt

Die Möglichkeiten der Grundstellung

Stellung 1
Weiß zieht

W   S
Felder   8: 8
Wirkgew: 18:18

Grundstellung

Im Stellungsbild Nr. 1 sind durch Kreuze und Punkte die Wirkungskräfte eingezeichnet, die auf die vor den Bauern liegenden Felder, durch das Zusammenwirken der Bauern selbst und durch die beiden Springer, ausgeübt werden.

Die Springer sind ja die einzigen Figuren des Schachbretts, die *über Bauern hinweg* eine Wirkung auf Felder oder Steine ausüben können.

Diese Übersprung-Wirkung ist keinem anderen Schachstein erlaubt.

Wenn Sie die Stellung 1 betrachten, dann entdecken Sie, daß vor der Bauernreihe jeder Farbe zwei bevorzugte Felder liegen, auf die eine stärkere Wirkung ausgeübt wird, als auf alle anderen Felder. Es sind dies die Felder c3 und f3 für Weiß und c6 und f6 für Schwarz.

Während auf jedes andere Feld zwei Wirkungsgewichte ausgeübt werden, liegen auf den Feldern c3, f3, c6 und f6 je 3 Wirkungsgewichte, weil z.B. auf die Felder c3 und f3 außer den Bb2 und Bd2, Be2 und Bg2 auch noch die Sb1 und Sg1 mitwirken und analog.

Bitte machen Sie sich auch klar, daß die Wirkungsgewichte auf die Felder a3, h3, a6 und h6 dadurch zustande kommen, daß dorthin nur jeweils ein Bauer (b2, g2, b7, g7) wirkt, während das zweite Wirkungsgewicht durch die Springer (Sb1, g1, b8, g8) ausgeübt wird.

Wie Sie wissen, werden in vielen Eröffnungen der Schachpartie vor allem die Springer und Läufer zum Zentrum hin mobilisiert. Auch kommt es nicht selten vor, daß die Läufer auf den langen Diagonalen h1–a8 oder a1–h8 nach oder vor der Rochade o–o aufgestellt werden.

Stellung 2

Nur zur Darstellung der Beherrschung freier Felder und der daraufliegenden Wirkungsgewichte

Schon an dieser Stellungsübersicht, die ein wenig überladen wirkt und die deshalb in Zukunft in einer vereinfachteren Form, die besser überschaubar ist, dargeboten werden wird, können Sie erkennen, daß in der weißen wie in der schwarzen Stellung deutlich auffallende *schwache Felder* vorhanden sind. Diese »schwachen Felder« sind entweder unbeherrscht (a3, a6), oder sie werden gar von der Wirkung einer Figur des Partners beherrscht (c3, c6).

Stellen Sie sich nun vor, die Spielpartner hätten auch noch die beiden Läufer abgetauscht, dann würden die schweren Stellungsschwächen in der weißen wie in der schwarzen Stellung durch die Markierungen ganz deutlich werden.

Um die Markierungsübersicht zu vereinfachen, werden in Zukunft die Wirkungen von Bauern in der Grundstellung nicht mehr mit ausgezeichnet, weil diese Wirkungen ohnedies jedem Schachspieler während des ganzen Spiels ständig in seiner Vorstellung gegenwärtig bleiben.

Stellung 3

Nur zur Darstellung der Beherrschung freier Felder und der daraufliegenden Wirkungsgewichte

Sie erkennen, daß in der weißen Stellung die Felder a3, c3, f3 und h3 von Weiß völlig unbeherrscht sind, so daß sich dort eine schwarze Figur festsetzen kann, ohne angegriffen zu sein.

Stellen Sie sich vor, Schwarz verfügte auch noch über einen schwarzfeldrigen Läufer und dieser hätte nach c3 oder a3 ziehen können. Dieser Läufer würde dann einen lebensgefährlichen Druck auf die Felder d2 und e1 bzw. b2 und a1 ausüben. Er würde dadurch auch aus einem eventuell freien Feld ein unfreies machen.

Vor allem auf a3 stünde dieser Läufer durch den ihn auf der dritten Reihe abschirmenden Bb3 geschützt, so daß er z. B. durch einen weißen Turm nur schwer und nur auf komplizierten Umwegen angegriffen werden könnte.

Ein eventuell anwesender weißfeldriger Läufer von Weiß, der auf dem von Schwarz wegen des Bauernaufzugs unbeherrscht gewordenen Feld a6 steht, greift den Sb7 an, der sich selbst gegen diesen Angriff überhaupt nicht wehren kann und deshalb, wenn er nicht durch eine Figur gedeckt werden kann, wegziehen muß.

Aus all dem erkennen Sie deutlich, wie unheilvoll solche »schwachen Felder«, die von ihrem Entdecker, dem Weltmeister Wilhelm

Steinitz, »schwache Punkte« genannt wurden, in einer Stellung werden können.

Sollten Sie in einer Ihrer Partien gezwungen sein, solche »schwachen Felder« in Kauf zu nehmen, so müssen Sie sich vor allem davor hüten, Figuren, die diese schwachen Felder beherrschen könnten, abzutauschen. Über die spielstrategische Bedeutung dieser »schwachen Felder« werden Sie später noch manches mehr erfahren.

Die rasche und sichere Erkennung der von Weiß
und Schwarz beherrschten freien Felder

Wenn Sie versuchen, die von Weiß und Schwarz in einer beliebigen Stellung beherrschten freien Felder ohne Niederschrift festzustellen, dann werden Ihnen dabei immer wieder schwere Fehler unterlaufen.

Die sicherste Methode, bei der Feststellung der freien Felder Irrtümer zu vermeiden, besteht darin, diese Felder jeweils mit verschiedenfarbigen oder verschieden geformten Blättchen zu markieren. Zum Beispiel so:

Stellung 4

Am geeignetsten haben sich Pappe- oder Holzblättchen erwiesen. Papierschnitzel verschieben sich zu leicht. Die Größe des einzelnen Markierungszeichens soll $1/4$ des Feldes nicht überschreiten, weil dann auch die mehrfache Beherrschung eines freien Feldes, also das

Wirkungsgewicht, das auf ihm liegt, durch mehrere Markierungszeichen auf diesem Feld deutlich gemacht werden kann.

Wenn Sie, von jedem einzelnen Stein ausgehend, die von ihm beherrschten freien Felder mit einem Markierungszeichen belegen, dann bilden sich die *Wirkungsgewichte* ganz von selbst. Natürlich können Sie nur zur Analyse von Stellungen so verfahren und nicht etwa auch in der praktischen Kampfpartie. Wenn Sie aber die Übungspartien und Stellungen dieses Buches mit Markierungszeichen nachstudieren, dann gewöhnen Sie sich »spielend« daran, die freien Felder zu erkennen, und werden nach einigen Übungswochen auch in der praktischen Kampfpartie keine Beurteilungsfehler mehr begehen. Es werden nun gleich vom nächsten Kapitel ab die jeweiligen beherrschten freien Felder von Weiß und Schwarz mit Markierungszeichen ausgelegt und von Zug zu Zug fortschreitend umgelegt. Sie erkennen dann mit höchster optischer Deutlichkeit, wie sich die Kräfteverhältnisse auf dem Schachbrett Zug um Zug umschichten können, wie der Umschlag aus der positionellen Phase in die kombinatorische sich vorbereitet und wann er erfolgt. In vielen Stellungen, bei denen die Anhäufung beherrschter freier Felder auf Teilen des Schachbretts zugunsten von Weiß z. B. auf dem Königsflügel, für Schwarz auf dem Damenflügel erfolgt, geschieht der Umschlag in die kombinatorische Phase oft nahezu gleichzeitig (Sizilianische Verteidigung), so daß es dann zu einem spannenden Wettlauf mit der Zeit kommt, d. h. wer zuerst den entscheidenden Gewinnzug macht.

Die Bilanz der freien starken und schwachen Felder und deren Wirkungsgewichte

Sie kennen nun die Bedeutung, die beherrschte freie oder unbeherrschte (schwache) freie Felder für Ihre Spielführungsüberlegungen haben können, gut genug, um diese Überlegungen vor allen Dingen einmal auf den ersten Zug von Weiß und von Schwarz anwenden zu können.

Mit den bisher üblichen »klassischen«, »neuromantisch-hypermodernen« und auch den modernen von der sowjetischen Schachschule erarbeiteten Beurteilungsmethoden, ist es noch nicht gelungen, den grundsätzlichen schachstrategischen Wert des üblichen ersten Eröffnungszuges einer Partie allgemeingültig zu definieren.

Mit Hilfe der »Bilanz der freien Felder« und der »Wirkungsgewichte« könnten möglicherweise neue Maßstäbe dafür gefunden werden.

Die spielpraktische Bedeutung der Bilanz der freien Felder für die Eröffnungstheorie

Stellung 5
Weiß zieht

W S
Felder: 4 : 4
Wirkgew: 4 : 4

In der Grundstellung beherrschen Weiß und Schwarz je vier freie Felder mit vier Wirkungsgewichten.

Stellung 6
Schwarz zieht

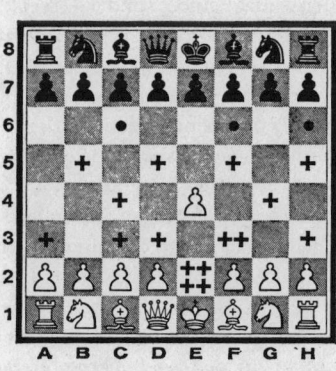

W S
Felder: 12 : 3
Wirkgew: 16 : 3

nach 1. e2 – e4

Schon durch den ersten Zug von Weiß können diese Verhältnisse schlagartig zugunsten von Weiß verändert werden.

Nun beherrscht Weiß 12 freie Felder mit 16 Wirkungsgewichten, während Schwarz sogar das vorher beherrschte freie Feld a6 verloren hat, weil der weiße Lf1 ebenfalls dorthin wirkt. Damit hat das Feld a6 seine Eigenschaft, ein freies Feld für Schwarz zu sein, verloren, weil er es nunmehr nicht mehr ungefährdet besetzen kann.

Schwarz beherrscht demnach nur noch 3 freie Felder (c6, f6, h6) mit nur drei Wirkungsgewichten.

Allerdings ist Schwarz nun am Zuge und kann versuchen, die Wirkungsüberlegenheit von Weiß auf freie Felder, wenn ihm das sinnvoll erscheint, auszugleichen oder womöglich sogar zu übertrumpfen.

Wer mehr Felder beherrscht, steht meistens – aber nicht immer – überlegen

Es bedarf keiner weiteren Begründung, daß diejenige Partei eine größere Aussicht hat, taktische oder materielle Vorteile zu erlangen, die ihre Figuren auf mehr freie Felder stellen und zusammenwirken lassen kann, als die andere. Das ist eine seit Jahrhunderten grundsätzlich bestätigte praktische Erfahrung und steht außerdem in jedem Lehrbuch des Schachspiels.

Da jedoch die aufeinander wirkenden Schachsteine und deren Kräfte nicht gleichwertig sind, sondern meist durchaus unterschiedlich, muß die grundsätzlich richtige Erfahrung von der Überlegenheit desjenigen Partners, der mehr freie Felder beherrscht, gleich wieder eingeschränkt werden.

Die Beherrschung von mehr freien Feldern ist nur dann ein echter Vorteil, wenn sie *durch gesichert stehende Schachsteine ausgeübt wird*.

Denn sonst wäre es ja gerechtfertigt, wenn jede Partei ihre Dame so rasch wie möglich in der Mitte des Brettes, im »Zentrum«, aufstellen würde. Von dort aus trüge die Dame dann stärker als jede andere Figur dazu bei, möglichst viele freie Felder zu beherrschen.

Daß ein solcher Versuch sich als schwerer Fehler herausstellen würde, das liegt nicht an den so beherrschbaren freien Feldern, sondern daran, daß die neben dem König mächtigste Figur des

Schachspiels im Zentrum leicht von zusammenwirkenden, weniger mächtigen, sich aber gegenseitig deckenden Schachsteinen, zum Beispiel Bauern oder leichten Figuren, angegriffen werden kann.

Die angegriffene Dame muß dann, weil sie einen sie angreifenden *gedeckten* Bauern nicht schlagen darf, ohne anschließend selbst geschlagen zu werden, fliehen.

Mit dieser Flucht gehen aber auch die vorher beherrschten freien Felder wieder verloren, während es dem Angreifer durch die Bewegung der angreifenden Steine gelingt, seinerseits mehr freie Felder zu beherrschen als vorher.

Auf diese Weise kann der Schachspieler, wenn er solche Angriffsmöglichkeiten schwächerer Steine gegen stärkere ausnützt, rasch eine vorteilhafte Stellung, die sich in der Beherrschung *von mehr freien* Feldern ausdrückt, erlangen.

Eine solche Spielweise wird »positionelles« oder auch »strategisches« Spiel genannt.

Dazu ein Beispiel, das Sie aus der »Neuen Schachschule. Meister durch schöpferisches Spiel« schon kennen.

Warum der Schäfermatt-Versuch für Weiß nachteilig ist

Wenn Weiß, wie das krasse Anfänger oft tun, versucht, Schwarz in vier Zügen Matt zu setzen, muß er vorzeitig mit seiner mächtigsten Figur, der Dame, den Be5 bedrohen, damit Schwarz gezwungen ist, diesen Bauern zu decken. Dies geschieht nach

    1. e2–e4   e7–e5
    2. Dd1–h5   Sb8–c6

Die weiße Dame bedroht dabei gleichzeitig den nur vom schwarzen König gedeckten Bf7, der nun durch Lf1–c4 zum zweiten Male angegriffen werden kann. Verteidigt Schwarz diesen Bf7 nun nicht durch eine weitere Figur, dann wird er im nächsten Zuge von der weißen Dame Matt gesetzt, weil der schwarze König die Dame nicht schlagen darf.

Durch diese Spielweise erreicht Weiß gleichzeitig eine Stellung, in der er wesentlich mehr freie Felder beherrscht als Schwarz.

Jetzt aber beginnen zur Abwehr des drohenden Matts Angriffszüge gegen die weiße Dame und weitere Deckungszüge, die gleichzeitig die Beherrschung freier Felder durch weiße Figuren verringern und die von Schwarz beherrschten freien Felder vermehren.

Stellung 7
Schwarz zieht

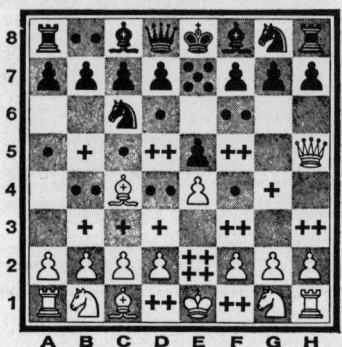

W S
Felder: 12: 9
Wirkgew: 21:17

nach 3. Lf–c4

Als Folge davon treten dann auch Kombinationsmöglichkeiten für Schwarz auf, die zu materiellen Vorteilen führen.

Es entsteht, falls Weiß seinen Angriff auf den Bf7 nicht aufgeben will, schließlich die folgende Stellung:

```
3. ---            g7-g6
4. Dh5-f3         Sg8-f6
5. Df3-b3         - -
```

Stellung 8
Weiß zieht

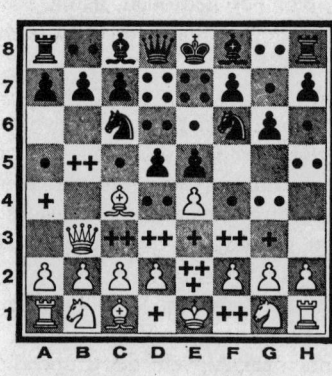

W S
Felder: 10:14
Wirkgew: 17:26

nach 5. --- d7–d5

Die Hartnäckigkeit von Weiß, den Bf7 weiterhin zu bedrohen, hat Schwarz durch seine überlegten Verteidigungszüge ermöglicht, vier freie Felder mehr zu beherrschen als Weiß, ohne daß Schwarz gezwungen gewesen wäre, seine eigene Dame ebenfalls auf ein für sie ungünstiges Feld zu stellen.

Er mußte nicht einmal eine seiner anderen Figuren in die Gefahr bringen, ernsthaft angegriffen zu werden.

Diese für alle Ihre zukünftigen Eröffnungspläne sehr wichtigen Tatsachen sollten Sie sich beim Studium der Stellung 8 sorgfältig bewußt machen.

Aber, so werden Sie beim Studium der Stellung 8 fragen, kann Weiß jetzt nicht durch (6.) e4×d5* den Sc6 bedrohen, ohne daß dieser Bauer geschlagen werden kann, weil er doch auf dem Feld d5 zweimal angegriffen (Sf6, Dd8), aber auch zweimal gedeckt ist?

Das ist zwar richtig, aber jetzt bewährt sich für Schwarz eben die Mehrheit der freien Felder, die er durch die Abwehr des Mattangriffs, noch dazu im Zentrum (!), erreichen konnte.

Diese Situation liefert ein gutes Beispiel dafür, wie ein positionelles Übergewicht durch ein Opferangebot (5. ——— d7–d5) in eine starke Kombination umschlagen kann. Das sollten Sie sich gründlich klarmachen, weil solche Übergänge in Ihren Partien immer wieder vorkommen oder von Ihnen auch bewußt angesteuert werden können, wenn Ihr Partner schwache Eröffnungszüge macht.

Wenn Weiß nun den zum Opfer angebotenen Bd5 mit Be4 schlägt, dann kann Schwarz mit seinem bedrohten Sc6 die Db3 angreifen.

(6.) e4×d5   Sc6–d4

(Schlägt Weiß dagegen mit Lc4, dann erfolgt der Abtausch Sf6×Ld5, und Schwarz besitzt das Läuferpaar, was, wie Sie wohl wissen, ein erheblicher Vorteil sein kann.)

Jetzt bleibt der Db3 nur noch die Flucht nach vorn durch Da4+, denn auf jeden anderen Damenzug (mit Ausnahme von Db3–g3, auf den Lf8–d6 gezogen werden kann) folgt (7.) ———

---

* Alle in Klammern gesetzte Zugnummerierungen bedeuten von hier ab »gedachte« Züge, die z.B. das Durchdenken von Varianten ordnen, die aber in den Partien nicht gezogen wurden.

Sf6 × d5 mit verheerenden Folgen für Weiß. Finden Sie selbst heraus, warum!

(7.) Db3–a4+ Lc8–d7

Nun muß die weiße Dame auf ein Feld ziehen, von dem aus sie den Bc2 nicht mehr decken kann, wonach Schwarz jedenfalls mit Sc4 × c2+ zunächst einen Turm gewinnen kann, wenn er nicht noch schädlichere Angriffe auf die weiße Dame haben sollte. Das aber sollten Sie zur Übung selbst herauszufinden versuchen. Bei dieser Analyse kam es indessen für Sie hauptsächlich darauf an nachzuweisen, daß und warum die mächtigste Figur, die Dame, nicht schon in der Eröffnung in den Machtbereich der Schachsteine des Partners hinausgestellt werden sollte, weil sie dann nämlich nicht nur leicht angegriffen werden, sondern Ihr Partner durch diese Angriffe auch mehr freie Felder beherrschen kann, ohne daß Sie dafür einen Ausgleich oder gar einen Vorteil erringen können.

Welchen strategischen Sinn hat der erste Zug von Weiß?

Wenn Sie als Führer der weißen Schachsteine eine Schachpartie eröffnen, dann sollten Sie ganz genau wissen, was Sie mit Ihrem ersten Zug tun und warum Sie es tun.

Andernfalls handeln Sie wie ein Glücksspieler, der wahllos auf eine Chance setzt, weil andere das auch tun.

Ein Schachspiel ist ein Zweikampf mit einem Partner, der versuchen wird, Ihre Züge so zu beantworten, daß er dabei sofort oder nach und nach eine stärkere Stellung als Sie bekommt. Diese stärkere Stellung will er zu einer überlegeneren und schließlich zu einer siegreichen Stellung weiterentwickeln.

Wenn Sie als Führer der weißen Steine, der stets den ersten Zug der Partie machen darf, diesen Zug aufs Geratewohl oder aus traditionalistischen Gründen ausführen, ohne sich ganz genau darüber klar zu sein, was Sie mit diesem ersten Zug *schachlich bewirken*, dann geben Sie Ihrem Partner Gelegenheit, durch seinen Antwortzug Ihren ersten Zug als schwach oder gar nachteilig für Ihre sich entwickelnde Eröffnungsstellung nachzuweisen.

Mit dieser Möglichkeit räumen Sie Ihrem Partner eine »Vorgabe« ein, die, falls Sie mit einem Meister spielen, dazu führen kann, daß Sie die Partie verlieren oder gerade noch Remis halten können.

Es läßt sich behaupten: Wer den Sinn und die Wirkung seines Eröffnungszuges nicht genau und umfassend versteht, der überläßt den Sieg seiner Partie dem Zufall oder verschenkt ihn sogar.

Dem Zufall überläßt er seinen Sieg, wenn er irgendeinen der üblichen Eröffnungszüge wie 1. e2–e4, 1. d2–d4, 1. c2–c4, 1. f2–f4, 1. Sg1–f3 einfach nur deshalb macht, weil ungezählte Schachspieler vor ihm diesen Zug ebenfalls als ersten Eröffnungszug gewählt haben, ohne deshalb ihre Partie zwangsläufig zu verlieren.

Seinen Sieg verschenkt er dagegen bereits mit dem ersten Eröffnungszuge, wenn er gegen einen Meisterspieler einen Randbauern zwei Felder vorrückt.

Er kann dann, sofern sein Partner stets die stärksten Antwortzüge macht, bestenfalls nur noch Remis erzielen. Das hat die Schachtheorie inzwischen ausreichend erhärtet.

Was sich aus 1. a2–a4 oder 1. h2–h4 erkennen läßt

Der schachliche Wert eines dieser beiden Züge ist außerordentlich gering. Wer sie zieht, überläßt mit einem von ihnen dem Partner genau den Vorteil, den er besaß, weil er den ersten Zug machen durfte. Daß eine solche Handlungsweise für die eigene Eröffnungsentwicklung nachteilig sein muß, liegt auf der Hand. Es muß aber auch einsehbar gemacht oder sogar bewiesen werden können, *warum* der Anzugsvorteil mit einem der beiden Eröffnungszüge 1. a2–a4 oder 1. h2–h4 dem Partner überlassen wird.

Bedauerlicherweise wird, soweit die Suche ergab, dieser Nachweis in keinem der bekannten Schachlehrbücher für Anfänger – mit Ausnahme von zwei wenig verbreiteten sowjetischen – geführt, obwohl die Frage nach der besonderen Schwäche dieser Züge als Eröffnungszüge den fortgeschrittenen Schachspielern von so vielen Schach-Anfängern immer wieder gestellt wird. Häufiger zu findende allgemeine Redewendungen wie, die Züge trügen nichts zum Kampf um das Zentrum bei, verunsichern den Anfänger mehr, als sie ihn aufklären. Unsicherheit aber ist, das weiß jeder fortgeschrittene Schachspieler aus eigener Erfahrung, für die erfolgreiche Stellungsbeurteilung und den Siegeswillen geradezu tödlich.

Deshalb folgen ja so viele Schachspieler, vor allem in der Eröffnung, sklavisch auswendig gelernten Variantenzügen, weil sie die Unsicherheit gegenüber allen ihnen unbekannten Eröffnungsentwicklungen mehr fürchten als die Herabwürdigung ihrer Denkfähigkeit zur Gedächtnisakrobatik.

Wie wenig Ihre schachliche Zukunft bei einer solchen Grundeinstellung gefördert wird, das geht aus dem Brief eines bereits vielfach erfolgreichen Turnierspielers hervor, der nach dem Erscheinen der »Neuen Schachschule. Meister durch schöpferisches Spiel« geschrieben wurde:

»Ich habe als Anfänger den Fehler begangen, den Sie immer wieder anprangern: ich habe zu viele Eröffnungszüge auswendig gelernt und zu wenig eigene Wege zu gehen versucht. Heute kann ich teilweise Varianten und Analysen über 20 Züge hinaus. Bei Turnierspielen versuche ich, in eine mir bekannte Variante zu kommen, spule die ab, schlittere dann in ein Endspiel mit minimalen Vorteilen, das ich dann meistens gewinne, da ich die Endspiele besser kenne als meine Gegner. Befriedigen können solche Gewinne allerdings nicht gerade. Versuche ich eigene Wege zu gehen, verliere ich gegen gleichstarke Spieler recht glatt und habe gegen schwächere Gegner die allergrößte Mühe.«

Auch dieses Buch hat sich die Aufgabe gestellt, Ihnen für jeden Zug, den Sie in der Eröffnung ausführen, die größtmögliche Sicherheit zu vermitteln.

Sie sollen niemals im Zweifel darüber sein, welchen Sinn der von Ihnen gewählte Zug hat, welches schachliche Ziel Sie mit ihm verfolgen und welche Risiken Sie mit ihm eingehen.

Wie immer läßt sich eine solche Methode, die das Fundament für jede beliebige erfolgreiche Eröffnungsentwicklung darstellt, rasch und allgemeingültig am Extremfall darstellen. Wenn der einfache Fall durchschaut worden ist, kann auch der komplizierte, weniger auffällige, rascher durchschaut und für das eigene Spiel fruchtbar gemacht werden.

Also: Warum ist 1. a2–a4 ein schwacher, besser: ein sehr schwacher Zug?

1. a2–a4   e7–e5

Dr. Emmanuel Lasker hat als Weltmeister ein Lehrbuch des

Schachspiels geschrieben, in dem er als Fazit seiner Schach-Erfahrungen und seines Studiums von Meisterpartien die folgenden Spiel-Grundsätze als allgemein verbindlich für jeden Schachspieler vertritt:

Stellung 9
Weiß zieht

W S
Felder: 5:12
Wirkgew: 5:16

nach 1. --- e7–e5

»Erstens: Es ist für jede Partei von Wert, Felder zu beherrschen. Nicht also nur der Gewinn an Material, sei es an Figuren oder auch bloßen Bauern, ist von Gewicht, sondern auch die Beherrschung von Raum, auf den der Gegner sich nicht wagen darf, ohne seine Truppen dort zu verlieren. Je mehr Raum beherrscht wird, desto geringer die Beweglichkeit des Gegners, desto eingeschränkter die Zügezahl, mit denen er drohen oder decken kann.

Zweitens: Die Felder sind keineswegs gleichwertig, die Felder der Mitte sind bedeutsamer, weil von dort Läufer, Dame und Springer die größte Zahl von Feldern bestreichen. Der Kampf in der Eröffnung geht daher im wesentlichen um die *Beherrschung* des Zentrums e4, d4, e5, d5 und daran anschließend des erweiterten Zentrums c3 bis c6 bis f6 bis f3.

Drittens: Der wird aus der Eröffnung den Vorteil haben, dem es gelingt, so bald als möglich, also mit äußerster Ausnützung jeden Zuges, Bauern und Figuren zur Beherrschung des erweiterten Zentrums heranzuführen. Und dieser Vorteil sollte in der Folge dazu führen, daß man den Gegner einengt.«

Eine unmittelbare Konsequenz, die Lasker aus diesen allgemeinen Grundsätzen für die praktische Partie zieht, lautet zum Beispiel:

»Hat etwa mein Läufer vier freie Felder, der meines Gegners nur drei, so habe ich 'ceteris paribus' einen Vorteil, der freilich gering ist, und häufen sich viele derartige geringe Vorteile, so entsteht zuletzt ein großes Plus.

Das bedeutende Plus, das allmählich entsteht, entladet sich nun in einer Kombination ... Keine Kombination ohne ein bedeutendes Übergewicht, kein bedeutendes Übergewicht ohne Kombination. Das bedeutende Übergewicht schafft immer eine Spannung und eine Spannung gibt immer zu einer Kombination Anlaß ... So kann man die mühselige Arbeit des Suchens (nach einer Kombination, d. A.) methodisch ausführen und sie sich dabei ungemein erleichtern ...

Das sah auch Steinitz (Weltmeister vor Lasker, d. A.) ganz klar. Daher wird seine Maxime verständlich, zunächst auf das Suchen von Kombinationen ... zu verzichten, erst einmal *kleine Vorteile anzustreben*, wieder und noch einmal diese zu häufen und erst dann die Kombination zu suchen.«

Das, was Weltmeister Lasker hier als die Grundhaltung des erfolgreichen Schachspielers umreißt, ist bis zum heutigen Tage für die internationale Turnierpraxis aller Spieler, bis hinauf zu den Großmeistern, gültig geblieben, wenn sich auch die schachlichen *Methoden*, mit deren Hilfe diese Grundsätze in den praktischen Partien verwirklicht wurden, in den vergangenen Jahrzehnten sehr erheblich gewandelt haben.

Von dieser Wandlung des Schach-Spielstils werden Sie noch viel erfahren und daran erkennen, wie sich die allgemeine Spielweise immer mehr verfeinert hat und komplizierter geworden ist. Grundsätzlich geändert hat sie sich nicht.

Seit das Schachspiel nach den uns bekannten Regeln durchgeführt wird, also seit fast genau 500 Jahren, als in Spanien um das Jahr 1474 die moderne Form des Schachspiels aufkam, ist es erforderlich, das Spiel zu eröffnen, ein Übergewicht über den Partner zu bekommen und dann erst durch eine rascher durchzuführende Kombination, als sie dem Partner zur Verfügung steht, den endgültigen Sieg zu erringen.

Einem Lexikon des vorigen Jahrhunderts ist das folgende Zitat entnommen: »Überblick, Klugheit und Vorsicht entscheiden in ihm den Sieg, und so ist es mindestens ein des denkenden Mannes würdiges Spiel, während es dem Jüngling Gelegenheit gibt, die Hitze der Leidenschaft zu mäßigen, Geduld, Umsicht, Urteilskraft und Fassung zu üben.«

Wenn Sie im Licht dieser Auffassung das Stellungsbild 9 analysieren, dann springen Ihnen die Nachteile des von Weiß gewählten Eröffnungszuges geradezu in die Augen.

Die Raumbeherrschung, die Schwarz durch seinen Antwortzug 1. --- e7–e5 erzielt hat, ist, wie Sie an den mit Punkten versehenen Feldern erkennen, geradezu überwältigend.

Schwarz beherrscht die freien Felder e7, f6, g5, h4, d6, c5, b4 durch seine Figuren und die beiden Zentrumsfelder d4, f4 durch seinen Bauern auf e5. Dazu kommen noch die Felder a6, c6, f6 und h6, die durch die beiden Springer auf b8 und g8 beherrscht werden (wobei die Wirkungen der in der Grundstellung stehenden Bauern der Einfachheit halber auf beiden Seiten nicht mitgerechnet werden).

Weiß hat dieser, durch 1. --- e7–e5 hervorgerufenen Beherrschung freier Felder durch Schwarz infolge seines Eröffnungszuges 1. a2–a4 kaum etwas entgegenzusetzen, wie Sie an den mit Kreuzen versehenen freien Feldern erkennen können.

Von den durch die Springer auf b1 und g1 überdeckten freien Feldern h3, f3, c3 und a3 beherrscht er nur drei, weil die Wirkung des Sb1 nach a3 durch die Wirkung des schwarzen Läufers f8 dieses Feld unfrei macht, so daß der Ta1 oder der Sb1 dorthin nur mit dem Risiko ziehen könnten, vom Lf8 geschlagen zu werden.

Schwarz hat es, im Sinne der Laskerschen Regel, durch 1. --- e7–e5 erreicht, die weiße Stellung auf a3 einzuengen, was zum Beispiel die Absicht von Weiß, etwa mit seinem Ta1 über a3 vor seiner eigenen Bauernreihe tätig zu werden (ob das schachlich sinnvoll wäre, kann dahingestellt bleiben), zunichte machen würde, weil Schwarz seinen Lf8, der, wie jede leichte Figur, grundsätzlich weniger wertvoll ist als der schwergewichtige Turm, auf a3 sofort gegen den Turm abtauschen würde.

Weiß beherrscht also nach den Eröffnungszügen

1. a2–a4   e7–e5

nur die fünf Felder a2, b5, c3, f3 und h3, von denen im Sinne
Laskers drei weniger wertvolle Randfelder sind.

Weiß muß nun, wenn er nicht in einen noch schwerer wiegenden
Nachteil geraten will, mit seinem nächsten Zuge wenigstens versuchen, die überlegene Beherrschung freier Felder durch Schwarz
so gut wie möglich auszugleichen, was er zum Beispiel durch

    2. e2–e4   ———

erreichen könnte. Damit ist aber eine Eröffnungsstellung entstanden, in der Schwarz bereits kombinativ fortsetzen kann, indem er durch

    2. ———   Sg8–f6

den ungedeckten Bauern e4 angreifen und Weiß damit zwingen
kann, diesen Bauern entweder zu decken oder zu verlieren.

Das heißt: Schwarz ist durch den schwachen, weil zu wirkungsarmen ersten Zug von Weiß fast genau in der gleichen vorteilhaften
Lage wie Weiß nach den Eröffnungszügen

    1. e2–e4   e7–e5
    2. Sg1–f3   ———

in einer Stellung, die Ihnen bereits wohlvertraut ist. Wenn es auch
übertrieben wäre, zu behaupten, daß Weiß die Partie bei stärkstem
Spiel von Schwarz bereits verlieren müßte, so kann doch eindeutig
festgestellt werden, daß Weiß durch seinen Eröffnungszug den
Vorteil des Anzuges verloren hat. Schwarz kann nun die Fortsetzung und weitere Entwicklung der Eröffnung maßgeblich bestimmen, während Weiß nur noch versuchen kann, die Vorteile, die
Schwarz mit seinen weiteren Zügen erreicht, auszugleichen.

Eine gleiche Umkehrung der Initiative kann Schwarz erreichen,
wenn er auf den Eröffnungszug von Weiß

    1. h2–h4   d7–d5

antwortet.

Sie erkennen aus dieser Eröffnungsanalyse, warum es ein folgenschwerer Fehler ist, wenn Weiß als Eröffnungszug einen Randbauern zwei Felder vorwärts zieht.

Die gelegentlich von Schachtheoretikern untersuchte Frage, ob
die Eröffnungszüge 1. a2–a3 oder h2–h3 nicht eher zu verteidigen
wären, wobei dann stets darauf verwiesen wird, daß sogar der
große Kombinationsspieler Adolf Anderssen gelegentlich mit 1.
a2–a3 eröffnet hat, kann hier unbetrachtet bleiben, weil keiner die-

ser Züge an den grundsätzlich erzielbaren Vorteilen, die durch die entsprechenden Züge von Schwarz gewonnen werden, etwas ändert. Bei stärkstem Spiel von Schwarz geht mindestens die Initiative auf diesen über und Weiß verliert den Vorteil des Anzuges.

Sie werden also keinen dieser Züge jemals als Eröffnungszug wählen, und Sie wissen jetzt auch, warum.

Der Vorteil und das Risiko von 1. e2–e4

Mit keinem anderen Eröffnungszuge kann Weiß eine solche Menge freier Felder beherrschen als mit

1. e2–e4 ---

Das ist der Vorteil dieses Eröffnungszuges, den Sie sich schon wiederholt bewußt gemacht haben.

Doch jetzt lautet die Frage, ob mit diesem Vorteil ein Risiko verbunden ist.

Das hängt allein vom Führer der schwarzen Steine ab. Wenn es ein mit 1. e2–e4 verbundenes Risiko gibt, dann kann es nur Schwarz durch seinen Antwortzug sichtbar machen oder gar nachweisen.

Aus den praktischen Erfahrungen, die Sie schon früher mit der Spanischen Partie gemacht haben (1. e2–e4, e7–e5 2. Sg1–f3, Sb8–c6 3. Lf1–b5) wissen Sie, daß die Antwort von Schwarz auf

1. e2–e4   e7–e5

dazu führt, daß der Be5 sogleich mit

2. Sg1–f3 ---

angegriffen wird. Schwarz muß dann diesen Bauern, da er auf ein Feld gezogen wurde, das Schwarz *nicht beherrscht*, decken, wenn er nicht zulassen will, daß Weiß diesen Bauern mit dem Sf3 schlägt, was Weiß ein materielles Übergewicht einbringen würde.

Mit dem Zuge

2. ---   e7–e5

stellt Schwarz zwar das Gleichgewicht der beherrschten Felder wieder her, nimmt dafür aber in Kauf, daß Weiß jetzt dem Vorteil des ersten Zuges einen zweiten hinzufügt.

Der zweite Vorteil für Weiß besteht darin, daß er den schwarzen Bauern auf e5 mit seinem nächsten Zug 2. Sg1–f3 bedrohen und damit Schwarz zwingen kann, einen Verteidigungszug zu machen.

Aus dieser, seit Jahrhunderten üblichen Eröffnungsentwicklung, erkennen Sie am praktischen Beispiel, was Weltmeister Lasker meinte, als er vom Schachspieler forderte, mit »jedem Zug einen Vorteil anzustreben, der freilich gering ist«, denn »häufen sich viele Vorteile, so entsteht zuletzt ein großes Plus«.

Wenn aber Weiß mit 1. e2–e4 genauso wie Schwarz durch seinen Antwortzug den Be4 auf ein freies Feld setzt, das er gar nicht beherrscht, dann sollte sich Schwarz, anstatt einer alten Spieltradition zu folgen und 1. --- e7–e5 zu ziehen, zunächst einmal die Frage stellen, ob er diesen ungedeckten Bauern von Weiß nicht sofort angreifen und dadurch Weiß seinerseits zu einem Verteidigungszuge zwingen kann.

Sie wissen, daß ein solcher sofortiger Angriff durch drei verschiedene Züge von Schwarz durchgeführt werden kann. Sie wissen aber auch, daß zwei von diesen drei Angriffszügen, nämlich 1. --- f7–f5 und 1. --- d7–d5, für Schwarz ziemlich unbefriedigend sind.

1. --- f7–f5 kann geradezu als Fehler bezeichnet werden, weil der Bf5 den Be5 von einem Felde aus angreift, das Schwarz selbst nicht beherrscht, so daß Weiß 2. e4 × f5 ziehen und dadurch bereits in einen Materialvorteil kommen kann.

Nun könnte Schwarz zwar mit diesem Zuge 1. --- f7–f5 dem Führer der weißen Steine ein Opfer anbieten, weil er sich von der Annahme dieses Opfers andere und größere Vorteile verspricht, als sie Weiß durch den Gewinn eines Bauern bekommt (Sie werden solche vorteilhaften Opferzüge in der Entwicklung noch ausführlich kennenlernen), doch hat die Schachtheorie längst bewiesen, daß Schwarz durch 2. --- f7–f5 auch bei stärkstem Spiel schließlich in schweren Nachteil kommt, wenn Weiß nur ebenso stark fortsetzt, so daß die Partie schließlich für ihn unrettbar verlorengeht.

Sollten Sie also als Führer der weißen Steine auf Ihren Eröffnungszug 1. e2–e4 den Antwortzug 1. --- f7–f5 bekommen, dann genügt es, daß Sie um die Fehlerhaftigkeit dieses Zuges wissen, das angebotene Opfer annehmen und dann die Gesamtlage nach den Grundsätzen der Bilanz der Beherrschung freier Felder überprüfen.

Sie erkennen, daß Weiß, obwohl er einen Bauern mehr besitzt als Schwarz, noch dazu 10 freie Felder gegen nur 4 von Schwarz beherrscht. Außerdem droht Weiß auch noch mit einer durchschlagenden Kombination, falls Schwarz nicht einen sinnvollen Vertei-

digungszug macht (Dd1–h5+). Diese Häufung kleiner und größerer Vorteile, die Weiß durch den unvorsichtigen Opferzug 1. ---
f7–f5 Weiß überlassen hat, sollte ausreichen, daß Sie die Partie als Führer der weißen Steine, auch ohne Kenntnis der Varianten, durch

Stellung 10
Schwarz zieht

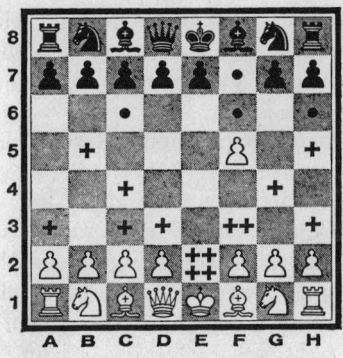

W S
Felder: 10: 4
Wirkgew: 14: 4

nach 2. e4 × f5

die sorgfältige Anwendung der allgemeinen Spielgrundsätze (überlegene Felderbeherrschung, Aufrechterhaltung der Einengung, Drohungen, unverzügliche Entwicklung der Angriffsfiguren, positionelle und materielle Kombinationen) zum Endsieg führen.

Ähnlich nachteilig, wenn auch nicht ganz so zerrüttet, entwickelt sich die Eröffnung nach

1. e2–e4   d7–d5
2. e4 × f5   Dd8 × d5
3. Sb1–c3   Dd5–a5

Obwohl die Eröffnungstheorie des vorigen Jahrhunderts diese Stellung als für Schwarz und Weiß gleichwertig, also »ausgeglichen« betrachtete, hat die Eröffnungstheorie in unserem Jahrhundert festgestellt, daß Weiß seinen kleinen Entwicklungsvorsprung auch bei stärkstem Spiel von Schwarz positionell-kombinativ weiter ausbauen und schließlich zu einem starken Angriff auf die schwarze Stellung kommen kann.

Sie würden aus diesen Gründen als Führer der schwarzen Steine also ebenfalls nicht mit 1. --- d7–d5 antworten.

Als Führer der weißen Steine hätten Sie es dagegen nach 3. ---

Dd5–a5 leicht, mit 4. Sg1–f3 und weiterer Figurenentwicklung nach den allgemeinen Grundsätzen das Droh- und Einengungsspiel gegen Schwarz fortzusetzen.

Im übrigen ist es, solange Sie nicht eindeutig festgestellt haben, ob es einen Eröffnungszug gibt, der ebenso vorteilhaft ist wie 1. e2–e4, dem aber das Risiko dieses Zuges, ein unbeherrschtes Feld zu besetzen, nicht anhaftet, kaum erforderlich, daß Sie diese Eröffnung als Führer der weißen Steine zu Ende analysieren.

Die Aljechin-Verteidigung als unmittelbare Bedrohung von Be4

Der nachmalige Weltmeister Alexander Aljechin war der erste Schachmeister, der den unmittelbaren Angriff auf den auf einem unbeherrschten Felde stehenden Bauern Be4 nach 1. e2–e4 durch eine Figur in die internationale Turnierpraxis einführte. Das geschah im Jahre 1921 in Budapest. Der Angriff auf den Be4 nach

  1. e2–e4   Sg8–f6

würde das Risiko des ersten Zuges von Weiß, einen Bauern auf ein von ihm unbeherrschtes Feld zu setzen, offenbar machen, wenn der Be4 auf diesem Felde verharren und dort verteidigt werden müßte.

So aber kann der Be4 den Spieß umdrehen, indem er ein Feld weiter vorrückt und dadurch nun seinerseits den Sf6 wirksam angreift.

Da e5 ein von Schwarz unbeherrschtes Feld ist, bleibt dem Sf6

Stellung 11
Schwarz zieht

W S
Felder: 8: 4
Wirkgew: 12: 5

nach 2. e4–e5

nichts anderes übrig, als aus dem Drohbereich des Be5, den er selbst nicht schlagen kann, wegzuziehen. Er zieht, da ein Rückzug auf sein Ausgangsfeld g8 nicht sinnvoll wäre, nach d5.

    2. e4–e5   Sf6–d5

Er tut dies in der Absicht, Weiß zu veranlassen, den Springer noch einmal durch einen Bauern anzugreifen

    3. c2–c4   Sd5–b6

Da leicht zu erkennen ist, daß Schwarz nun die vorgerückten weißen Bauern mit 4. ––– d7–d6 und später auch ––– f7–f6 anzugreifen und so den Aufbau einer geschlossenen Bauernkette zu verhindern versuchen wird, setzen Weiß und Schwarz sinnvoll fort wie folgt

    4. d2–d4   d7–d6
    5. f2–f4   d6×e5

Stellung 12
Schwarz zieht

W S
Felder: 13 : 6
Wirkgew: 21 : 10

nach 5. f2–f4

Da mit dem 5. Zuge von Weiß eine Stellung erreicht ist, in der Weiß 13, Schwarz dagegen nur 6 Felder, bei 21 zu 10 Wirkungsgewichten, beherrscht und damit das weiße Übergewicht mit keinem weiteren Zug von Schwarz auch nur annähernd ausgeglichen werden kann, entscheidet allein die Zertrümmerung der weißen Bauernkette über die schachliche Berechtigung der schwarzen Eröffnungsführung. Damit schlägt die reine felderpositionelle Analyse in die kombinativ-positionelle und die rein kombinative Analyse um.

Hierzu hat die recht umfangreiche Eröffnungstheorie gesichert, daß Weiß nach fast allen sinnvollen Versuchen von Schwarz, diese Zertrümmerung zu erreichen, entweder zu einer überlegenen oder zu einer Remis zu haltenden Stellung kommt. Deshalb ist es wirklich wenig sinnvoll für Schwarz, sich durch 1. --- Sg8-f6 freiwillig in diesen Varianten-Hexenkessel zu stürzen.

Als Führer der schwarzen Steine sollten Sie also lieber, wenn die Aufgabe, den auf einem unbeherrschten Felde stehenden Eröffnungsbauern unmittelbar anzugreifen, so überaus schwer durchzuführen ist, versuchen herauszufinden, ob nicht ein Antwortzug auf 1. e2-e4 gefunden werden kann, der Schwarz die gleiche Beherrschung freier Felder ermöglicht wie Weiß, trotzdem aber damit keine Angriffsmarke schafft, die Schwarz zur Verteidigung und damit in die für ihn ungünstige Spanische Partie hineinzwingt.

Einen solchen Antwortzug auf 1. e2-e4 gibt es in der Tat. Er wird Sie als Französische Verteidigung noch ausführlich und systematisch beschäftigen (siehe Seite 119ff.).

Bevor Sie aber die Vorschläge studieren, die Ihnen bei Ihren praktischen Partien von Nutzen sein und Ihnen zu nachhaltigen Erfolgen in den von Ihnen gespielten Turnierpartien verhelfen können, müssen Sie wohl oder übel noch einige grundsätzliche Erkenntnisse über das Wesen der besetzten und unbesetzten freien Felder sowie über den strategischen Sinn vielgespielter moderner Eröffnungen sammeln.

2.
Trainingsabschnitt

Der Wechsel vom strategisch-positionellen zum taktisch-kombinatorischen Denken und zurück

Wenn Sie die Stellung 6 umfassend analysieren, dann erkennen Sie, daß unabhängig von der maximalen Beherrschung freier Felder, die Schwarz durch keinen möglichen Antwortzug überbieten kann, der Be4 auf einem ungedeckten, von Weiß nicht auch gleichzeitig beherrschten freien Felde steht.

Das ist zum Beispiel gegenüber dem Zug 1. d2–d4, bei dem das Feld d4 und damit auch der dorthin gezogene Bauer durch die Dd1 gleichzeitig gedeckt wird, ein Nachteil, der möglicherweise den Vorteil der vielen durch 1. e2–e4 von Weiß beherrschten freien Felder wieder aufheben könnte.

Dieses Problem wird später ausführlich behandelt und gelöst werden (siehe Seite 43 ff.).

Hier soll zunächst die wichtigere Frage beantwortet werden, was es eigentlich für einen Unterschied ausmacht, ob ein Schachstein auf ein einmal oder mehrmals beherrschtes Feld (Wirkungsgewichte) oder nur auf ein nicht beherrschtes Feld des Schachbretts gestellt wird.

Wodurch die Beherrschung freier Felder verlorengehen kann

Die Frage, ob ein Schachstein auf ein unbeherrschtes Feld des Schachbretts gestellt werden kann, scheint, für Figuren wenigstens, sinnlos zu sein und auch für Bauern nur bedingt zu gelten.

Denn, so wenigstens ist die allgemeine Meinung der Schachspieler, wenn eine Figur auf ein freies Feld ziehen kann, dann muß sie auch vorher auf dieses Feld gewirkt, es dadurch also auch bereits beherrscht haben, weil sie sonst auf dieses Feld überhaupt nicht ziehen könnte.

Stellt sich aber die Figur dann auf dieses freie Feld, dann beherrscht sie es eben dadurch, daß sie es besetzt. Genau das gleiche gilt, so glaubte jedenfalls die klassische Tarraschschule, auch für die Bauern, die auf ein freies Feld gezogen werden.

Dieser Glaube ist nun grundsätzlich falsch und war schon oft die Ursache für den Verlust von Schachpartien.

Es gilt daher, durch die folgenden Untersuchungen zwei Schachirrtümer richtigzustellen.
- Das Beherrschen und das Besetzen von Feldern sind schachlich zwei ganz verschiedene Dinge.
- Ein von einem Schachstein beherrschtes freies Feld wird, sobald der Schachstein das von ihm vorher beherrschte Feld besetzt, zu einem *unbeherrschten*, lediglich *besetzten* Feld.

Es ist erstaunlich, daß diese, für jeden erfahrenen Schachspieler so leicht durchschaubaren Tatsachen, noch nie theoretisch untersucht worden zu sein scheinen, da sie doch für die Spielführung jeder Partie – vom ersten bis zum letzten Zuge – von fundamentaler Bedeutung sind.

Wer um den Besitz des Zentrums mit Erfolg kämpfen will, muß jedenfalls mit stärkeren Kräften als der Partner auf dieses Zentrum *wirken*. Die Besetzung z. B. eines Zentrumsfeldes mit einem Schachstein aber – und das gilt für den Bauern ebenso wie für die Dame oder den König – übt auf eben dieses Feld keinerlei Wirkung aus, sondern wirkt ausschließlich *von diesem Felde weg!*

Die Besetzung eines Zentrumsfeldes mit einem Schachstein bedeutet deshalb nicht, daß dieses Feld demjenigen, der es besetzt, nun auch gehört. Es gehört vielmehr ausschließlich demjenigen, der auf dieses Feld überlegen *wirkt*.

Nur die überlegene Wirkung auf ein Feld sichert den Besitz dieses Feldes, denn vor ihr muß der gegnerische Schachstein, der auf diesem Felde steht, im Falle eines Angriffs weichen oder gedeckt werden, wenn er nicht verlorengehen soll.

Diese Erkenntnisse sollten Sie veranlassen, sich bei jedem Eröffnungszug, den Sie machen wollen, zu vergegenwärtigen, daß die Beherrschung eines freien Feldes, auf das einer Ihrer Schachsteine wirkt, viel leichter aufgegeben werden kann als ein Feld, das einer Ihrer Schachsteine *besetzt* hat. Denn der Verlust der Beherrschung eines freien Feldes zwingt Sie nicht unbedingt zu einem verteidigenden Antwortzug. Ein von Ihrem Partner angegriffenes Feld aber, das von einem Ihrer Steine *besetzt* ist, müssen Sie, wenn Sie den dort stehenden Stein nicht verlieren wollen, entweder räumen oder ausreichend verteidigen.

Dieser Räumungs- oder Deckungszwang kann aber in der Eröffnung möglicherweise eine Kettenreaktion auslösen, die in ganzen Zugfolgen besteht, die Sie, wenn Sie nicht in Nachteil geraten wollen, *auswendig wissen müssen*.

Auf diese Weise ist das Varianten-Zwangswissen der Eröffnungstheorie mit all seinen belastenden Folgen für den werdenden Meister, wenn er den Turniererfolg erringen will, unabdingbar geworden.

Warum 1. d2–d4 stärker ist als 1. e2–e4

Die soeben angestellten schachlogischen Überlegungen und die daraus gezogenen Erkenntnisse ermöglichen Ihnen ein erstes stichhaltiges Urteil darüber, warum der Eröffnungszug 1. d2–d4 stärker ist als 1. e2–e4.

Wenn Sie die beiden Stellungen 13 und 14 vergleichend betrachten, dann fällt Ihnen sofort auf, daß Weiß nach 1. e2–e4 zwar mehr freie Felder beherrscht als nach 1. d2–d4, aber auch, daß Weiß, weil der Be4 auf einem Felde steht, auf das Weiß *nicht* wirkt, im nächsten

Stellung 13
Schwarz zieht

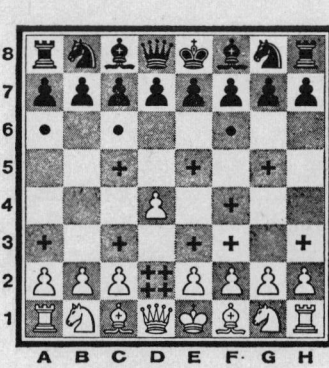

W S
Felder: 10: 3
Wirkgew: 13: 3

nach 1. d2–d4

oder übernächsten Zug von Schwarz gezwungen werden kann, etwas für oder mit diesem Be4 zu tun, wenn er nicht ersatzlos verlorengehen soll.

Stellung 14
Schwarz zieht

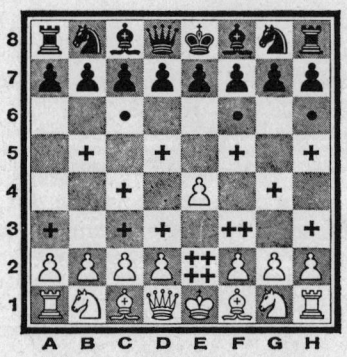

W S
Felder: 12: 3
Wirkgew: 16: 3

nach 1. e2 – e4

Das kann Schwarz entweder durch den direkten Angriff auf den Be4 mit 1. --- d7-d5 (Skandinavische Verteidigung), auch mit 1. --- Sg8-f6 (Aljechin-Verteidigung s. Stellung 11 und Text) oder aber indirekt durch die Angriffsvorbereitung 1. --- e7-e6 (Stellung 25) tun, auf die dann nach dem üblichen 2. d2-d4, der Antwortzug 2. --- d7-d5 (Französische Verteidigung, Stellung 25) folgt.

Ganz anders ist dagegen die Lage für Weiß nach 1. d2-d4, d7-d5 2. c2-c4 (Stellung 15).

Nun kann Schwarz den Bd4 zwar auch angreifen, aber Weiß braucht diesen Bauern nicht zu verteidigen, weil er durch Dd1 bereits deckend auf dieses Feld wirkt. Weiß kann sich also ohne Ablenkung der Verstärkung seiner Eröffnung zuwenden.

Das geschieht üblicherweise durch den Zug 2. c2-c4, der das Zentrum von Schwarz zu schwächen, das heißt die Wirkung des Bd5 auf das Feld e4 zum Verschwinden zu bringen versucht, indem er den Bc4 als Opfer anbietet.

Schwarz wird seinerseits ebenfalls irgendwann einmal die Zentrumsstellung des weißen Bd4 zu erschüttern versuchen müssen, wenn er das Spiel ausgleichen oder gar in Vorteil kommen will. Der dazu aussichtsreichste Zug ist, wie schon Großmeister Tarrasch lehrte, nach entsprechenden Vorbereitungszügen der Zug c7–c5.

Stellung 15
Schwarz zieht

W S
Felder: 14 : 9
Wirkgew: 17 : 12

nach 2. c2–c4

Da aber Weiß bereits durch 2. c2–c4 den Bd5 angegriffen hat, muß dieser Bauer, obwohl er durch Dd8 gedeckt ist, zunächst zusätzlich durch einen Bauernzug gedeckt werden, weil die Dd8 nach einem Abtausch wegen der Ihnen schon bekannten Angriffsmöglichkeit durch Sb1–c3 zum tempoverlierenden Rückzug gezwungen wäre und weil, nach einer Deckung des Bd5 durch Sg8–f6, ebenfalls Weiß nach dem Abtausch c4 × d5, Sf6 × d5 mit e2–e4 den Sd5 angreifen und genauso zu einem tempoverlierenden Rückzug zwingen könnte. Das würde es Weiß ermöglichen, seine bereits überlegene Stellung im Zentrum in aller Ruhe weiter auszubauen bzw. zu befestigen.

Es gibt allerdings ein Verteidigungssystem, durch das Schwarz seinen Königsspringer, nach einigen Vorbereitungszügen, dem Angriff auf d5 durch e4 aussetzt. Diese sogenannte Grünfeld-Indische Verteidigung sollten Sie indessen vorläufig nicht versuchen, da sie eigentlich nur von erfahrenen Meistern variantenkorrekt zu bewältigen ist.

Schwarz wird deshalb im Damengambit, wenn er für den dereinstigen Befreiungszug c7–c5 nicht zwei Züge aufwenden will (was die Aussichten sehr stark mindern kann!), den Bd5 mit 2. e7–e6 decken und damit die Beweglichkeit seines Lc8 für längere Zeit einschränken.

Es gibt zwar auch eine von dem russischen Großmeister Michael Tschigorin erfundene Verteidigung des Damengambits durch 2. --- Sb8-c6, die eine rigorose Durchsetzung des Zuges e7-e5 anstrebt, doch wird diese Verteidigung, trotz gelegentlicher moderner Wiederherstellungsversuche, so gut wie gar nicht mehr in den heutigen Turnieren gespielt. Weiß kann nämlich e7-e5 ohne große Mühe verhindern, weshalb Sie sich mit den einschlägigen Varianten vorläufig nicht abzugeben brauchen.

Zu dem Deckungszug

2. ---   e7-e6

der den Läufer auf c8 einschließt, sollten Sie sich noch merken, daß im Damengambit dieser eingesperrte Läufer für Schwarz eine derartige Belastung darstellt, daß seine Entwicklung und Verwertung viele Jahrzehnte als das Hauptproblem der richtigen Verteidigung dieses Gambits angesehen wurde.

Deshalb ist auch in früherer Zeit schon versucht worden, die sich aus dem Deckungszug 2. --- c7-c6 ergebenden Temponachteile in Kauf zu nehmen, um wenigstens den Lc8 frei entwickeln zu können. Doch war auch diese Spielweise bei stärkstem Spiel von Weiß so mühsam für Schwarz, daß es sich als vernünftiger herausgestellt hat, statt dessen nach einem Ersatz für den Zug 1. d7-d5 zu suchen.

Dieser Ersatz wurde denn auch durch den »Neuromantiker« Aaron Nimzowitsch als Indische Verteidigung umfassend ausgearbeitet und von den ihm nachfolgenden »Hypermodernen« ganz allgemein in den internationalen Turnieren gespielt.

Nun sind Sie aber schon wieder unversehens in eröffnungstheoretische Abspielprobleme hineingeführt worden. Das ist zwar für den Zusammenhang der Grunderkenntnisse über das Wesen der freien Felder von spielpraktischer Bedeutung, soll aber systematisch erst später weitergeführt werden (siehe Seite 118ff.).

Der strategische Sinn der Sizilianischen Verteidigung

Die Sizilianische Verteidigung besteht, wie Sie wissen, darin, daß Schwarz nach 1. e2-e4 nicht versucht, die Beherrschung der von

Weiß beherrschten freien Felder zu kompensieren, sondern durch den Antwortzug 1. --- c7-c5 auf das starke Zentrumsfeld d5, das Weiß leicht besetzen kann, zu wirken versucht.

Will Weiß diese Belästigung dadurch beseitigen, daß er sogleich (2.) d2-d4 zieht, dann kann Schwarz kombinativ zwei Vorteile realisieren. Er zieht

(2.) d2-d4   c5 × d4

Damit bietet er seinen Seitenbauern gegen einen Zentrumsbauern zum Tausch an, was für viele Abspiele im Bauernendspiel ein erheblicher, oft sogar gewinnentscheidender Vorteil ist. Ferner kann er, wenn Weiß den Bd4 mit seiner Dame zurückschlägt, diese Dame mit einem Entwicklungsvorsprung durch Sb8 c6 angreifen und so einen Tempogewinn erzielen.

(3.) Dd1 × d4   Sb8-c6

Wegen dieser deutlichen Nachteile wird Weiß selbstverständlich nicht gleich 2. d2-d4 ziehen, weshalb Schwarz die Wirkung auf das Feld d4 zunächst weiterhin aufrechterhalten kann.

Ob nun diese Wirkung auf das Feld d4 den Verlust an beherrschten freien Feldern, der mit dem Zug 1. --- c7-c5 für Schwarz verbunden ist, rechtfertigt, und zu welchen strategisch-positionellen Plänen diese Spielweise führt, wenn beide Partner sinnvoll weiterziehen, das sollen Sie jetzt untersuchen.

1. e2-e4   c7-c5

Stellung 16
Weiß zieht

W S
Felder: 12 : 8
Wirkgew: 16 : 8

nach 1. --- c7 - c5

Weiß kann Schwarz nun mit wenig Mühe zwingen, seinen Bc5 gegen den weißen Bd2 abzutauschen, ohne dabei seine Dame auf ein von Schwarz angreifbares Feld stellen zu müssen. Eine solche Abwicklung wird auch in einer so überwiegenden Anzahl aller Spiele, in denen Schwarz die Sizilianische Verteidigung spielt, von Weiß gewählt, daß diese Züge bereits zu Standardzügen geworden sind.

2.	Sg1–f3	Sb8–c6
3.	d2–d4	c5 × d4
4.	Sf3 × d4	e7–e6

Mit diesem Zuge wählt Schwarz eine ganz sichere Fortsetzung, die, wie die eröffnungstheoretischen Untersuchungen bestätigt haben, in praktisch allen als sinnvoll begründbaren Abspielen zum Remis führt. Das legt für Sie die Vermutung nahe, daß es Schwarz im Verlauf dieses Abspiels gelingen muß, seine schlechte Anfangsbilanz der freien Felder und Wirkungsgewichte auszugleichen. Und so ist es denn auch tatsächlich.

Stellung 17
Weiß zieht

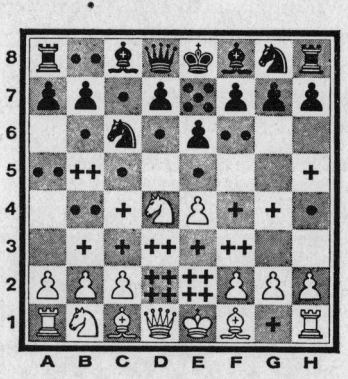

W S
Felder: 13:11
Wirkgew: 22:19

nach 4. – – – e7–e6

Natürlich kann Schwarz in dieser Stellung statt 4. – – – e7–e6 gleich schärfer 4. – – – e7–e5 ziehen und so den weißen Sd4 angreifen. Damit verlagert er das Spiel auf das Gebiet der positionellen Kombination. Doch haben die praktischen Turniererfahrungen ergeben, daß Schwarz in diesem Stadium der Partie, in dem er seine Felderbilanz ja noch nicht einmal ganz ausgeglichen hat, den Be7 nicht auf e5 stellen sollte, wo er aus Gründen, die Sie schon kennen, schwach steht. Auch kann er von diesem Felde aus den vorläufig rückständigen Bd7 nach d7–d5 nicht mehr decken.

Durch (4.) --- e7–e5 wird auch die Diagonale a2–g8 für einen eventuellen weißen Läuferzug nach c4 mit Zielrichtung auf f7 geöffnet. Schließlich könnte auch der Bf7, wenn er einmal vorgehen sollte, vom Be5 ebenfalls nicht mehr gedeckt werden.

Diese vielen Nachteile, deren Auswirkungen auch von der Eröffnungstheorie bestätigt werden, wiegen die vorübergehende Übernahme der Initiative (infolge des Wechsels des Anzugstempos) durch Schwarz nicht auf.

Der strategisch-kombinative Sinn der »klassischen« Sizilianischen Verteidigung

Die Faszination, die schon im vorigen Jahrhundert von der Sizilianischen Verteidigung ausging, erklärt sich aus den sehr vielfältigen weißen wie schwarzen angriffs- und kombinationsreichen Verteidigungsmöglichkeiten, die beiden Partnern zur Verfügung stehen.

Es ist daher verständlich, daß dieses System gerade von so eingeschworenen, strategisch-positionellen Kombinationsspielern wie Michail Tal, Bobby Fischer und Bent Larsen mit Vorliebe gespielt wird.

Über den strategisch-positionellen Sinn der Sizilianischen Verteidigung läßt sich sagen, daß Weiß Angriffsmöglichkeiten gegen den schwarzen Königsflügel hat und sucht, während Schwarz ebensolche gegen den weißen Damenflügel bekommt. Das geschieht vor allem in den »klassischen« Abspielen, was Weiß vor die schwierige Aufgabe stellt, die Vorbereitungen für seinen Angriff auf den schwarzen Königsflügel so zu führen, daß er seinen Damenflügel gleichzeitig gegen die heftigen Angriffe von Schwarz ausreichend verteidigt.

Schwarz dagegen muß, bei normalerweise fester Aufstellung seiner Mittelbauern, gleichzeitig dafür sorgen, daß trotz seines Angriffs gegen den weißen Damenflügel genügend Kräfte für die Verteidigung seines Königsflügels zur Verfügung stehen. Das ist aber wegen der zurückhaltenden Aufstellung seiner Mittelbauern, die ihn beengt, nicht leicht, weil Weiß infolge seiner größeren Bewegungsfreiheit im erweiterten Zentrum (c3, d3, e3, f3) auch den Versuch machen kann, vor allem bei aussichtsreicher Figurenaufstellung, das schwarze Zentrum zu seinen Gunsten zu zertrümmern.

3.
Trainingsabschnitt

Analyse:
Boris Spasski gegen Bobby Fischer

Es gibt eine Partie aus dem Weltmeisterschaftskampf Boris Spasski gegen Bobby Fischer, in der alle Elemente des heftigen Angriffs auf den weißen Damenflügel, des Angriffs auf den schwarzen Königsflügel und schließlich der Zertrümmerung des schwarzen Zentrums infolge der tollkühnen Spielweise von Bobby Fischer gleichzeitig in exemplarischer Weise auftreten.

Mit dieser Partie können die strategisch-positionellen und die kombinatorischen Angriffs- und Verteidigungsmöglichkeiten der »klassischen« Sizilianischen Verteidigung so beispielhaft belegt werden, daß Sie diese Partie sorgfältig studieren sollten.

Dagegen sollten Sie die Sizilianische Verteidigung im Turnier wegen ihrer Anfangsschwäche und der unglaublichen Variantenfülle, die Sie auswendig kennen müßten, um sich als Führer der schwarzen Steine erfolgreich zu behaupten, vorläufig nicht spielen.

Es handelt sich um die 11. Partie des Wettkampfes.

B. Spasski   B. Fischer
Reykjavik 1972

1. e2–e4   c7–c5
2. Sg1–f3   d7–d6
3. d2–d4   c5 × d4

Damit setzt sich Weiß gegen die Beherrschung des Feldes d4 zur Wehr und nimmt lieber in Kauf, daß Schwarz einen Bauern mehr im Zentrum bekommt. Dieser Bauer könnte, falls es zu einem Bauernendspiel käme, Schwarz das zum Siege ausreichende Übergewicht verleihen.

4. Sf3 × d4   Sg8–f6

Erkennbar oder besser »erfühlbar« ist dagegen jetzt schon, daß die Möglichkeiten für Schwarz auf dem Damenflügel und eventuell

in der Mitte, die für Weiß auf dem Königsflügel und ebenfalls in
der Mitte liegen. Die folgenden Züge von beiden Partnern unter-
streichen diese Möglichkeiten.

5. Sb1–c3 a7–a6

Schwarz bereitet bereits den Vorstoß seines Bb7 vor, der allerdings,
wie Sie erkennen werden, nicht gleich anschließend erfolgen darf.

6. Lc1–g5 e7–e6

Auch Weiß verliert mit der Vorbereitung seines Angriffs auf den
schwarzen Königsflügel keine Zeit, schwächt aber durch diesen
Zug seinen Damenflügel, da dem Bb2 die Deckung weggenommen
wird. Daß diese Schwächung hier erfolgen darf, würde auch ein
Großmeister, wenn er die umfangreichen Variantenverzweigungen
nicht in seinem Gedächtnis gespeichert hätte, kaum erkennen
können. Das allein durch Denkarbeit am Brett herausrechnen zu
wollen, ist jedenfalls aussichtslos. B. Fischer, der ohnehin am
Damenflügel angreifen will, ergreift jedenfalls sogleich die Gelegenheit, nachzuweisen, daß sich Weiß eine Schwäche gemacht habe.

7. f2–f4 Dd8–b6!
8. Dd1–d2 Db6 × b2

Natürlich hat sich Weiß ausgerechnet, daß er die schwarze Dame,
wenn sie Bb2 schlägt, in erhebliche Schwierigkeiten bringen und
sie, wenn schon nicht erobern, so doch davon abhalten kann, sich
in den Angriff gegen den schwarzen Königsflügel mitwirkend einzuschalten. Es taucht hier das uralte Motiv der »Abseitsstellung«
der stärksten Figur wieder auf, das Sie schon aus der Partie E.
Schiffers gegen M. Tschigorin kennen, die in der »Neuen Schachschule. Meister durch schöpferisches Spiel« veröffentlicht wurde.

9. Sd4–b3 Db2–a3

Der Sperrzug für Db2 deckt zugleich Ta1.

10. Lg5 × Sf6 g7 × Lf6

Das stärkt zwar die schwarzen Mittelbauern ein weiteres Mal,
verhindert aber zugleich 0–0 von Schwarz. Der schwarze König
muß nun bis zum Schluß in der Mitte bleiben, was die Beengtheit
der schwarzen Stellung weiter verschärft. Die Theorie bezeichnet
den von Weiß gewählten Zug als den schärfstmöglichen.

11. Lf1–e2 h7–h5

Der Zug von Schwarz soll verhindern, daß Weiß durch (12.)
Le2–h5 den Bf7 fesselt. Statt dessen hätte Schwarz andere, von der

Variantentheorie längst erforschte Verteidigungszüge gehabt, die jedoch ebenfalls Weiß in Vorteil bringen. Da diese Varianten zur weiteren Entschleierung des strategisch-positionellen Sinns der Sizilianischen Verteidigung nur wenig beitragen, werden die wichtigsten von ihnen kommentarlos mitgeteilt, damit Sie gegebenenfalls analysieren können.

11. Lf1–e2, Sb8–c6 12. 0–0, Lc8–d7 13. Kg1–h1, Lf8–e7 14. Le2–h5, Th8–f8 15. Dd2–e3, Sc6–a5 16. f4–f5, Sa5 × Sb3 17. c2 × Sb3!, 0–0–0 18. Sc3–d5, e6 × Sd5 19. e4 × d5, Ld7–b5 (19. ——— Td8–e8 20. De3–a7!) 20. Tf1–c1+, Kc8–b8 21. De3 × Le7, Weiß steht +

oder

11. Lf1–e2, Sb8–c6 12. 0–0, Lf8–g7 13. Tf1–f3, Lc8–d7 (13.——— 0–0?! 14. f4–f5, h7–h6 15. Ta1–f1, Kg8–h7 16. Tf3–h3, Weiß steht +) 14. f4–f5, Ta8–c8 15. Tf3–g3!, Th8–g8 16. Ta1–f1, Weiß steht +

    12. 0–0   Sb8–c6
    13. Kg1–h1?   Lc8–d7?

Die Kommentatoren haben beide Züge kritisiert. Kg1–h1 sei überflüssige Vorsicht und an dieser Stelle nicht begründet. Lc8–d7 wird als offenkundiger Fehler bezeichnet, weil Schwarz hätte erkennen müssen, daß seiner Dame eine Gefahr droht, der er durch Sc6–a5 oder Sc6–e7 hätte begegnen sollen. Großmeister Luděk Pachman, der eine sehr bemerkenswerte Untersuchung über den

Stellung 18
Weiß zieht

W S
Felder: 8:11
Wirkgew: 16:19

nach 14. ——— Da3–b4

ganzen Wettkampf geschrieben hat, hält 11. --- Sb8–c6 »schon für einen fast entscheidenden Fehler«.

Der Angriff auf die zugbeengte Da3 beginnt mit einem ungewöhnlichen, der Theorie bisher unbekannten Zuge. Das ist verständlich, weil Sc2–b1 die ganze bisherige Figurenentwicklung des weißen Damenflügels wieder rückgängig macht, ohne daß ein unmittelbar zu realisierender Vorteil durch eine Zwangszugfolge zu sehen ist. Schwarz hat eine Reihe von Antwortzügen, die allerdings alle den durch 14. Sc3–b1 bewirkten Tempoverlust nicht ausnutzen können. Mit dem Zug 14. Sc3–b1 werden wieder einmal »klassische« Spielgrundsätze zugunsten positionell-strategischer Möglichkeiten über den Haufen geworfen. Damit Sie daran lernen können, werden die Abspielmöglichkeiten hier angegeben:

I. (14.) Sc3–b1!! Da3–b2?
 (15.) a2–a4!

Weiß kommt anschließend zu Sb1–a3 und hat dann die Drohung Tf1–b1 oder Sa3–c4, die Schwarz nicht kompensieren kann. Seine Dame ist verloren. Analysieren Sie es selbst. Weiß darf dagegen nicht ziehen: (15.) a2–a3, Ta8–c8! (16.) Sb1–c3, Sc6–a5.

II. (14.) Sc3–b1!! Da3–a4
 (15.) c2–c4!

Das verstärkt den Druck auf die schwarzen Mittelbauern in gefährlicher Weise.

Nachdem er ungewöhnlich lange nachgedacht hatte, zog es B. Fischer vor, den Damentausch anzubieten, dem Weiß, eingedenk des Grundsatzes, beengte Stellungen des Partners nicht durch Abtausch zu erleichtern, und weil er außerdem sah, daß er die schwarze Dame in Lebensgefahr bringen konnte, natürlich auswich.

15. Dd2–e3 d6–d5?

Es drohte Damenverlust (16.) a2–a3, Db4–a4 (17.) Sb1–c3. Dieser Gefahr konnte Schwarz etwas stärker durch (15.) --- Sc6–e7 ausweichen als durch das angebotene Bauernopfer. Doch bliebe auch dann, wie die Kommentatoren herausfanden, die schwarze Stellung positionell-strategisch hoffnungslos unterlegen. Durch 15. Dd2–e3 deckt Weiß den Be4 und nimmt der schwarzen Dame zugleich das Fluchtfeld b6.

16. e4 × d5 Sc6–e7
17. c2–c4! Se7–f5

Spasski verstärkt lieber seinen ihm von Fischer eingeräumten Angriff auf die schwarze Mitte, als daß er die beengte schwarze Stellung durch (17.) d5 × e6, f7 × e6 erleichtert und Fischer für den Materialausgleich ein freieres Figurenspiel einräumt. Darauf hatte Fischer bei seinem Bauernopferangebot wohl gehofft. Dem Angriff auf die weiße Dame ist leicht ohne Nachteil zu begegnen.

18. De3–d3   h5–h4

Natürlich hat Spasski bereits, bevor er 17. c2–c4 zog, herausrechnen müssen, *weshalb* die schwarze Stellung nach (18.) — — — e6 × d5 (19.) c4 × d5, Ld7–b5 (20.) Dd3 × Sf5, Lb5 × Le2 (21.) Sb1–d2, Le2 × Tf1 (22.) Ta1 × Lf1 trotz des Qualitätsgewinns endgültig ruiniert sein würde. Die Möglichkeiten des Zusammenspiels der weißen Figuren mit dem Freibauern d5 sind so übersichtlich klar, und die Angriffsrolle des Sd2 ist so deutlich, daß Sie die weitere Variantenanalyse alleine durchzuführen imstande sein sollten.

Schwarz wählte also dieses Abspiel aus guten Gründen nicht, sondern versuchte in einer letzten Rettungsanstrengung einen Angriff auf den weißen Königsflügel, für den seine Dame viel zu weit abseits steht und für den er kein ausreichendes Material zur Verfügung hat. Fischer folgt damit einem in solchen Lagen durchaus klassischem Verzweiflungsverhalten. Schwarz droht mit einer leicht zu durchschauenden und von Weiß abzuwehrenden Kombination, die zu Zuckertort-Tschigorins Zeiten vielleicht Erfolg gehabt hätte. Er droht mit einem Springeropfer und verläßt sich auf das Zusammenspiel des Th8 mit seinem schwarzfeldrigen Läufer. Finden Sie es selbst heraus!*

Spasski findet auch sofort den widerlegenden Deckungszug.

19. Le2–g4   Sf5–d6
20. Sb1–d2   f6–f5

Weiß zieht es vor, seine rückständigen Figuren zunächst zum Totalangriff auf die beengte und erschütterte schwarze Stellung bereitzustellen, weil er herausgerechnet hat, daß ihm ein sofortiger Angriff keinen bleibenden Vorteil verschafft:

(20.) d5 × e6, f7 × e6 (21.) Dd3–g6+, Ke8–e7 ohne sinnvolle Fortsetzung für Weiß.

---

* Es droht nun (19.) — — — Sf5–g3+ (20.) h2 × g3, h4 × g3+ (21.) Kh1–g1, Lf8–c5+. Weiß widerlegt diese Kombinationsidee mit 19. Le2–g4, worauf nach dem Bauerntausch 21. Lg4–h3 erfolgen könnte.

Die Antwort von Schwarz, den Lg4 mit seinem gedeckten Bf5 anzugreifen, sieht durchaus plausibel aus, ist aber nichtsdestoweniger, wie ein Weltmeister sofort durchschaut und B. Fischer wohl auch erkannt hatte, für Schwarz nachteilig. Fischer hatte wohl nicht mehr viel Lust, sich vergeblich anzustrengen.

21. a2–a3! Db4–b6

Spasskij hatte erkannt, daß er nun, nach der Abwehr des Angriffs auf seinen König, die schwarze Dame weiter in Lebensgefahr bringen kann. (21.) --- Db4–a4 scheitert an Sb3–c5.

22. c4–c5! Db6–b5
23. Dd3–c3! f5 × Lg4

Das sieht so aus, ob Db5 nach (24.) a2–a3 ein Fluchtfeld auf e2 gewonnen hätte, doch ist sie auch dort nach (25.) Ta1–e1 verloren, während der Th8 immer noch von Dc3 und der Sd6 von Bc5 bedroht bleiben. Auch ein schwarzer Rettungsversuch durch (23.) --- Th8–g8 (24.) a3–a4, Lf8–g7 (25.) Sb3–d4! wäre aussichtslos.

24. a3–a4 h4–h3
25. a4 × Db5 h3 × g2+

Den Ruin vor Augen, verzichtet Fischer sogar darauf, seine Dame wenigstens noch gegen einen weißen Turm abzutauschen. Denn daß der Bauernangriff auf die weiße Königsstellung ohne große Mühe abgewehrt werden kann, muß er selbst gewußt haben.

26. Kh1 × g2 Th8–h3
27. Dc3–f6! Sd6–f5

Auch (27.) --- Lf8–e7 hätte nichts genützt wegen (28.) Df6–g7.

28. c5–c6! Ld7–c8
29. d5 × e6 f7 × e6
30. Tf1–e1 Lf8–e7
31. Te1 × e6 aufgegeben.

Das Urteil von Großmeister Tarrasch über die Sizilianische und Französische Verteidigung

Großmeister Siegbert Tarrasch behauptet:
»Die sizilianische Partie, die durch die Züge 1. e2–e4, c7–c5 hergestellt wird, gibt dem Nachziehenden ein besseres Spiel als die französische Partie sowie die andern minderwertigen Gegenzüge auf 1. e2–e4. Streng korrekt ist der Zug gewiß nicht, denn er

leistet nichts für die Entwicklung, sondern sucht nur dem Anziehenden die Zentrumsbildung zu erschweren. Aber dies mit Erfolg. Denn meist sucht Weiß mit d2–d4 das Spiel rasch zu öffnen und der dann folgende Tausch des c- gegen den d-Bauern ist für den Weißen eigentlich nachteilig, denn ein Mittelbauer ist mehr wert als ein Läuferbauer. Zum Ersatz dafür hat Weiß allerdings das erheblich freiere Spiel und Tempovorteile. Aber auf die Dauer hat doch Schwarz einen Bauern im Zentrum mehr und gerade hierin liegen seine Chancen, wie sie weder die französische Partie noch irgendeine andere minderwertige Verteidigung bietet. Weiß hat das bessere Figurenspiel, Schwarz das bessere Bauernspiel und wer nun stärker spielt, wird die Vorteile seines Spiels betonen und die Nachteile weniger hervortreten lassen. Deshalb ist die Sizilianische Verteidigung vorzüglich für einen starken Spieler geeignet, der einem schwächeren gegenüber 'auf Gewinn' spielen will. Gegen tadelloses Gegenspiel aber muß auch sie versagen.«

Was bei Tarrasch noch als »meist sucht Weiß mit d2–d4 das Spiel rasch zu öffnen« bezeichnet wird, das gehört für die modernen Lehr- und Handbücher der Eröffnungen zur Selbstverständlichkeit, von der zwar Ausnahmen vorkommen, die aber als »ungesund«, »unklar«, »langsam«, »harmlos« oder »ungewöhnliche Ideen« abqualifiziert werden.

Der folgende Satz entspricht einer typischen Formulierung: »Sizilianisch verdankt ihre Wirksamkeit hauptsächlich der halboffenen c-Linie, die entsteht, *wenn Weiß d2–d4 und das dann unvermeidliche Abtauschen der Bauern spielt.*«

Da die Bilanz der freien Felder und der Wirkungsgewichte für Schwarz nach 1. e2–e4, c7–c5 ausgesprochen ungünstig ist, die sich aber, wie Sie gesehen haben, nach dem Abtausch des Bd4 gegen den Bc5 automatisch verbessert, müßte es eigentlich stärkere Züge als diesen Abtausch für Weiß geben. Diese Züge sollten die ungünstige Felderbilanz von Schwarz aufrechterhalten oder gar verstärken, nicht aber wie der durch 2. d2–d4 herbeigeführte Abtausch verbessern.

Wenn Sie die Stellung 16 auf dieses Ziel hin analysieren, dann fallen Ihnen sofort die folgenden Möglichkeiten für den zweiten weißen Zug auf:

d3, c4, b3, f4 und g3, Lc4, Sc3, Sf3 außer der Fortsetzung
2. d2–d4

All das ist schon gelegentlich versucht worden, einige dieser Versuche wurden zu Systemen erweitert, wie etwa der Nimzowitsch-Rossolimo-Angriff, doch steht die allgemeine eröffnungstheoretische Variantenerforschung noch aus.

Für Sie, der Sie wissen, daß sowohl 1. e2–e4 ein Eröffnungszug von durchaus fraglichem Wert ist und 1. --- c7–c5 Schwarz gleich zu Anfang mit einer sehr ungünstigen Bilanz der freien Felder belastet und Sie ferner, wenn Sie die schwarzen Steine führen, auf jeden Fall in ein kaum zu bewältigendes Variantengestrüpp hineingezwungen werden, sollte die Sizilianische Verteidigung im Turnier vorläufig ungespielt bleiben.

Auf 1. e2–e4 gibt es Antwortzüge, die bei gleichwertiger Felderbilanz ein ausreichend remissicheres Spiel mit guten Gegenchancen ermöglichen.

Auch gibt es, wie Sie noch ausführlich erfahren werden, anstelle von 1. e2–e4 für den Führer der weißen Steine andere, sicherere Eröffnungszüge, die bei beschränkten Varianten-Komplexen zu günstigen Felderbilanzen führen.

Diese Eröffnungen erlauben es sogar, Stellungsbilder zu erreichen, die aus der Sizilianischen Verteidigung – oft mit vertauschten Farben, also mit dem Anzugstempo mehr – wohlbekannt sind, so daß Sie eben von dort aus bei begrenztem Variantenumfang in die strategisch-positionellen Geheimnisse dieser Verteidigung viel leichter und mit viel weniger belastetem Gedächtnis eindringen können.

4.
Trainingsabschnitt

Das angebliche Geheimnis der Schach-Giganten

Wenn ein Schachspieler eine ungewöhnlich steile Karriere macht oder wenn er als Groß- und Weltmeister über lange Zeit alle seine Mitbewerber regelmäßig hinter sich läßt, dann werden ihm häufig übernatürliche, magische Eigenschaften angedichtet, mit deren Hilfe er, seine Partner »behexen« soll.

Das wurde schon von Morphy und Steinitz behauptet, ganz besonders aber von Weltmeister Lasker, der, obwohl er gegen seine stärksten Großmeister-Partner oft schwach spielte, seine bereits auf Verlust stehenden Partien dennoch gewann.

In neuerer Zeit sind insbesondere die Weltmeister Michail Tal und Bobby Fischer der »Hypnose ihrer Gegner« verdächtigt worden, die zur Folge haben sollte, daß ihre jeweiligen Partner nicht die besten Antwortzüge fanden.

Woher kommen solche Behauptungen?

Sie sind darin begründet, daß die Schachpartie ganz allgemein, vor allem aber die Turnierpartie, ein Ereignis darstellt, von dem nicht nur Schachfiguren nach festgelegten Regeln funktional miteinander kombiniert und zu mathematisch definierbaren Endstrukturen hingesteuert werden, was auch durch elektromechanische Maschinen, Computer genannt, geleistet werden könnte, sondern weil sich, trotz aller mathematischen Variantengebundenheit der möglichen Züge, ein schöpferischer Einfluß auf die Spielführung durchzusetzen vermag.

Es ist zwar unbezweifelbar, daß eine vollendete Schachpartie durch ihren Zügeverlauf als mathematisch definierbare Struktur ganz objektiv dargestellt und konserviert werden kann, doch ist dies immer nur *nachträglich* möglich, wenn die Struktur sich bis zu einem gewissen Reifegrad, von dem ab Zwangszüge beginnen, vollendet hat. Niemals aber ist sie durch *Voraussage* möglich!

Könnte der Ablauf jeder möglichen Schachpartie vom ersten Zuge ab mathematisch-strukturell bereits als Voraussage dargestellt und sicher erfaßt werden, dann wäre der um die Jahrhundertwende so oft beschworene »Remistod« des Schachspiels längst erreicht.

Was damals aus dem Spielstil der zeitgenössischen Schachmeister zu erschließen versucht wurde, ist seit den fünfziger Jahren auf der höheren Ebene der theoretischen und angewandten Mathematik erneut, aber wiederum erfolglos, versucht worden.

Zwei Weltmeister haben über dieses Problem bemerkenswerte wissenschaftliche Arbeiten veröffentlicht:

Michael Botwinnik »Spielalgorithmus im Schachspiel« in der Zeitschrift »Ideen des exakten Wissens« Nr. 7, 1969 in Stuttgart.

T. V. Petrosjan »Chess Logic« Eriwan 1968, bei Skahus-Forlaget in Kopenhagen.

Über die Bemühungen, Computer mit Schachprogrammen zu füttern, die es den elektronischen Maschinen ermöglichen, Schach zu spielen, und deren Stärken und Schwächen, berichtet umfassend:

»Information, Computer und künstliche Intelligenz«, Umschau Verlag, Frankfurt a. Main 1967

Wenn aber die mathematisch-wissenschaftliche Bewältigung durch Variantenanwendung und Spielgrundsätze allein nicht vollendet möglich ist, dann kann das Geheimnis des außerordentlichen Erfolges der Schach-Giganten nur noch in dem schöpferischen Beitrag zu finden sein, den beide Partner wechselseitig, mehr oder weniger intensiv, in den Partienverlauf hineinfließen zu lassen fähig sind.

Nicht der als mit allen Mitteln zu bekämpfende Feind aufgefaßte Partner wird »magisch« beeinflußt, sondern die Struktur des Partienverlaufs paßt sich als dritter Partner dem Ereignis an. Durch die wechselseitigen kontradiktorischen Bemühungen der Partner entfaltet sich das Werk und unterwirft sich den auf es eindringenden schöpferischen Bemühungen, wie der behauene Stein sich dem Bildhauer unterwirft und damit dem Künstler fügt.

Je nach der Gleichwertigkeit der beiden Partner, nach Begabung, Erfahrung, Wissen und Kampfbereitschaft, kann so ein sportlicher Wettkampf, ein wissenschaftliches Werk oder ein künstlerisches Opus entstehen.

Ob das Endergebnis von der Welt dann als echte Leistung, als Torso, als Kitschprodukt oder als Kunstwerk empfunden wird, das hängt ausschließlich von der Wahrhaftigkeit, der Kampfbereitschaft und, wenn das höchste Ziel, ein gemeinsames Kunstwerk zu schaffen, angestrebt wird, von der Bereitschaft ab, hinter dem Werk als Dienender zurückzutreten (siehe Seite 357ff.).

Diese dem Schachspiel verliehenen einzigartigen Möglichkeiten sind der Grund, weshalb hier die Kennzeichnung »Partner« der Kennzeichnung »Gegner« vorgezogen wird.

Die sogenannten Schach-Giganten haben alle, bewußt oder unbewußt, diese Entwicklungsstufen vom sportlichen Kämpfer über den wissenschaftlichen Denker bis zum schöpferischen Gestalter durchlaufen. Dieser Entwicklungsweg entspricht im übrigen den Stufen der Entwicklungsgeschichte des Schachspiels im Laufe der Jahrhunderte. Das werden Sie bei Ihrem Studium immer wieder erkennen.

Für die Praxis des Turnierspiels und für die unvoreingenommene Beurteilung der großen Schachspieler-Persönlichkeiten bedeutet dies, daß deren Spiel über die wissenschaftlichen Variantendeutungen hinaus Merkmale aufweist oder zu erkennen gestattet, die über den Bereich des Verstandes und des voraussetzungslosen Denkens hinausreichen.

Zeugnisse dafür gibt es genug. Einige sollen zum Abschluß dieses Kapitels hier zitiert werden.

Von Weltmeister Lasker wurde oft behauptet, daß er fähig sei, seinen Gegnern, besonders dann, wenn er selbst in eine auf Verlust stehende Stellung geraten sei, »durch hypnotische Beeinflussung schlechte Züge aufzuzwingen«.

Ganz die gleichen Eigenschaften vermuteten die Betreuer des Weltmeisters Boris Spasski bei dem Herausforderer Bobby Fischer während des Weltmeisterschaftskampfes in Reykjavik noch 1972, wie Peter Beyersdorf berichtet: »Zwei Mitglieder seiner Begleitmannschaft machten einen Blitzbesuch in Moskau, um mit anerkannten Spezialisten die Gründe für Spasskis kläglisches Versagen zu ergründen. Boris, so wurde erzählt, verfalle jedesmal einer bleiernen Müdigkeit, wenn er Fischer gegenübersitze. Für viele Sowjetbürger hatte Bobby einen hypnotisierenden Blick.«

Diese absurde Theorie über Fischers »magische« Fähigkeiten wurde gestützt durch die Information, daß Bobby Fischer in der Tat einmal einen Fachmann der Hypnose befragt hatte, ob es einen parapsychologischen Weg gäbe, die Gedanken eines Menschen hypnotisch zu lesen.

Alle diese Spekulationen hatten zur Folge, daß ihm sogar seine Biographen H. Kramer und S. H. Postmar die Möglichkeit unterstellten, die Zukunft zu deuten: »Aber außer seinen Primadonna-Launen hat Fischer anscheinend einen prophetischen Blick.«

Doch kennzeichnen alle diese laienhaften Vermutungen lediglich das aus dem trainierten Schachgefühl des begabten Schachspielers aufsteigende intuitive Vermögen, die Entfaltung keimhaft angelegter Strukturen bis zur vollendeten Blüte vorauszusehen.

Aus ernsthaften Untersuchungen schachlich wie psychologisch gleichwertig geschulter Fachleute geht das ganz eindeutig hervor.*

So sagt der Internationale Meister und Schachschriftsteller L. Prins über einen Zug Weltmeister Capablancas: »Für Menschen, die wie Capablanca mit einem sechsten Sinn begabt zu sein scheinen, ist jedes Merkmal, wie vage es auch sei, eine Realität, die sie handhaben wie ein Steuerrad.« Und wenig später: »Capablancas Opfer beruhen nicht in erster Linie auf Berechnung, sondern auf einem wunderbaren *Gefühl* für die Möglichkeiten, die eine Stellung bietet.«

So kennzeichnet der ungarische Großmeister und Schachschriftsteller József Hajtun den Spielstil von Michail Tal: »Die Eigenart seines Stils ist die Komplikation ... bei der die mathematische Berechnung in den Hintergrund tritt und das Schachgefühl die entscheidende Rolle übernimmt. Das Schachgefühl, das der wichtigste Wesenszug eines jeden Taktikers ist, erwies sich bei Tal als eine noch nicht dagewesene verfeinerte Eigenschaft. ... Nur Capablanca spielte noch mit ähnlicher Leichtigkeit und Selbst-

* Zur Klärung der Grundfragen siehe: »Handbuch der Psychologie«, Basel 1951; »Lehrbuch der Psychologie« v. Ruch u. Zimbardo, Berlin, New York, Heidelberg 1974; »Psychology of Consciousness« v. Robert E. Ornstein, N. Y. 1972; »Die Wahrnehmung der visuellen Welt« v. James E. Gibson, Weinheim 1974.

sicherheit. Der 'große Kubaner' strebte nach den einfachsten Lösungen und Varianten, Tal dagegen schleift seine Gegner bis an den Rand des Abgrundes.« Er hätte hinzufügen können: So wie das bereits Weltmeister Laskers Gewohnheit war.

Der Internationale Meister und Schachschriftsteller Alfred Brinckmann hat das Spiel des Großmeisters S. G. Tartakower so charakterisiert: »Glühende Phantasie und eiskalte Berechnung finden sich hart nebeneinander!« Bei Weltmeister Aljechin stellte er fest: »Seine feurige Phantasie zaubert ihm tausend Bilder vor sein Auge, seine Gestaltungsfreudigkeit bändigt das Chaos der Erscheinungen und verknüpft einige wenige von ihnen zu einem eigenartigen Plan voll glitzernder Pointen.«

In dieser poetischen Beschreibung wird der Vorrang der schöpferischen Kräfte über die rationale Ordnung anschaulich deutlich.

Alfred Brinckmann kann den gleichen Sachverhalt aber auch mit schachwissenschaftlicher Nüchternheit ausdrücken. Das tut er bei der Kennzeichnung von Weltmeister Capablancas Schachbegabung: »Wer mit Capablanca am Brett gesessen und analysiert hat, der hat erfahren, daß er ungemein weit zu rechnen versteht, daß er verblüffend rasch das Wesentliche vom Unwesentlichen zu sondern weiß, daß er über eine starke *Intuition*, also über ein bis in die Fingerspitzen reichendes Schachgefühl gebietet.«

Aus all dem können Sie erkennen, daß es gar kein Geheimnis der Schach-Giganten gibt. Sie verfügen über keine anderen und auch nicht über stärkere, übernatürliche oder gar »magische« Fähigkeiten als jeder andere schöpferische Künstler auch. Die großen Schach-Persönlichkeiten wenden dieses aus Einfühlungsvermögen, Wissen und Tatkraft amalgamierte künstlerische Vermögen, über das jeder Musiker, Dirigent, Ballettmeister, Regisseur auf seinem Gebiet ebenfalls verfügen muß, auf die Ausübung des wahrscheinlich edelsten Spiels an, das sich die Menschheit im Laufe ihrer Entwicklung geschaffen hat, das Schachspiel.

Weltmeister Wassili W. Smyslow hat, als er nach dem Geheimnis von Bobby Fischers Erfolg gefragt wurde, geantwortet: »Der Schlüssel zu einem der Hauptgeheimnisse zu Fischers Erfolg ist seine außergewöhnliche Hingabe an die Kunst des Schachspiels, seine unaufhörlich schöpferische Begeisterung.«

Unaufhörliche Hingabe und Begeisterung für eine Kunst schließen alle schon genannten Eigenschaften und Tätigkeiten ein, die auch den werdenden Schachmeister kennzeichnen. Sie muß er unablässig und wahrhaftig betreiben, wenn er eines Tages selbst zum Kreis der Großmeister des Schachs zählen will.

5.
Trainingsabschnitt

Das Blitzturnier als Beobachtungsfeld

Wenn Sie den Schachspieler unbelastet von allem Variantenwesen auf der freien Wildbahn seines Naturtalentes beobachten und seine schachliche Begabung beurteilen wollen, dann sollten Sie ihm beim sogenannten Blitzspiel zuschauen.

Dabei wird gewöhnlich mit Schachuhren so gespielt, daß jeder Partner bis zur Beendigung der Partie nur fünf, manchmal sogar nur eine Minute zur Verfügung hat. Ist die Zeit abgelaufen, bevor die Partie beendet wurde, dann hat derjenige Partner verloren, der die auf der Uhr eingestellte Zeit zuerst überschritten hat.

Die Schachregeln sind für die Blitzpartie teilweise abgeändert. So braucht ein Schachgebot nicht angesagt zu werden, und der im Schach stehende König darf, wenn das Schachgebot übersehen wird oder unabgewehrt bleibt, im nächsten Zug vom Brett genommen werden. Dadurch kann die Partie ebenfalls gewonnen oder verloren werden.

Viele und gerade die erfolgreichsten Blitzspieler ziehen wie in Trance. Sie verlassen sich dabei ausschließlich auf ihren Schach-Instinkt und entdecken, während sie ziehen, intuitiv und simultan ganze positionelle und materielle Kombinationen.

Vor allem fällt Ihnen bei den begabten Blitzspielern deren Fähigkeit auf, überraschende und folgenschwere Bauernzüge zu machen.

Auch Sie können, wenn Sie sich durch lange Übungen im praktischen Spiel ein ausreichend sicheres Schachgefühl angeeignet haben, das Blitzspiel zur Kräftigung Ihrer schachlichen Intuition benutzen, doch sollten Sie sich dabei genau kontrollieren. Sobald Sie anfangen, über Ihre Blitzzüge, wenn auch noch so kurz, analytisch nachzudenken oder, was noch schlimmer ist, *gefühlsmäßig unbegründete* Züge zu ziehen, sollten Sie das Blitzspielen sofort wieder für längere Zeit aufgeben. Sie würden dann nämlich Ihr Schachgefühl durch diese Spielart nicht üben und stärken, sondern verderben.

Zum Blitzspiel muß man reif geworden sein.

Für den Anfänger und den noch nicht über ein ganz sicheres Schachgefühl verfügenden Fortgeschrittenen ist das Blitzspiel Gift.

Die Stärken und die Schwächen der Eröffnungstheorie

Ein Eröffnungsplan ist kein Eröffnungszug. Ein Plan sollte aber vorhanden sein, bevor der erste Zug gemacht wird.

Diese Auffassung steht zwar im Gegensatz zur allgemeinen Meisterpraxis, die, wie es der belgische Großmeister A.O'Kelly ausdrückt, »erst nachdem man seine Steine, dem einen oder anderen Eröffnungsschema folgend, entwickelt hat ... eine Idee d. h. einen Plan finden« läßt. Doch bezieht sich diese Auffassung auf spezielle Pläne der »wissenschaftlichen Spielführung«, während es hier um allgemeine und grundsätzliche Eröffnungspläne geht.

Deshalb ist es notwendig, zuerst die allgemeinen Voraussetzungen des Eröffnungsplanes zu untersuchen und festzulegen. Dann erst sollte der erste Zug *plangemäß* gemacht werden.

Wie kann denn nun im Schachspiel ein Eröffnungsplan aufgestellt werden, ohne daß dabei gleichzeitig ein Eröffnungszug ins Auge gefaßt wird?

Das ist durchaus möglich, ja sogar endlich notwendig, weil in der bisherigen Geschichte des Schachspiels nur Eröffnungszüge behandelt wurden, aus denen sich dann der jeweilige Eröffnungsplan als »Sinn der Eröffnung« ableiten ließ.

So kam es, daß so gut wie niemals nach dem Sinn eines ersten Eröffnungszuges gefragt wurde. Das wiederum führte zu traditionsgemäß gezogenen Eröffnungsvarianten, die nur durch als revolutionär empfundene, mehr oder weniger gewaltsam postulierte neue Eröffnungsvarianten mit anderem »Sinn«, als ihn die vorher gezogenen Varianten hatten, ersetzt wurden.

Ein Eröffnungsplan kann dagegen, ganz unabhängig vom Eröffnungszug, die allgemeine Absicht eines Schachspielers umfassen, nach Möglichkeit eine ruhige, geschlossene Partieanlage oder aber eine spannungsgeladene, offene Partieanlage herbeizuführen.

Im ersteren Falle wird er so ziehen müssen, daß er einen Bauernabtausch und die Entstehung offener Linien möglichst vermeidet, im zweiten wird er nach offenen Linien und freier Figurenentwicklung streben.

Die erstere Absicht kann er erfahrungsgemäß dadurch erreichen, daß er zusammenhängende, möglichst ineinander verzahnte Bauernketten anstrebt, im zweiten Falle wird er bereit sein, möglichst rasch einen Bauern zu opfern, um dafür seinen Figuren freie Wirkungen zu verschaffen und frei werdende Linien mit Türmen besetzen zu können.

Ein Eröffnungsplan läßt sich aber auch nach anderen Grundsätzen entwerfen. Der Spieler kann den Plan fassen, mit seinen Eröffnungszügen, als Führer der weißen Steine, auf möglichst viele Felder des Schachbretts eine möglichst starke Wirkung auszuüben oder, als Führer der schwarzen Steine, den Eröffnungszügen des Weißen, stets mindestens ausgleichend, möglichst sogar überlegen, so lange entgegenzuwirken, bis der Führer der weißen Steine schwache Züge macht, die es Schwarz erlauben, die Initiative zu übernehmen und dann positionelle und kombinative Vorteile zu erringen.

Das sind Eröffnungspläne, nach denen heute die Weltmeister Fischer, Tal und der Großmeister Bent Larsen zu spielen pflegen.

Der Eröffnungsplan kann aber auch sein, so risikolos wie möglich zu eröffnen und so lange so gesichert wie möglich weiterzuspielen, bis der Partner schwache Züge macht.

Das sind Eröffnungspläne, wie sie von den Neuromantikern um Großmeister Nimzowitsch und von den Befürwortern des Spielstils von Weltmeister Petrosjan bevorzugt werden. Großmeister Geza Maroczy verdankte diesem Eröffnungsplan fast alle seine internationalen Turniererfolge.

Der sinnvolle Eröffnungsplan für den werdenden Schachmeister

Der werdende Meister, der anfangen will, sich im Turnier den ihm überlegenen Partnern gegenüber durchzusetzen, ist in einer außergewöhnlich schwierigen Lage.

Selbst wenn er sich zutrauen darf, den bereits erfahrenen älteren Spielern an Schachbegabung gleichwertig oder gar überlegen zu sein, muß er damit rechnen, daß ihn die erfahrenen Spieler allein durch ihre größere Vertrautheit mit der Turnieratmosphäre, mit dem optimalen taktischen Verhalten im Turniersaal und in den Spielpausen, mit dem kräftesparenden Einsatz von Konzentration und Rechenarbeit am Brett und schließlich mit ihren Variantenkenntnissen in den von ihnen gewählten Eröffnungen rasch in ein Fehlverhalten hineinmanövrieren, das sich in schwachen Zügen äußert.

So sind schon viele hoffnungsvolle Talente in ihren ersten größeren Turnieren untergegangen, und die Mehrzahl von ihnen hat sich nie wieder davon erholt.

Sie sollten sich daher für Ihre Teilnahme an größeren auswärtigen Turnieren, bei denen es für Ihre schachliche Karriere darauf ankommt, daß Sie die Spitzengruppe erreichen, einen Eröffnungsplan zurechtlegen, der so kräftesparend und absturzsicher wie möglich ist.

Das setzt, falls Sie nicht besonders dazu begabt sind, ein Schach-Variantenakrobat zu werden, vor allen Dingen voraus, daß Sie als Führer der weißen wie der schwarzen Steine die am meisten theoretisch untersuchten Eröffnungen vermeiden. Spielen Sie Eröffnungen, die sich, auch wenn Sie mit verschiedenen Eröffnungszügen beginnen, in möglichst gleichartige, Ihnen schon vertraute Stellungen *überleiten lassen!*

Das ist, wie Sie später noch genauer erfahren werden, für den Führer der schwarzen Steine zum Beispiel bei der Französischen Verteidigung, den Indischen Verteidigungssystemen und zum Teil auch der Sizilianischen Verteidigung der Fall.

Es läßt sich vom Führer der weißen Steine auch oft erreichen, daß er zum Beispiel ganz ähnlich strukturierte Stellungsbilder der Sizilianischen oder Indischen Verteidigung mit vertauschten Farben, also gewissermaßen mit einem Zug mehr zustande bringt. Dann braucht er nur die wichtigsten, für diese Stellungsstrukturen theoretisch ausgearbeiteten Variantenkomplexe auswendig parat zu haben und sinngemäß anzuwenden, um auch den erfahrenen alten Turnierspielern gewachsen zu sein.

Auch über diese Möglichkeiten werden Sie noch ausführlich aufgeklärt werden (siehe Seite 286 ff.).

Abgesehen davon aber werden Sie Eröffnungspläne verfolgen,

die es Ihnen gestatten, Ihren möglicherweise variantenerfahrenen Gegner so schnell wie möglich aus seinem Variantenwissen hinauszuführen, damit sich Ihre beiden Begabungen ohne Varianten-Krücken gegeneinander messen können und der kampfesmutigere, stärkere Spieler gewinnt.

Das plangemäße Anstreben und Erreichen dieser Verfahrensweise werden Sie ebenfalls noch systematisch kennenlernen.

Gelingt es Ihrem Partner jedoch seinerseits, Sie auf Eröffnungsbahnen zu halten oder gar hineinzuzwingen, die theoretisch variantenreich erforscht sind, dann sollte es für Sie nur noch ein planmäßiges Verhalten geben. Dieses Verhalten hat die sowjetische Schachschule in den letzten Jahrzehnten ausgearbeitet. Ihr verdankt die Masse der sowjetischen Schachspieler ihre großen Erfolge.

Die Methode hat gleichzeitig den Vorteil, daß sie eine zwar nicht kleine, aber doch die geringstmögliche Variantenkenntnis voraussetzt, die im Rahmen moderner Eröffnungen gerade noch verantwortet werden kann.

6.
Trainingsabschnitt

Turnier spielen verlangt mehr als nur Schach spielen

Das Turnierspiel, an dem Sie sich nun, wenn Sie den Meisterweg gehen wollen, systematisch beteiligen sollten, verlangt viel mehr von Ihnen, als nur einigermaßen gutes Schachspiel.

Daß Sie, um zu den üblichen Turnieren zugelassen zu werden, einem anerkannten Schachklub, der seinerseits den überregionalen Verbänden angehört, beitreten müssen, ist die selbstverständliche Voraussetzung. Es gibt allerdings auch seltene, für jedermann offene Turniere, die meist als Touristenattraktion veranstaltet werden.

Zu allen anderen Turnieren können Sie nur durch Ihren Schachklub, der zugleich auch Ihren »Spielerpaß« verwaltet, gemeldet werden. Der Vorstand Ihres Schachklubs stuft Sie auch zugleich in die Spielklasse ein und benennt im Falle von Mannschaftswettkämpfen das Brett, an dem Sie spielen.

Da Schachturniere stets mehrere Tage hintereinander oder viele Wochen lang, jeweils an bestimmten Spieltagen (meist Samstag/Sonntag) abgehalten werden, wobei morgens und nachmittags mehrere Stunden lang gespielt werden muß, ist Ihre körperliche und geistige Kondition an diesen Tagen von besonderer Bedeutung.

Die allgemeinen Vorbereitungen

Vor allem wirkt sich jede Ermüdung oder gar Übermüdung erfahrungsgemäß selbst dann verheerend auf Ihre Spielstärke aus, wenn Sie sich selbst noch voll leistungsfähig fühlen.

Genau das gleiche gilt für alle Anregungs- und Aufputschmittel wie alkoholische Getränke oder Weckamine, aber auch für Tranquilizer bei Lampenfieber. Die Einnahme solcher Mittel verführt den Schachspieler fast immer zu oberflächlicher Beurteilung und unbegründeten Überlegenheitsgefühlen. Er macht leichter kleine und große Fehler und gerät rasch in Verlustgefahr. Das beste Mittel ist immer noch, sich gut ausgeschlafen und in psychischer Normalstimmung an das Brett zu setzen.

Lediglich Kaffee ist etwa nach der ersten Zeitkontrolle, wenn die Anfangsspannung gewichen ist und die geistige Konzentration alleine waltet, als förderndes Stimulans angebracht.

Fangen Sie aber nicht gleich zu Beginn der Partie mit starkem Kaffee an, denn dann verstärkt sich die Aufregung, die der normale Schachspieler jedem ihm unbekannten Partner gegenüber zu haben pflegt, mit dem er zum ersten Mal spielt, leicht bis zum merklichen Herzklopfen und zur lästigen Atembeschleunigung.

Überhaupt wird Ihre Spielstärke merklich durch alle auffallenden Körperfunktionen beeinträchtigt, weshalb Sie sich stets mit geleerter Blase an das Brett setzen sollten. Auch bei drohender Zeitnot sollten Sie sich lieber noch schnell erleichtern, statt unter Blasendruck weiterzuspielen.

Vergessen Sie bei alledem auch nie, daß starker Kaffee diuretisch, das heißt harntreibend wirkt.

Sie sollten sich auch weder hungrig noch voll gesättigt an das Brett setzen. Vor allem schwer verdauliche Speisen, zu denen in Ihrem Falle auch alle Fleischgerichte zählen, veranlassen Ihren Körper, relativ mehr Blut im Magen-Darm-Bereich zur Verfügung zu stellen und das Gehirn langsamer zu versorgen. Das hat Ermüdungsgefühle zur Folge, die auch durch nikotinhaltigen Rauch nicht vollständig, sondern nur etwas beschleunigter beseitigt werden können. Schon die alten Römer wußten: »Voller Bauch studiert nicht gern.« Der Turnierspieler aber muß stets ganz wach sein, um sich voll und andauernd konzentrieren zu können.

Sollten Sie, wie viele gesunde Menschen, die einer sitzenden Lebensweise frönen, einen niedrigen Blutdruck haben, dann sollten Sie diesen in den Spielpausen durch sportliche Bewegung – am stärksten fördert Schwimmen – anregen.

Die schachtechnischen Vorbereitungen

Bevor Sie an Ihrem ersten Turnier teilnehmen, sollten Sie das Spielen mit der Schachuhr und das Eintragen der Züge in das

Partienformular so oft praktisch geübt haben, daß es für Sie zum halbautomatischen Handlungsablauf geworden ist:

Ziehen – Uhr drücken – Zug notieren – weiterüberlegen.

Glauben Sie nicht, daß diese Handlungen für den Spieler am Brett selbstverständlich seien, daß er sie sich gar nicht anzudressieren brauche. Andernfalls werden Sie die schmerzliche Erfahrung machen, daß Sie, weil Sie gerade so angestrengt nachzudenken hatten, vergaßen, Ihre Uhr abzustellen. Ihr Partner wird Sie darauf im allgemeinen nicht aufmerksam machen, weil es bei manchen Meistern oft vorkommt, daß sie ihren Partnern aus einer Art Schach-Snobismus heraus »Zeit vorgeben«.

Vergessen Sie aber, Ihre Uhr sofort nach dem beendeten Zug automatisch abzustellen, dann können Sie leicht unvermutet in Zeitnot kommen und schließlich durch »Zeitüberschreitung« verlieren oder auch durch den Zwang, zu rasch ziehen zu müssen, ohne sich genügend Zeit zum Überlegen nehmen zu können. Dieser Zwang zu besonders raschen Überlegungen pflegt sich aber gerade im Turnierspiel besonders belastend und unsicherheitsfördernd auszuwirken.

Denken Sie auch daran, daß Ihr Partner, wenn Sie in starke Zeitnot gekommen sein sollten, stets die Tendenz hat, auch dann, wenn er selbst noch über genügend Zeit verfügt, möglichst schnell seine Antwortzüge auszuführen, um Ihnen so wenig Zeit wie möglich *auf seine Kosten* zur Verfügung zu stellen.

Für solche Fälle sollten Sie sich auch im Aufschreiben von Kurznotationen üben, was sich für den Normalfall nicht empfiehlt, weil es zu leicht zu Irrtümern führt. Im alleräußersten Fall sollten Sie wenigstens die Zügezahl jeweils einfach abhaken, statt zu notieren, denn sonst passiert es Ihnen, daß Sie über die Zeitgrenze hinaus zeitnotschnell weiterziehen. In den ersten zweieinhalb Stunden müssen 40 Züge vollendet worden sein, bevor das Blättchen auf dem Zifferblatt fällt.

Vor allen Dingen: Nie ärgern

Schon in der freien Partie veranlaßt der Ärger, den Sie sich über einen Ihrer Züge erlauben, öfter den Partieverlust, als wenn Sie es gelernt haben, ihn ganz überlegt zu vermeiden.

Im Turnier beschleunigt jeder Ärger über einen schwachen oder falschen Zug, wenn Sie ihm freien Lauf lassen, den Verlust.

Der erfahrene Schachspieler versieht einen Zug, dessen Schwäche er entdeckt hat, sofort mit einem oder zwei Fragezeichen (??) und beschäftigt sich sodann, ohne auch nur den Versuch zu machen, festzustellen, wie er dazu kam, diesen Zug zu ziehen, *mit den kommenden Zügen*, denn von denen hängt allein die endgültige Entscheidung über das Schicksal seiner Partie ab.

Das heißt nicht, daß Sie niemals festzustellen versuchen sollten, warum Sie an diesen Stellen schwach oder falsch gezogen haben. Das sollten Sie im Gegenteil sogar wiederholt und sehr gründlich tun. Aber erst dann, wenn die Partie beendet ist und beim häuslichen Studium.

Erwarten Sie auch nach der Beendigung der Partie von Ihrem Partner nicht, wenn dieser verloren hat, objektive Meinungsäußerungen, es sei denn, ihm läge an einer echten, gründlichen Analyse. Das ist aber nicht gerade die Regel.

Im allgemeinen ist ein Schachspieler, wenn er verloren hat, zur Aufrechterhaltung seines Selbstbewußtseins davon überzeugt, daß er die Partie hätte gewinnen müssen, wenn er nicht gerade *den einen* falschen Zug gemacht hätte.

Versuchen Sie nie, eine solche Überzeugung zu widerlegen, auch dann nicht, wenn das ganz leicht sein sollte. Sie werden dadurch höchstens einen Streit provozieren.

Fast alle Schachspieler neigen, solange sie noch nicht Meister geworden sind (und auch dann häufig noch), zu Hohn und Spott. Fast alle Schachspieler bagatellisieren Partienverluste oder schieben sie auf irgendein angebliches Unwohlsein ab.

Versuchen Sie niemals, sich ähnlich zu verhalten und widersprechen Sie solchen Spielern nie. Das würde nur dazu führen, daß Sie die Entwicklung Ihrer Spielstärke selbst hemmen.

Nehmen Sie solche Ausfälle, wenn sie Ihnen begegnen, schweigend zur Kenntnis und stellen Sie währenddessen lieber die Steine für eine neue Partie auf. Das veranlaßt erfahrungsgemäß den Nörgler dazu, gleich vor sich selbst aufs neue beweisen zu wollen, daß er doch stärker spielt als Sie.

Das Fundamentalproblem des Turnierspielers

Solange Sie im Bereich des Schachklubs freie Partien spielen, kennen Sie normalerweise Ihre Spielpartner schon längere Zeit. Sie wissen, wie sie spielen, kennen ihre Lieblingseröffnungen und wissen auch, wie sie in typischen Stellungen typisch ziehen.

Es kommt zwar vor, daß Sie gelegentlich gebeten werden, mit einem Ihnen bis dahin unbekannten Gast zu spielen, doch ist das selten.

Ganz anders ist für Sie dagegen die Situation im Turnier. Dort spielen Sie fast immer mit einem bisher unbekannten Schachspieler, von dem Sie lediglich annehmen dürfen, daß er sich genauso wie Sie selbst sorgfältig auf das Turnier vorbereitet hat und daß er von dem Willen besessen ist, die Partie zu gewinnen.

Diese Situation erzeugt im normalen Schachspieler eine Spannung und ein Gefühl der Unsicherheit. Die Unsicherheit wird vor allem dadurch genährt, daß Sie sich auf Ihren Partner vor dem Spiel nicht einstellen können, weil Sie weder ihn noch seine Spielgewohnheiten kennen.

Da Sie ein solches – unbewußtes! – Einstellen aber bei Ihren Schachklubpartnern gewöhnt sind, werden Ihre – unbewußt bleibenden! – Versuche, eine solche Sicherheit auch dem unbekannten Turnierpartner gegenüber zu gewinnen, ständig enttäuscht. So kommt es zu einem bewußt werdenden, deutlichen Unsicherheitsgefühl.

Mit diesem Unsicherheitsgefühl, das sich, weil es aus dem Unbewußten kommt, mit rationalen Argumenten nicht vernichten läßt, sollten Sie fertig geworden sein, bevor Sie den ersten Zug am Turnierbrett machen.

Wie kann das erreicht werden?

7.
Trainingsabschnitt

Der allgemeine Eröffnungsplan hilft Ihnen

Das Unsicherheitsgefühl im Turnier überwinden Sie am sichersten dadurch, daß Sie sich ganz intensiv auf den jeweiligen Eröffnungsplan konzentrieren.

Damit sind nicht die Eröffnungszüge gemeint, die Sie ziehen wollen, wenn Sie die weißen, oder mit denen Sie antworten wollen, wenn Sie die schwarzen Steine führen. Zu diesen Eröffnungszügen haben Sie sich ja schon in der häuslichen Vorbereitung entschlossen.

Es ist vielmehr der *Plan*, also der strategisch-positionelle und taktisch-kombinative *Sinn* gemeint, der allen Eröffnungszügen auch dann noch zugrunde liegt, wenn die Eröffnungszugfolgen längst zu schematischen Variantenabläufen erstarrt sind.

Sie sollten, solange Sie noch nicht die Qualifikation »Internationaler Meister« erlangt haben oder solange Sie noch nicht imstande sind, die Entfaltung einer Eröffnung in allen ihren Verzweigungen »*gefühlsmäßig*«, das heißt wie im Traum mitzuerleben, sich den strategisch-taktischen Sinn einer Eröffnung Zug um Zug *bewußt machen* und gewissermaßen »*auskosten*«.

Natürlich sollten Sie dabei nicht so weit gehen wie Weltmeister Michail Tal, der auf der XIV. Schach-Olympiade in Leipzig 1960 12 Minuten Bedenkzeit vergehen ließ, bis er sich auf den Zug 1. e2–e4 von Großmeister B. Fischer zu dem Antwortzug e7–e6 entschloß.

Doch sollten Sie andererseits auch nicht, wie sich das viele begabte Schachspieler und Meister angewöhnt haben, die Eröffnungszüge einfach so lange schematisch auf das Brett hauen, bis die Variantenverzweigungen so groß werden, daß die Fortsetzungsentscheidung einiges Nachdenken erfordert.

Am allerschlimmsten aber ist es, wenn Sie versuchen, sich an Großmeisterzüge einfach anzuhängen, weil Sie glauben, damit den theoretischen Variantenanalysen ausweichen zu können. Sie werden dann, wenn Ihr Partner nur einigermaßen selbständig zu spielen versteht, sehr bald vor unlösbaren Problemen stehen und verlieren.

Um Ihnen das an einem ganz krassen Fall deutlich zu machen, an dem Sie wie jeder andere fortgeschrittene Schachspieler selbst beurteilen können, warum es über die Kräfte selbst starker Schachspieler gehen muß, das Wagnis auf sich zu nehmen, die Züge von Großmeistern kopieren zu wollen, folgen nun die ersten 13 Züge einer Französischen Verteidigung, die der damalige Großmeister B. Fischer gegen den Weltmeister Michail Tal 1960 in Leipzig gespielt hat.

Analyse: Bobby Fischer gegen Weltmeister Michail Tal

1. e2–e4   e7–e6
2. d2–d4   d7–d5
3. Sb1–c3   Lf8–b4

Das ist bereits ein erster Angriffszug von Schwarz, der als »schärfster Zug« gilt.

4. e4–e5   c7–c5

Weltmeister Tal antwortet durch forcierte Ausnützung der ihm überlassenen Initiative. Das alles ist noch wohlbekannt und eröffnungstheoretisch erforscht.

5. a2–a3   Lb4–a5

Der Rückzug des Läufers, statt seines Abtauschs, ist bereits seltener. Von diesem Zug glaubte man vor den theoretischen Untersuchungen der sowjetischen Schachschule, daß er von Weltmeister Aljechin widerlegt worden sei.

6. b2–b4   ---

Wie würden Sie nun als Schwarzer fortfahren? Und wie würden Sie auf jeden vermutbaren Zug von Schwarz als Weißer fortsetzen? Schon hier stünden Sie vor einem Problem, das Sie, selbst wenn Sie die Ergebnisse der sowjetischen Schachschule kennengelernt hätten, wegen der Kompliziertheit und der damit zusammenhängenden strategisch-taktischen Überlegungen kaum lösen könnten. Tal zog

6. ---   c5 × d4

Und das ist erst der Anfang der Geschichte.

7. Dd1–g4   Sg8–e7

Es ist einfach phänomenal, daß beide Partner einfach ihre Figuren zum Schlagen einstehen lassen, um sich vorher neuen, wenn auch nicht unbekannten Abenteuern zu widmen. Was muß dabei, zusammen mit den neu erforderlichen Überlegungen, gleichzeitig alles simultan im Gedächtnis behalten werden.

    8. b4 × La5   d4 × Sc3
    9. Dg4 × g7   Th8 – g8
   10. Dg7 × h7   – – –

Bevor Sie Dg4 hätten ziehen dürfen, mußten Sie nicht nur nach Dg5 × g7 den anschließenden Angriff auf die Dg7 einkalkulieren, sondern auch noch überlegt haben, ob Sie den Rand-Doppelbauern, den Ihnen die einstehende Figur auf dem Damenflügel bescheren würde, nicht als positionellen Nachteil für Weiß – oder für Schwarz! – anzusehen hätten. Es ist zwar leicht vorauszusehen, daß Weiß einen ungedeckten Rand-Doppelbauern bekommen wird, aber es ist keineswegs einfach, die strategisch-positionellen Konsequenzen abzuschätzen, die das haben wird.

Stellung 19
Weiß zieht

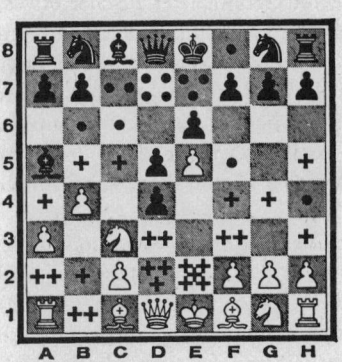

W S
Felder: 14 : 8
Wirkgew: 24 : 14

nach 6. – – – c5 – d4

Prüfen Sie die Stellung genau. Hätten Sie es wirklich, etwa im Vertrauen auf die überlegene Bilanz der freien Felder und Wirkungsgewichte, gewagt, mit 7. Dd1 – g4, unbekümmert um die auf dem Damenflügel möglichen Abwicklungen, einen weiteren Angriff zu starten oder es nicht doch lieber mit (7.) Dd1 × d4 Schwarz überlassen, seinen Läufer zu retten? Oder hätten Sie nicht, wenn Sie den Tempoverlust durch (7.) --- La5–b6 mit Recht scheuten, wenigstens mit (7.) Sc3–b5 fortzusetzen versucht, um diesem Springer unter sicherem Rückgewinn des Bauern den schönen gedeckten Platz auf d4 zu verschaffen? Von dort aus war der Springer nur um den Preis des von Schwarz aufzugebenden Läuferpaars zu entfernen, wie das der seinerzeitige Großmeister Smyslow einmal gespielt hat.

Großmeister B. Fischer aber kümmert das alles nicht. Er weiß sich in der gleichzeitigen Beurteilung so verwickelter Stellungen so sicher, daß ihm die Wahl des schärfsten Angriffszuges gerade gegen Weltmeister Tal, der selbst für seine Vorliebe und sichere Beherrschung verwickelter Stellungen berühmt geworden ist, geradezu selbstverständlich erscheint.

Von einem werdenden Meister aber, darin werden Sie nun wohl zustimmen, wäre es vermessen, so etwas nachspielen zu wollen.

10. ---   Sb8–c6
11. Sg1–f3   ---

Mit diesem Zuge tut Großmeister Fischer etwas, was auch Sie in Ihren Turnierpartien der kommenden Jahre immer wieder tun sollten, wenn Sie nicht in Variantenfluten ertrinken wollen: er führt Weltmeister Tal aus seinem Variantenwissen heraus.

Denn das, was die beiden Partner bis zum 10. Zuge gezogen hatten, war den Analytikern vor allem der sowjetischen Schachschule längst bekannt und von ihnen ausführlich untersucht worden.

Nun wäre nach der Meinung von Großmeister Paul Keres der stärkste Fortsetzungszug (11.) f2–f4 gewesen, doch eben den unterließ B. Fischer, weil er annehmen durfte, daß die Folgen Weltmeister Tal in allen Variantenzweigen bekannt sein würden. Seine selbständige Entscheidung ist auch gleich erfolgreich, denn Tal schlägt nicht, wie das nach (11.) f2–f4 selbstverständlich gewesen wäre, den Ba5, sondern zieht

11. ---   Dd8–c7

weil er vorsorglich seinen Bf7 decken will, der von Sf3 erfolgreich angegriffen werden könnte. (12.) Sf3–g5, Sc6×e5 (13.) f2–f4

12. Lf1–b5   Lc8–d7

Auf diese indirekte Deckung von Be5 wären Sie wohl auch verfallen, weil Sie sicher erkannt hätten, daß Schwarz in dieser Stellung

den Bg2 nicht schlagen und nach g8 zurückgehen darf, weil dann
der weiße Turm auf der g-Linie den Angriff auf den schwarzen
König ruinös verstärken würde.

13. O—O   ———

Stellung 20
Schwarz zieht

W S
Felder: 14: 5
Wirkgew: 18:14

nach 13. O–O

Wie geht es nun weiter? Nun, da es kein Variantengeländer mehr
gibt, an dem man sich entlangtasten könnte, müssen bei der außerordentlichen und gleichartigen Schachbegabung der beiden Partner
alle Zugfolgen aus der eigenen Denkkraft und Konzentration
herausgepreßt werden.

Versetzen Sie sich an die Stelle von Schwarz und überlegen Sie
sich die meistversprechende und die sicherste Fortsetzung. Eins
wird Ihnen sofort klar sein: Die sicherste Fortsetzung, die zugleich
Aussichten auf einen Angriff gegen den weißen Königsflügel verspricht, ist der Zug

(13.) ———   O–O–O

Daß nach der großen Rochade der Bf7 nicht durch Dh7 geschlagen
werden darf, ist offensichtlich. Andererseits kann Weiß den Verlust
des Be5 nicht mehr verhindern.

Die Frage lautet aber doch, ob der Be5 nicht sogleich geschlagen
werden darf.

Zur Beantwortung der Ausgangsfrage, ob es für den werdenden
Meister sinnvoll oder schädlich ist, die Spielweisen der Großmeister nachzuspielen, wäre es nicht mehr nötig, weitere Variantenfol-

gen vom 13. Zuge ab zu untersuchen. Die Ausgangsfrage ist durch die bisherige Analyse bereits beantwortet.

Wissen Großmeister alles?

Zur Erweiterung und Stärkung Ihrer allgemeinen Schach-Erfahrung sollen Ihnen aber doch, im Anschluß an eine beherzigenswerte Feststellung von Großmeister Bent Larsen, einige Großmeisterurteile zu der erreichten Stellung mitgeteilt werden.

Im übrigen endete die Partie schließlich mit einem »Remis« durch »ewiges Schach«.

In einem Kommentar zu einer Partie gegen den russischen Großmeister Ewfim Geller stellt Großmeister Larsen fest: »Allgemein besteht die Meinung, daß Großmeister alles wissen, was aber nicht ganz zutrifft. In den meisten Fällen sind sie jedoch klug genug, scharfe theoretische Varianten zu vermeiden, in denen sie sich nicht sehr gut auskennen.«

In der vorliegenden Partie hatte Großmeister Fischer mit dem 11. Zuge den theoretischen Weg verlassen und damit gleichzeitig erreicht, daß auch Weltmeister Tal, der vielleicht die theoretisch erforschte Fortsetzung erwartet hatte, möglicherweise nicht mehr mit der bisherigen überlegenen Sicherheit weiterspielte, die ihm die Variantenfortsetzung erhalten hätte. Die Kommentare, die einige Großmeister zu dem von Tal gewählten »Sicherheitszug«

13. --- o-o-o

abgaben, machen das jedenfalls wahrscheinlich:

Paul Keres: »Zur allgemeinen Überraschung nimmt Tal den Zentrumsbauern nicht. Die zum Zerreißen gespannten Nerven werden beiden Matadoren wohl einen Streich gespielt haben.«

Petrosjan: »Schwarz hätte ruhig 13. --- Sc6×e5 14. Sf3×Se5, Dc7×Se5 15. Lb5×Ld7+, Ke8×Ld7 16. Dh7–d3, De5–e4 spielen können.«

Flohr: »Es ist leicht, anderen zu raten, die Rochade aufzugeben. In seiner eigenen Partie begibt man sich nicht so einfach auf allzu gefährliche Wege.«

Die schachliche Aufgabe, die zwei Großmeister lösen müssen, wenn sie in internationalen Turnieren miteinander ringen, ist nur dann durch Routinearbeit zu lösen, wenn sie sich bei Beginn der Partie abgesprochen oder stillschweigend darauf geeinigt haben, nicht mehr als ein Remis erreichen zu wollen.

Da alle Großmeister heute über eine gleich sorgfältige, bis ins einzelne gehende schachliche Ausbildung verfügen, da sie alle Varianten der von ihnen gewählten Eröffnungen präzise im Gedächtnis haben, da sie täglich studieren und trainieren, um auch die jüngst gespielten Variantenerweiterungen ihrem Gedächtnis einzuverleiben, gibt allein ihre jeweilige Kondition und ihr Kampfeswille den Ausschlag.

In einer Monographie, die den Weltmeister Michail Tal zum Thema hat, wird mitgeteilt: »Auf seinem Vorbereitungsprogramm steht auch an den, seinen wichtigsten Partien vorausgehenden Vormittagen, die Durchsicht von 30 bis 40 leichten Partien, sowie von mehreren hundert Varianten.«

Es heißt dort aber auch: »Schachspielen ist für ihn eine Leidenschaft, in der er seine schöpferische Erfindungsgabe mit einem leidenschaftlichen Siegeswillen vereinigt.«

Hier wird gewissermaßen die Substanz beschrieben, aus der jeder Großmeister lebt und die er in jedem Turnier bis auf das Äußerste ausschöpfen muß, wenn er auf die ersten Tabellenplätze kommen will. Jede ernsthafte Beeinträchtigung seiner körperlichen Funktionen oder seines seelischen Gleichgewichts lassen ihn trotz höchster Schachbegabung sofort zurückfallen. Das erlebt der gesundheitlich behinderte Weltmeister Tal seit vielen Jahren.

Auch der damalige Großmeister B. Fischer hat das im internationalen Turnier von Buenos Aires 1960 hinnehmen müssen, wo er nur den 13. Tabellenplatz erreichte.

Die Kommentare lauteten: »Wie kommt Fischer dazu, so schachzuspielen? Ist er krank?« Die Diagnosen der journalistischen Experten variierten von »Schachlich überspielt« bis zu »Verliebt«.

Wählen Sie stets die schärfste, theoretisch begründete, mögliche Fortsetzung

Die Grundforderung, die von der sowjetischen Schachschule an den werdenden Meister gestellt wird, lautet: »Den Kampf suchen, auch wenn man Schwächen auf sich nehmen oder materielle Opfer bringen muß, kleine und kleinste positionelle Vorteile zu erreichen versuchen und sie dann konsequent ausnützen!«

Zu verwirklichen ist diese Grundforderung dadurch, daß Sie stets so lange den schärfsten Fortsetzungszug, der von der Theorie als ziehbar bestätigt worden ist, wählen, bis Sie die Stellung aus der theoretisch erforschten Struktur herausführen können.

Mit der »schärfsten Fortsetzung« übertragen Sie Ihrem Partner zugleich die schwierigste Aufgabe; Sie räumen ihm damit aber auch die größtmöglichen Gegenchancen ein. Gelingt es Ihrem Partner, die von Ihnen forcierte schärfste Fortsetzung aufzufangen oder gar zu widerlegen, dann konfrontiert er Sie eben dadurch seinerseits mit der »schärfsten Fortsetzung«, die alle Ihre Kräfte in Anspruch nimmt.

Das aber ist Schach in seiner edelsten Form und ermöglicht seine höchste Vollendung.

Die schärfste Fortsetzung muß durchaus nicht immer in Angriffszügen bestehen. Sie kann sehr wohl auch Verteidigungszüge einschließen, wenn diese nur gleichzeitig einen zukunftsträchtigen Gehalt haben.

Sie kann sogar durch einen deutlich erkennbaren schwachen Zug oder einen Zug, der wie »ein Versehen aussieht«, erfüllt werden, wenn dieser Zug Ihren Partner zu einer Über- oder Unterschätzung seiner Stellung verleitet oder gar zwingt.

Paul Morphys Geheimnis

Das Geheimnis der damals unbegreiflichen Überlegenheit Paul Morphys, auch den stärksten Schachspielern seiner Zeit gegenüber, bestand genau darin, wie Richard Réti aufgedeckt hat: »Noch bei den größten Meistern vor Morphy läßt sich konstatieren, daß sie immer defensive oder aggressive Züge machten. Morphy war der erste, der nach Regeln spielte, die später Gemeingut aller Schachspieler wurden, mit jedem Zuge seine Figuren zu entwickeln.«

Diese zusätzliche Eigenschaft, die Morphy seinen Zügen verlieh, nämlich nicht nur zu verteidigen oder anzugreifen, sondern gleichzeitig dies auch von einem zukunftsträchtigen Feld aus oder auch mit der größtmöglichen zukünftigen Wirkungsentfaltung zu tun, kennzeichnet seine Züge als »schärfste Fortsetzungen«.

Deshalb handelte Morphy auch, wenn es ihm aussichtsreich zu sein schien, ganz im Sinne der so viele Jahrzehnte später formulierten Grundforderung der sowjetischen Schachschule, »den Kampf zu suchen, auch wenn man ... materielle Opfer auf sich nehmen muß ...«.

Er tat dies deshalb, weil die wirkungsvollere Figurenentwicklung um so stärker zum Siege ausgenützt werden kann, je offener die Gesamtstellung ist. Denn offene Stellungen ermöglichen wirkungsstark entwickelten Figuren größere Bewegungsfreiheit als geschlossene Stellungen, so daß die Figuren leichter und schneller auf bestimmte taktische Ziele hin umgruppiert und eingerichtet werden können. Dies verdeutlicht das folgende Beispiel.

Analyse: Schulten gegen Morphy

In einer Partie, die Paul Morphy im Jahre 1857 in New York gegen einen starken amerikanischen Schachspieler gewann, kam es nach den folgenden Zügen zur Stellung 21:

	Schulten	Morphy
1.	e2–e4	e7–e5
2.	f2–f4	d7–d5
3.	e4×d5	e5–e4
4.	Sb1–c3	Sg8–f6
5.	d2–d3	Lf8–b4
6.	Lc1–d2	---

Stellung 21
Schwarz zieht

W S
Felder: 10 : 9
Wirkgew: 18 : 18

nach 6. Lc1 – d2

Bei praktisch ausgeglichener Bilanz der freien Felder und Wirkungsgewichte und gleichwertiger Beherrschung der Zentrumsfelder, entdeckt Morphy eine positionell-kombinative Verbesserung seiner Stellung, für die er zunächst einen weiteren Bauern opfern muß. Er tut dies, weil er im Gegensatz zu seinem kombinationssüchtigen Partner, der über den weiteren Materialgewinn recht befriedigt gewesen sein wird, erkennen kann, daß die rasche Besetzung einer offenen Linie mit einem starken Turm seinen unentwickelten Partner in unlösbare Verteidigungsschwierigkeiten bringen muß.

Beachten Sie, wie wirkungsstark Morphy seinen Königsspringer zur Unterstützung eines späteren Angriffs auf die Mitte der weißen Stellung durch einen scheinbaren Verteidigungszug zugunsten seines Be4 zu postieren verstanden hat, während Weiß nichts anderes im Sinn hatte, als den auf seine Stellung drückenden schwarzen Be4 so rasch wie möglich abzutauschen.

      6. ---   e4–e3!

Schulten war ganz sicher sehr verwundert darüber, daß Morphy seinen Be4, dessen Beseitigung Weiß ja gerade erzwingen wollte, nicht durch (6.) --- e4 × d3 mit der nachfolgenden Erzwingung eines Doppelbauern, der auch damals schon als sehr nachteilig galt, aufgab. Daß Morphy aber mehr daran gelegen sein konnte, Weiß auf diese Weise an einer Entwicklung der Figuren seiner Königsseite und damit an der Rochade o–o zu hindern, das war eine Überlegung, die ein Kombinationsspieler der damaligen Zeit weit entfernt war anzustellen.

      7. Ld2 × e3   o–o
      8. Le3–d2   Lb4 × Sc3

Weiß versucht nun seine Bauernmehrheit zu verteidigen, Schwarz verstärkt seinen Angriff auf den weißen König.

      9. b2 × Lc3   Tf8–e8+

So glaubt Weiß, am sichersten einen Mehrbauern behalten zu können, indem Ld2 den Bf4 weiterhin deckt.

      10. Lf1–e2   Lc8–g4
      11. c3–c4   c7–c6

Weiß sieht eine Möglichkeit, sein zweifaches Bauernübergewicht zu behalten und realisiert diese ganz im Geiste des Spielstils seiner Zeit sofort.

Doch hätte er auch durch stärkere Verteidigungs- und Entwicklungszüge zugunsten seines Königs die Partie nicht mehr retten können. Der Entwicklungsvorsprung und die positionelle Überlegenheit von Schwarz sind bereits viel zu groß. Morphy hat ohne Zweifel die Spielweise von Weiß als »üblich« vorausgesehen und bietet sofort eine weitere Sicherung des weißen Materialübergewichts an, die ihm wiederum eine positionelle Verstärkung seines Figurenangriffs einbringt. Prompt ergreift Weiß auch diese Gelegenheit, ohne zu durchschauen, daß er damit zu seinem rascheren Untergang beiträgt.

12. d5×c6   Sb8×c6
13. Ke1–f1   ———

Stellung 22
Schwarz zieht

W S
Felder: 7:13
Wirkgew: 12:25

nach 13. Ke1–f1

Ein unbefangener Beobachter würde, wenn er, wie das viele Kibitze tun, die an eine Partie herantreten, gewohnheitsmäßig die Bauern und die Figuren abzählt, feststellen, daß Weiß zwei Bauern mehr und das Läuferpaar gegen Läufer und Springer von Schwarz besitzt. Er würde daraus schließen, daß Weiß stark im Vorteil ist, und durch diesen Eindruck verleitet werden, auch die Position falsch zu beurteilen.

Wer aber wie Sie gewöhnt ist, sich auch die Felderbilanz jeder Stellung bewußt zu machen, würde den katastrophalen Zustand der weißen Stellung sofort entdecken und daraufhin die Frage des materiellen Übergewichts vernachlässigen. Ihnen würde vor allem auffallen, daß Schwarz das von ihm mit zwei Wirkungsgewichten beherrschte Feld d4 sowohl mit Dd8 als auch mit Sc6 betreten kann. Sie würden auch feststellen, daß Weiß gezwungen war, einen Königszug zu machen, weil er die Beherrschung des Feldes d3 weder durch (13.) c2–c3 (wegen Dd8×d3) noch durch (13.) Ld2–c3 [wegen Sc6–d4 (14.) Lc3×Sd4, Dd8×Ld4 und nachfolgendem Qualitätsopfer auf e2. Warum (15.) Sg1–f3 keine Lösung ist, finden Sie selbst] aufheben kann.

Und da ist es nun sehr bemerkenswert, daß der weiße König nicht nach f2 ziehen konnte, da er dort durch Dd8–d4+ ein tödliches Schach bekommen hätte. Er mußte nach f1 ziehen.

Das ist die reife Frucht der positionellen Kombination Morphys, die mit dem 6. Zuge von Schwarz begann.

Die Fortsetzung des schwarzen Angriffs ist nun klar. Morphy handelt erneut im Geiste der Grundforderung der späteren sowjetischen Schachschule: »den Kampf zu suchen, ... auch wenn man materielle Opfer auf sich nehmen muß«.

13. ---   Te8×Le2!
14. Sg1×Te2   Sc6–d4
15. Dd1–b1   Lg4×Se2+

Der Zug der weißen Dame nach b1 geschieht nicht etwa, um sich für den nun verlorenen Springer womöglich wenigstens einen Bauern zu verschaffen, sondern weil nun der Kombinationsspieler Schulten ebenso präzise wie Morphy hatte ausrechnen können, daß jeder andere Damen- oder Königszug zum raschen Zusammenbruch führt. Sie sollten die einzelnen Abspiele zur Stärkung Ihrer eigenen Kombinationskraft selbst herausfinden. Behalten Sie dabei im Auge, daß für Schwarz das freie Feld b6 ungehindert betreten werden kann.

16. Kf1–f2   Sf6–g4+

Erfolgt sofort (16.) Kf1–g1, so wird der schwarze Angriff ebenfalls durch (16.) --- Sf6–g4 fortgesetzt, und Weiß kann die Mattfolgen weder durch Db1–e1 (Dd8–b6), noch Ld2–c3 (Sg4–e3) verhindern. Finden Sie die Abspiele selbst heraus. Die Massierung der schwarzen Figuren gegen den weißen König, der die schweren weißen Figuren hilflos zusehen müssen, führt zum sicheren Endsieg.

Der Königszug nach f2, den Weiß möglicherweise in der vagen Hoffnung ausgeführt hat, vielleicht über g3 vorläufig davonzukommen und dadurch seinen Th1 zur Verteidigung heranzuführen, hat sich ihm, kaum daß er ihn ausführte, schon als zum zweizügigen Matt führend offenbart. So blieb ihm also nichts anderes übrig, als schließlich das Feld g1 mit einem Tempoverlust zu betreten.

17 Kf2–g1   Sd4–f3+

Daß (17.) Kf2–e1 durch Dd8–h4+ nebst Dh4–e7 beantwortet werden würde, sehen Sie selbst. Nun kann Schwarz in sieben Zügen Matt setzen. Versuchen Sie es, bevor Sie nachspielen, selbst herauszufinden.*

Die theoretischen Ausführungen und das praktische Beispiel der Morphy-Partie werden Ihnen hinreichend klargemacht haben, was unter der »schärfsten Fortsetzung«, die Sie jeweils wählen sollten, im einzelnen zu verstehen ist. Die Weiterverfolgung der jeweils schärfsten Fortsetzung sollten Sie aber nur so lange betreiben, bis Ihr Partner einen von der theoretisch gesicherten Fortsetzung *abweichenden* Zug macht. Von diesem Augenblick ab sollten Sie – entgegen der Überzeugung Capablancas, nach der jeder einmal gefaßte Plan unter allen Umständen durchgeführt werden muß – sogleich unter sorgfältiger Berücksichtigung des abweichenden Zuges einen neuen Plan entwerfen.

Wie ist das zu verstehen?

Jeder von den theoretisch festgelegten Varianten abweichende Zug muß einen Sinn haben. Der primitivste Sinn kann in einem Irrtum oder einer Wissenslücke Ihres Partners zu sehen sein, der die Variante nicht genügend beherrscht. Ist das so und sind Sie imstande, das durch eigene Überlegungen herauszufinden (denn danach fragen können Sie natürlich nicht), dann haben Sie es verständlicherweise leicht, Ihren stärksten Fortsetzungszug zu finden.

Solche Irrtümer kommen in der Turnierpraxis vor, wenn auch nicht allzu häufig und fast nie bei älteren, erfahrenen Turnierspielern. Die spielen eine Variante, die sie nicht ganz genau kennen, gar nicht erst, sondern machen statt dessen lieber sogenannte »solide« und zurückhaltende Züge, die dann später von den Kommentatoren als »solide, aber nichtssagend« bezeichnet werden. Auch darauf können Sie sich gegebenenfalls einstellen und Ihren

Partner durch risikovolle Züge zwingen, sich trotzdem auf ein ihm unbekanntes Gebiet zu wagen. Großmeister Bent Larsen tut das mit Vorliebe.

*
18.	g2×Sf3	Dd8–d4+
19.	Kg1–g2	Dd4–f2+
20.	Kg2–h3	Df2×f3+
21.	Kh3–h4	Sg4–h6
22.	Db1–g1	Sh6–f5+
23.	Kh4–g5	Df3–h5 matt.

8.
Trainingsabschnitt

Achtung vor Eröffnungsfallen

Wenn Ihr Partner allerdings bereits in der Eröffnung vom theoretischen Variantenweg abweicht, dann sollten Sie sich genau überlegen, ob Sie dadurch nicht in eine Eröffnungsfalle hineinmanövriert werden sollen.

Dieses Mißtrauen ist um so mehr angebracht, wenn Ihr Turnierpartner ein älterer, erfahrener Schachspieler ist.

Der erfahrene Schachspieler weiß, und Sie sollten sich das, was Sie jetzt erfahren, nicht nur gut merken, sondern sich auch bei jedem von den theoretischen Varianten abweichenden Zuge, der Ihnen vorgesetzt wird, bewußt machen, daß auch die *unterlassene sofortige Widerlegung eines abweichenden Zuges eine Eröffnungsfalle sein kann*.

Denn es ist, wie das der Internationale Meister Dr. Paul Schmidt so überzeugend formuliert hat, »unbedingt erforderlich, daß ungewöhnliche, d. h. nicht organisch durch die Stellung bedingte Züge des Gegners, mögen sie nun dem Angriff oder seiner Verteidigung dienen, schon im nächsten Zuge zu bekämpfen sind«.

Dieser Grundsatz läßt sich auch uneingeschränkt auf alle Variantenabweichungen übertragen, deren Widerlegung stets *sofort versucht werden muß*, damit sie sich entweder als haltbare Neuerungen oder aber als Fehler entlarven.

Natürlich kann es nicht Ihre Aufgabe als werdender Meister sein, zur Erweiterung theoretischer Untersuchungen beizutragen, doch entpflichtet Sie das keineswegs, jede Variantenabweichung Ihres Partners sofort ernst zu nehmen und nach sorgfältiger Überlegung mit dem Ihnen am stärksten erscheinenden Zuge zu beantworten, denn nur auf diesem Wege werden Sie sich die für solche Situationen erforderliche Spielsicherheit anerziehen.

Das gilt selbstverständlich auch für alle diejenigen Fälle, in denen

Sie einen nachteiligen oder gar falschen Antwortzug herausgedacht haben sollten.

Analyse:
Dr. Max Euwe gegen Dr. Alexander Aljechin

Ein praktisches Beispiel, das ebenfalls den wertvollen Untersuchungen des Internationalen Meisters Dr. Paul Schmidt zu verdanken ist, liefert eine Wettkampfpartie um die Weltmeisterschaft zwischen dem neuen Weltmeister Dr. Max Euwe und dem ehemaligen Weltmeister Dr. Alexander Aljechin im Jahre 1937.

Dr. M. Euwe	Dr. A. Aljechin
1. Sg1–f3	Sg8–f6
2. c2–c4	e7–e6
3. Sb1–c3	d7–d5
4. d2–d4	c7–c5

Damit ist eine Stellung erreicht, die als Erweiterung des von der Theorie weitgehend erforschten »klassischen Damengambits« gilt. Die Tatsache, daß die beiden Königsspringer bereits auf ihren natürlichen Entwicklungsfeldern f6 und f3 stehen, verleiht der Stellung über die üblichen Zugfolgen hinaus, die der Beherrschung des Zentrums dienen, weitere kombinative Möglichkeiten, die Weltmeister Aljechin bereits durch 4. --- c7–c5 auszunützen versucht hat. Weltmeister Euwe, der den Weltmeistertitel unter allen Umständen behalten will, setzt die Partie mit dem Angriffszuge Lc1–g5 fort. Dieser Zug ist in dieser Stellung noch schärfer und bietet noch mehr kombinative Aussichten als in der sogenannten »orthodoxen Verteidigung« des Damengambits, wo er ebenfalls gebräuchlich ist.

    5. Lc1–g5   c5 × d4

Weltmeister Aljechin wird den Zug Euwes gewiß als Überraschung empfunden haben, denn nach der klassischen Spielauffassung, die er zwar weiter ausgebaut, doch nicht wie Nimzowitsch umzustürzen versucht hatte, sollte Schwarz nun grundsätzlich in Vorteil kommen, weil er seinen Bc5 gegen den Bd4 abtauschen kann, ohne daß Weiß mit einem Bauern zurückschlagen und so das Zentrumsfeld besetzt halten könnte.

Stellen Sie folgende Überlegungen an:

Überlegung I:
Schwarz erzielt in dieser Stellung, falls Weiß mit Dd1 × d4 zurückschlägt, den bekannten Tempogewinn durch den Springerangriff auf die weiße Dame. Das ist, wie die Theorie bestätigt hat, in den meisten Varianten ein Nachteil für Weiß, der fast immer auch noch verstärkt werden kann.

Überlegung II:
Schlägt Weiß aber mit Sf3 × d4, dann kann dieser Springer zunächst mit Be6–e5 und anschließend der Sc3 durch Bd5–d4 angegriffen werden. So kann eine schwarze Bauernkette im Zentrum erreicht werden, die Schwarz durch Sb8 und notfalls auch durch Lc8 nachhaltig decken kann.

Der weiße Sc3 kommt bei dieser Bildung der schwarzen Zentrums-Bauernkette zwar gedeckt nach d5, wo er sehr mächtig steht, weil er nicht mehr durch einen angreifenden Bauern vertrieben werden kann, doch wird es wohl möglich sein, ihn früher oder später gegen einen Springer oder den weißfeldrigen schwarzen Läufer abzutauschen. Gelingt dies aber, dann steht Schwarz recht aussichtsreich.

Überlegung III:
Zieht aber der Sc3 nach dem Angriff durch d5–d4 anstatt nach d5 nach e4, dann ist sogar vorübergehendes Damenopfer für Schwarz möglich, das ihm am Ende zur wiedergewonnenen Dame noch eine Figur einbringt.

    (6.) Sf3 × d4   e6–e5
    (7.) Sd4–f3   d5–d4
    (8.) Sc3–e4?   Sf6 × Se4!
    (9.) Lg5 × Dd8   Lf8–b4+

Das weitere erkennen Sie selbst.

Weltmeister Euwe entdeckt auch, daß er nach
    (8.) Sc3–d5   Sb8–c6
seine Zentrumsstellung durch
    (9.) e2–e4   – – –
außerordentlich verstärken kann, weil Schwarz den Be4 nicht durch
    (9.) – – –   d4 × e4 e. p.
nehmen darf.

Dazu (sinngemäß zitiert) eine, von Dr. Paul Schmidt vorgeschlagene, fiktive Weltmeister-Überlegung; vor der Ausführung von (8.) --- Sb8-c6 von Schwarz:

» --- es droht 9. e2-e4, und ich darf nicht d4 × e4 e.p. ziehen, wegen 10. Sd5 × Sf6+, g7 × Sf6 11. Dd1 × Dd8+, Ke8 × Dd8 12. Lg5 × f6+. Ich kann 8. --- Sb8-c6 ziehen, wodurch Be5 gedeckt wird, und dann nach 9. e2-e4, d4 e4 e.p. 10. Sd5 Sf6+, g7 Sf6 11. Dd1 × Dd8+ mit dem Sc6 auf d8 zurückschlagen. Der Vorteil von Weiß nach Lg5 × f6 ist aber auch hier nicht zu bestreiten.«

Sie sehen, wie eine solche Überlegung, wenn sie nicht ganz konsequent weitergeführt wird, dazu verleiten kann, andere, rein kombinative Möglichkeiten, die Weiß in dieser Stellung haben könnte, zu unterschätzen. Dazu kommt noch, daß (8.) --- Sb8-c6 ein ganz natürlicher Entwicklungszug ist, der die positionelle Kraft der schwarzen Stellung deutlich verstärkt. Schwarz begnügte sich mit diesen positionell-kombinativen Ergebnissen und vernachlässigte anscheinend über diesen strategischen Überlegungen die sorgfältigere Überprüfung der taktisch-kombinativen Möglichkeiten von Weiß, was für Aljechin ganz ungewöhnlich ist. Er verliert auch prompt die Partie, weil Dr. Euwe, wie schon sein Zug 5. Lc1-g5 dem Weltmeister hätte deutlich machen sollen, sich mehr auf seine Kombinationskraft als auf strategische Positionskämpfe, in denen ihm Weltmeister Aljechin ohnehin gleichwertig war, verlassen will.

Der Weltmeister hätte daher den Angriffszug mit dem Läufer nach g5 sofort oder aber unmittelbar nach der Bildung seiner Bauernkette im Zentrum mit allen Kräften taktisch zu widerlegen versuchen sollen.

Er durfte dies um so mehr versuchen, als es für ihn, der ja einen besonderen Ruf als Kombinationsspieler besaß, kaum schwer gewesen wäre, vorauszuberechnen, daß sein Be5 zunächst gar nicht direkt gedeckt zu werden brauchte, weil er indirekt gedeckt werden konnte.

6. Sf3 × d4 e6-e5
7. Sd4-f3 d5-d4

Überlegung IV:

(8.) Sc3-d5 Lf8-e7

Der Läuferzug deckt den Be5 insofern indirekt, als Weiß, wie Sie erkennen, nun erst einmal den durch (9.) --- Sf6 × Sd5 drohenden Figurenverlust abwenden muß.

(9.) Lg5 × Sf6 Le7 × Lf6

Dieser Abtausch erhält Weiß vorläufig die starke Springerstellung, die er nun durch

(10.) e2–e4 d4 × e3 e.p.

zu befestigen versuchen könnte. Selbstverständlich darf Schwarz das nicht zulassen und schlägt deshalb den Be4 e.p., statt seinen ohnehin aussichtslosen Freibauern, den er niemals wird zur Umwandlung führen können, zu behalten.

(Entfernen Sie alle Figuren außer den Königen vom Brett, und Sie werden erkennen, daß Weiß mit Leichtigkeit Remis halten kann.)

(11.) Sd5 × e3 Dd8 × Dd1+

(Auf (11.) f2 × e3 droht e5–e4 und Schwarz käme nach o–o zu einem weit überlegenen Angriff.

Für Schwarz wäre (11.) --- o–o statt Dd8 × Dd1 nachteilig, weil (12.) Dd1 × d8, Tf8 × Dd8 (13.) Sf3–d5, Sb8–a6 (14.) o–o–o, Lc8–e6 (15.) Sd5 × Lf6+, g7 × Sf6 (16.) Td1 × Td8+, Ta8 × Td8 (17.) Lf1–e2 und Weiß hat die aussichtsreichere Stellung.)

(12.) Ta1 × Dd1 e5–e4
(13.) Sf3–d4 Sb8–c6
(14.) Sd4–b5 o–o
(15.) Se3–d5 Lf6–e5

Schwarz hat ein gleichwertiges, ja sogar, wenn er das Läuferpaar erhalten kann, ein überlegenes Spiel erreicht. Damit ist deutlich gemacht worden, daß und warum auch die unterlassene sofortige Widerlegung eines abweichenden Zuges eine Eröffnungsfalle sein kann.

Die Chance, gegen gleichstarke Partner ohne Glück zu gewinnen

Vor dem ersten Zuge sind die materiellen und funktionalen Möglichkeiten beider Partner, bis auf einen für die Spielpraxis geringfügigen Vorteil, den ersten Zug machen zu dürfen, genau gleich.

Der geringfügige Vorteil, den ersten Zug machen zu dürfen, schränkt allerdings den nachziehenden Partner in seiner Ziehfreiheit deutlich ein. Er kann sich nämlich nicht leisten, auf die gleiche Weise und mit den gleichen Mitteln die Mattsetzung des gegnerischen Königs zu betreiben wie sein Partner.

Das bedeutet, der Führer der schwarzen Steine muß sich *grundsätzlich* gegen die konsequenten Angriffszüge von Weiß so lange verteidigen, bis er infolge eines schwachen Zuges von Weiß selbst zum Angriff übergehen kann.

Tut Schwarz das nicht, und sind die Züge beider Partner stets gleichwertig oder gleich stark, dann wird der schwarze König unabänderlich um einen Zug eher Matt gesetzt als der weiße König.

Aus dieser schachgesetzlichen Lage läßt sich ein allgemeiner Spielplan entwickeln, der weit über den schon besprochenen Eröffnungsplan hinausreicht, weil er unabhängig von der Zügezahl die gesamte Partie vom ersten bis zum letzten Zuge umfaßt und beeinflußt.

Da, wie gesagt, die Möglichkeiten beider Partner, bis auf den Anzugsvorteil, genau gleich sind, ist es unwiderlegbar, daß der Eröffnungsplan von Weiß, soweit er rein schachlicher und nicht etwa unschachlich-psychologischer Natur ist, nur darauf gerichtet sein kann, den Anzugsvorteil aufrechtzuerhalten und zu erweitern.

Schwarz kann seinerseits schachlich nicht mehr versuchen und erreichen, als den Anzugsvorteil von Weiß durch gleichwertige Antwortzüge nicht größer werden zu lassen. Erst dann, wenn Weiß seinen Anzugsvorteil durch einen schwächeren Zug dem Führer der schwarzen Steine überlassen hat und es ihm durch *einen weiteren* (!) schwachen Zug ermöglichte, den Anzugswechsel, der die Spielchancen beider Partner ja nur von der Angriffsfreiheit zum Verteidigungszwang *umkehrte*, zu einem echten *Vorteil* auszubauen, kann von einer überlegenen Stellung gesprochen werden.

Der Führer der weißen Steine muß also *zwei schwache Züge* machen, bevor er einen Stellungsnachteil in Kauf zu nehmen hat, während bei dem Führer der schwarzen Steine bereits *ein schwacher Zug* dazu genügt. (Von groben Fehlzügen wird bei dieser analytischen Betrachtung selbstverständlich abgesehen.)

Es ist einleuchtend, daß bei diesen Voraussetzungen zwei gleichstarke Partner von einer bestimmten Spielstärke ab damit rechnen müssen, daß sie in der Mehrzahl der miteinander gespielten Partien nicht mehr als ein Unentschieden zustande bringen werden.

Schachmeister von großer Begabung, umfassendem Wissen und höchster Kampfbegeisterung müssen daher, wenn sie gegen gleichstarke Partner siegen wollen, mehr tun, als nur vollendet Schach spielen.

Sie müssen dem Partner während der Partie immer wieder echte oder vermeintliche Vorteile und Siegeschancen einräumen, um eben dadurch selbst auf verwickelten Wegen zu unvermuteten Vorteilen oder Siegeschancen zu kommen, die es ihnen erlauben, knapp vor ihren Partnern den Endsieg zu erringen.

Diese Methode, die als Grundplan jeder möglichen Schachpartie aufgefaßt werden kann, setzt bei den gewaltigen Fortschritten der modernen Spieltechnik und der wissenschaftlich-theoretischen Entschleierung auch kompliziertester, strategisch-positioneller Probleme, die Einbeziehung der Spielerpersönlichkeit und ihrer charakterlichen Anlagen bei der Einräumung positioneller oder taktischer Vorteile und Siegeschancen voraus.

In den alten Schachzeiten genügte es, ohne Ansehen der Persönlichkeit des Partners einfach ein Gambit, das ja einen Vorteil anbietet, zu spielen oder eine Opferkombination zu machen, um gegen diesen eingeräumten Vorteil einen größeren, bis zum Matt, einzuhandeln.

Seit aber vor allem das theoretische Variantenwissen und die allgemeingültigen Spielgrundsätze der Steinitz-Tarrasch-Schule zum Gemeingut aller Großmeister geworden sind, blieb nichts anderes mehr übrig, als auch die spielcharakteristischen Eigenheiten der Großmeister-Persönlichkeiten in das Angebot von Vorteilen und Siegeschancen zu integrieren, um zum Endsieg zu kommen.

Der erste, der das konsequent tat, war, wie Sie wissen, Weltmeister Emmanuel Lasker.

Man kann auch heute noch ein guter Schachspieler werden, ohne sich nach dem jeweiligen Spielpartner zu richten. Doch ein wirklich großer und erfolgreicher Turnierspieler auf der internationalen Ebene kann heute nur werden, wer auch das taktisch-psychologische und strategisch-psychologische Schachspiel über alles Wissen und Schachphantasie hinaus beherrscht.

Der Erfolg auf diesem Gebiet des praktischen Schachkampfes ist die letzte Talent- und Begabungsprobe für den künftigen Großmeister. Besteht er sie – und das kann nur er selbst und niemand außer ihm aus seinen Gewinnpartien herauslesen –, dann darf er hoffen, das große Ziel auch zu erreichen.

Der Rest ist Fleißarbeit.

Daß diese allgemeinanalytischen Betrachtungen keine bloßen Spekulationen sind, kann durch zahllose praktische Beispiele aus der internationalen Turnierpraxis und aus Groß- wie Weltmeister-Wettkämpfen nachgewiesen werden. Diese Beispiele erklären, was der Schachbiograph von Weltmeister Capablanca, der Internationale Meister L. Prins, allgemeingültig formulierte: »Es ist eines der größten Vorrechte der Großmeister, daß zahlreiche, ins Auge springende Fehler sie nicht daran hindern, großartige Partien zu spielen.«

Zum Beweis für die These von der Notwendigkeit, dem Partner unter Berücksichtigung seiner spielcharakterlichen Eigenheiten Vorteile einzuräumen, werden Ihnen in den nächsten Trainingsabschnitten drei einschlägige Beispiele aus der Turnierpraxis zum Studium angeboten.

9.
Trainingsabschnitt

Analyse:
Boris Spasski gegen Michail Tal

In diesem Beispiel wird ein ehemaliger Weltmeister von einem ehemaligen anderen (durch das Angebot mehrerer materieller Vorteile) in einen Abzugsgefahrenkomplex hineinmanövriert, aus dem er nicht mehr herausfindet.

Die Partie wurde im Großmeisterturnier um die Meisterschaft der Sowjetunion in Tallin 1973 gespielt.

Boris Spasski	Michail Tal
1. d2–d4	Sg8–f6
2. c2–c4	e7–e6
3. Sb1–c3	Lf8–b4

Dies ist die Nimzo-Indische Verteidigung, die Weltmeister Michail Botwinnik die stärkste Verteidigung gegen 1. d2–d4 genannt hat. Sie wird Sie noch ganz ausführlich beschäftigen (siehe Seite 178 ff.).

4. Lc1–g5	h7–h6

Dies gilt als »schärfste Fortsetzung«, ermittelt von der sowjetischen Schachschule.

5. Lg5–h4	c7–c5
6. d4–d5	b7–b5

Auch dieses Bauernopfer wird Sie in anderem Zusammenhang, als »Blumenfeld-Gambit«, noch beschäftigen. Obwohl in dieser Partie dem Opferangebot bereits eine vielfältige Figurenentwicklung von Schwarz und Weiß vorausging, was die beiderseitigen Aussichten möglicherweise völlig verändert, versäumen die Kommentatoren doch nicht, darauf hinzuweisen, daß dieses Angebot für Schwarz ebensowenig ganz korrekt sei, wie der Abtausch des Lg5 gegen den Sf6 für Weiß, was Weltmeister Aljechin nachgewiesen habe.

Durch solche Behauptungen sollten Sie sich nicht davon abhalten lassen, den tieferen psychologischen Sinn dieses Schachkampfes zweier ehemaliger Weltmeister aufzuspüren. Nur dann werden Sie wirklich begreifen, warum der eine gesiegt und der andere verloren hat. Haben Sie das aber klar erkannt, dann werden Sie diese Erkenntnisse auch für Ihre eigene Spielweise ausnützen können.

    7. d5 × e6   f7 × e6
    8. c4 × b5   d7–d5

Das ist die Bauernkonstellation des Blumenfeld-Gambits, mit dessen Annahme einst Großmeister Tarrasch gegen den damaligen Großmeister Alexander Aljechin so exemplarisch schlechte Erfahrungen machte, daß dieses Gambit nie wieder angenommen wurde und bald aus der Turnierpraxis verschwand. In der vorliegenden Partie ist aber vor dem Angebot allerhand Figurenentwicklung erfolgt, die es durchaus fraglich macht, ob die Annahme des Bauernopfers jetzt noch als nachteilig angesehen werden darf. Aber darum sollen sich die Theoretiker kümmern.

    9. e2–e3   0–0

Weiß hat allen Grund, sich um die Entwicklung seines Königsflügels zu kümmern, dabei aber gleichzeitig ein Augenmerk auf die Verteidigung seines Damenflügels zu haben, auf dem nach 0–0 der Ausfall der schwarzen Dame Verwirrungen anzurichten droht. Überlegen Sie sich, daß Spasski schon im 7. Zuge die Annahme des Bauernopfers durch (7.) e2–e3 hätte ablehnen können. Dann hätte er ein ruhiges, »solides« Spiel gehabt, wie es ihm eigentlich mehr liegt als die risikoreiche Kombinationspartie.

Aber Spasski wollte, nachdem er wenige Monate vorher den Weltmeistertitel an den schachlichen Unruhestifter Bobby Fischer hatte abtreten müssen, gerade dem sowjetischen Unruhestifter Exweltmeister Michail Tal offenbar zeigen, daß er ihm auch auf seinem Gebiet der kombinationsüberschäumenden Kampfpartie gewachsen war.

    10. Sg1–f3   Dd8–a5

Wieder meinten die Kommentatoren, daß Weiß stärker sofort oder doch nach (10.) Lf1–d3 ––– (11.) a2–a3 hätte ziehen sollen.

    11. Lh4 × Sf6   Tf8 × Lf6

Es ist kaum begreiflich, warum Spasski die Beseitigung des Sf6 für erforderlich hielt, nur weil er (12.) Dd1–d2 zu ziehen beabsichtigte. Er hätte mit gleicher Wirkung (11.) Dd1–c2 ziehen können, ohne daß er dann durch Sf6–e4 (mit oder ohne g7–g5) in ernsthafte Gefahr geraten wäre, da ihn (12.) Sf3–d2 aus allen ernsthaften Schwierigkeiten befreit hätte. Schwarz hat zwar ein recht gefährliches Bauernzentrum, dafür aber auch eine bemerkenswert rückständige Entwicklung seines Damenflügels, was die Ausnützung der Bauernwalze zunächst verhindert.

Untersuchen Sie die Varianten selbst und übersehen Sie dabei nicht, daß der weiße Läufer gegebenenfalls nach c7 oder d6 ziehen kann.

Auch (11.) ––– a7–a6 wäre nicht zu fürchten, da dann (12.) Lf1–d3 erfolgen und auf c5–c4 (13.) Ld3–g6 gefahrlos gezogen werden kann. Ein Vorstoß des d-Bauern endet dagegen stets mit Bauernverlust und Se2.

Stellung 23
Schwarz zieht

W S
Felder: 12:10
Wirkgew. 25:15

nach (11.) Dd1–c2

Die Bilanz der freien Felder und der Wirkungsgewichte unterstützt diese optimistische Auffassung der Lage für Weiß.

Spasski zog es vor, seiner Dame das Feld d2 zu sichern.

    12. Dd1–d2   a7–a6
    13. b5 × a6   Sb8–c6

Spasski hat den Bauernabtausch gewiß nicht deshalb durchgeführt, um seinen Mehrbauern zu erhalten, sondern weil ihm die schwarze Bauernkette nach a6 × b5 Endspielsorgen bereitet hätte. Trotzdem sind einige Kommentatoren der Meinung, er hätte (13.) Ta1–c1 ziehen und nach a6 × b5 mit (14.) a2–a3 fortsetzen sollen. Das müßte ausanalysiert werden.

Jetzt allerdings werden die schwarzen Mittelbauern gefährlich. In jedem Falle aber wäre es für Weiß sinnvoller gewesen, gleich (13.) Lf1-e2 zu ziehen, statt Schwarz durch 13. b5 × a6 ein durchschlagendes Entwicklungstempo zu schenken. An dieser Stelle wäre es also für Weiß vorteilhafter gewesen, Schwarz *einen Vorteil anzubieten,* den er vermutlich angenommen hätte, weil er das Feld c6 für seinen Sb8 benötigte. Gerade das Mehrtempo aber fehlt Weiß später für eine wirksame Verteidigung.

    14. Lf1-e2   d5-d4!
    15. e3 × d4   Tf6 × Sf3

Damit bietet Schwarz, wie es scheint, nicht nur den weiteren Vorteil der Qualität, sondern auch noch einen ganzen Springer an, doch werden Sie leicht entdecken, daß dies alles nur Schein ist und Tal mit seinem Qualitätsopfer tatsächlich eine Kombination begonnen hat, die Weiß in entscheidenden Stellungsnachteil bringt. Sie werden aber auch feststellen, daß die Durchführung dieser Kombination allein von der unglücklichen Stellung der weißen Dame auf d2 abhängt.

Weiß bleibt gar nichts weiter übrig als

    16. Le2 × Tf3   c5 × d4

Machen Sie sich erneut klar, daß, wenn Weiß den Ba6 nicht genommen hätte, der weiße König bereits auf g1 stehen könnte, wodurch die Kombination von Tal verhindert worden wäre.

    17. 0–0   d4 × Sc3

Machen Sie sich ebenfalls klar, daß Weiß zu (17.) 0–0 deshalb gezwungen ist, weil (17.) Lf3 × Sc6 ihn nach d3 × Sc3 in jedem Falle die Dame kostet, da das Feld d8 auch von der Da5 beherrscht wird. So kann ein Zwischenschach mit der weißen Dame, das die anschließende weiße Rochade erlauben würde, nicht ohne Dameverlust gegeben werden.

    18. b2 × c3   Lb4 × c3
    19. Dd2–d6   Ta8 × a6
    20. Lf3 × Sc6   Lc3–b4

Wieder bleibt Weiß keine andere Wahl, als mit seinem Läufer in eine Fesselung hineinzuschlagen, was es wiederum Schwarz ermöglicht, auf die Rückgewinnung der geopferten Qualität zu verzichten.

    21. Dd6–b8   Ta6 × Lc6

22. Ta1–c1	Lb4–c5
23. Tc1–c2	Da5–a4

Und nun ist der scheinbar rettende Zug (24.) Tf1–c1 nicht möglich. Bringen Sie es selbst heraus, warum.*

24. Db8–b3	Da4–g4
25. Db3–g3	Dg4–f5

Weiß versucht den Damentausch zu erreichen, der ihm allein noch Gegenchancen bietet. Schwarz hat jedoch so viel Bewegungsfreiheit, daß er diesen Versuchen nicht nur ausweichen, sondern dabei auch noch die Stellung seiner Figuren entscheidend verbessern kann.

26. Tf1–c1   Lc8–b7

Dieser Zug sieht wie ein Versehen aus und bietet Weiß Figurengewinn an. Da aber Weltmeister Tal ein so planloses Versehen nicht zuzutrauen ist, muß wohl eine Falle dahinterstecken.

Was geschieht demnach, wenn Weiß (27.) Dg3–b8+, Kg8–h7 (28.) Db8 × Lb7 zieht? Bringen Sie es selbst heraus?**

Stellung 24
Weiß zieht

W S
Felder: 14:16
Wirkgew: 16:24

nach 26. – – – Lc8–b7

Die Bilanz der freien Felder macht Sie insbesondere auf das von der weißen Dame beherrschte freie Feld b8 aufmerksam. Was aber zieht Weiß jetzt, wenn Dg3–b8+ nachteilig ausgehen würde? Es droht unter anderem (27.) – – – Lc5–d6!

* (24.) Tf1–c1, Lc5 × f2+
** (28.) – – – Lc5 × f2+ (29.) Kg1–h1, Tc6 × Tc2 (30.) Db7–b1, Tc2–c1+ (31.) Db1 × Tc1, Lf2–d4 und Weiß kann aufgeben.

Was ist mit (27.) h2–h3, Lc5–d6 (28.) Dg3–b3? Auch das ginge für Weiß schlecht aus. Sehen Sie warum?*

    27. Dg3–f3   Df5–g5!

Nun führt das erneute Abtauschangebot durch (28.) Df3–g3 wieder zur Katastrophe. Finden Sie es selbst.**

    28. Df3–b3   Tc6–c7
    29. g2–g3   Lc5 × f2+

Nach dem einzigen Deckungszug gegen das Matt auf g2 siegt Schwarz durch eine durchschlagende Kombination. Sehen Sie es jetzt?

Schwarz erreicht Matt oder Damengewinn in spätestens 11 Zügen. Da es sich um Zwangszugfolgen handelt, sollten Sie versuchen, die Abspiele aus eigener Kraft zu analysieren, bevor Sie die Notation einfach nachspielen.

    30. Kg1 × Lf2   Dg5–f6+
    31. Kf2–e1   Df6–e5+
    32. Ke1–f1   Lb7–a6+

[oder (31.) Kf2–g1, Df6–d4+ (32.) Kg1–f1, Tc7–f7+ (33.) Kf1–e1, Lb7–a6; oder (32.) Ke1–d1, De5–d4+ (33.) Kd1–e1 (falls Tc2–d2, so Dd4–g1+) Dd4–g1+ usw.; oder (32.) Ke1–f2, Tc7–f7+ (33.) Kf2–g1, De5–d4+]

    33. Kf1–g1   De5–d4+
    34. Kg1–g2   Dd4–e4+
    35. Kg2–g1   La6–b7!
    36. h2–h4   De4–h1+

Weiß hat tatsächlich keine andere Möglichkeit.

    37. Kg1–f2   Tc7–f7+
    38. Kf2–e2   Dh1–e4+

Weiß gibt auf, weil nach (39.) Db3–e3 die Dame verlorengeht und nach (39.) Ke2–d2, Tc7–d7+ (40.) Kd2–c3, De4–d4+.

---

* (28.) --- Tc6 × Tc2 (29.) Tc1 × Tc2, (falls Db3 × Tc2, so Df5–g5) Df5–e4! Machen Sie eine Felderbilanz!

** (28.) Df3–g3, Lc5 × f2 + (29.) Dg3 × Lf2, Dg5 × Tc1 + (30.) Tc2 × Dc1, Tc6 × Tc1 + (31.) Df2–f1, Tc1 × Df1 + (32.) Kg1 × Tf1 und Schwarz siegt. Oder (29.) Kg1 × Lf2, Tc6 × Tc2 + (30.) Tc1 × Tc2, Dg5–f5 + und Tc2 ist verloren.

10.
Trainingsabschnitt

Analyse:
Michail Tal gegen Bent Larsen

Das nächste Beispiel zeigt ein subtileres Angebot an den Partner, einen scheinbaren Vorteil auszunutzen, das auf der schachpsychologischen Wirkung der scheinbar begründeten Siegeszuversicht auf gebaut ist.

Wer eine erkennbar überlegene Stellung erreicht hat, bringt anschließend oft nicht mehr die gleiche Sorgfalt und konzentrative Versenkung in alle Stellungsgeheimnisse auf wie während des Kampfes um die Erreichung dieser Überlegenheit.

Dieser schachpsychologisch begründete Konzentrationsabbau war ein typisches Merkmal von Großmeister Ewfim Bogoljubow, der in überlegener Stellung durch schwache Züge oft Turnier- und Wettkampfpartien verloren hat.

In der nun zu untersuchenden Partie zieht der Führer der weißen Steine absichtlich so, daß der Führer der schwarzen Steine den Eindruck bekommt, er stehe ausreichend überlegen, um zu gewinnen.

Die von Weiß erwartete psychologische Wirkung tritt dann tatsächlich ein. Der Führer der schwarzen Steine macht einige schwache Züge und verliert, obwohl, oder vielleicht gerade deshalb, weil er ein Großmeister ist, der wegen seiner unorthodoxen riskantkombinationsreichen Spielweise Weltruhm genießt.

Die Partie wurde im Jubiläumsturnier der Züricher Schachgesellschaft im Jahre 1959 gespielt.

Michail Tal	Bent Larsen
1. e2–e4	c7–c5

Dies ist die schon besprochene »Sizilianische Verteidigung« (siehe Seite 46), die Sie vorläufig nicht spielen, wohl aber gelegentlich studieren sollten.

2. Sg1–f3	Sb8–c6
3. d2–d4	e5 × d4

          4. Sf3 × d4   g7–g6

Schwarz steuert die sogenannte »Drachenvariante« an, die Sie im Zusammenhang mit einem anderen Eröffnungsplan noch beschäftigen wird (siehe Seite 296 ff.).

          5. Sb1–c3   Lf8–g7

Sowohl der Zug (5.) c2–c4 (das Simagin-System) als auch der von Weltmeister Tal gewählte (5.) Sb1–c3 sind Gegenstand von rund zwanzig verschiedenen Variantenuntersuchungen gewesen. Es ist für Sie vorläufig völlig müßig, sich damit abzuplagen.

Hier hat der Verzicht auf (5.) c2–c4 offenbar den Sinn, die weiße Damenseite für die eventuelle lange Rochade 0–0–0 zusammenzuhalten, was um so wichtiger ist, als Schwarz auf die Diagonale a1–h8 drücken wird.

          6. Lc1–e3   Sg8–f6
          7. Lf1–c4   0–0
          8. Lc4–b3   d7–d6

Der Rückzug des weißen Läufers nach b3 dient der Vorbereitung des sogenannten »Rauser-Angriffs«, der durch die entgegengesetzten Rochaden beider Seiten gekennzeichnet ist. Auch dieser »Rauser-Angriff im Drachensystem« ist in vielzügigen Varianten theoretisch untersucht und ausgeschlachtet worden.

Großmeister Larsen, der selbst den risikofreudigen Spielstil von Weltmeister Tal bevorzugt, zieht hier vorsichtig gegen seinen großen Rivalen und läßt sich im 8. Zuge nicht auf das mögliche positionelle Bauernopfer d7–d5 ein.

          9. f2–f3   Sc6 × Sd4
         10. Le3 × Sd4   Lc8–e6
         11. Dd1–d2   Dd8–a5

Damit ist die große Rochade 0–0–0 von Weiß zu erwarten und Schwarz verliert keine Zeit damit, klarzustellen, daß er diese Entscheidung mit allem Nachdruck auf die Probe stellen will.

         12. 0–0–0   b7–b5
         13. Kc1–b1   b5–b4
         14. Sc3–d5!   Le6 × Sd5

Ein charakteristischer Talscher Angriffszug. Natürlich kann Schwarz nicht annehmen, daß er dabei einen Bauern gewinnt. Insoweit werden ihm keine scheinbaren Vorteile eingeräumt. Es würde im Gegenteil nur sein wichtigster Läufer abgetauscht werden.

Dennoch wird es der weiße Bauer auf d5 recht schwer haben.

15. e4×d5   Da5–b5
16. Th1–e1   a7–a5

Der Be7 ist indirekt gedeckt, weil nach (16.) Te1×e7 durch a5–a4 der Lb3 verlorengeht.

17. Dd2–e2   Db5×De2

Um seinen Lb3 zu retten, bietet Weiß seine Dame zum Abtausch an, der zugleich seine beengte Stellung erleichtert und positionell stärkt. Beachten Sie auch, daß und warum es für Schwarz keinen Sinn hätte, dem Abtausch auszuweichen.

18. Te1×De2   a5–a4
19. Lb3–c4   Tf8–c8
20. Lc4–b5   Ta8–a5
21. Ld4×Sf6   Lg7×Lf6

Es ist leicht zu erkennen, daß dieser Abtausch vor Lb5–c6 erforderlich war, weil sonst (21.) ––– Sf6×d5 erfolgt wäre.

Jetzt ist der Be7 gedeckt, der, falls Schwarz den Lb5 geschlagen hätte, ersatzlos verlorengegangen wäre.

22. Lb5–c6   a4–a3
23. b2–b3   Kg8–f8

Warum Schwarz nach einem Qualitätsopfer in schweren Nachteil käme, das können Sie selbst analysieren.

Der Königszug von Schwarz macht den Lf6 beweglich.

24. c2–c4!   b4×c3 e.p.

Ein ganz überraschendes Bauernopfer von Weltmeister Tal. Dies ist der Zug, durch den Weiß den Führer der schwarzen Steine in die schon besprochene konzentrationsschädigende Siegeszuversicht versetzt. Großmeister Larsen hätte dieses Angebot des sowjetischen Kombinationsgenies zu doppelter Wachsamkeit und zu noch sorgfältigerem Rechnen veranlassen sollen.

25. Kb1–c2   Ta5–a7

Die Kommentatoren haben Bent Larsen für den Turmzug getadelt und ein sofortiges e7–e5 für stärker gehalten. Das heißt den dänischen Großmeister erheblich unterschätzen. Der Turmzug nach a7 erfüllt in jeder Hinsicht die positionellen Erfordernisse der schwarzen Stellung, die sich nun auf die Abwehr des Bb3 einrichten muß, dessen Vormarsch durch Lc6 und Td1–b1 unterstützt werden kann, wobei sowohl Ba3 als auch Bc3 bald bedroht sein werden.

Die Überschätzung der schwarzen Möglichkeiten durch den Führer der schwarzen Steine beginnt vielmehr erst mit dem 26. Zug, der allerdings katastrophale Folgen hat.

Sofortiges (25.) --- e7–e5 hätte vielmehr mit Sicherheit zum Verlust der Ba3 und c3 geführt, ohne daß Schwarz dafür ein ausreichendes Äquivalent bekommen hätte.

    26. b3–b4   e7–e6?

Es sind also der 26. und 27. Zug von Schwarz, die einer eklatanten Überschätzung seiner Möglichkeiten entspringen. Diese Züge rechtfertigen die Vermutung, daß Großmeister Larsen die Abwehrmöglichkeiten von Weiß viel zu oberflächlich geprüft hat.

In dieser Stellung hätte statt des Zuges e7–e6 der Zug (26.) --- e7–e5 versucht werden können, der die schwarzen Zentrumsbauern verteidigbar macht und es dem Lf6 erlaubt, über d8 nach b6 zu kommen, was trotz der Rückgabe des Mehrbauern zur Verteidigung des Damenflügels ausreichen und angesichts der Beweglichkeit der Türme das Remis sichern könnte.

Wenn aber, was Weltmeister Tal ohne Zweifel vorausgesehen hat, das im 24. Zuge von Weiß angebotene Bauernopfer keineswegs den Gewinn für Schwarz bedeutete, dann hätte Großmeister Larsen bei weniger euphorisch gefärbter, sachlicher Prüfung der Stellung, für die er sonst berühmt ist, das selbst erkennen und das Remis mit (24.) --- e7–e5 ohne weitere Gefahren sichern sollen.

So aber überschätzte er die Möglichkeiten von Schwarz zum ersten Mal, als er den Bauerngewinn angeboten bekam, und zum zweiten Mal, als er den Bd5 schlug.

    27. b4–b5   e6 × d5
    28. b5–b6!   Ta7–e7
    29. Te2 × Te7   Kf8 × Te7

Statt dessen hätte (29.) --- Lf6 × Te7 den Figurenverlust, doch nicht den Partieverlust verhindert. Analysieren Sie es selbst.

    30. Td1–e1+   Lf6–e5

Das ist unumgänglich wegen (30.) --- Ke7–f8, Te1–e8+ und der Bb6 geht unaufhaltsam zur Dame, während nach (30.) --- Ke7–d8 der Turm Matt setzt.

    31. b6–b7   Tc8–b8
    32. f3–f4   Ke7–e6
    33. f4 × Le5   d6 × e5

34.	Te1–b1	Ke6–d6
35.	Tb1–b6	d5–d4
36.	Tb6–a6!	f7–f5
37.	Ta6–a8	Kd6–c7

Daß und warum der schwarze König den Lc6 nicht schlagen darf, erkennen Sie selbst.

38.	Lc6–d5	e5–e4
39.	Ta8×a3	e4–e3
40.	Kc2–d3	g6–g5
41.	Kd3×d4	aufgegeben,

denn alle schwarzen Bauern sind nun verloren.

Analyse:
Großmeister Erich Eliskases gegen Landesmeister Walter Henneberger

Und schließlich noch ein Partiebeispiel, das zeigt, wie riskant das Einräumen sichtlich großer Vorteile dem Partner gegenüber sein kann und wieviel mehr schöpferische geistige Leistung dem Schachspieler abverlangt wird, der ein solches Risiko eingeht. Die folgende Partie ist gewissermaßen ein Umkehrbeispiel für die Spielaufgabe der vorigen Partie. Dort war es das anscheinend chancenreiche Angebot, einen materiellen Vorteil zu bekommen, das zum Ruin des Annehmenden führte. Hier ist es ein ebenso chancenreiches Angebot von positioneller Überlegenheit, das durch ein ganz überraschendes materielles Gegenangebot trotz gewaltiger materieller Überlegenheit des Anbietenden zu dessen Ruin führt.

Diese Partie wurde zwischen Großmeister Erich Eliskases und dem Schweizer Landesmeister Walter Henneberger 1934 in Bad Liebenwerda gespielt.

Der dem Partner angebotene Vorteil ist nicht das zum unabwendbaren Matt führende Damenopfer im 26. Zuge, sondern eine von Weiß systematisch vorbereitete Aufgabe von Figuren zugunsten einer ausweglosen positionellen Situation von Schwarz, die dann allerdings doch nicht so ganz ausweglos ist.

	Erich Eliskases	Walter Henneberger
1.	d2–d4	Sg8–f6
2.	c2–c4	e7–e6

| 3. Sb1–c3 | Lf8–b4 |

Diese vermutlich stärkste Verteidigung gegen 1. d2–d4 wird Sie später noch ganz ausführlich beschäftigen (siehe Seite 179ff.).

| 4. e2–e3 | o–o |

Die »Rubinstein-Variante« dieser Verteidigung.

| 5. Lf1–d3 | d7–d6 |

Der Läufer bedroht den Bh7, weil er nicht, wie im Damengambit, sofort wieder abgelenkt werden kann.

| 6. Sg1–e2 | e6–e5 |

Der Springerzug geschieht nicht nur, um Sc3 zu decken, sondern läßt auch die Absicht auf einen eventuellen raschen Angriff auf die schwarze Königsstellung erkennen. Andernfalls wäre er stärker nach f3 gezogen.

Solche Überlegungen sind die Folge der zurückhaltenden Spielweise von Schwarz im Zentrum, denn bei gesicherter oder unangreifbarer Mitte dürfen Flügelangriffe riskiert werden.

Der Schweizer Meister erkennt diese drohende Möglichkeit sofort und versucht, sie durch einen Bauernvorstoß in der Mitte zu entschärfen.

Weiß begreift ebenfalls, daß nun der Kampf um das Zentrum entbrennen wird.

7. o–o	c7–c5
8. d4×e5	d6×e5
9. Dd1–c2	Lb4×Sc3
10. Se2×Lc3	Sb8–c6
11. a2–a3	Lc8–e6

Weiß will sich keinesfalls seinen weißfeldrigen Angriffsläufer abtauschen lassen und schenkt dadurch Schwarz ein wichtiges Entwicklungstempo, durch das Weiß erneut zu dem verteidigenden Bauernzug halb und halb gezwungen wird. Der Bauernzug macht allerdings seinem schwarzfeldrigen Lc1 das zukunftsreiche Feld b2 frei.

12. b2–b3	Dd8–e7
13. Lc1–b2	Ta8–d8
14. Ta1–d1	g7–g6

Beide Seiten richten sich auf die Besetzung der freien Linie mit ihren Türmen ein. Der Bauernzug von Schwarz beseitigt die latente Gefahr eines Angriffs gegen den Bh7.

Weiß stellt sich, da er über zwei angriffsschwanger postierte Läufer verfügt, sofort um.

15. Sc3–e4 Sf6–h5

Den Springerabtausch durfte Schwarz wegen des möglichen Angriffs auf den Be5 und die dadurch zu öffnende f-Linie keinesfalls zulassen. Die Partie verengt sich durch diese Abwicklung bereits auf rein taktische Kombinationsmaßnahmen.

16. Se4–g3 Sh5 × Sg3

Weiß sieht seinen alten Plan eines Flügelangriffs auf die schwarze Königsstellung erneut reifen. Die ungesicherte Mitte hätte ihn warnen sollen.

Daß Schwarz nicht erlauben darf, daß Weiß seinerseits tauscht, ist klar.

17. h2 × g3 De7–g5
18. Ld3–e4 Le6–g4
19. Td1–d5 Dg5–e7

Es ist keine angemessene Aufgabe für eine Dame, nicht mehr als einen Bauern zu decken. Aber (19.) ––– b7–b6 war nicht möglich. Bringen Sie es selbst heraus, warum?*

20. Dc2–c3 f7–f6

Weiß stellt sogleich seine Angriffsformation zukunftsträchtig um. Schwarz verteidigt sich gegen diese Aussichten.

21. f2–f4 e5 × f4

Schwarz bleibt nichts anderes mehr übrig, wenn er seine Stellung nicht noch schlechter werden lassen will.

22. Tf1 × f4 Sc6–e5

Weiß sieht, daß er für das Opfer der Qualität zwei leichte schwarze Figuren bekommen kann. Er sieht aber auch, daß Schwarz, wenn Weiß so zieht, zu einem unter Umständen tödlichen Angriff auf den weißen König kommen kann. Schwarz wird also sehr genau gerechnet und alle kombinativen Möglichkeiten zu erkennen versucht haben, bevor er Weiß diese Angriffschancen einräumte.

Erich Eliskases, ein weltbekannter Großmeister, der, obwohl damals 30 Jahre jünger als sein Schweizer Gegner, hatte bereits an zehn international besetzten Großmeisterturnieren sehr erfolgreich

---

* (19.) ––– b7–b6 (20.) f2–f4, Dg5–e7 (21.) f4 × e5, Td8 × Td5 (22.) Le4 × Td5, Sc6–d8 [Sc6 × e5? (23.) Dc2–c3, Tf8–e8 (24.) Tf1 × f7] (23.) Dc2–e4 und Schwarz kann nur noch festgenagelt der Umgruppierung der weißen Figuren zusehen.

teilgenommen und soeben in Budapest im Maroszy-Jubiläumsturnier unter 17 Teilnehmern mit 2½ Punkten Abstand den 1. Preis gewonnen.

Der Schweizer Landesmeister Walter Henneberger dagegen war ein alter Herr und hatte bisher in der Schweizer Olympiamannschaft mit nur mäßigem Erfolg und in insgesamt drei internationalen Turnieren gespielt. Er war also vom Standpunkt Großmeister Eliskases kein sehr zu fürchtender Gegner, gegen den er glaubte sich besonders anstrengen zu müssen. Dazu kam der bisherige Partienverlauf, der die Überlegenheit von Weiß deutlich gemacht hatte.

Das alles verursachte wahrscheinlich, daß sich Großmeister Eliskases nicht die Mühe nahm, die schwarzen Möglichkeiten bis in die allerletzte kombinative Konsequenz hinein mit aller Konzentration zu untersuchen, sondern daß er sich mit einer Reihe von Durchrechnungen bis zu den scheinbar letzten hin, die sämtlich positiv für ihn ausfielen, begnügte.

Wenn er also den für seinen weißen König gangbaren Ausweg entdeckt zu haben glaubte, dem durch die beiden schwarzen Türme drohenden Matt zu entkommen, dann mußte Schwarz, schon wegen seines eklatanten Materialverlustes, die Partie sofort aufgeben.

Einem solchen raschen Ende aber streben alle Turnierspieler immer besonders gerne zu. Eliskases hatte ausgerechnet, daß Weiß nach einem Qualitätsopfer für zwei leichte Figuren von Schwarz in der Stellung 24 in allen denkbaren Abspielen seinen König vor dem Matt würde retten können.

23. Td5 × e5   Td8 – d1+
24. Kg1 – h2   f6 × e5
25. Tf4 × Lg4   Tf8 – f1

Nun droht Schwarz Matt auf h1, dem Weiß folgendermaßen zu begegnen gedachte

26. Le4 – d5+   ---

Nun war auf (26.) --- Kg8 – h8 oder g7 (27.) Dc3 × e5+; auf (26.) --- Kg8 – f8 (27.) Tg4 – f4+,e5 × Tf4? (28.) Dc3 – h8, Kf8 – e8 (28.) Tf4 × Tf1 und Schwarz ist verloren.

Dieses Rechenergebnis genügte Eliskases, und er opferte frohgemut seinen Turm. Studieren Sie die Stellung und versuchen Sie herauszufinden, ob Schwarz noch einen anderen Ausweg hat, den Großmeister Eliskases übersah.

Stellung 25
Schwarz zieht

W S
Felder: 6:13
Wirkgew: 7:18

nach 26. Le4–d5+

Die Felderbilanzen machen die sehr eingeschränkte Beweglichkeit von Weiß, vor allem des weißen Königs, und die sehr große Beweglichkeit des schwarzen Königs deutlich.

Haben Sie den rettenden Zug für Schwarz entdeckt?

Wenn nicht, dann versuchen Sie es jetzt gleich noch einmal. Es gibt einen!

26. ——— De7–f7!

Nimmt der Ld5 die Dame, dann schlägt Kg8 nicht zurück, sondern versteckt sich hinter dem Lf7, und nun gibt es für den weißen König keine Rettung mehr.

Aber auch anders kann – außer durch sinnlose Opferungszüge – der Sieg von Schwarz nicht mehr verhindert werden.

Zum Beispiel:

(27.) Tg4×g6+, Kg8–f8 (28.) g3–g4, Df7×Tg6 (29.) Kh2–g3, h7–h5 (30.) Ld5–f3, Dg6–g5 (31.) Dc3×e5, h5–h4+ (32.) Kg3–h3, Tf1–h1+ (33.) De5–h2, Th1×Dh2 (34.) Kh3×Th2, Dg5×e3 und Matt in zwei Zügen. Falls (29.) e3–e4, Dg6×g4. Falls (28.) Kh2–h3, Df7×Tg6.

Aus diesem überraschenden Abspiel sehen Sie, wie schwer es sein kann und wie übergenau Sie rechnen müssen, wenn Sie Ihrem Partner eine Chance anbieten wollen, die Ihnen letzten Endes den Sieg verschaffen soll.

11.
Trainingsabschnitt

Ihr grundsätzliches Verhalten in jeder Spielphase oder der Stufenplan

Das moderne Schachspiel wird in gleichem Maße von der Anwendung allgemeiner Grundsätze wie von Varianten beherrscht.

Überall da, wohin die Variantenverzweigungen mit ihrer scheinbaren Exaktheit noch nicht vorgedrungen sind, tritt zunächst der zielgerechte Fortsetzungsplan und, wenn sich auch der nicht präzise fassen lassen sollte, das Spielen nach den von Steinitz bis zur sowjetischen Schachschule aufgestellten allgemeinen Grundsätzen an deren Stelle.

Um Ihnen die praktische Bedeutung dieser Schachspiel-Haltung klarzumachen, kann hier ausnahmsweise einmal die von Weltmeister Lasker stammende Methode des Vergleichs des Schachs mit dem menschlichen Leben angewandt werden:

Ein Mensch, der als normales Familienmitglied in einem abendländischen Kulturkreis lebt, hat seine ganz bestimmten täglichen Pflichten zu erfüllen, die sich aus der sozialpolitischen Ordnungsstruktur, in die er von Kindheit an hineingewachsen ist, ergeben. Genau das gleiche gilt auch für die Freiheiten, die er sich nehmen darf und leisten kann. Er lebt gewissermaßen in einem exakt definierbaren Variantengefüge, dessen Nachfolgebereich er in seinem täglichen Leben, unabhängig davon, für welche Lebensvariante er sich gerade entscheidet, niemals verläßt.

Wird dieser Mensch im Rahmen dieser Lebensweise vor die Entscheidung gestellt oder fühlt er sich aus eigenem Antrieb zu der Entscheidung getrieben, z. B. seinen Beruf zu wechseln, sich in eine neue Arbeitsweise und ein neues Berufsgebiet einzugliedern, dann läßt sich das meist nicht mehr als exakt festlegbare Variante seines bisherigen Lebens festlegen und durchführen, wohl aber ein zielgerichteter Plan aufstellen, dessen Durchführung durch den

Einsatz bekannter und praktizierter, menschlicher Verhaltensweisen, als mit höchster Wahrscheinlichkeit erfüllbar ist.

Beruht der Zwang zur Entscheidung, sich in einer ganz neuen, bisher in jeder Weise unbekannten Situation plötzlich zurechtzufinden und unvermuteten Gefahren zu begegnen, aber auf einem Umsturz seines ganzen bisherigen Lebens, wie er etwa durch Wirtschaftskatastrophen, Revolutionen und Epidemien ausgelöst werden kann, dann läßt sich nichts mehr berechnen oder planvoll ansteuern, dann kann sich dieser Mensch nur noch nach den aus seiner bisherigen Lebenserfahrung und seiner Reife hervorgegangenen allgemeinen Erkenntnissen und Verhaltensgrundsätzen richten.

Auf die Strategie und die Taktik des Schachspiels übertragen, bedeutet das die Möglichkeit, ja sogar die Verpflichtung des Spielers, sich vor jedem Zug nach den Stufen eines Verhaltensplans zu fragen, den er zu erfüllen und, wenn erforderlich, sich in allen einzelnen Varianten bewußt zu machen hat.

Schematisch lassen sich diese Stufen wie folgt formulieren und zusammenfassen.

1. *Zwangszugfolgen* (Kombinationen) und deren mögliche Varianten, die sich ergeben aus:
   - der Beherrschung freier Felder und deren Wirkungsgewichten;
   - dem positionellen Stellungsbild am Ende der Zwangszugfolge;
   - dem materiellen Übergewicht am Ende der Zwangszugfolge.
2. Ein *Spielplan*, der ein bestimmtes Zwischen- oder Endziel verfolgt, das sich ergibt aus:
   - der strategisch-positionellen Veränderung der Stellung durch Zwangszugfolgen (Kombinationen);
   - der Verzahnung von Bauernketten in der Mitte, um so gesicherte Flügelangriffe durchführen zu können;
   - taktischen Angeboten an den Partner, die diesem echte Vorteile einräumen (Beispiel: Partie Schulte/Morphy);
   - strategischen Angeboten an den Partner, die diesem eine Stellungsüberlegenheit zugunsten überraschender taktischer Möglichkeiten einräumen. (Beispiele: Partien Dr. Max Euwe/ Dr. Alexander Aljechin und Großmeister Erich Eliskases/ Landesmeister Walter Henneberger.)

3. Die *Fortführung* der Partie unter Anwendung bewährter allgemeiner Grundsätze, die eine allgemeine Überlegenheit oder eine ausreichende Verteidigung der eigenen Stellung anstrebt, z.B. durch:
   - den Abtausch eines Springers gegen einen Läufer, um die Überlegenheit zweier Läufer gegen Läufer und Springer *in halboffenen Stellungen* auszunutzen;
   - die Vermeidung des Figuren- und Bauernabtauschs zur Erleichterung der beengten Verteidigungsstellung des Partners (Beispiel: 11. Wettkampfpartie Spasskij/Fischer.);
   - die vorsorgliche Besetzung voraussehbar frei werdender Linien durch Türme;
   - die gegenseitige Deckung von Figuren in geschlossenen Stellungen, auch ohne daß diese angegriffen sind, um nach der Öffnung der Stellung keine Tempi mit Deckungsaufgaben verlieren zu müssen.

Der allgemeine pragmatische Verhaltensplan für den werdenden Meister

Als Führer der weißen Steine haben Sie den Vorteil, Schwarz gewissermaßen vorschreiben zu können, entweder auf jeden von Ihnen vorgelegten Zug mit dem Antwortzug sofort oder kombinativ den Ausgleich der Wirkungen Ihres Zuges zu erreichen, oder aber sich durch seinen Zug zu schwächen.

Eine solche vorsätzliche Schwächung von Schwarz kann aber auch die Absicht verfolgen, Sie zu veranlassen, Ihre Stellung zu überschätzen und anschließend ungerechtfertigte Fortsetzungszüge zu machen, die sich dann zu Ihrem bleibenden Nachteil widerlegen lassen.

Das ist der Hauptgrund, weshalb Sie die wichtigsten Variantenverzweigungen derjenigen Eröffnungszüge, die Sie regelmäßig spielen, *nach der Einprägung des strategischen und taktischen Sinns* dieser Eröffnung auch noch auswendig lernen und am Brett, ohne viel nachdenken zu müssen, rekapitulieren können sollten.

Über die rationelle und kräftesparende Art dieser Arbeit werden Sie später noch ausführlich unterrichtet.

Solange der Führer der schwarzen Steine keinen *schwachen* Zug macht (den Sie, wenn er gemacht wird, allerdings *sofort* auszunützen versuchen sollten, wie Sie das warnende Beispiel der Partie Euwe/Aljechin gelehrt hat), ist es Ihre Hauptaufgabe, die Ihnen durch den ersten Zug verliehene Initiative *aufrechtzuerhalten*.

Die Initiative soll, wie Weltmeister Capablanca postuliert hat, »nur dann aufgegeben werden, wenn statt dessen ein anderer Vorteil materieller oder positioneller Natur dafür eingetauscht werden kann. ... gegen Materialgewinn gibt man die Initiative nur dann aus der Hand, wenn es unter so günstigen Umständen geschieht, daß man sicher ist, einerseits dem Angriff des Gegners standhalten zu können, mit dem Ziel, infolge der materiellen Überlegenheit später die Initiative wieder an sich zu reißen, die allein schließlich zum Siege führt.«

Als Führer der schwarzen Steine sollten Sie zunächst, falls Weiß nicht einen ganz absurden ersten Zug wie 1. a2–a4 macht, mit einem Zuge antworten, der mindestens zum Wirkungsausgleich, wenn nicht gar zur Wirkungsüberlegenheit auf den beherrschten freien Feldern führt. Bevor Sie aber diesen ersten Antwortzug ziehen, sollten Sie sich über den Plan oder die verschiedenen Eröffnungspläne, die Weiß mit seinem Eröffnungszug verfolgen kann, vollkommen klargeworden sein.

Dann erst sollten Sie Ihren Antwortzug machen, der möglicherweise nicht nur den Wirkungsausgleich anstreben, sondern auch Rücksicht auf den von Weiß angestrebten Plan nehmen und ihn eventuell vereiteln sollte.

Eröffnet Weiß mit 1. e2–e4, dann können Sie sowohl durch e7–e5 als auch durch e7–e6 vollen Wirkungsausgleich erzielen (siehe Felderbilanzen). In bezug auf den möglichen Eröffnungsplan unterscheiden sich die beiden Antwortzüge aber ganz gewaltig.

Nach (1.) --- e7–e5 bildet der ungedeckte Be5 die Ihnen schon bekannte Angriffsmarke für den (2.) Sg1–f3, was Schwarz zu einem Verteidigungszug zwingt; nach (1.) --- e7–e6 kann Weiß seine Initiative nur noch durch 2. d2–d4 einigermaßen aufrechterhalten, was dann Schwarz erlaubt, ja fast zwingt, in die Französische Verteidigung einzulenken, wenn er nicht einen bleibenden Nachteil erleiden soll. Sie werden später noch ausführlich darüber hören (siehe Seite 119 ff.).

Welche Art Vorteile Sie auf welchen Wegen gefahrlos anstreben können

Je größer und aussichtsreicher ein Vorteil ist, den Sie in jeder beliebigen Stellung anstreben, um so klarer muß der Weg zur Erreichung dieses Vorteils für Sie erkennbar sein, um so exakter muß er berechnet werden können. Das gilt vor allem für vielzügige Kombinationen.

Große positionelle Vorteile können in so gut wie allen Fällen nur dann erfolgreich errungen werden, wenn sie dem Partner gleichzeitig ebenso große Gegenchancen anbieten, von denen er sich ablenken läßt (siehe Partie Tal/Larsen).

Diese allgemeine Erkenntnis hat in der modernen Eröffnungslehre, ganz unabhängig von der Variantenautomatik, dazu geführt, daß von beiden Partnern die jeweils schärfsten Fortsetzungen gezogen werden, wie das die sowjetische Schachschule lehrt.

Das führt dann zu gleichartigen, gewissermaßen parallelen Eröffnungsentwicklungen, in denen sich Schwarz nicht vorrangig mit den stärksten Verteidigungszügen allein begnügt, wie das noch dem »klassischen« Spielstil der Jahrhundertwende entsprach. Schwarz antwortet heute seinerseits auch mit jedem verantwortbaren *schärfsten Angriffszug* auf die weiße Stellung.

In der modernen Turnierpraxis führt das dazu, daß sowohl in der Sizilianischen Verteidigung, als auch in der Französischen Verteidigung frühzeitig der schwarze Königsspringer auf f6 durch den Lc1–g5 angegriffen wird, während dem weißen Sc3 das gleiche durch Lf8–b4 und Dd8–a5 geschieht. Das alles geschieht bereits bevor noch die Zentrumsformationen sich stabilisiert haben, was der »klassischen« Spielweise völlig widerspricht.

So läßt sich heute für einige viel gespielte Eröffnungs- und Verteidigungssysteme der allgemeine Grundsatz formulieren, daß diese »schärfsten Fortsetzungen« in der Eröffnung nicht mehr als *Vorbereitungszüge* für eine zur ausreichenden Verteidigung stets später erfolgende Auseinandersetzung im Zentrum sein können.

Erst wenn diese Auseinandersetzung zu einem materiell (z.B. durch Bauernketten) oder funktional (z.B. durch Figuren- und Bauern-*Wirkungen*) gesicherten Zentrum geführt hat, können Flügelangriffe mit Aussicht auf Erfolg und den Endsieg fortgesetzt werden.

Es wird daher gut sein, wenn Sie diesen Grundsatz stets im Auge behalten und bei Ihren strategisch-positionellen Entscheidungen sorgfältig berücksichtigen.

Es empfiehlt sich ferner, die in diesem Buch analysierten Großmeisterpartien unter eben diesem Gesichtspunkt neu zu studieren.

Kleine Vorteile sind leichter erreichbar als große

Es bedarf nun keiner näheren Begründung dafür, daß und warum es für Sie leichter und sinnvoller ist, zunächst die Erlangung kleiner Vorteile anzustreben.

Sie können entweder den Versuch machen, mehrere kleine Vorteile zu akkumulieren, deren Zusammenschluß dann die Erreichung eines großen Vorteils ermöglicht. Sie können aber auch Ihren Partner durch taktische Angebote kleiner Vorteile in eine für Sie starke strategische Situation locken, die Sie dann z.B. infolge der Abseitsstellung verteidigungswichtiger Figuren, die nicht rasch genug zurückgeführt werden können, zum Erreichen des Endsiegs ausnützen.

Ein überzeugendes Beispiel derartigen spieltaktischen Verhaltens ist die bereits analysierte 11. Wettkampfpartie des Weltmeisterschaftskampfes Bobby Fischer gegen Boris Spasski, die Fischer verlor (siehe Seite 51 ff.).

12.
Trainingsabschnitt

Die praktische Partie

Sie haben durch das voraufgegangene Studium nun genügend Erkenntnisse gewonnen und Spielerfahrung gesammelt, daß Sie von jetzt ab an die Ausarbeitung Ihres Spielrepertoires für die Turniere, an denen Sie teilnehmen werden, gehen können.

Unter »Repertoire« sind diejenigen Eröffnungen zu verstehen, die Sie als Führer der weißen Steine wählen und als Führer der schwarzen Steine auf jede zu erwartende Eröffnung von Weiß antworten werden.

Als Führer der schwarzen Steine können Sie in der Mehrzahl der Fälle erwarten, die Eröffnungszüge 1. e2–e4 oder 1. d2–d4 vorgesetzt zu bekommen. Es ist daher notwendig, daß die sinnvollsten Antwortzüge auf diese beiden Eröffnungen Ihrem Repertoire angehören.

Da Sie bereits erkannt haben, daß sowohl die Antwortzüge 1. --- e7–e5, als auch 1. --- d7–d5 mit gewaltigen Variantenkomplexen beladen und mit Risiken behaftet sind, die sich vermeiden lassen, werden Sie diesen beiden Antwortzügen vorläufig ausweichen und durch andere ersetzen, die bei möglichst wenig Variantenverzweigungen, die auswendig gelernt werden müssen, zu möglichst ähnlichen Stellungsbildern führen. Das erspart Ihnen die gedächtnisbelastende Umstellung auf jeweils ganz andere Stellungsstrukturen.

Die beiden Eröffnungen, die das alles ermöglichen, sind auf 1. e2–e4 die »Französische Verteidigung« und auf 1. d2–d4 die »Indische«, möglichst »Nimzo-Indische Verteidigung«.

Das Entwicklungsschema der Normalstellungen dieser beiden Verteidigungen bildet sich am raschesten und mit den geringstmöglichen Abweichungen in der »Französischen Verteidigung«. Sie sollten deshalb die Arbeit am Aufbau Ihres Repertoires mit der

Untersuchung und Einprägung der unvermeidbaren Varianten der Französischen Verteidigung beginnen.

Vergessen Sie bei dieser Ausarbeitung nicht, alles, was Sie sowohl im häuslichen Studium, als auch in »ernsten Partien«, etwa im Rahmen Ihres Schachklubs oder mit befreundeten, gleichstarken Partnern ziehen und sich lernend aneignen, *in Partienformulare oder Variantenaufstellungen einzutragen!*

Alles, was Sie von jetzt ab erfahren und lernen, müssen Sie später erneut durchstudieren können. Vor allem bei den Partienaufzeichnungen sollten Sie stets auch das Datum und den Namen des Partners festhalten, denn nur so können Sie später durch vergleichsweises Studium eindeutig erkennen, ob Sie inzwischen Fortschritte gemacht, an Spielstärke zugenommen, allgemeintypische oder auch nur für Sie typische Fehler vermieden oder ausgemerzt haben, und so weiter.

Die Französische Verteidigung

1. e2–e4   e7–e6

Stellung 26
Weiß zieht

W S
Felder: 9 : 9
Wirkgew: 13:13

nach 1. --- e7–e6

Die Anzahl der beherrschten freien Felder ist genau gleich. Schwarz hebt außerdem die Beherrschung der beiden wertvollen freien Zentrumsfelder d5 und f5 durch den Be6 auf, der auf diese Felder nun gleichgewichtig wirkt wie Be4. Schwarz hat den weiteren

119

bedeutsamen Vorteil, daß Weiß nun mit keinem folgenden Zuge einen schwarzen Stein angreifen kann, der auf einem unbeherrschten Feld steht und deshalb verteidigt werden müßte.

Weiß ergreift sofort die Gelegenheit, das Zentrum mit einem zweiten Bauern zu besetzen, der dadurch sogar auf ein beherrschtes Feld gerät.

2. d2–d4   ---

Die Risikofreiheit dieses Zuges von Weiß macht sich sogleich darin bemerkbar, daß Schwarz diesen von der Dd1 gedeckten Bd4 nun nicht etwa nach den allgemeinen Grundsätzen, die in der Eröffnung einen Kampf um das Zentrum verlangen, sinnvoll durch (2.) c7–c5 angreifen kann, wie das schon Paul Morphy in einer Partie 1857 gegen den amerikanischen Richter Meek so schlagend nachgewiesen hat. Danach hat kein Meister mehr die Französische Verteidigung auf diese Weise behandelt.

Diese Partie, die auch in leichtverständlicher Weise den Vorteil der Linienöffnung bei überlegener Figurenentwicklung demonstriert, stellt ein überzeugendes Lehrbeispiel für die Folgen eines nicht genügend durchdachten und deshalb fehlerhaften Eröffnungszuges dar, weshalb sie hier folgen soll.

Analyse:
Paul Morphy gegen Richter Meek

1. e2–e4   e7–e6
2. d2–d4   c7–c5
3. d4–d5   ---

Schwarz greift den starken Zentrumsbauern von Weiß in der Erwartung an, daß Weiß diesen Bauern entweder durch (3.) d4×c5 schlägt, woraufhin sein schwarzfeldriger Läufer (3.) --- Lf8×c5 eine starke Stellung geschenkt bekäme, oder ihn etwa durch (3.) c2–c3 deckt, woraufhin Schwarz ihn abtauschen könnte.

Weiß tut aber nichts dergleichen, sondern stößt seinen Bd4 einfach weiter vor, wodurch er zu erreichen hoffen darf, daß so entweder die e- oder d-Linie geöffnet werden wird. Auf einer dieser geöffneten Linien plant Morphy dann einen seiner gefürchteten Angriffe.

Richter Meek, der diese Begabung Morphys bereits in früheren

Partien immer wieder durch schmerzhafte Niederlagen kennengelernt hat, versucht deshalb, um die Öffnung einer Zentrumslinie herumzukommen. Er zieht

3. --- e6–e5

Morphy aber dreht den Meekschen Eröffnungsspieß erfolgversprechender um und antwortet

4. f2–f4 d7–d6
5. Sg1–f3 Lc8–g4

Als erfahrener Spieler seiner Zeit erkennt Richter Meek, daß er nun den Verlust eines Bauern nur noch durch Verstellzüge wie (5.) --- Dd8–e7 oder Sb8–d7, oder aber so gefährliche Züge, die zu einem Mattangriff führen, wie (5.) --- f7–f6 verhindern kann. Er fesselt deshalb den Sf3, um ihn nach

6. f4×e5 Lg4×Sf3

abzutauschen und dadurch anschließend seinen Bauern zurückzugewinnen.

7. Dd1×Lf3 d6×e5

Nun hat Weiß zwar noch keine Linienöffnung, aber durch den Entwicklungsvorsprung, das Verschwinden des weißfeldrigen Läufers von Schwarz und den Freibauern auf der d-Linie bereits eine so überlegene Stellung erreicht, daß die siegversprechende Linienöffnung nur noch die Frage einer gezielten positionellen Kombination ist. Zu dieser Kombination hat sich die Stellung durch das krampfhafte Bemühen von Schwarz, die Öffnung zu vermeiden, wofür er Weiß *viele kleine Vorteile eingeräumt hat*, geradezu zwingend hinentwickelt.

8. Lf1–b5+ Sb8–d7
9. Sb1–c3 Sg8–f6

Der so natürlich aussehende Springerzug von Schwarz ermöglicht Weiß den sofortigen Beginn einer echt Morphyschen Kombination.

10. Lc1–g5 Lf8–e7
11. d5–d6! Le7×d6

Nun gewinnt Weiß eine Figur. Sehen Sie, wie?

12. 0–0–0 aufgegeben

Die richtig geführte Französische Verteidigung weist das Risiko des Be4 nach

Statt den auf einem beherrschten Felde stehenden Bd4 erfolglos anzugreifen, kann Schwarz viel nachhaltiger den anderen, auf einem unbeherrschten Felde stehenden Be4 durch seinen Bd7 angreifen und damit zwei positions-kombinative Ziele zugleich erreichen.

1. e2–e4   e7–e6
2. d2–d4   d7–d5

Mit diesem Antwortzuge erreicht Schwarz erstens das Zentrumsfeld d5 mit seinem Bauern, ohne durch einen Abtausch in Nachteil kommen zu können. Schwarz übt auf das Feld d5 durch den Be6 und die Dd8 eine zweifache Wirkung aus. Er kann deshalb, falls Weiß, was die Meister des vorigen Jahrhunderts, die auf eine kombinationsfördernde Linienöffnung aus waren, oft taten, den Bd5 abtauscht, mit dem Be6 zurückschlagen. Er vermeidet dadurch nicht nur den Tempoverlust durch (4.) Sb1–c3, sondern erhält auch durch (3.) ——— e6 × d5 die zusätzliche Beherrschung von so viel eigenen und die Aufhebung der Beherrschung so vieler freier Felder von Weiß, daß die Bilanz der freien Felder und deren Wirkungsgewichte zwischen Schwarz und Weiß wieder voll ausgeglichen ist.

Damit hat Schwarz bei gleicher Figurenfreiheit und Beweglichkeit,

Stellung 27
Weiß zieht

W S
Felder: 10:10
Wirkgew: 18:18

nach 3. ——— e6–d5

wie sie Weiß auch hat, eine Stellung erreicht, die der weißen Stellung vollkommen gleichwertig geblieben ist.

Schwarz hat es nun viel leichter, jeden stärksten Fortsetzungszug von Weiß durch einen gleichwertigen Zug zu beantworten, so daß es zur baldigen gleichzeitigen Rochade, der Besetzung der Felder e1 und e8 durch die Rochade-Türme und später auch zum Abtausch der schweren Figuren auf dieser Linie kommen könnte.

Auch kann es sich weder Schwarz noch Weiß leisten, bei gleichwertiger Entwicklung der leichten Figuren, durch den Vorstoß des c-Bauern den d-Bauern des Partners anzugreifen, weil er dadurch seinen eigenen d-Bauern isolieren, das heißt seiner Deckungsmöglichkeit durch seine Nebenbauern berauben würde.

Dadurch gäbe er aber dem Partner Gelegenheit, eine leichte Figur, vor allem einen kurzschrittigen Springer, sehr wirkungsvoll vor diesen isolierten Bauern auf dem durch den Abtausch geräumten Felde d4 bzw. d5 festzusetzen, ohne daß diese Figur durch Bauernangriffe von dort vertrieben werden könnte. Sie wäre dann durch Angriffe von vorne z. B. durch Türme infolge des dazwischen stehenden Bauern sehr wirksam geschützt.

Das alles hat die Eröffnungstheorie längst so umfassend herausgefunden, daß die Stellung 27 mit Recht als eine Stellung gilt, die Schwarz bei sinnvollem Spiel ohne große Mühe Remis halten kann.

Da Schwarz aber, wenn Weiß in der Eröffnung und auch später in beiderseits ausgeglichenen Stellungen keinen Fehler macht, nicht mehr erwarten kann, als die Partie stets weiterhin ausgeglichen zu halten und damit Remis zu erreichen, kann er mit solchen Eröffnungsabspielen im Gegensatz zur Ansicht von Dr. Tarrasch durchaus zufrieden sein.

Weiß wird seinerseits diese Partie bei ausreichend starkem Spiel von Schwarz nicht mehr gewinnen, wohl aber dadurch verlieren können, daß er *mindestens zwei* schwache Züge macht. Zwei schwache Züge deshalb, wiederholen wir hier, weil er durch den ersten nur den »Vorteil des Anzuges« an Schwarz verschenkt, so daß dieser nunmehr die Initiative übernehmen kann, was aber grundsätzlich zum Endsieg nicht ausreicht. Weiß ist durch diesen Wechsel lediglich gezwungen, auf die Züge von Schwarz »ausgleichend« zu antworten. Der *zweite* schwache Zug von Weiß räumt Schwarz erst einen echten weiteren Vorteil ein, der zu dem von Lasker so gekennzeichneten »großen Plus« weiterentwickelt werden kann, ohne daß Weiß dies zu verhindern imstande wäre.

Auf diese Weise werden Großmeisterpartien unter gleichstarken Partnern gewonnen. In der Fachsprache heißt es dann: »Es gelang ihm, die *Remisbreite* zu überschreiten.«

In der Stellung 27 kann Schwarz durch leicht zu findende, natürliche Antwortzüge innerhalb der Remisbreite bleiben und hat außerdem noch die Chance, wenn Weiß in dem Bestreben, mit Gewalt auf Sieg zu spielen, riskante Züge macht, sich kleine Vorteile zu erkombinieren, die ihm zuerst die Initiative einbringen, die sich dann später zu gefährlichen Angriffen häufen lassen.

Vom Mißbrauch der Abtauschvarianten

Schachspieler, die »im Geiste Paul Morphys« oder gar Franz Gutmayers zu spielen versuchen, werden Ihnen in Turnieren gelegentlich ebenso begegnen wie einige ernsthafte Spezialisten der Abtauschvariante der Französischen Partie.

Sie haben es dann, wenn Sie sich an die oben angegebenen allgemeinen strategisch-positionellen Entwicklungsgrundsätze halten, nicht schwer, innerhalb der Remisbreite zu bleiben.

Doch kommt es gerade bei den stehengebliebenen Jüngern Morphys und Gutmayers vor, daß sie durch ihre ständige Suche nach Kombinationen die eigenen Grundsätze verletzen. Geschieht dies, dann sind Sie aufgerufen, eben diese Morphyschen Grundsätze der Angriffsvorbereitung durch peinlich genaue Figurenentwicklung anzuwenden und Ihrem allzu stürmischen Partner dabei sogar materielle Vorteile zu überlassen. Um so sicherer wird er dann in positionelle Nachteile geraten, die den Verlust seiner Partie zur Folge haben.

Paul Morphy hat auf diese Weise oft genug Partien gewonnen. Sie sollen zu dieser Spielweise ein charakteristisches anonymes Beispiel kennenlernen, das Sie bis zum 5. Zuge von Schwarz auch in den modernen Handbüchern verzeichnet finden.

1. e2–e4   e7–e6
2. d2–d4   d7–d5
3. e4×d5   e6×d5
4. Lf1–d3   Sb8–c6

Schwarz ergreift sofort die Möglichkeit, Weiß zu einem Verteidigungszug zu zwingen.

    5. c2–c3   Lf8–d6

Die gleiche Stellung kommt auch nach (5.) Sg1–f3, Lc8–g4 (6.) c2–c3, Lf8–d6 durch Zugumstellung zustande.

    6. Sg1–f3   Lc8–g4

Nun kann Weiß durch einen Damenausfall einen Bauern gewinnen, wenn er dafür vorläufig auf 0–0 verzichtet. Er tauscht dann einen in dieser Stellung wichtigen Entwicklungszug gegen den materiellen Vorteil eines Bauerngewinns ein und begeht damit den zweiten Fehler, den Schwarz braucht, um einen erfolgversprechenden Angriff gegen die weiße Stellung ganz im Sinne Morphys starten zu können.

    7. Dd1–b3   Sg8–e7
    8. Db3 × b7?   ———

Weiß sollte imstande gewesen sein zu erkennen, daß er den Bb7 keinesfalls hätte schlagen dürfen. Zwar bleiben alle Angriffe von Schwarz zunächst ohne schlimme Folgen. Auch die Beherrschung der halbgeöffneten b-Linie läßt sich nicht zu einem ausschlaggebenden strategischen Vorteil für Schwarz erweitern, weil die weiße Dame trotz fortgesetzter Angriffe in den Bereich ihrer Ausgangsstellung zurückkehren könnte.

Verschwenden Sie also, nachdem Sie das schachgefühlsmäßig überflogen haben, keine Zeit damit, sondern nützen Sie die Abseitsstellung der Db7 zu einem durchschlagenden Angriff auf die weiße Königsstellung aus!

    8. ———   0–0

Schwarz kann die Abseitsstellung der weißen Dame nur dann zum Endsieg ausnützen, wenn er den bereits vorhandenen Entwicklungsvorsprung verstärkt, ohne ein einziges Tempo zu verlieren.

Weiß sollte durchschauen, daß er seine Partie nur noch halten kann, wenn er sich nach dem Bauerngewinn ganz und gar auf Verteidigung einstellt. Dazu sollte er seine gefährdet stehende Dame so rasch wie überhaupt möglich in ihre Ausgangsstellung bzw. nach c2 zurückführen.

Er wird dann ohnehin alle Mühe haben, sich angesichts seines bald zertrümmerten Königsflügels gegen den Angriff von Schwarz ausreichend zu verteidigen (Lg4 × Sf3).

Zögert er aber die Rückführung der Db7 nur um einen einzigen Zug hinaus, dann kann Schwarz in allen möglichen Abspielen mit wenigstens einer Mehrfigur bei gesicherter Stellung das siegversprechende Übergewicht gewinnen.

Der Anlaß für ein solches Zögern könnte der dringende Wunsch von Weiß sein, zur Vorbereitung von 0–0 zunächst die Zertrümmerung seiner Bauern auf dem Königsflügel durch (10.) Sb1–d2 zu verhindern.

Der Zug sieht ganz natürlich aus und entspricht durchaus den Eröffnungsgrundsätzen von Morphy und Tarrasch.

Er ermöglicht aber Schwarz eine geradezu teuflische Kombination, die gemischt positionell- und material-gewinnträchtigen Charakter hat.

Schwarz wird *nach* dem Springerzug von Weiß zunächst einmal seine positionelle Überlegenheit verstärken und nicht etwa die Db7 gleich mit Tempovorteil angreifen.

9. Sb1–d2   Tf8–e8

Da der weiße Königsflügel nun ebenso ausreichend gesichert ist wie auch die Stellung der Db7, die ja sowohl die Rückzugsfelder b5 und b3 oder aber nach (10.) --- Ta8–b8 die Felder a6 und a4 zur Verfügung hat, weicht der weiße König dem drohenden Abzugsschach ganz selbstverständlich durch die Rochade aus.

10. 0–0   ---

Nun kann Schwarz eine vielzügige, kombinative Abwicklung

Stellung 28
Schwarz zieht

W S
Felder: 9: 7
Wirkgew: 12: 9

nach 11. Db7–a6

beginnen, die zunächst einmal darauf abzielt, die weiße Dame in eine Stellung zu zwingen, in der sie Angriffen ausgesetzt ist, denen sie nur durch einen Figurenverlust, oder aber durch eine entscheidende Verbesserung der schwarzen Stellung entkommen kann.

10. ---   Ta8–b8
11. Db7–a6   ---

Trotz einer überlegenen Bilanz der freien Felder und Wirkungsgewichte, oder vielmehr wegen dieser, ohne Überlegung forciert zusammengebrachten Bilanz, hat die weiße Stellung schwere kombinative Schwächen bekommen. Daran können Sie erkennen, daß auch die überlegene Beherrschung freier Felder nicht schematisch angestrebt werden darf, sondern *sinnvoll* erfolgen muß. Die Stellung ist geradezu ein exemplarisches Beispiel dafür, daß eine unüberlegt herbeigeführte Überlegenheit in der Beherrschung freier Felder ebensolche Nachteile zur Folge haben kann wie der unüberlegt forcierte Tempogewinn, den Großmeister Tarrasch zum Maßstab für die gute und bessere Eröffnungsstellung gemacht hat.

Die Vermehrung der Wirkung auf freie Felder muß ebenso *sinnvoll* angestrebt werden wie ein möglichst großer Tempogewinn. Geschieht diese Vermehrung auf Kosten der Gefährdung von Figuren oder der Herbeiführung von Kombinationsmöglichkeiten, dann ist sie unsinnig (siehe auch Seite 24f.).

Es ist nun eine so vielseitig kombinationsträchtige Stellung entstanden, daß es Ihnen eine Freude sein sollte, sie in allen Einzelheiten auszuanalysieren.

Der außerordentliche Entwicklungsvorsprung von Schwarz, der fast alle Figuren zu einem Angriff bereitstehen hat, läßt voraus*fühlen*, daß Weiß verloren sein wird, wenn Schwarz die stärksten Züge findet. Das Sieg-*Gefühl* läßt sich aber auch ganz rational begründen: Weiß hat zur Verteidigung des zu erwartenden Angriffs nur drei Leichtfiguren entwickelt (Ld3, Sd2, Sf3) und muß dazu noch seine abseits stehende Dame in die eigene Stellung zurückführen.

Nach dem Rückzug der weißen Dame nach a6 ist eine Kombinationsmöglichkeit entstanden, die ein völliges Umdenken aller früher von Schwarz angestellten allgemeinen kombinativen Überlegungen nötig macht. Die ursprünglichen Überlegungen zielten auf den weißen Königsflügel. Nun ist eine neue Möglichkeit aufgetaucht. Die dazu erforderliche Stellungsanalyse ist für die Entwicklung Ihrer Spielstärke außerordentlich lehrreich. Deshalb wird sie hier nicht einfach als Zugfolge mitgeteilt, sondern es wird Ihnen nur ein wichtiger Hinweis gegeben, der Ihnen die Richtung anzeigt. Dieser Hinweis besteht darin, daß Weiß nach 11. Db7–a6 nur noch ein einziges freies Feld auf seinem Damenflügel beherrscht, das Feld a4.

I. Stufe der Kombination:

Wie läßt sich die Stellung der Da6 nun kombinativ ausnützen? Überlegen Sie selbst, bevor Sie weiterlesen und beziehen Sie auch das gesamte Zentrum in Ihre Analyse mit ein.

   11. ---   Lg4–d7!

Zieht die Dame nun nach a4, um auf die zweite oder erste Reihe zurückzukehren, dann verliert Weiß den Ld3. Finden Sie es selbst heraus!

Versucht Weiß dagegen seiner Dame das Feld d3 freizumachen, dann muß er wohl oder übel den Ld3 nach e2 ziehen, denn auf Ld3–c2 (oder auch Ld3–b1) folgt:

   (12.) Ld3–b1   Tb8–b6
   (13.) Da6–d3   Ld7–f5

Die Dame muß nun nach e2 ziehen, wo sie dem Abzugsangriff durch den Te8 ausgesetzt ist. Der Angriff durch den Lf5 macht Ihnen klar, warum der Ld3 nicht nach c2 ziehen durfte.

   (14.) Dd3–e2   Se7–g6
   (15.) De2–d1   Lf5–g4

Der Springer f3 wird gefesselt und der schwarze Angriff kann sich mit Sg6–f4 und auf der offenen e-Linie planmäßig entfalten. Er muß, angesichts der eklatant rückständigen Entwicklung von Weiß, bei sorgfältigem Spiel Erfolg haben.

II. Stufe der Kombination:

Zurück zum 11. Zuge von Schwarz (11. --- Lg4–d7)

   12. Ld3–e2   Se7–g6

Der schwarze Springerzug verhindert, wie Sie sofort erkennen, den Rückzug der Da4 nach d3. Andererseits ginge durch (13.) --- Tb8–b6 der Le2 verloren.

Also muß dieser Läufer zunächst gedeckt werden.

13. Tf1–e1   Sg6–f4

Nun muß Weiß seinen Le2 ein weiteres Mal decken.

14. Kg1–f1   Tb8–b6

Daß und warum es wenig sinnvoll gewesen wäre, den Le2 nach d1 zurückzuziehen, erkennen Sie selbst.

15. Da6–a4   ---

Nun ist der kombinative Angriff auf die weiße Dame möglich, allerdings ohne Materialgewinn, aber mit Positionsvorteil. Da der weiße König genügend Beweglichkeit hat und stark genug verteidigt ist, und da die weiße Dame nun auch ohne Nachteil für die weiße Stellung nach d1 zurückkehren kann, ist es für Schwarz am günstigsten, sich vorher noch einen positionellen Vorteil zu verschaffen.

Stellung 29
Weiß zieht

W S
Felder: 7:13
Wirkgew: 13:23

nach 18. --- Ld7–b5+

III. Stufe der Kombination:

15. ---   Te8 × Le2
16. Te1 × Te2   Sf4 × Te2
17. Kf1 × Se2   Sc6–e5

Nun ist der Angriff auf die Da4 positionell aussichtsreicher als das Schach mit der schwarzen Dame, weil der Sc6 dadurch in eine beherrschende Angriffsposition kommen kann.

18. Da4–c2   Ld7–b5+

Die Bilanz der freien Felder und Wirkungsgewichte macht die Überlegenheit der schwarzen Stellung zusätzlich deutlich. Weiß muß sich mit allen Kräften und größter Sorgfalt verteidigen. Das Wichtigste, was er dazu noch hat, sind die freien Felder für den Rückzug seines Königs.

Bevor Sie aber den Königsrückzug erwägen, sollten Sie sich über die Folgen der Deckungszüge für den weißen König klargeworden sein.

(19.) c3–c4   Se5 × c4
(20.) Ke2–d1   Dd8–e8

Nun droht Sc4–a3 und De8–e2+.

Warum (21.) b2–b3 zu Damenverlust führt, finden Sie selbst heraus. Auch (21.) a2–a4 ist keine Lösung, wie Sie selbst erkennen.

(21.) Sd2 × Sc4   Lb5 × Sc4

Nun droht (22.) --- Ld6–b4 und Tb6–e6, was wegen Lb4–e1, bei Lc4–b3, nach a2–a3, nicht widerlegbar ist.

Auch (22.) Lc1–e3 wird, wie Sie selbst herausrechnen werden, durch De8–b5 widerlegt

So bleibt als einziger Zug

(22.) Sf3–e5   Ld6 × Se5
(23.) d4 × Le5   De8 × e5
(24.) g2–g3   Tb6–e6

Weiß hat keinen stärkeren Zug mehr, da weder der Ta1 noch Lc1, noch Bb2 von ihren Feldern wegziehen dürfen. Der einzige mattverhindernde Damenzug aber kostet den Bh2.

Nun droht De1‡, was nur noch durch die weiße Dame sinnvoll verhindert werden kann.

(25.) Dc2–d2   Lc4–e2+
(26.) Kd1–c2   De5–e4+

und Matt in drei Zügen.

Zurück zu Stellung 29.

19. Ke2–d1   Lb5–d3
20. Dc2–a4   Se5–g4
21. Sf3–e5   Sg4 × f2+
22. Kd1–e1   Ld3–b5
23. Da4–c2   Ld6 × Se5

[Falls (24.) Ke1 × Sf2, folgt Dd8–h4+ und Weiß ist in spätestens vier Zügen Matt. Finden Sie es selbst.]

24. d4 × Le5   Sf2–d3+
25. Ke1–d1   Sd3 × e5

Einen besseren Zug hat Schwarz in dieser Stellung nicht, weil Sd2–f3 alle weiteren Angriffsmöglichkeiten unterbindet.

Nun droht Schwarz Tb6–e6 und Se5–d3

26. Sd2–f3   Tb6–e6

Jetzt hat Weiß keinen ausreichenden Verteidigungszug mehr, weder mit der Dame noch mit Lc1 oder Sf3.

Auch Sf3 × Se5 führt zum raschen Zusammenbruch. Analysieren Sie es selbst zu Ende.

Aus diesen Abspielen lernen Sie unter anderem, daß ungleiche Läufer bei rückständiger Entwicklung auch ein schweres Hindernis sein können und daß sie keineswegs immer das Remis sichern, wie das eine landläufige Schachmeinung behauptet.

Noch etwas für die Schach-Tüftler

Zum Abschluß der langen Lehranalyse sei noch mitgeteilt, daß es um den 13. Zug herum für Weiß noch eine paradoxe Möglichkeit gibt, den wegen der positionellen Einengung der weißen Stellung nicht mehr aufzuhaltenden schwarzen Endsieg noch ein wenig länger hinauszuschieben.

Da dieses Paradoxon aber nichts zur Ergänzung oder Erweiterung des Lehrbeispiels, das Sie hier studieren, beiträgt, also lediglich eine kombinative Spielerei ist, sei es den Schach-Tüftlern unter den Lesern überlassen, diese Möglichkeit auch noch herauszufinden.

Wenn der Spieß umgedreht wird

Führt aber ein Schachkünstler von der genialen Begabung des Großmeisters Dr. S. Tartakower die weißen Steine, dann kann es bei ganz ähnlicher strategischer Eröffnungsanlage zu einem spektakulären Sieg von Weiß kommen, falls Schwarz die Möglichkeiten seiner Stellung auch nur geringfügig überschätzt.

Studieren Sie die folgende Partie-Analyse deshalb mit besonderer Aufmerksamkeit und machen Sie sich klar, daß Schwarz nur deshalb Schritt für Schritt in eine totale Verluststellung hineingerät, weil er es glaubte *unterlassen* zu dürfen, das Remis so lange konsequent anzustreben, bis Weiß zwei schwache Züge gemacht hat.

Der erste schwache Zug sollte Schwarz die Initiative einbringen und der zweite den Stellungsvorteil, der sich zum Endsieg ausbauen läßt.

In dieser Partie aber versteht es Weiß durch einen *scheinbar* sehr schwachen Zug Schwarz vorzugaukeln, daß dieser eine positionelle Überlegenheit erreichen könne, die ihm erlaube, auf dem Damenflügel das entscheidende Übergewicht zu gewinnen.

Zur Stärkung Ihrer Spielkraft sollten Sie es ganz klar durchschauen, daß diese weiße Gaukelei nur deshalb in Gang gesetzt werden kann, weil Schwarz vom Pfade der Tugend, das Remis so lange anzustreben, bis er zum Spiel auf Sieg wirklich berechtigt ist, *abweicht*.

Analyse:
Tartakower gegen Spielmann

1. e2–e4   e7–e6
2. d2–d4   d7–d5
3. Lf1–d3   –––

Großmeister Tartakower vermeidet den Abtausch und zieht es vor, seinen Be4 so zu decken, daß sein weißfeldriger Läufer bereits auf einer Angriffsdiagonale steht.

3. –––   c7–c5

Großmeister Spielmann greift sofort das weiße Zentrum mit einem Bauern an, der, falls er geschlagen wird, seinem schwarzfeldrigen Lf8 einen hervorragenden Platz verschafft. [Warum Schwarz nach (3.) ––– d5×e4 (4.) Ld3×e4, Sg8–f6 (5.) Le4–d3 den Bd4 nicht nehmen darf, das sehen Sie selbst.]

4. c2–c3   Sb8–c6

Der »letzte Barde des Gambitspiels«, wie er von Richard Réti genannt wurde, Rudolf Spielmann, denkt gar nicht daran, die Stellung durch den Abtausch der Zentralbauern zu vereinfachen, was Schwarz das Remis erleichtert hätte, sondern erhöht vielmehr die Zentrumsspannung. Er hofft dadurch kombinatorische Verwicklungen zu erzielen. Damit hätte der große Kombinationsspieler Spielmann gegen einen schwächer spielenden Gegner – wenn auch zu Unrecht – wahrscheinlich recht behalten. So aber gibt er dem Mitbegründer der »Hypermodernen Spielweise«, Großmeister Tartakower, Gelegenheit, durch scheinbares Nachgeben zu siegen.

Die Auflösung der Zentrumsspannung hätte das Remis-Gleichgewicht aufrechterhalten.

(4.) ---	c5 × d4
(5.) c3 × d4	d5 × e4
(6.) Ld3 × e4	Sg8–f6
(7.) Le4–c2	Sb8–c6
(8.) Sg1–f3	Lf8–e7
(9.) o–o	o–o
(10.) Sb1–c3	---

In dieser Stellung hätte Schwarz keine Schwierigkeiten, den voraussehbaren Angriff von Weiß auf seine Königsstellung durch sorgfältige Verteidigung abzuwehren und das Remis zu erreichen.

5. Sg1–f3	Sg8–f6

Jetzt kann sich Schwarz den Abtausch der Zentralbauern bereits nicht mehr leisten, weil er Weiß dadurch eine überlegene Stellung einräumen würde. [(5.) --- c5 × d4 (6.) c3 × d4, d5 × e4 (7.) Ld3 × e4, Sg8–f6 (8.) Le4 × Sc6, b7 × Lc6 (9.) Dd8–a4]

6. e4–e5	Sf6–d7
7. o–o	Dd8–b6

Schwarz ergreift wieder die Gelegenheit zum Angriff, die ihm aber nun von Weiß wohlüberlegt angeboten wird.

8. d4 × c5!	Lf8 × c5

Der Zug von Weiß sieht wie ein Versehen aus, denn er löst nicht nur freiwillig seine Bauernkette auf, sondern verschafft auch noch dem schwarzen Lf8 eine Angriffsstellung. Dazu bringt er den Be4, der nun zweimal angegriffen und nur einmal verteidigt ist, in Verlustgefahr.

Trotzdem versieht Großmeister Tartakower seinen Zug 8. d4 × c5 mit einem Ausrufungszeichen. Dahinter kann nur eine positionelle Kombination stecken.

9. Dd1–e2	---

Das deckt den Be5 und erlaubt dem Lc1 ohne Nachteil für Weiß herauszuziehen.

9. ---	Db6–c7

Spielmann verstärkt sofort den Angriff auf den Be5.

10. Lc1–f4	---

Und schon zeigt sich, daß Weiß eine strategisch überlegene Stellung erreicht hat, daran, daß sich Schwarz (10.) --- f7–f6 oder f7–f5

nicht leisten kann, obwohl Weiß dabei seinen Lf4 verlieren würde.
Die weiße Dame steht viel zu stark. [(10.) --- f7–f6 (11.) e5 × f6,
Dc7 × Lf4 (12.) De2 × e6+, Ke8–f8 (13.) De6 × d5, Df4 × f6 (14.)
Sf3–g5!]

       10. ---   Lc5–e7

Großmeister Spielmann macht sich klar, daß er es auch nicht wagen darf zu rochieren, weil die weißen Figuren für einen Angriff auf den schwarzen Königsflügel ideal aufgestellt sind und weil der vorgeschobene Be5, den Schwarz weder abtauschen darf noch erobern kann, die Verteidigung des Königsflügels gefährlich einengt. Das ist der Grund, warum er sich entschließt, seinen Läufer heimzuholen.

       11. c3–c4!   Sc6–b4

Schwarz ergreift die Gelegenheit, den gefährlichen weißen Angriffsläufer abzutauschen, und Sie sollten sich fragen, warum Großmeister Tartakower seinem Gegner diesen bedeutenden strategischen Vorteil einräumt.

Er muß wohl einen noch größeren Vorteil dafür eintauschen.

       12. Sb1–d2   Sb4 × Ld3
       13. De2 × Sd3   Sd7–b6
       14. Ta1–c1   d5 × c4
       15. Sd2 × c4   Sb6 × Sc4
       16. Tc1 × Sc4   Dc7–a5

Das ist kein gutes Feld für die schwarze Dame, aber wenn sie nach d8 zurückzieht, wird sie gleichfalls wieder fortgesetzt angegriffen, wobei sich Weiß weiterentwickelt.

       17. Lf4–d2   Da5 × a2

Nun ist die schwarze Dame in das Ihnen schon bekannte Abseits gedrängt, und Weiß kann nun auch den Tf1 zum Angriff heranholen, ohne daß Schwarz einen zweiten Bauern bekommt.

       18. Tf1–c1   Lc8–d7

Schwarz durfte statt dessen auch keinesfalls (18.) --- 0–0 ziehen. Finden Sie selbst heraus, warum.*

Damit ist deutlich geworden, daß die weißen Türme in die schwarze Stellung eindringen werden, ohne daß sich Schwarz dagegen ausreichend verteidigen kann.

---

* (18.) --- 0–0 (19.) Tc4–c7, Tf8–e8 (20.) Tc7 × Le7!, Te8 × Te7? (21.) Dd3–d8‡

Das alles aber ist, wie Sie rückschauend erkennen, die planmäßige Folge des 8. Zuges von Weiß, der beweist, daß Großmeister Tartakower nicht nur genau erkannte, inwieweit Schwarz die Möglichkeiten seiner Stellung überschätzte, sondern auch einen Zug fand, der diese Überschätzung in klassischer Weise zum Nachteil von Schwarz bestätigte!

13.
Trainingsabschnitt

Die solide Remisfortsetzung

Weil der Führer der weißen Steine seine Partie grundsätzlich zu gewinnen erwartet, wird Ihnen gerade in der Französischen Verteidigung diese Eröffnungsvariante nur dann begegnen, wenn der Führer der weißen Steine aus außerschachlichen Gründen ein Remis anstrebt, was in Turnieren, nicht nur zwischen Großmeistern, häufig vorkommt.

Tauscht Weiß den Bd5 im 3. Zug der Französischen Verteidigung nicht ab, dann ist er gezwungen, den Be4 vorzuziehen oder zu verteidigen.

In der Turnierpraxis geschieht nach 1. e2–e4, e7–e6 2. d2–d4, d7–d5 meistens

3. Sb1–c3 ———

während der sofortige Vorstoß (3.) e4–e5 in diesem Entwicklungsstadium bereits die Verteidigung der ganzen Bauernkette d4, e5 erforderlich macht.

Stellung 30
Schwarz zieht

W S
Felder: 11 : 7
Wirkgew: 19 : 13

nach (3.) e4 – e5

Da die Eröffnungstheorie nachgewiesen hat, daß die so früh gebildete Bauernkette von Schwarz ohne große Mühe rasch zertrümmert werden kann, kommt dieser Zug in Turnieren praktisch nicht mehr vor. Sollte er Ihnen dennoch begegnen, so genügt es, wenn Sie die Prinzipien dieser erfolgreichen Zertrümmerungsweise kennen. Sie können sie dann durch Nachdenken leicht selbst in die stärksten Züge umsetzen.

Die Felderbilanz sieht in dieser Stellung für Schwarz recht schlecht aus. Allerdings ist Schwarz am Zuge, doch ist kein Zug zu entdecken, der die schwarze Felderbilanz maßgeblich verbessern könnte.

Wenn sich Weiß mit (3.) e4–e5 eine Schwäche gibt, dann kann sie nur darin zu finden sein, daß er mit diesem Zuge einen größeren Vorteil zu erreichen versucht hat, als seiner Stellung angemessen ist. Dann aber muß es auch einen Weg für Schwarz geben, diese weiße Schwäche nachzuweisen. Dieser Nachweis sollte nicht allein dadurch geführt werden können, daß Weiß mit (3.) e4–e5 Schwarz die Initiative überlassen hat. Das ist angesichts des bedeutenden Überschusses der von Weiß beherrschten Felder zu wenig. Die Möglichkeiten für Schwarz sollten größer sein.

Dabei kann es sich angesichts der Stellungsstruktur nur um eine positionelle Kombination handeln, durch die Schwarz den Führer der weißen Steine zwingt, sich zu verteidigen.

Schwarz hat in dieser Stellung zwei Hauptprobleme zu lösen:

1. Die vorgeschobene weiße Bauernkette soll gesprengt werden, ehe sie zu einem unerschütterbaren Zentrum ausgebaut werden kann.

2. Sein weißfeldriger Läufer, der hinter der schwarzen Bauernkette eingeschlossen und, dort zur Untätigkeit verdammt, die Entwicklung der anderen schwarzen Figuren behindert, sollte nach Möglichkeit gegen den freibeweglichen, weißfeldrigen Läufer von Weiß abgetauscht werden.

Mit Hilfe des tempoverlierenden Vorstoßes des weißen e-Bauern können beide Ziele gleichzeitig angestrebt werden. Durch eine positionelle Kombination in der Eröffnung kann Schwarz auf diese Weise erreichen, daß sein weißfeldriger Läufer entweder abgetauscht oder aber die teilweise Sprengung der weißen Bauernkette erreicht wird.

1.	e2–e4	e7–e6
2.	d2–d4	d7–d5
3.	e4–e5	c7–c5
4.	c2–c3	Dd8–b6!

Der Damenzug von Schwarz ist ein Kombinationszug, der stärker ist als (4.) Sb8–c6, weil er außer dem Angriff auf die weiße Bauernkette, den auch der Springerzug fortgesetzt hätte, auch noch den Bb2 angreift und dadurch den Lc1, der allein diesen Bauern deckt, am Herausziehen hindert. Ferner bereitet der Damenzug den Läuferabtausch vor, der nach (4.) ––– Sb8–c6 nicht mehr möglich wäre.

5. Sg1–f3   –––

Nun sind Sie an einem Punkt Ihrer Eröffnungsanalyse angelangt, an dem Sie leider gezwungen sind, sich einige Varianten einzuprägen, weil Weiß an dieser Stelle auch anders fortfahren kann. Natürlich brauchen Sie sich nur um die verschiedenen Fortsetzungszüge von Weiß und nicht etwa auch um solche für Schwarz zu kümmern (wenigstens vorläufig, das heißt auf lange Zeit hinaus nicht), denn Sie verfolgen ja einen ganz bestimmten Eröffnungsplan, der für diese und alle gleichsinnigen Verteidigungssysteme durch den Befreiungszug c7–c5 gekennzeichnet ist. In dem vorliegenden speziellen Fall ist dieser Plan auf den Abtausch des Schwarz mehr behindernden als fördernden Lb8 gerichtet. Lassen Sie sich also nicht ablenken, Sie werden dabei ohnehin mehr Varianten auswendig lernen müssen, als Ihnen lieb ist.

Statt 5. Sg1–f3 kann Weiß im wesentlichen nur zwei andere Züge wählen, von denen der eine das Stigma der Unvollkommenheit so deutlich erkennbar an sich trägt, daß Sie keine Varianten zu behalten brauchen, sobald Sie den Sinn erkannt haben. Das ist der Zug 5. f2–f4, der Weiß in jedem Falle einen eingesperrten schwarzfeldrigen Läufer beschert, was Schwarz ausnützen kann.

Bleibt noch der Zug 5. Lf1–d3 übrig, der die Falle enthält, daß Schwarz, wenn er einen Bauern gewinnen will, die Dame verliert. Finden Sie es selbst. Im übrigen hat dieser Zug gewöhnlich nur die Bedeutung einer Zugumstellung. Weitergehendes lesen Sie am besten in einem der bekannten Handbücher nach, das Sie ja doch benötigen, wenn Sie alle Möglichkeiten, die hier wegen ihres Umfangs nicht bis in alle Variantenverzweigungen verfolgt werden können, studieren wollen (siehe Bibliographie Seite 371). Dort finden Sie auch alle Varianten abgehandelt, die dann wirksam werden, wenn Weiß seine Bauernkette nicht konsequent mit 4. c2–c3 verteidigt, sondern sein Gegenspiel durch (4.) d4 × c5 (4.) Dd1–g4 (4.) Sg1–f3 oder gar (4.) Sb1–d2 sucht.

       5. — — —   Lc8–d7

Nun droht (6.) — — — Ld7–b5 mit erzwungenem Läufertausch im darauffolgenden Zuge. Dieses Abspiel kann Weiß nur noch sinnvoll verhindern durch den Zug

       6. Sb1–a3   c5 × d4

Darauf aber folgt die erste Sprengung der weißen Bauernkette, wodurch zugleich der Sa3 in den Wirkungsbereich des Lf8 gerät.

Da Weiß sich nicht erlauben darf, die Kette zu Be5 zertrümmert zu lassen, ist seine Antwort selbstverständlich

       7. c3 × d4   — — —

Stellung 31
Weiß zieht

W S
Felder: 10 : 8
Wirkgew: 19 :13

nach 5. — — — Lc8–d7

Nun kann Schwarz, wenn er will, den Sa3 schlagen, wodurch Weiß einen schwachen Doppelbauern auf der Randlinie bekommt. Er kann auch den Angriff auf die restliche Bauernkette sogleich fortsetzen.

Den sofortigen Läuferabtausch durch (8.) — — — Ld7–b5 darf er nach erfolgtem Springerabtausch durch (7.) — — — Lf8 × Sa3 allerdings nicht versuchen. Finden Sie den Grund selbst heraus.

Entscheidend für die Beurteilung dieser Eröffnungsentwicklung ist es, daß es Schwarz gelungen ist, die Initiative zu ergreifen, daß Weiß seinen Anzugsvorteil aufgegeben hat, daß Schwarz nicht nur sein Problem der Zertrümmerung der weißen Bauernkette zu lösen beginnen, sondern auch sein zweites Problem der Verwertung seines weißfeldrigen Läufers aussichtsreich in Angriff nehmen konnte und daß bei alledem auch kein baldiger Angriff von Weiß auf die schwarze Königsseite in Aussicht steht. Schwarz kann sich auch dort rechtzeitig auf alle Möglichkeiten, die Weiß nach der Erledigung des schwarzen Angriffs auf seine zentrale Bauernkette etwa aufzubauen versuchen könnte, bequem einrichten.

Da diese Eröffnungsentwicklung für die von Weiß gewählte Variante zwangsläufig ist, müssen Sie damit rechnen, daß er es, wenn er die Varianten kennt, vorziehen wird, im 4. Zuge auf eine der genannten Varianten überzugehen, weshalb Sie diese studiert und gelernt haben sollten, bevor Sie sich an das Turnierbrett setzen.

Die hier untersuchte Eröffnungsvariante wurde deshalb ausführlich behandelt, weil sie eine der Hauptbegründungen dafür abgibt, warum die Französische Verteidigung in den Turnieren kaum mehr mit dem tempoverlierenden Zug 3. e4–e5, sondern mit einem Entwicklungszuge fortgesetzt wird.

1. e2–e4   e7–e6
2. d2–d4   d7–d5
3. Sb1–c3   – – –

Nun könnte Schwarz durch (3.) – – – d5 × e4 (4.) Sc3 × e4 zwar die Bauern abtauschen, würde aber dadurch die weiße Initiative verstärken, die sich raumgreifend entwickeln könnte, ohne daß Schwarz gleichwertige Antwortzüge hätte. Das läßt sich schon aus der Bauernstellung Weiß d4 gegen Schwarz e6 erkennen, die der, für Schwarz ebenfalls ungünstigen, Bauernkonstellation Weiß e4, Schwarz d6 in der Spanischen Partie spiegelbildlich gleicht.

Die Eröffnungstheorie hat den Nachteil der schwarzen Entwicklungsstellung nach dem Bauerntausch vollauf bestätigt. Es ist also für Schwarz weitaus sinnvoller, den Angriff auf den Be4 entweder durch (3.) – – – Lf8–b4 oder Sg8–f6 fortzusetzen.

Der früher fast ausschließlich gespielte Zug (3.) – – – Sg8–f6 erlaubt Weiß jedoch die volle Initiative zu behalten, indem er mit (4.) Lc1–g5 fortsetzt und anschließend (5.) e4–e5 zu ziehen droht.

Schwarz muß sich dann weiterhin mit (4.) – – – Lf8–e7 verteidigen und hat nach (5.) e4–e5 ein mühsames, gedrücktes Spiel, während Weiß die Freiheiten einer großräumigen Entwicklung seiner Figuren und Bauern behält.

Deshalb ist statt (3.) ——— Sg8–f6 die folgende stärkere Fortsetzung allgemein üblich geworden.

3. ———   Lf8–b4

Stellung 32
Weiß zieht

W S
Felder: 12 : 8
Wirkgew: 22 : 17

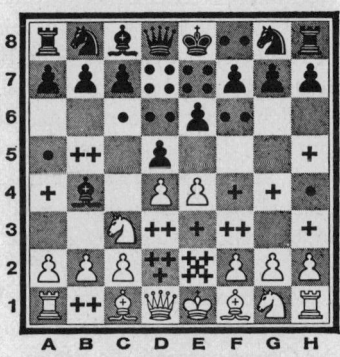

nach 3. ——— Lf8–b4

Dieser Läuferzug sieht außerordentlich riskant aus. Sie erkennen sofort, daß Weiß nun durch Dd1–g4 die schwarze Stellung schwer bedrohen kann. Zugleich bedeutet dieser Zug eine weitere Deckung für den indirekt angegriffenen Be4.

Der Läuferausfall nach b4 scheint damit widerlegt zu sein, zumal der einzig sinnvolle Deckungszug von Schwarz (4.) ——— Dd8–f6 an (5.) e4 × d5 scheitert. Bringen Sie selbst heraus, warum.

Daß Sie als Führer der schwarzen Steine den Läuferzug dennoch wagen dürfen, weil sich 4. Dd1–g4 widerlegen läßt, das sagt Ihnen wieder einmal die Eröffnungstheorie.

Diese Eröffnungsentwicklung beweist zugleich den praktischen Wert der Eröffnungstheorie ebenso wie die Notwendigkeit, einen – allerdings sorgfältig ausgewählten – Teil der von ihr erarbeiteten Varianten auswendig zu lernen, weil die freien Felder infolge der möglichen Kombinationen bedeutungslos werden.

Denn selbst wenn Sie wissen, daß Schwarz den Zug 4. Dd1–g4 widerlegen kann, ist es Ihnen am Brett dennoch nicht möglich, alle Varianten zuverlässig durchzurechnen. Dazu sind die Varianten viel zu verzweigt und kompliziert.

Großmeister Milan Vidmar, dessen Spielstil von Richard Réti so charakterisiert wurde: »Mit einer fast lückenlosen Regelmäßigkeit pflegt er auch in den stärksten Turnieren den dritten Platz zu belegen. Eine derartige Gleichmäßigkeit der Resultate läßt darauf schließen, daß er stets mit wissenschaftlicher Ruhe und mit Einsetzen der ganzen Kraft kämpft.« Vidmar sagt in seiner Selbstbiographie über das Durchrechnen möglicher Züge am Brett: »Kann man in einer verwickelten Stellung zehn Züge weit alles voraussehen? Ich glaube es nicht: Ich selbst kann es ganz bestimmt nicht... Selten kommt es mir vor, daß ich mehr als drei Züge weit in die Zukunft meiner Partie hineinsehe. Deshalb bin ich überzeugt, daß der große Meister vor allem 'nach dem Gefühl', sozusagen in schwer zu beschreibendem Zwiegespräch mit seiner Stellung spielt.«

Die mit 4. Dd1–g4 verbundenen Risiken für Schwarz lassen sich aber weder präzise errechnen noch allein »nach dem Gefühl« meistern. Das ist der Grund, weshalb die Eröffnungstheorie gerade für die sogenannten »schärfsten Züge«, die dem Partner Vorteile um den Preis geringer positioneller Überlegenheiten *(die sich ausbauen lassen!)* anbieten, eine so große praktische Bedeutung bekommen hat.

Es wird Ihnen daher, wenn Sie in Turnieren Erfolg haben wollen, an den entscheidenden Stellen der von Ihnen gespielten Eröffnungen, an denen nur die »schärfsten Fortsetzungen« über Sieg oder Niederlage entscheiden, nichts anderes übrig bleiben, als die von der Theorie erarbeiteten zuständigen Variantenkomplexe auswendig zu lernen. Das gilt auch für die Entscheidung, ob Sie durch einen Zug in bestimmten Stellungen noch die Remisbreite einhalten können oder bereits überschreiten.

Neben dieser Notwendigkeit ist es aber Ihre Hauptaufgabe, diese Gedächtnisverankerungen auf das Allernotwendigste zu begrenzen.

Die freie Entfaltung Ihres so mühsam erworbenen Schachgefühls und Ihrer schöpferischen Phantasie sollten Sie sich durch einen übergroßen Gedächtnisballast dabei aber nicht einschränken oder gar schädigen lassen.

Daß Sie diesen sich zwischen Scylla und Charybdis dahinschlängelnden Meisterweg sicher und unbeschadet vorwärtsgehen können, dazu will Ihnen dieses Buch verhelfen.

Die Ungefährlichkeit des Damenausfalls nach g4 für die schwarze Königsstellung, läßt sich an den folgenden kombinativ-positionellen Abspielen erweisen:

4.	Dd1–g4	Sg8–f6
5.	Dg4×g7	Th8–g8
6.	Dg7–h6	c7–c5 !
7.	a2–a3	Tg8–g6
8.	Dh6–e3	Lb4–a5
9.	Lc1–d2	c5×d4
10.	De3×d4	Sb8–c6

Stellung 33
Weiß zieht

W S
Felder: 13:10
Wirkgew: 25:19

nach 10. --- Sb8–c6

Damit ist Weiß in eine total verlorene Stellung geraten. Die positionelle Überlegenheit von Schwarz ist erdrückend.

Versucht Weiß, den Angriff auf die Dame durch 11. Lf1–b5 unwirksam zu machen, dann setzt Schwarz mit 11. --- La5–b6, nachfolgendem Tg6×g2 und d5–d4 vernichtend fort.

Zieht Weiß dagegen 11. Dd4–d3, dann kann die folgenschwere Einengung der weißen Stellung sofort mit 11. --- d4–d3 fortgesetzt werden.

Mit späteren Ausfällen der Dame nach g4 läßt sich, vor allem *nach* e4–e5 zwar mehr, aber auch nicht viel Besseres erreichen:

1. e2–e4	e7–e6
2. d2–d4	d7–d5
3. Sb1–c3	Lf8–b4
4. e4–e5	c7–c5

Der tempoverschenkende Zug 4. e4–e5 ermöglicht es Schwarz, sogleich die Initiative zu übernehmen.

Nun kostet der Damenausfall nach g4 zwar zwei Bauern, reicht aber ebenfalls bei weitem nicht zum Sieg des Weißen aus.

5. a2–a3	Lb4×Sc3+
6. b2×Lc3	Sg8–e7
7. Dd1–g4	c5×d4

Hierzu müssen Sie wissen, daß der Versuch, den Bg7 zu verteidigen, zwar zu überlegenem Spiel für Weiß führt, daß aber der Springerzug für Schwarz den Bg7 indirekt verteidigt, weil der Turmangriff auf die Dame den Verlust zweier Bauern positionell und kombinativ weit aufwiegt. So sagt es die Varianten-Theorie.

(8.) Dg4×g7	Th8–g8
(9.) Dg7×h7	Dd8–c7
(10.) Sg1–e2	Sb8–c6

Von diesem Abspiel gibt es einige Variantenabweichungen, die Sie kennen sollten:

1.)	(8.) c3×d4	Dd8–c7

Und Weiß hat eine ganze Reihe von Fortsetzungszügen, die aber alle nicht recht befriedigend sind. Der Doppelangriff auf das Feld c3 und den Bc2 kann nur durch Königszüge oder eine ungünstige Turmstellung kompensiert werden. In diesem Falle sind Sie aufgerufen, Ihre positionell-kombinativen Fähigkeiten einzusetzen. Die Bilanz der freien Felder macht Ihnen klar, daß die Fortsetzung von Weiß eine Inkonsequenz gegenüber dem mit 7. Dd1–g4 angestrebten Eröffnungsplan darstellt, die sich wahrscheinlich rächen wird.

2.)	(8.) Lf1–d3	Dd8–a5
	(9.) Sg1–e2	Se7–g6

Und wieder erweist sich der Zug 7. Dd1–g4 als Inkonsequenz.

3.)	(9.) Dg7×h7	Dd8–a5

Dieser Zug greift zwar c3, aber nicht, wie Dd8–c7, auch Be5 an, ist also insofern schwächer. Er kann von Weiß ausreichend mit Ta1–b1 beantwortet werden. Sie werden ihn also ebensowenig ziehen wie (9.) ––– Sb8–c6?, der geradezu falsch ist.

Dann müssen Sie nur noch darauf achten, daß Sie nicht in Versuchung kommen dürfen, nach

        4.) (10.) Sg1–e2   Dc7 × e5?

zu ziehen, was doch naheliegt. Weiß kann darauf stark sowohl mit

        (11.) c3 × d4

oder   (11.) Lc1–f4   antworten.

Das genügt wohl.

Stellung 34
Weiß zieht

W S
Felder: 13 : 8
Wirkgew: 17 : 16

nach (10.) --- Sb8–c6

Wenn Sie die Stellung 34 analysieren, dann erkennen Sie, daß die weiße Bauernkette zersprengt ist und auch nicht mehr wiederhergestellt werden kann. (11.) c3 × d4?, Sc6 × d4!

Das Zentrum wird von Schwarz beherrscht und die Bilanz der freien Felder ist, wenn von den gegenwärtig nutzlosen Randfeldern, die von der gefährdet stehenden weißen Dame beherrscht werden, abgesehen wird, ausgeglichen.

Bei Schwarz ist die volle Initiative geblieben. Weiß hat große Mühe, sich wirksam zu verteidigen.

Damit ist der Zug 4. wie 7. Dd1–g4 gründlich widerlegt. Weiß kann allerdings auch, bevor er den Lb4 angreift, zuerst Dd1–g4 ziehen und nach dem erzwungenen Sg8–e7 den schwarzen Angriff auf seinen Damenflügel abzuwehren versuchen, bevor er den Bg7 schlägt. Auch dieses Abspiel sollten Sie noch studieren.

        1. e2–e4   e7–e6
        2. d2–d4   d7–d5

3.	Sb1–c3	Lf8–b4
4.	e4–e5	c7–c5
5.	Dd1–g4	Sg8–e7
6.	d4×c5	---

Damit löst Weiß allerdings selbst seine Bauernkette auf und erfüllt von sich aus ein strategisches Ziel von Schwarz.

Schwarz erreicht nun außerdem noch eine bleibende weitere strategische Schwächung der weißen Stellung durch Lb4 × Sc3 +. Diese Vertrippelung der weißen Bauern auf der c-Linie zwingt Weiß zur ständigen Verteidigung seiner Bauern, so daß Schwarz, wie die Theorie bestätigt, sein Spiel auf jeden Fall ohne große Mühe innerhalb der Remisbreite halten und die geringste weitere Schwäche von Weiß zum Endsieg ausbauen kann. Sie sollten deshalb als Führer der schwarzen Steine mit diesem deutlichen, wenn auch nicht allzu großen Vorteil zufrieden sein und nicht gleich, wie das schon mehr als ein Meister getan hat, Ihre Stellung überschätzen. Wenn Sie mehr zu erreichen versuchen, werden Sie nur in Schwierigkeiten geraten. Schon die Felderbilanz, samt dem Überschuß an Wirkungsgewichten, über den Weiß ganz eindeutig verfügt, sollte Sie warnen.

Stellung 35
Schwarz zieht

W S
Felder: 16 : 6
Wirkgew: 29 : 13

nach 6. d4 × c5

6.	---	d5–d4
7.	a2–a3	Lb4–a5
8.	b2–b4	La5–c7
9.	Sc3–b5	Lc7×e5

10. Sg1–f3	Le5–f6
11. Sb5–d6+	Ke8–f8

Und Schwarz hat nichts als Schwierigkeiten.

Falls Schwarz aber zur Vermeidung von (11.) Sb5–d6+ anders zieht:

(10.) Sg1–f3	f7–f5
(11.) Dg4–h5+	g7–g6
(12.) Dh5–h4	Dd8–d5
(13.) c2–c4!	d4 × c4 e. p.
(14.) Lf1–c4	Figurenverlust!

Wenn schließlich statt (12.) ––– Dd8–d5 der Wegzug des Le5 folgt:

(12.) Dh5–h4	Le5–g7
(13.) Lc1–f4	o–o
(14.) Sb5–c7	e6–e5
(15.) Sf3–g5	–––

Dann hat Schwarz wiederum nichts als Schwierigkeiten und verliert mit Sicherheit.

Zurück zu Stellung 35.

(6.) d4 × c5	Dd8–a5
(7.) Lc1–d2	o–o
(8.) Sg1–f3	Sb8–c6
(9.) Dg4–h5	–––

Und wieder hat Schwarz nur Schwierigkeiten. Er muß sich gegen den drohenden Angriff auf seine Königsstellung wehren, was infolge der Abwesenheit seiner Dame ein ziemlich aussichtsloses Unterfangen ist. Analysieren Sie es selbst.

Schließlich ist noch anzumerken, daß auch der Zug (6.) ––– Sb8–c6 in fast allen Abspielen zu überlegenen Stellungen von Weiß führt, weshalb Sie auch diesen Zug gar nicht erst in Betracht ziehen sollten. Mit ihm nehmen Sie, um der vagen Möglichkeit willen, Remis zu halten oder mit einem winzigen Stellungsvorteil davonzukommen, eine gewaltige Lern- und Geistesarbeit auf sich, die sich angesichts des handfesten, leichter zu bedrängenden Trippel-Bauern, den Schwarz jetzt in der weißen Stellung erzwingen kann, für Sie mindestens vorläufig einfach nicht lohnt. Das können Sie allenfalls versuchen, wenn Ihre Turniererfolge so groß geworden sind, daß Sie hoffen dürfen, Großmeister zu werden.

Weltmeister B. Fischer verzichtet auf 5. Dd1–g4

Weder die Eröffnungstheorie noch die Spielpraxis hat bisher einen sicheren Weg aufzeigen können, der in der Französischen Verteidigung den Zug Dd1–g4 von Weiß rechtfertigt.

Sie sollen nun noch damit vertraut gemacht werden, wie Sie ziehen müssen, wenn Weiß den Damenausfall vermeidet. Jedenfalls hat der ehemalige Weltmeister Bobby Fischer als Führer der weißen Steine den Damenausfall inzwischen ad acta gelegt und setzt seine Eröffnung anders fort (siehe Seite 155 ff.).

Zunächst aber sollten Sie sich noch mit den schachstrategischen Konsequenzen der Stellung 35 befassen und deren angemessene Behandlung Ihrem Gedächtnis, soweit das erforderlich ist, einprägen.

(6.) d4 × c5   Lb4 × Sc3
(7.) b2 × Lc3   – – –

Stellung 36
Schwarz zieht

W S
Felder: 19 : 6
Wirkgew: 30 : 12

nach (7.) b2 × Lc3

Obwohl Schwarz mit dieser Stellung sein strategisches Ziel, die weiße Bauernkette zu zertrümmern, voll und ganz erreicht hat, und Weiß darüber hinaus den grundsätzlichen Nachteil eines Trippelbauern zufügen konnte, hat er damit, wie die Eröffnungstheorie bestätigt, noch keine so überlegene Stellung erreicht, daß der Gewinn nur noch eine Frage von Routinezügen wäre. Im Gegenteil! Worin ist das begründet?

Darüber gibt Ihnen zum Beispiel bereits die Bilanz der freien Felder und Wirkungsgewichte eine erste überzeugende Auskunft. Weiß beherrscht ungleich mehr Felder als Schwarz, insbesondere die zentralen, und verfügt auch über das Läuferpaar.

Dagegen ist der weißfeldrige Läufer von Schwarz immer noch eingesperrt und kann überhaupt nur zum Damenflügel hin beweglich gemacht werden. Auch hat Schwarz einen Bauern geopfert, der irgendwann ohne Nachteile zurückerobert werden muß, was allerdings angesichts der weißen Trippel-Bauern nicht unmöglich sein sollte. Sie erkennen auch deutlich, daß Schwarz mit einem nachhaltigen Angriff auf seine immer noch unverteidigte Königsseite rechnen muß, die zunächst einmal gesichert werden muß. Im übrigen liegen die schwarzen Angriffsmöglichkeiten, sobald sie ausgenützt werden dürfen, eindeutig auf dem Damenflügel, wobei der Versuch, den eingesperrten weißfeldrigen schwarzen Läufer gegen den gleichen weißen Läufer abzutauschen, vordringlich ist.

Sie erkennen durch diese Stellungsanalyse deutlich, daß Schwarz nun seine Stellung konsolidieren muß, vor allem seine Königsseite. Das kann entweder durch sofortiges oder nach Vorbereitung durchzuführendes o–o geschehen. Kann diese Konsolidierung gleichzeitig künftige Eroberungs- und Angriffsmöglichkeiten berücksichtigen, ist es gut, andernfalls aber müssen alle Eroberungsträume vorläufig zurückgestellt werden. Von den Konsolidierungszügen bieten sich außer der Rochade noch 7. ––– Se7–g6 oder 7. ––– Se7–f5 an.

An dieser Stelle wird die Theorie wieder nützlich

Bei so viel verschiedenen Fortsetzungsmöglichkeiten, die alle weitreichende Konsequenzen haben können, ist es wiederum unerläßlich, die Theorie zu befragen.

Die sagt nun zunächst aus, daß (7.) ––– o–o, wie der nachmalige Weltmeister Boris Spasskij in dieser Stellung zeigte, die schwarze Stellung zu ruinieren geeignet ist.

(7.) b2 × Lc3	o–o
(8.) Sg1–f3	Sb8–c6
(9.) Lf1–d3	Se7–g6

Schon braut sich ein gefährlicher Angriff gegen die schwarze

Königsstellung zusammen, weshalb [(9.) --- f7–f5 (10.) e5 × f5 e. p.
Tf8 × f6 (11.) Lc1–g5, Tf6–f7 (12.) Dg4–h5] besser, aber auch
nicht ausreichend gewesen wäre.

(10.) Dg4–h5   Sc6–e7
(11.) h2–h4   Dd8–a5
(12.) o–o   Lc8–d7

Weiß kann es sich leisten, seinen Mehrbauern als Opfer anzubieten,
dessen Annahme nur die Durchschlagskraft des weißen Königsangriffs verstärken würde. Schwarz erkennt das, nimmt den Bauern
nicht und versucht statt dessen durch Aktivierung seines weißfeldrigen Läufers den Abtausch des gefährlichen weißen Angriffsläufers
zu erzwingen.

(13.) Dh5–g4   Ld7–b5
(14.) h4–h5   Lb5 × Ld3
(15.) c2 × Ld3   Da5 × c3
(16.) h5 × Sg6! Dc3 × Ta1

Man muß dem Partner Vorteile anbieten, um zu siegen! Schwarz
kann sich nicht leisten, mit (16.) --- Se7 × g6 eine ganze Figur zu
verlieren.

(17.) g6 × h7+   Kg8–h8

Daß Schwarz Bh7 nicht schlagen darf, ist offensichtlich:

(18.) Lc1–g5   Da1 × Tf1+

Um mit einem blauen Auge davonzukommen:

(19.) Kg1 × Df1 Se7–f5
(20.) Lg5–f6   Ta8–c8

Der Bg7 darf den Läufer keinesfalls schlagen. Finden Sie selbst
heraus, warum.

(21.) Sf3–d4   g7 × Lf6

Es bleibt kein anderer Ausweg mehr.

(22.) e5 × f6   aufgegeben

Zurück zu Stellung 36.

Wenn aber nicht 7. o–o, was dann? Auf diese Frage gibt die
Theorie die ebenfalls überraschende Antwort, daß Schwarz immer
noch die Opferung der Bg7 und Bh7 riskieren kann, ohne dadurch
in entscheidenden Nachteil zu geraten, weil er für den Bg7 mindestens den wichtigeren Be5 bekommt.

(7.) b2 × Lc3   Sb8–d7
(8.) Dg4 × g7   Th8–g8

(9.) Dg7×h7   Sd7×e5
(10.) Lf1–e2   Dd8–a5

Der Tg8 darf den Bg2 nicht schlagen, weil sonst der Se4 verloren geht: [(10.) ––– Tg8×g2 (11.) Db7–b8+]

Schwarz kann sich also den gleichzeitigen Angriff auf den Be5 und Bc5 durch Sb8–d7 leisten. Das alles zwingt Weiß, entweder mit (8.) Lf1–d3 oder (8.) Lf1–b5 fortzusetzen.

Der Zug (8.) Lf1–b5 ist, wie Sie leicht erkennen, auf die Abwehr des Springerangriffs ––– Sb8–d7 gegen Be5 oder Bc5 gerichtet. Nach 8. ––– 0–0 kommt es zum Austausch des starken weißfeldrigen weißen Läufers gegen den Sd7, wodurch Weiß das Läuferpaar verliert, eine Schwächung seines Königsangriffs in Kauf nimmt und die Entwicklung des weißfeldrigen schwarzen Lc8 fördert.

Die Theorie bestätigt diese Auffassung und weist nach, daß Weiß nach dem Abtausch seines weißfeldrigen Läufers gezwungen werden kann, seinen Königsangriff aufzugeben und seinen zersplitterten Bauern auf der Damenseite zu Hilfe zu eilen. Tut Weiß das mit den stärksten Zügen, dann wird die Remisbreite nicht überschritten. Für beide Partner.

Zieht es Weiß dagegen vor, seinen weißfeldrigen Läufer für einen eventuellen Angriff auf die schwarze Königsstellung aufzusparen, dann verteidigt er zunächst seinen wichtigen Be4.

(8.) Sg1–f3   Dd8–c7

Er bereitet damit gleichzeitig einen späteren Angriff auf die schwarze Königsseite vor.

Schwarz hat immer noch nichts dagegen, daß Weiß seine Königsbauern schlägt. Er wird aber auch nicht versuchen, lediglich das materielle Gleichgewicht durch (8.) ––– Sd7×c5 wiederherzustellen, weil ihm das wegen des anschließenden Verlustes des g- und des h-Bauern nicht recht gut bekommen würde, sondern er setzt stärker den Angriff auf die Be5 und Bc5 fort.

Schlägt Weiß nun den Bg7, dann erreicht Schwarz, bei beiderseits stärkster Fortsetzung, eine gleichwertige Stellung

(9.) Dg4×g7   Th8–g8
(10.) Dg7×h7   Sd7×e5
(11.) Dh7–h5   Se5×Sf3+
(12.) Dh5×Sf3   Lc8–d7
(13.) Lc1–f4   Dc7×c5

Das Material ist, da der Doppelbauer mehr stört als hilft, als gleichwertig anzusehen. Schwarz hat ein festes Zentrum, einen stark stehenden Turm auf der g-Linie und kann alle seine leichten und schweren Figuren in den weiteren Kampf werfen. Sein einziges Risiko ist der weiße Freibauer auf der h-Linie, den er sorgfältig im Auge behalten muß.

Das letzte Aufgebot

Verzichtet Weiß dagegen zugunsten einer weiteren Verstärkung seines Angriffs auf den schwarzen Königsflügel auf (9.) Dg4×g7 und greift er lieber den Sd7 erneut an, dann folgt:

    (9.) Lf1–b5   Dc7×c5
    (10.) Dg4–b4   Dc5×Db4
    (11.) c3×Db4   0–0

Schwarz hat nun trotz der Entdoppelung des c-Bauern Vorteile, weil er die schwachen Felder des weißen Damenflügels ausnützen kann.

So ist beispielsweise nach:

    (12.) 0–0   Sd7–b6
    (13.) Lc1–e3   Lc8–d7

die Besetzung der c-Linie durch Schwarz möglich und damit die überlegene Stellung erreicht.

Es ist daher nicht zu verwundern, daß in internationalen Turnieren der Damenausfall nach g4 immer mehr aus der Mode kommt.

Das System der sowjetischen Schachschule

    1. e2–e4   e7–e6
    2. d2–d4   d7–d5
    3. Sb1–c3   Lf8–b4
    4. e4–e5   c7–c5

Wie immer wirkt sich der tempoverlierende Vorstoß 4. e4–e5 in einer Angriffsinitiative von Schwarz auf die weiße Bauernkette aus.

    5. a2–a3   ———

Nun hat Schwarz zwei verschiedene, aussichtsreiche Fortsetzungen. Die gebräuchlichere ist:

    5. ———   Lb4×Sc3

6. b2 × Lc3	Sg8–e7
7. a3–a4	Sb8–c6

Die Theorie hat festgestellt, daß (7.) --- Dd8–a5 verfrüht wäre. Das sollten Sie sich merken.

Durch den Zug 7. --- Sb8–c6 hat Schwarz auch Dd1–g4 oder Sg1–e2–g3 aussichtslos gemacht.

8. Sg1–f3	Dd8–a5
9. Lc1–d2	Lc8–d7
10. Lf1–e2	c5–c4

Stellung 37
Weiß zieht

W S
Felder: 11:11
Wirkgew: 18:20

nach 10. --- c5–c4

Die schwarze Bauernkette ist stärker und wirkungsvoller als die weiße. Schwarz hat eine gute Entwicklung seiner Figuren erreicht und kann auf beiden Flügeln angreifen.

Weiß steht gedrückt, da die wichtigsten Zentrumsfelder für die Entwicklung seiner Angriffsfiguren in der Hand von Schwarz sind. Weiß hat aussichtsreiche Angriffsmöglichkeiten nur auf dem Königsflügel, insbesondere auf den schwachen Bg7, deren Realisierung aber ein vielzügiges Springermanöver erfordert (Sg5–h3–f4–h5), so daß Schwarz sich bequem darauf einrichten kann.

Schwarz dagegen kann entweder das zu erwartende weiße Springermanöver unterbinden oder die große Rochade machen und seinerseits auf Angriffschancen auf dem Königsflügel warten.

Er kann aber auch zunächst den Ba4 erobern und dann erst seinen Königsflügel mit o–o–o verteidigen.

Trotzdem ist erkennbar, daß Schwarz, selbst wenn er einen Freibauern auf der a-Linie bekommt, kaum mehr als Remis erwarten darf.

Sollte Ihnen das zu wenig sein, obwohl Sie als Führer der schwarzen Steine auch bei bestem Spiel so lange nicht mehr als Remis erwarten dürfen, als Weiß nicht wenigstens *zwei* schwache oder fehlerhafte Züge gemacht hat, dann können Sie noch versuchen, anstelle von 5. --- Lb4 × Sc3 das von den sowjetischen Analytikern untersuchte folgende Abspiel zu ziehen:

(5.) a2–a3 Lb4–a5
(6.) b2–b4 c5 × d4

Dieses Abspiel bietet Schwarz zwar, wie die sehr weitgetriebenen theoretischen Untersuchungen festgestellt haben, einige Chancen auf Gewinn, sollte aber ohne ein ganz ausführliches Studium eben dieser theoretischen Untersuchungen von Ihnen nicht gewagt werden (siehe auch Partie Fischer/Tal Seite 76).

Für diese wie auch andere Studien sind insbesondere das Schach-Archiv von Dr. Max Euwe und die Handbücher der Schach-Eröffnungen von Rolf Schwarz unentbehrlich (siehe Bibliographie).

Analyse:
Fischer gegen Larsen

Wie leicht Schwarz in der Französischen Verteidigung dazu gebracht werden kann, die positionelle Kraft seiner Stellung zu überschätzen und infolgedessen Vorteile anzustreben, die seinen Untergang zur Folge haben, das konnten Sie bereits in der Partie Tartakower/Spielmann (siehe Seite 132) überzeugend demonstriert bekommen.

Selbst die variantenbewußten Großmeister des modernen Turnierspiels fallen dieser Illusion, trotz der gründlichen Analysen der sowjetischen Schachschule, immer noch gelegentlich zum Opfer.

Das beweist eine Partie, die 1971 in Denver während des Weltmeisterschaftskandidaten-Turniers zwischen den Großmeistern Bobby Fischer und Bent Larsen gespielt wurde.

Damit Sie auch diese Partie im gleichen Sinne studieren und erkennen können, wie es in der Französischen Verteidigung dazu kommt, daß Schwarz dazu verleitet wird, anzunehmen, daß er zum

Angriff übergehen kann, statt damit so lange zu warten, bis Weiß *zwei* schwache Züge gemacht hat, wird sie hier bis zu eben dieser Entscheidung wiedergegeben.

Sie werden dabei erleben, wie Großmeister Fischer die Überschätzung der schwarzen Stellung, die sich Großmeister Larsen zuschulden kommen läßt, genauso wie Großmeister Tartakower dazu ausnützt, eine strategisch-positionelle Überlegenheit herauszuspielen, gegen die Larsen trotz bestmöglicher Verteidigung das Remis nicht mehr erreichen kann.

Bobby Fischer	Bent Larsen
1. e2–e4	e7–e6
2. d2–d4	d7–d5
3. Sb1–c3	Lf8–b4
4. e4–e5	Sg8–e7

Noch ergreift Larsen nicht die ihm mit 4. e4–e5 eingeräumte Möglichkeit, die Initiative zu übernehmen [(4.) --- c7–c5], sondern ist auf die aktive Verteidigung seiner Stellung bedacht.

5. a2–a3	Lb4×Sc3+
6. b2×Lc3	c7–c5

Nun bleibt Schwarz nichts anderes mehr übrig, als dem gewohnten Weg der wissenschaftlichen Analyse nachzugehen.

7. a3–a4	Sb8–c6

Bobby Fischer folgt einer Fortsetzung der sowjetischen Schachschule, die Weltmeister Michail Botwinnik für die beste Fortsetzung der Welt hielt, weil der Lc1 die Möglichkeit bekommt, über a3 sowohl in den Kampf um das Zentrum einzugreifen, als auch später einen eventuellen Angriff auf die schwarze Königsstellung wirksam zu unterstützen.

8. Sg1–f3	Lc8–d7

Damit verläßt Großmeister Larsen den Weg der sowjetischen Schachschule, die (8.) --- Dd8–a5 für die schärfste Fortsetzung hält. Er wählt einen Zug, der die große Rochade 0–0–0 als spätere Möglichkeit vorbereitet.

9. Lf1–d3	Dd8–c7
10. 0–0	c5–c4
11. Ld3–e2	---

Stellung 38
Schwarz zieht

W S
Felder: 13:10
Wirkgew: 19:22

nach 11. Ld3 – e2

Auf den ersten Blick scheint die schwarze Stellung der weißen Stellung positionell erheblich überlegen zu sein.

Die schwarze Zentrumsbauernkette kann von Weiß nicht zertrümmert werden. Sie schränkt die Angriffsmöglichkeiten der weißen Figuren gegen den schwarzen Königsflügel erheblich ein. Gerade ist der weißfeldrige Läufer von Weiß von d3, wo er gefahrdrohend stand, nach e2 zurückgetrieben worden, wo er ganz eingeschränkt steht.

Schwarz hat dagegen die Möglichkeit, die weiße Bauernkette zu zertrümmern. Auch kann er, je nach den Plänen, die Weiß durchzuführen versuchen wird, kurz oder lang rochieren.

Die hohe Mobilität seiner Stellung wird Larsen den Entschluß erleichtert haben, die Initiative, die ihm Weiß überlassen hat, zur sofortigen Sprengung der weißen Bauernkette auszunützen.

Die Bilanz der freien Felder und Wirkungsgewichte macht Ihnen indessen klar, daß die schwarze Stellung vom weißen Damenflügel her durchaus bedroht werden kann, ohne daß die Wirkung des schwarzfeldrigen Läufers in die schwarze Stellung hinein nachhaltig blockiert werden könnte! Das ist eine um so gefährlichere Drohung, als Schwarz seinen schwarzfeldrigen Läufer bereits abgetauscht hat.

Sollte Weiß auf den Gedanken kommen, einen Angriff auf den schwarzen Damenflügel zu starten, dann stehen ihm dafür bedenklich viele vorgeschobene freie Felder und eine offene Linie zur

Verfügung, mit deren Beseitigung Schwarz vollauf beschäftigt sein würde.

Anscheinend hat Großmeister Larsen diese weißen Angriffsmöglichkeiten gering eingeschätzt, sonst hätte er wohl den Angriff auf die weiße Bauernkette, der die Freimachung des Feldes d4 zur Folge haben würde, nicht so unbedenklich geplant.

11. --- f7–f6
12. Tf1–e1 ---

Im allgemeinen Sprachgebrauch der Schach-Kommentatoren wird 12. Tf1–e1 als »stiller Zug« bezeichnet, was heißen soll, daß sich die Wirkungskraft dieses Zuges erst viele Züge später offenbaren wird.

Großmeister Larsen muß diesem Zug von Weiß in der Tat keine große Bedeutung beigemessen haben, sonst hätte er es kaum gewagt, nunmehr auf einen Bauerngewinn zu spielen, der Weiß Angriffslinien öffnete, die sich gegen beide schwarzen Flügel und auch noch das Zentrum ausnützen ließen.

Großmeister Larsen verhielt sich analog Richter Meek gegen Morphy (siehe Seite 120). Er sah, daß er einen Bauern gewinnen konnte und vernachlässigte über dieser Kombination, sich die strategisch-positionellen Folgen, die er für diesen Bauerngewinn auf sich zu nehmen hatte, ausreichend gründlich zu vergegenwärtigen.

Großmeister Fischer hat, wie der »stille Zug« 12. Tf1–e1 beweist, diese Abwicklung geradezu provoziert. Insofern spielte er hier psychologisches Schach.

Bitte denken Sie auch daran, wenn Sie die folgenden Züge analysieren.

12. --- Se7–g6
13. Lc1–a3! ---

Diesen Zug von Weiß hat Großmeister Larsen ohne Zweifel einkalkuliert. Er hielt ihn aber wohl wegen der Möglichkeit, seinen König auch durch die große Rochade aus der Mitte zu entfernen, nicht für eine ernste Gefahr.

13. --- f6×e5
14. d4×e5 Sc6×e5
15. Sf3×Se5 Sg6×Se5

Jetzt hat Großmeister Larsen einen Bauern mehr, sieht sich aber sogleich mit einem weißen Damenzug konfrontiert, den er zwar sicher vorausgesehen hat, nicht aber, daß dieser Damenzug die sofortige lange Rochade seines Königs, die den Bauerngewinn überhaupt erst rechtfertigt, verhindern würde.

16. Dd1–d4!   ---

Nun ist guter Rat teuer. Je mehr Schwarz die Stellung analysiert, um so mehr muß er erkennen, daß er einer Illusion nachgejagt ist, die Weiß offenbar vorausgesehen und provoziert hat. Denn der entscheidende Zug für die überwältigende Wirkung der weißen Dame in der nun erreichten weißen Stellung war der »stille Zug« 12. Tf1–e1! Machen Sie eine Bilanz:

Stellung 39
Schwarz zieht

W S
Felder: 13: 9
Wirkgew: 22:17

nach 16. Dd1–d4

Die Bilanz der freien Felder und der Wirkungsgewichte ist nicht so unterschiedlich, wie Sie es nach der geradezu drückenden positionellen Überlegenheit der weißen Stellung erwarten könnten. Das macht Ihnen klar, daß die gewaltige strategische Überlegenheit der weißen Stellung hauptsächlich auf einem Kombinationsergebnis, das Materialverlust für einen Positionsgewinn in Kauf genommen hat, beruht.

Wie es dazu kam, das haben Sie anhand der analytischen Überlegungen selbst nachvollziehen können.

Für Schwarz bleibt nun nur noch der Versuch, sich ausschließlich der Verteidigung zu widmen mit dem Ziel, Remis zu halten.

Was droht?

Vor allem droht der Abzug Le2–h5+, der, da Schwarz mit dem Se5 decken muß (warum, das sehen Sie selbst), den Bd5 verliert.

Damit wäre, vor allem auch angesichts des in die schwarze Stellung hineinwirkenden La3, der schwarze König nicht mehr zu verteidigen. Das gilt in gleicher Weise für einen Angriff auf die weiße Dame durch (16.) --- Se5–c6.

Es bleibt Schwarz deshalb nichts anderes übrig, als das Läuferschach zu verhindern.

Warum das durch (16.) --- g7–g6 nicht möglich ist, das sehen Sie selbst.

16. ---   Se5–g6

Schwarz versucht vergeblich mit einem Bauernopfer davonzukommen. Auf (16.) ... h7–h5 folgt (17.) La3–c1! und Lc1–f5 bzw. g5 kann nicht mehr verhindert werden.

17. Le2–h5   Ke8–f7

Weiß muß vor allen Dingen Schwarz daran hindern, o–o–o zu erreichen.

18. f2–f4   Th8–e8

Es droht 19. f4–f5. Deshalb darf Schwarz nicht durch (18.) --- Ta8–c8 versuchen, den Damentausch zu erzwingen.

19. f4–f5   e6×f5
20. Dd4×d5+   Kf7–f6

Warum (20.) --- Ld7–f6 zum Matt führen würde, das sollten Sie selbst herauszufinden versuchen.*

Es gelang Großmeister Larsen, die Partie, obwohl er positionellstrategisch ruiniert war, noch 21 Züge lang hinzuschleppen, bis Großmeister Fischer ihn zum Aufgeben zwingen konnte. Der weitere Verlauf ist für den hier angestrebten schachpädagogischen Zweck indessen unerheblich. Es sollten die schrecklichen Folgen, die aus einer Überschätzung der eigenen Möglichkeiten erwachsen können, ausreichend deutlich aufgezeigt werden, und das ist in diesem Stadium der Partie klar ersichtlich.

---

* (20.) --- Ld7–e6 (21.) Te1×Le6, Te8×Te6 (22.) Dd5×f5+, Te6–f6 (23.) Df5–d5+, Tf6–e6 (24.) Ta1–f1+. Auch (23.) --- Kf7–e8 führt zum Matt.

14.
Trainingsabschnitt

Über den grundsätzlichen Vorrang des intuitiven Schachgefühls
vor aller wissenschaftlichen Schachtheorie

Das unerschütterliche Schachgefühl ist die Grundlage jeglichen
Schacherfolgs. Das gilt für den Schach-Anfänger ebensogut wie
für den Fortgeschrittenen, den Meister, Großmeister und Weltmeister. Das bestätigt in vollem Umfange auch der Verlauf der
Schach-Geschichte.

Wie wird man überhaupt ein Schachmeister?

Viele Großmeister glauben, daß sie ihre Meisterschaft durch
fleißiges Auswendiglernen von Schacheröffnungen, Varianten und
ganzen Großmeisterpartien errungen hätten. Wenngleich solche
Gedächtnisübungen in gewissen Entwicklungsstadien auf dem
Wege zur Meisterschaft im Vordergrund zu stehen haben, gehören sie doch bei weitem nicht zum Fundament des Ausbildungsweges eines Schachmeisters.

Das Auswendiglernen ist sogar, wenn es allzufrüh begonnen
wird, schädlich für die Erringung der Meisterwürde. Schon manches hoffnungsvolle Schachtalent ist auf diesem Wege endgültig
gescheitert.

Einer der bedeutendsten Schachspieler aller Zeiten war der
geniale Amerikaner Paul Morphy, der das Schachspiel seiner Zeit
von 1857 bis 1859, also innerhalb von zwei kurzen Jahren, um
schachstrategische Kenntnisse der Figurenentwicklung und allgemeinen Eröffnungsführung so gewaltig bereicherte, daß alle
damaligen Schachmeister ohne Ausnahme ihr eigenes Spiel um die
Morphyschen Erkenntnisse bereicherten. Morphy hat eben diese
Meister, unter denen sich Persönlichkeiten wie Adolf Anderssen,
Louis Paulsen und Jakob Löwenthal befanden, in 290 Partien so

überlegen bekämpft, daß er 186 davon gewann und nur 72 verlor. 32 Partien gingen remis aus. Unter diesen Partien befanden sich, was geradezu an ein Wunder grenzt, 51 Blindpartien, das heißt solche, die von ihm ohne Ansicht des Schachbretts gespielt wurden, von denen er 38 gewann, 12 remisierte und nur eine einzige verlor!

Wer aber nun glaubt, Morphy habe diese Leistungen durch Schachwissen und arithmetisches Kombinieren, also durch mathematische Genauigkeit und Sorgfalt, erreicht, der liest verwundert einen Kommentar des späteren Großmeisters Geza Maroczy zum 19. Zuge einer von Morphy gegen den größten Kombinationsspieler aller Zeiten, Adolf Anderssen, am 22. Dezember 1858 in Paris gespielten Wettkampfpartie. Dieser Kommentar lautet: »Ohne die genauen Folgen ausgerechnet zu haben, vermied Morphy mit richtigem Positionsgefühl die Annahme des angebotenen Bauernopfers. Die von ihm nachträglich gegebenen Varianten, in denen er die Ablehnung des Opfers begründen wollte, zeigen deutlich, daß ihm die genaue Ausrechnung in allen Einzelheiten – sogar bei den nachträglichen Analysen – nicht klar vorschweben konnte.«

Ein zweites Beispiel bietet der nachmalige Weltmeister J.R. Capablanca, der als 20jähriger Jüngling gegen einen der stärksten Schachspieler der Welt, F.I. Marshall, einen Wettkampf spielte, in dem er acht Partien, Marshall nur eine einzige Partie gewann. In seiner Autobiographie sagt Capablanca über den Wettkampf: »Das Überraschende für mich war, daß ich gegen ihn gewann, ohne bis dahin jemals ein Buch aufgeschlagen zu haben, aus dem ich die Eröffnungen hätte lernen können.« Und später, als Capablanca, weil er der Schachlehrer eines hübschen Mädchens sein wollte, das sich auf die Eröffnungslehre kaprizierte, vorher ein Lehrbuch der Schacheröffnungen studierte, entdeckte er: »Auf diese Weise verstärkte ich die bisherigen Schwächen meines Spiels, die Eröffnung, und stellte zu meiner großen Befriedigung fest, daß ich die meisten Eröffnungstheorien schon früher aus eigener Kraft entdeckt hatte.« Capablanca war damals bereits Großmeister.

Ein drittes Beispiel bietet der vorletzte Weltmeister Bobby Fischer, der als 18jähriger an einem Großmeisterturnier teilnahm. Das Turnier fand in Bled in Jugoslawien statt. Die stärksten Spieler der Welt waren anwesend.

Bobby Fischer wurde mit einem Punkt Abstand hinter dem früheren Weltmeister Michael Tal Zweiter. Im Turnierbuch heißt es: »Allgemein herrscht ein Gefühl der Verwunderung, wie es möglich ist, daß ein Mann von Fischers Alter imstande ist, so vollendet zu spielen.« »Sein Spiel«, schreibt der deutsche ›Schachprofessor‹ Rellstab, »wird nicht nur beherrscht von Phantasie und Ausdauer, sondern auch von einer fabelhaften technischen Kenntnis, wie man sie sich eigentlich nur durch jahrelange Praxis zu eigen machen kann.«

Wenn man sich in diesem Zusammenhang an die Bemerkung von Großmeister Maroczy zu der Partie Morphys erinnert, dann wird deutlich, daß es unabhängig vom theoretischen Schachwissen eine Art von Schachinstinkt oder Schachgefühl geben muß, das angeboren sein kann. Daß dieses Schachgefühl aber auch trainierbar ist und dann dem, der es besitzt, nicht mehr verlorengeht, das zeigt eine Anekdote, die Großmeister Milan Vidmar in seiner Autobiographie »Goldene Schachzeiten« berichtet:

»Ich war nach Schluß des ersten Weltkrieges in der Industrie meiner Heimat derart in Anspruch genommen, daß ich für Schach so gut wie keine Zeit fand. Ich studierte keine Eröffnungen, las keine Schachzeitungen und dachte nicht daran, irgendwie zu trainieren. Mein letztes Turnier war dasjenige in Koschice, in dem der verstorbene Richard Réti den ersten Preis gewann und mir den zweiten überließ.

Nun überraschte mich im Sommer 1922 eine Einladung zum Großturnier nach London. Fast gleichzeitig mit dieser Einladung kam ein Brief aus Budapest. Mein guter alter Schachfreund G. Maroczy wollte auf der Durchreise durch meine Heimatstadt auf dem Wege nach London einige Tage bei mir verbringen. Selbstverständlich hat mich dieser Besuch hoch erfreut. Er ermöglichte mir auch zwei oder drei freie Partien, von denen ich die erste nicht so bald vergessen werde.

Ich eröffnete nach alter Gewohnheit mit 1. d2–d4.

Maroczy antwortete ohne zu zögern mit

1. ———   Sg8–f6.

Ich schaute ihn streng an: ›Was machen Sie da mit mir, Maroczy?‹ sagte ich. ›Glauben Sie, daß man sich mir gegenüber schon alles erlauben kann?‹ Maroczy schien mich nicht zu verstehen. Schließlich brauste er auf: ›Kennen Sie denn nicht die neue Verteidigung im Damenbauern-Spiel?‹ fragte er. Und als ich verneinte, fragte er weiter: ›Ist Ihnen am Ende auch die Aljechinsche Verteidigung unbekannt?‹ Ich gab meine diesbezügliche Unwissenheit zu. Darauf Maroczy: ›Mit diesen Eröffnungskenntnissen wollen Sie zu einem der schwersten Turniere aller Zeiten nach London fahren?‹ Er donnerte mich buchstäblich an. Ich war ziemlich zerknirscht, andererseits bin ich von Natur aus ziemlich hartnäckig. Ich fuhr doch nach London, spielte dort ganz gut, hatte keine Schwierigkeiten mit den Eröffnungen und gewann schließlich den dritten Preis. Der erste fiel an den Weltmeister Capablanca, der zweite an seinen Rivalen Aljechin. Nun: den dritten nahm ich weg. Soll ich boshafterweise hinzufügen, daß ich meinen alten Freund Maroczy nirgends unter den Preisträgern fand? Die Eröffnungen sind es nicht, die das Spiel ausmachen, sondern die Spielkraft, der Kampfwille, die Erfindungsgabe. Lasker hat nie sehr viel von der sogenannten Eröffnungstheorie, die ja eigentlich die reinste Eröffnungsempirie ist, gehalten. Trotzdem errang er Erfolge, und zwar sehr oft mit schlechten Eröffnungen.«

Die Quintessenz dieser Schachauffassung wird von dem holländischen Schachschriftsteller und Internationalen Meister L. Prins in einem nicht weniger geistreichen Paradoxon, als wir sie von Großmeister Tartakower gewöhnt waren, zusammengefaßt:

»Es ist eines der größten Vorrechte der Großmeister, daß zahlreiche ins Auge springende Fehler sie nicht daran hindern, großartige Partien zu spielen.«

Der Wahrheitsgehalt dieser paradoxen Behauptung, der damals auf Weltmeister Capablanca und seine 1919 in Hastings gegen Sir G. A. Thomas gespielte Partie gemünzt war, läßt sich auch an modernen Beispielen belegen. Ein solches Beispiel ist die von Großmeister Bent Larsen gegen den nachmaligen Weltmeister Boris Spasski 1964 im Interzonenturnier in Amsterdam gespielte Partie.

Diese Partie illustriert darüber hinaus die Vorsätze, mit denen sich die Großmeister in internationalen Turnieren an das Brett setzen. Jeder Großmeister stellt sich auf den jeweiligen Partner vorher sorgfältig ein.

Der ungewöhnlich offenherzige Kommentar, den Bent Larsen den Zügen seiner Partie mitgibt, ist außerdem ein sehr charakteristisches und lehrreiches Beispiel für die kontroversen Ansichten über die Stärke oder Schwäche einzelner Züge, weshalb sie hier, soweit sie schachwissenschaftliche Allgemeinbedeutung haben, wörtlich zitiert werden.

Diese polemischen Äußerungen, die trotz ihrer forschen Formulierung wohlbegründet sind und durchaus stichhaltig erscheinen, machen Ihnen klar, daß Sie sich, sobald Sie einen hohen Grad von Spielsicherheit erreicht und auch umfangreiche Turniererfahrung erworben haben, nicht scheuen sollten, die Analysen und Partienkommentare selbst bewährter Kommentatoren stets kritisch aufzunehmen und an Ihren eigenen Analysen zu messen.

Analyse:
Bent Larsen gegen Boris Spasski

1. f2–f4   d7–d5

Die bewußt in Kauf genommene Schwäche des 1. Eröffnungszuges von Weiß geht bereits aus der Felderbilanz hervor. Weiß beherrscht 6 freie Felder mit 6 Wirkungsgewichten, Schwarz 11 freie Felder mit 14 Wirkungsgewichten.

Dieser eklatante Nachteil könnte natürlich durch eine positionelle Kombination aufgewogen werden, die möglicherweise zugunsten von Weiß in dieser Stellung steckt.

Großmeister Larsen wird auch, wie Sie sehen werden, um (4.)––– c7–c5 (mit nachfolgendem Sb8–c6) zu verhindern, 4. b2–b4 ziehen. Im 3. Zuge wäre ––– c7–c5 noch nachteilig für Schwarz, wie die Theorie festgestellt hat, im 4. jedoch stark. Deshalb hat sich der von Larsen erfundene Zug 4. b2–b4 als starke Neuerung bewährt und wird inzwischen stets gezogen.

Ob das aber ausreicht, einem überlegenen Angriff auf den schwarzen Damenflügel zum sicheren Erfolg zu verhelfen, ist eine variantengespickte Frage, die nur durch die Analytiker eindeutig gelöst werden könnte.

In der vorliegenden Partie gelingt es Weiß jedenfalls, durch die Ausnützung eines allerdings schwächeren Zuges, als er Schwarz möglich gewesen wäre, einen vehementen Angriff auf den schwarzen Damenflügel zu inszenieren.

Gegen den starken sowjetischen Großmeister Boris Spasski verließ sich Großmeister Larsen auf seine, durch gründliches theoretisches Studium gestützte schachpsychologische Intuition.

»Gegen Spasski hatte ich mir vorgenommen, diese Partie zu etwas ganz Speziellem werden zu lassen. Das beginnt schon mit dem ersten Zug. Während des ganzen Turniers hatte ich mit e4 eröffnet: Läuferspiel, Wienerpartie, Abtauschvariante der Caro-Kann, seltsame Abspiele gegen die Sizilianische Verteidigung. Die Resultate waren ausgezeichnet, aber diese Spielweisen überraschten niemand mehr. In dieser, meiner letzten Partie mit Weiß, wählte ich den Holländischen Angriff, von welchem die meisten Meister keine hohe Meinung haben. Aber eben aus diesem Grunde spielen sie ihn nicht und kennen ihn nicht.

Ich beherrsche ihn sehr gut und habe mir auch viele originelle Ideen zurechtgelegt.«

    2. Sg1–f3   Sg8–f6
    3. e2–e3   g7–g6
    4. b2–b4!?   —––

»Nichts Besonderes, nach der Ansicht der meisten Experten. Einige Großmeister haben diesen Zug sogar kritisiert, mit Berufung darauf, daß Weiß in dieser Eröffnung sein Spiel auf den Königsflügel konzentrieren sollte. Quatsch! Der Holländische Angriff ist nicht derart einseitig.«

Bei der Felderanalyse fällt Ihnen sicher auf, daß Weiß auf die engeren und weiteren Zentrumsfelder *wirkt*, während Schwarz das

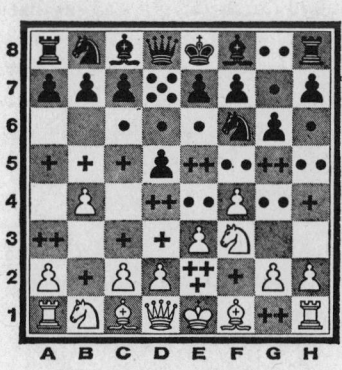

Stellung 40
Schwarz zieht

W S
Felder: 14:11
Wirkgew: 21:20

nach 4. b2–b4

Feld d5 in klassischer Manier besetzt hat. Daraus und aus der Entwicklung des schwarzen Königsflügels ergibt sich eine ungewohnte Verzahnung der beherrschten freien Felder, die trotz der anfänglichen Unterlegenheit von Weiß nach dem beiderseitigen ersten Zuge nunmehr zugunsten von Weiß lautet! Beachten Sie auch, daß Weiß sein jetziges Übergewicht vor allem gerade seinem 4. Zuge b2–b4 verdankt. Die Verteilung der freien Felder macht Ihnen auch klar, daß die Angriffschancen für Weiß auf dem Damen- und nicht auf dem Königsflügel liegen, wie das Larsen so drastisch ausgedrückt hat.

Der Zug 4. b2–b4, anstatt wie üblich (4.) b2–b3, fördert nicht nur die Entwicklung von Weiß, sondern greift auch das Feld c5 aktiv an und verhindert so den starken Gegenzug (4.) --- c7–c5 von Schwarz. Wenn Schwarz diesen Vorstoß nicht widerlegen kann, muß er sich auf einen heftigen Damenflügelangriff einstellen, weil er ja auch einen Gegenstoß in der Mitte, zu dem e7–e5 gehören würde, nicht so rasch durchzusetzen hoffen darf.

4.	---	Lf8–g7
5.	Lc1–b2	0–0
6.	Lf1–e2	Lc8–g4

Spasski ist sich des Hauptmangels seiner Stellung auch durchaus bewußt. Er versucht durch den Abtausch des Sf3 den Zug e7–e5 vorzubereiten, liefert damit aber Weiß einen ersten bleibenden strategischen Vorteil, das Läuferpaar. Einen sofortigen Gegenstoß auf dem Damenflügel durch (6.) --- a7–a5 hat er wohl auch erwogen, aber nicht versucht. Larsen erklärt dazu:

»Spasski bezeichnete später (6.) --- a7–a5 (7.) b4–b5, a5–a4 als interessante Möglichkeit, dem ich jedoch nicht beipflichten kann. Aber die Kommentatoren sind gerne bereit, beinahe alle Züge des Verlierenden zu kritisieren!«

7.	0–0	c7–c6
8.	a2–a4	Sb8–d7
9.	Sb1–a3	Lg4 × Sf3

Nun wird es höchste Zeit, den Sf3 abzutauschen, da er sonst nach e5 ziehen würde.

| 10. | Le2 × Lf3 | Tf8–e8 |
| 11. | d2–d4 | --- |

Nun kann Schwarz den Vorstoß des Be7 durchsetzen, wenn Weiß

nicht etwas Nachhaltiges dagegen unternimmt. Da er seinen Angriff auf den schwarzen Damenflügel forciert hat, muß es ihm vor allem auf ein gesichertes Zentrum ankommen. Er zieht, wenn auch ungern, 11. d2–d4. Er überläßt damit die künftige Beherrschung des Feldes e4 Schwarz. Dort könnte sich ein Springer, nach dem Abtausch des weißfeldrigen Läufers von Weiß, unvertreibbar festsetzen. Stattdessen versucht Schwarz diesen Abtausch sofort zu erzwingen, was für ihn angesichts des bereits recht stark gewordenen Damenflügelangriffs von Weiß nachteilig sein muß.

   11. ———   Sf6–e4?
   12. Lf3 × Se4   d5 × Le4
   13. Sa3–c4   Sd7–b6

Schon macht sich das Verschwinden des Bd5 für Schwarz unangenehm bemerkbar. Das Feld c4 ist ein freies Feld für Weiß geworden.

   14. Sc4–a5   Sb6–d5
   15. Dd1–e1   Dd8–d7

Für Weiß hätte es natürlicher ausgesehen, (15.) Dd1–d2 zu ziehen, wodurch die beiden Türme verbunden worden wären, ein »klassisches« Ziel. Larsen hatte aber herausgerechnet, daß daraufhin (15.) ——— Dd8–d6 (16.) b2–a3 Schwarz mit (16.) ——— b7–b5 das Feld d5 seinem Springer reservieren würde.

   16. c2–c4   Sd5–f6
   17. b4–b5   Dd7–c7

Der weiße Angriff schreitet energisch fort.

   18. Ta1–b1   Sf6–g4

Dazu kommentiert Larsen: »Im Turnierbulletin betrachtet Polugajevski (18.) h2–h3 als möglicherweise besser, was dann auch überall kopiert wurde. Das ist nicht korrekt.«

Denn, so analysiert Larsen weiter, dann wäre es Schwarz doch noch gelungen, das Feld d5 für seinen Springer zu erobern. Sein Schachgefühl sagte ihm eben, daß der Zug 18. ——— Sf6–g4 keine ernsthafte Gefahr für die weiße Königsstellung bedeuten würde. Also überließ er Schwarz die Chance.

   19. b5 × c6   b7–b6
   20. De1–e2   ———

Schlägst Du meinen Springer, schlag ich Deinen Springer, und die schwarze Stellung ist positionell total ruiniert.

20. --- f7–f5!?

Die weiße Stellung auf dem Damenflügel und im Zentrum ist nun so stark, daß Weiß nach dem Rückzug Sg4–f6 sogar ein Figurenopfer hätte erwägen können.

(20.) De1–e2   Sg4–f6
(21.) d4–d5   b6 × Sa5

Die frappante Überlegenheit der weißen Stellung ist nicht nur aus der Felderbilanz, die Sie aufstellen sollten, zu erkennen, auch die überwältigenden positionell-kombinativen Möglichkeiten fallen Ihnen sofort ins Auge. Weiß kann durch Lb2–e5 die schwarze Dame angreifen und anschließend unverhinderbar Tb1–b7 ziehen oder, wenn Schwarz das durch Sf6–h5 zu verhindern versucht, den für Schwarz lebenswichtigen Lg7 abtauschen und wiederum mit dem mörderischen Zug Tb1–b7 fortfahren. Das alles wiegt den Verlust des Sa5 weit auf.

21. Sa5–b3   Dc7 × c6
22. d4–d5!?   Dc6 × a4

Ein überraschendes Bauernopfer von Weiß, das durch den ebenfalls starken Zug (22.) Tb1–a1 hätte vermieden werden können. Das Bauernopfer muß Larsen jedenfalls sehr vielversprechend vorgekommen sein, denn es verschafft Schwarz zwei verbundene Freibauern. Machen Sie zunächst eine Felderbilanz und Sie werden überraschende Möglichkeiten entdecken.

Die journalistische Turnierchronik behauptet, daß Spasski bis vor

Stellung 41
Weiß zieht

W S
Felder : 8:12
Wirkgew: 16:19

nach 22. --- Dc6 × a4

zwei Zügen mit seiner Stellung anscheinend zufrieden gewesen sei, da er Spaziergänge durch den Turniersaal unternommen habe. Es darf daher auch vermutet werden, daß er das Bauernopfer von Larsen auf a4 für einen folgenschweren Irrtum angesehen hat. Sie sehen, wie Larsen durch das so aussichtsreich für den Partner aussehende Opfer wieder einmal das Prinzip verfolgt, dem Partner scheinbare Vorteile anzubieten, um selbst größere einzuheimsen. Wenn Sie die Bilanz der freien Felder analysieren, dann fallen ihnen vor allem zwei in der schwarzen Stellung liegende freie Felder auf, über die Weiß unangefochten verfügt. Insbesondere das Feld e6 scheint zukunftsträchtig werden zu können, wenn der weiße Springer dorthin gelangen kann, ohne sofort abgetauscht zu werden. Da trifft es sich nun gut, daß – als Folge des Larsenschen intuitiven Schachgefühls, das ihn zu seinem Opferangebot veranlaßt hat – der Sb3, der ohnehin wegziehen muß, genau richtig plaziert ist. Zuerst aber muß wohl der Läuferabtausch erfolgen.

23. Lb2 × Lg7   Kg8 × Lg7
24. Sb3–d4   Te8–c8
25. h2–h3   Sg4–f6
26. Tf1–c1   Da4–d7

Und nun, nachdem die schwarze Dame wieder ins Zentrum der Ereignisse zurückgekehrt ist, weil sie dort sichtlich bald zur Verteidigung des Königsflügels gebraucht werden wird, erfolgt prompt der weiße Angriff.

27. g2–g4!   Kg7–f7

Der Bf5 kann den Bg4 nicht sinnvoll schlagen, weil der Sd4 ein Zwischenschach gibt.

28. g4–g5   Sf6–e8
29. De2–a2   Se8–d6

Der Pfeil, den Schwarz noch in seinem Köcher hat, ist erkennbar der Be7. Er könnte die Sprengung der kleinen weißen Bauernkette bewirken. Weiß erkennt das und stellt sich sofort durch seinen Damenzug darauf ein. Schwarz aber will lieber die Kette, wie das schon der große Theoretiker Nimzowitsch lehrte, von der Basis her angreifen, zumal der Bc4 rückständig in der Luft hängt. Gelingt es Weiß, diesen Angriff abzuwehren, dann behält er aber das Feld e6 unangefochten, solange sein Springer das Feld d4 nicht verlassen muß.

                30. h3–h4   Dd7–e8
                31. Sd4–e6   De8–h8
                32. h4–h5   h7–h6!

Die schwarze Dame wird auf dem Königsflügel zu Verteidigungszwecken gebraucht, weil die lange Diagonale h8–a1 offen ist. Schwarz darf den Bh5 nicht schlagen, weil Weiß den anschließenden Kampf mit Sicherheit unter Rückerhalt des Bauerns gewinnt.

Der 32. Zug von Schwarz h7–h6, mit dem Weiß nicht gerechnet hatte, überraschte Larsen sehr. Es kommt selten vor, daß ein Großmeister eine solche Überraschung überhaupt zugibt und dann auch noch über die Folgen genau Auskunft erteilt. Kaum ein Großmeister würde sich eine solche Beeinträchtigung seines Ansehens in der Schachgemeinde leisten. Um so bewundernswerter sind die Ausführungen Larsens zu diesem Zug, die um ihrer Lehrhaftigkeit willen wieder bei sinngemäßer Notation wörtlich zitiert werden: »Ich verbrauchte hier viel Zeit, um das vorher geplante (33.) h5 × g6+, Kf7 × g6 (34.) Kg1–f2, wegen (34.) --- h6 × g5 (35.) Tc1–h1, Dh8–c3 zu verwerfen. Unspielbar ist (34.) Tb1–b2, Sd6 × c4! (35.) Tb2–h2, Sc4 × e3! (36.) Tc1 × Tc8, Ta8 × Tc8 (37.) Th2 × h6+, Dh8 × Th6 (38.) g5 × Dh6, Tc8–c1+ (39.) Kg1–g2, Tc1–c2+. Eine weitere Möglichkeit war (33.) c4–c5, b6 × c5 (35.) Tb1–b2 mit sehr guten Aussichten, aber Schwarz wäre wahrscheinlich bereit, die Qualität mit 33. --- Tc8 × c5! herzugeben. Eigentlich verbleibt nur noch ein einziger Zug:

                33. Tb1–b2!   g6 × h5
                34. Tb2–h2   h6 × g5
                35. Se6 × g5+   Kf7–e8
                36. c4–c5!   ---«

Sie werden sich fragen, warum Weiß hier den Vorstoß des Bc4 für angebrachter hält als Da2–a4+ und seinen Zug auch noch mit einem Ausrufezeichen versieht. Das kommt daher, weil Larsen blitzschnell ausgerechnet hat, daß Da2–a4+ Schwarz nur entlasten würde, denn es folgt (36.) --- b6–b5 und Weiß hat keine sinnvolle Fortsetzung mehr. Analysieren Sie es selbst. Andererseits ist Larsen auch hier wieder großzügig genug, die Qualität seines Zuges in Frage zu stellen, obwohl er mit ihm Erfolg hatte:

»Natürlich war 36. Da2–a4+ schlecht wegen 36. --- b6–b5. So gibt jedermann dem Textzug ein Ausrufezeichen, so wie auch ich es getan habe. Aber nach tieferem Studium finde ich keinen Beweis, daß dieser Zug besser ist als 36. Th2–g2!, weil c6–c5 auch später folgen könnte. Wir beide waren etwas knapp an Zeit, besonders Spasskij. Bei ihm war dies das erste und einzige Mal während des ganzen Turniers.«

Bitte machen Sie sich klar, daß eine solche sachliche Betrachtung, die ausschließlich auf die schachstrategischen und taktischen Probleme ausgerichtet ist und dabei auch eine mögliche Beeinträchtigung des persönlichen Ansehens nicht scheut, das Fundament darstellt, aus dem ein Großmeister seine Spielstärke entwickelt. Die großen internationalen Erfolge von Bent Larsen erklären sich nicht zum wenigsten aus dieser Übung der ständigen Kritik am eigenen Können.

36.	---	Tc8 × c5
37.	Tc1 × Tc5	b6 × Tc5
38.	Da2–a4+	Ke8–f8
39.	Th2–g2	Ta8–e8?

Nun ist eine typische Großmeisterstellung entstanden, in der die Kommentatoren Vielerlei, manchmal einander Widersprechendes, herauszuanalysieren pflegen. Es hat wenig Sinn, wenn auch Sie sich damit abzuplagen versuchen. Natürlich geht es darum, ob Schwarz die Partie noch Remis halten kann oder nicht. Machen Sie eine Felderbilanz. Da sich Spasski, wie die Turnierchronisten berichten, bei diesem Zuge in höchster Zeitnot befand, zog er Ta8–e8 statt, wie Großmeister Salo Flohr meint, (39.) Ta8–c8, was ihm das Remis gesichert haben sollte.

| 40. | Da4–d7 | Dh8–h6 |

Schwarz durfte keinesfalls Dd7–e6 zulassen.

| 41. | Dd7 × a7 | Dh6–h8 |
| 42. | Dh7–d7 | --- |

Der 42. Zug von Schwarz war ein sogenannter »Abgabezug« gewesen, der dem Turnierleiter im verschlossenen Briefumschlag übergeben wird, ohne daß ihn der Partner kennt. So kann die »Hängepartie« zu einem späteren Zeitpunkt wieder aufgenommen werden, ohne daß einer der beiden Partner einen Vorteil hat.

Larsen kommentiert dazu wieder schachpsychologisch: »Ich war überzeugt, daß er 42. --- Dh8–h6 spielen würde, einer der Gründe dafür war, daß er dies schon zwei Züge vorher gespielt hatte. Einen anderen Zug zu spielen, wäre ein Eingeständnis, daß sein 40. Zug ein Fehler war!

Als die Partie wieder aufgenommen wurde, glaubte ich kaum an eine Gewinnmöglichkeit, wenn Spasski 42. Dh8–h6 abgegeben hatte. Und er hatte es.«

42.	---	Dh8–h6
43.	Sg5–e6+	Kf8–f7
44.	Se6–g5+	---

Warum zieht Weiß nicht (44.) Se6 × c5? Weil Schwarz dann mit Te8–g8 den Abtausch der Türme erzwingen würde, nachdem er zuerst seine Dame nach f6 gestellt hätte, wo sie sowohl das Feld e6 als auch die lange Diagonale a1–h8 beherrscht und den Be7 deckt.

Was nach (44.) Se6–d8+ und Kf7–f8 passieren würde (Te8 × Sd8 ist besser für Schwarz), das sollten Sie selbst zu analysieren versuchen, indem Sie das weiße Springeropfer auf b7 voraussetzen.

44.	---	Kf7–f8
45.	Kg1–h2	h5–h4?

»Eine Überraschung! Aufgrund meiner Analysen sollte dieser Bauer auf h5 bleiben. Was hatten Spasski und (sein Sekundant) Bondarevski gegen 45. --- c5–c4 gesehen? Ich weiß es nicht.«

46.	Sg5–e6+	Kf8–f7
47.	Se6–g5+	Kf7–f8
48.	Kh2–h3	c5–c4
49.	Sg5–e6+	Kf8–f7
50.	Se6–g5+	---

An dieser Stelle haben Sie dank der wertvollen Offenheit von Großmeister Larsen wieder einmal Gelegenheit, praktische Erfahrungen in außerschachlichen Beweggründen zu sammeln, die Großmeister- und andere Turnierpartien für den Nachspielenden oft so undurchschaubar und damit unverständlich machen können. Großmeister Larsen kommentiert:

»Für all diese Springerschachs bestand eigentlich gar keine Notwendigkeit. Ich war jedoch von 45. --- h5–h4 überrascht und wollte die Partie nochmals abbrechen lassen und in die ›Werkstatt‹ bringen. Ich war müde, aber Spasski, der sich seit Stunden in der Verteidigung befand, war wahrscheinlich noch müder. Der weitere Verlauf der Partie deutet in diese Richtung.«

Unter »Werkstatt« versteht Larsen die Zeit, die nach dem Partieabbruch dem Spieler bis zur Wiederaufnahme der Partie zum Analysieren zur Verfügung steht.

| 50. | --- | Kf7–f8 |
| 51. | Tg2–g1! | --- |

Da es uns hier auf die schachpsychologischen Zusammenhänge im Spielgeschehen mehr ankommt als auf die möglichen Varianten, werden nur noch diejenigen Züge kommentiert, bei denen solche Zusammenhänge gemacht werden können.

| 51. | --- | c4–c3 |
| 52. | Dd7–e6! | --- |

»Soviel ich weiß, haben Spasski und Bondarevski diesen Zug in ihrer Analyse nicht in Betracht gezogen. Mit zwei Bauern mehr ist der Damentausch normalerweise nicht zu fürchten.«

52.	---	Dh6 × e6
53.	d5 × e6	Kf8–g7
54.	Sg5 × e4	Kg7–h6

Warum (54.) --- Kg7–h8 sofort verlieren würde, das erkennen Sie selbst, wenn Sie die Möglichkeiten des Se4 prüfen.

| 55. | Se4 × c3 | --- |

»Viele Jahre lang glaubte ich, daß diese Stellung gewonnen sei. Dann schaute ich sie wieder ganz genau an und fragte mich plötzlich, warum Schwarz nicht (55.) --- Te8–d8!! spielt, um (56.) Sc3–d5, Sd6–c8 Tg1–d1 mit Kh6–g7 (57.) Td1–d5, Td8–c8! zu beantworten?

(55.) --- Te8–d8!! sichert das Remis! So nahe stand also Spasski dem ungeteilten ersten Preis.«

55.	---	Sd6–e4???
56.	Sc3 × e4	f5 × e4
57.	Kh3 × h4	Te8–a8
58.	f4–f5	Ta8–a2
59.	Tg1–g8	Ta2–f2
60.	Tg8–f8	aufgegeben

Die Großmeister-Eröffnung ist also als Vorbild für Sie vorläufig nur bedingt brauchbar

Die allgemeintypischen, sich ergänzenden Beispiele von Spielweisen der Schachmeister von Morphy bis Capablanca, die Partie von Bent Larsen gegen den nachmaligen Weltmeister Boris Spasski, haben Ihnen klargemacht, daß Sie sich als werdender Meister eine solche, auf das intuitive Schachgefühl gegründete, experimentierende Spielweise solange nicht leisten sollten, bis Sie selbst die jeweils stärksten Eröffnungszüge, *vom ersten Zuge ab*, vollkommen sicher beherrschen.

Bevor Sie in der Entwicklung Ihrer Spielstärke nicht den historisch-klassischen Weg der Schachgeschichte und der daraus logisch folgenden modernen Konsequenzen gegangen sind, steht Ihnen nicht das Recht zu, von diesen Wegen abzuweichen. Auch in der Welt des Schachspiels gilt: Wer zum faustischen Welteroberer werden will, muß zuvor den Weg des Schülers gegangen sein, den Mephisto so anschaulich schildert

>>Mein teurer Freund, ich rat Euch drum
Zuerst Collegium Logicum.
Da wird der Geist Euch wohl dressiert,
In spanische Stiefel eingeschnürt,
Daß er bedächtiger so fortan
Hinschleiche die Gedankenbahn,
Und nicht etwa, die Kreuz und Quer,
Irrlichteliere hin und her.<<

Für die Erlernung des Schachspiels und die zögernde Beschreitung des Meisterweges ist das Goethe-Wort ein recht brauchbarer und erfolgversprechender Ratschlag.

Daß Sie in diesem Stadium am Ende nicht steckenbleiben und schließlich zum mnemotechnischen Schachspielautomaten entarten, davor werden Sie Ihre Begabung, Ihre Kampfbereitschaft, Ihre schöpferische Phantasie und Ihr wichtiges Hilfsmittel, eine weise Beschränkung auf möglichst wenige Eröffnungssysteme, bewahren.

Die Systeme sollten Sie so auswählen, daß sie auch bei ungewöhnlichen Antwortzügen Ihrer Partner ineinander übergeführt werden können. Dadurch lassen sich Ihre gedächtnisarchivarischen Ansammlungen von Varianten auf die geringstmögliche Anzahl beschränken.

Diese Leistung aber kann jeder werdende Meister ohne Schaden an der Weiterentwicklung seiner Spielstärke erbringen.

15.
Trainingsabschnitt

Der entartete Steinitz-Eröffnungsplan

Mit den Veröffentlichungen der Großmeister Aaron Nimzowitsch, »Mein System«, und Richard Réti, »Die Neuen Ideen im Schachspiel« hat sich die grundsätzlich neue, zum ersten Mal von Weltmeister Wilhelm Steinitz ausgesprochene Forderung, daß jede Schachpartie einem wohlbegründeten Plan folgen müsse, zum allgemeinen Wissensgut aller Schachspieler verfestigt.

Zwar hatte schon Großmeister Siegbert Tarrasch, auf den schachstrategischen Erkenntnissen von Steinitz aufbauend, Ähnliches gelehrt. Doch war ihm das strategisch-planvolle Denken Steinitz', das in der »Bewertung« jeder Stellung die höchste Möglichkeit planvollen Schachspiels sah, zum starren System entartet, das sich auf *Gesetze* wie den »Tempogewinn« oder den »absolut besten Zug« stützte. Tarrasch wollte widersinnigerweise nur einen einzigen allein richtigen Spielweg anerkennen, den es zur Erreichung des sicheren Sieges oder Ausgleichs zu finden galt.

Entwicklungszüge aber, die keinem Gesamtplan folgen, der sich später je nach den Antwortzügen des Partners, in gleich sinnvolle Einzelpläne aufspalten lassen, sondern »planlos«, nur um eines Tempogewinns willen gemacht werden, führen, falls der Partner seinerseits planvoll und zielgerecht antwortet, schließlich nur zur Bestätigung des alten Schachspielerausspruchs über typische Partien autoritätsgläubiger Tarrasch-Epigonen: »Daß er zwar viele Tempi gewonnen, die Partie aber verloren hat.«

Damit Ihnen dies nicht passiert, werden Sie jetzt das stärkste Verteidigungssystem gegen den Zug 1. d2–d4 kennenlernen.

Das Indische Verteidigungssystem

1. d2–d4   Sg8–f6
2. c2–c4   e7–e6

Von dieser Verteidigung hat Weltmeister Botwinnik erklärt, daß nach seiner Überzeugung eine Widerlegung (etwa in der gleichen Weise wie 1. e2–e4, d7–d5 2. e4×d5, Dd8×d5 oder 1. e2–e4, e7–e5 2. Sg1–f3, f7–f6) nicht möglich sei. Die Eröffnungstheorie hat diese Überzeugung bis heute bestätigt.

Bei stärkstem Spiel von Schwarz wird die Remisbreite stets eingehalten. Es tauchen aber auch viele Möglichkeiten für Schwarz auf, gewinnträchtige Vorteile zu erringen, wenn Weiß nicht die stärksten Fortsetzungen findet. Schwarz muß bei der Ausnützung solcher weißer Schwächen keine ernsthaften Risiken auf sich nehmen. Das macht die Indischen Verteidigungssysteme zu einem idealen Studien- und Eröffnungsobjekt für den werdenden Meister. Sie sollten sich deshalb, und weil die Stellungsbilder häufig denen der Französischen Verteidigung ähneln, ausführlich mit ihr beschäftigen.

Der zweitstärkste Eröffnungszug von Weiß, der nur ein freies Feld weniger zu beherrschen gestattet als 1. e2–e4, ist der Eröffnungszug 1. d2–d4

Stellung 42
Weiß zieht

W S
Felder: 11 : 7
Wirkgew: 14 : 8

nach 1. --- Sg8–f6

Der Zug 1. --- Sg8–f6 geschieht, wie alle Kommentatoren behaupten, in der Absicht, den Zug 2. e2–e4 von Weiß zu unterbinden. Er hat also einen kombinativ-positionellen Sinn, der das nach diesem Zug so ungünstige Verhältnis der freien Felder und Wirkungsgewichte von 11 : 7 und 14 : 8 rechtfertigen könnte.

Doch ist für Sie nach Ihren bisherigen Erkenntnissen über die Französische Verteidigung nicht recht einzusehen, warum dieser Zug (2. e2–e4) eigentlich verhindert werden muß.

Denn nach 2. e2–e4 kann Schwarz, wenn er statt 1. --- Sg8–f6 sofort 1. --- e7–e6 gezogen hat, mit 2. d2–d4 noch in die Französische Verteidigung einlenken, die Ihnen schon deshalb willkommen sein müßte, weil Sie sich das Mindest-Variantenwissen für diese Verteidigung bereits angeeignet haben.

Sie sollten es daher vorziehen, auf 1. d2–d4 zu antworten wie folgt:

  1. d2–d4   e7–e6

und damit Weiß einladen, mit 2. e2–e4 auf die Französische Eröffnung umzuschalten, statt sich mit 2. c2–c4 auf die Indische Verteidigung einzulassen. Gleichzeitig vermeiden Sie dadurch auch 2. Lc1–g5, was 1950 von dem tschechischen Meister Opocensky ständig gezogen wurde und neuerdings wieder aufzuleben beginnt.

Sie können, wenn Sie die Indische Verteidigung spielen wollen, auch ohne Nachteile befürchten zu müssen, 1. --- e7–e6 ziehen, denn dieser Zug folgt ohnedies als 2. Antwortzug.

  (1.) d2–d4   Sg8–f6
  (2.) c2–c4   e7–e6

Die Großmeister der Turniere in den frühen zwanziger Jahren wollten mit 1. --- Sg8–f6 wahrscheinlich verhindern, daß sie, anstatt die neue, aufregende Indische Verteidigung spielen zu dürfen, auf die sie sich vorbereitet hatten, durch 2. e2–e4 gezwungen werden könnten, die für sie damals bereits ausgetretenen Pfade zu gehen, die Schwarz nicht mehr als ein Remis versprachen.

Sie dagegen haben nach den modernen Erkenntnissen der Eröffnungstheorie keinerlei Grund, sich vor der Französischen Verteidigung zu scheuen, weil Sie anders als Großmeister Tarrasch, der sie noch abschätzig als »bei bestem Gegenspiel nicht zum völligen Ausgleich« und in vielen Varianten als »zu einer hoffnungslosen Remisstellung« führend bezeichnete, ja zunächst als Führer der schwarzen Steine gar nicht mehr als Remis anstreben.

Das Erreichen einer Remisstellung ist, wie Sie erkannt haben, für das Spiel von Schwarz keineswegs ein Nachteil, sondern beweist, daß sich das schwarze Spiel dem weißen Anzugsvorteil gegenüber auch dann, wenn Weiß die stärksten Züge macht, *behaupten* läßt.

Sie können als Führer der schwarzen Steine, wie heute theoretisch bewiesen werden kann, erst dann erwarten, ein überlegenes Spiel zu bekommen, das zum Endsieg führen könnte, wenn Weiß Ihnen *zwei* ausreichend große Vorteile eingeräumt hat. Der erste Vorteil, den Sie bei sorgfältigem und verantwortungsvollem Spiel von Weiß erwarten dürfen, bringt Ihnen ja nur die Initiative ein, die im Übergang des Anzugsvorteils von Weiß auf Schwarz besteht. Das reicht aber zum Endsieg längst noch nicht aus.

Die deshalb hier empfohlene Zugfolge 1. d2–d4, e7–e6 führte übrigens in einer Partie zwischen den Großmeistern Tarrasch und Jaques Mieses schon einmal 1916 in Berlin zu einer Französischen Verteidigung, was angesichts der geringen Meinung, die Tarrasch von der Französischen Verteidigung hatte, nicht verwunderlich ist.

Die schärfsten Züge der Nimzo-Indischen Verteidigung

Verzichtet Weiß auf die Chance, in die Französische Partie zu lenken, bleibt er bei seiner Absicht, 2. c2–c4 zu ziehen, dann setzt Schwarz mit dem Sg8–f6 fort.

2. c2–c4   Sg8–f6

Nun hat Weiß die Qual der Wahl. Er kann entweder mit 3. Sg1–f3 die für Schwarz günstige »Damen-Indische Verteidigung« heraufzubeschwören versuchen, oder durch 3. Sb1–c3 in die für Schwarz sichere und aussichtsreiche Nimzo-Indische Verteidigung einlenken.

Beide Verteidigungssysteme erfordern von Ihnen allerdings wieder das Studium und Auswendiglernen komplizierter Varianten-Verästelungen, die Sie als werdender Meister besser *nacheinander* als miteinander, also nicht gleichzeitig bearbeiten sollten.

Da die turnierwichtigere und auch schachstrategisch ergiebigere die sogenannte Nimzo-Indische Verteidigung ist, sollten Sie sich zunächst nicht auf die fast ebenso variantenreiche Damenindische Verteidigung einlassen, sondern vorläufig das zwar nicht so sichere, dafür aber leichter zu beherrschende, weil variantenärmere Blumenfeld-Gambit (siehe Seite 205f.), statt der Damenindischen Verteidigung, in die Sie mit 3. Sg1–f3 hineingezwungen werden sollen, anbieten.

Die Normalvarianten der Nimzo-Indischen Verteidigung haben große Ähnlichkeit mit den Ihnen schon bekannten Konstellationen der Französischen Verteidigung. Deshalb werden sie hier zuerst behandelt. Dabei trifft es sich gut, daß diese Ähnlichkeiten gerade bei den schärfsten Antwortzügen dieser Verteidigung auftreten.

Unter den »schärfsten Antwortzügen« sind selbstverständlich nur solche Züge zu verstehen, durch die sich das schwarze Spiel, entsprechend der theoretischen Analysenergebnisse, noch innerhalb der Remisbreite halten läßt. Andererseits eröffnen diese Züge die Möglichkeit, auch bei schärferem Spiel von Weiß in Vorteil zu kommen.

1. d2–d4   e7–e6
2. c2–c4   Sg8–f6
3. Sb1–c3   Lf8–b4
4. a2–a3   Lb4 × Sc3
5. b2 × Lc3   c7–c5

Stellung 43
Weiß zieht

W S
Felder: 15:12
Wirkgew: 17:15

nach 5. – – – c7–c5

So verläuft die »Sämisch-Variante« der Nimzo-Indischen Verteidigung, die auf Biegen und Brechen das Haupthindernis für den Vorstoß des weißen e-Bauern beseitigt wissen will. Entgegen der analogen Stellung des Lb4 in der Französischen Verteidigung, die Sie kennen, ist hier kein Ausweichzug des Lb4 möglich. Er muß gegen den Sc3 abgetauscht werden.

Damit hat Weiß zwar den Vorteil, zwei Läufer gegen Läufer und

Springer zu besitzen, doch bis zur Auswertung dieses Vorteils wird noch viel geschehen.

Schwarz ergreift nun sofort die Initiative und setzt statt mit dem auch möglichen, aber nicht schärfsten Zuge (5.) --- o-o 5. --- c7-c5 fort, um seinem Sb8 den hinderungsfreien Ausfall nach c6, von wo er auf das Zentrum drückt, zu ermöglichen. Sie werden leicht erkennen, daß der durch d4 × c5 entstehende Trippel-Bauer so schwach sein würde, daß er im Verlauf der Figurenentwicklung von Schwarz ganz von selbst zurückerobert werden kann.

Weiß denkt daher auch gar nicht daran, seine Wirkung auf das Zentrum aufzugeben und sich stattdessen einen unhaltbaren Trippel-Bauern aufzuladen, sondern versucht, das Hauptproblem seiner Eröffnung, die Beherrschung des Feldes e4, mit aller Kraft zu lösen.

6. f2–f3   d7–d5

Stattdessen kann Weiß auch den ebenfalls scharfen Zug 6. Lc1–g5 wählen, der Sie vielleicht an den Damenausfall nach g4 in der Französischen Verteidigung erinnert. 6. Lc1–g5 wird als wichtige Variante später ebenso besprochen werden, wie die weniger aggressiven weißen Züge 6. e2–e3 (Rubinstein-Variante) oder Dd1–c2 (b3) etc., deren Konsequenzen Sie kennen müssen. Diese Züge sind zwar schon viel früher gespielt worden als 6. f2–f3, verzichten aber jedenfalls darauf, die Vorherrschaft über das Feld e4 so rasch wie möglich zu erlangen, und machen es deshalb dem Führer der schwarzen Steine bequemer, sich zu verteidigen.

Schwarz hat nichts Schärferes als 6. --- d7–d5

7. c4 × d5   Sf6 × d5

Das Schlagen mit dem Springer ist stärker als mit dem Be6, obwohl der weißfeldrige Läufer von Schwarz eingesperrt bleibt und Weiß nun das Feld e4 mit Tempogewinn betreten könnte.

Weiß hat aber nach e6 × d5 mit Hilfe einer einfachen positionellen Kombination nach der Isolierung des schwarzen Damenbauern den Zug e2–e4 vorläufig nicht mehr nötig, weil er nun auf d4 über ein nach e2–e3 hervorragend geschütztes freies Feld für seinen Springer verfügt, dessen Abtausch zu einer Verstärkung des weißen Zentrums führt.

Untersuchen Sie die Möglichkeiten nach 8. e2–e3 zur Übung selbst. 7. --- Sf6 × d5 greift den Bc3 an und zwingt Weiß, bevor er e2–e4 zieht, zunächst einmal den jetzt akut gewordenen Angriff auf seinen Bd4 zu bereinigen.

    8. d4×c5   ---

Stattdessen kann Weiß auch (8.) Dd1–d2 oder Dd1–d3 ziehen. Beide Züge sind aber schwächer als der Bauerngewinn.

    (8.) Dd1–d2   Dd8–a5
    (9.) Lc1–b2   Sb8–c6
    (10.) e2–e4   Sd5–b6
    (11.) a3–a4   o–o
    (12.) Lf1–d3   Tf8–d8
    (13.) Sg1–e2   Lc8–d7

Falls Weiß nun mit seinem Springer auf Damenfang anzugehen versucht, geschieht:

    (14.) Se2–c1   c5×d4
    (15.) Sc1–b3   d4×c3

Zieht Weiß hier statt Sb3 (15.) c3×d4, so folgt (15.) --- Sb6×a4! Erkennen Sie die Folgen selbst.

    (16.) Lb2×c3   Da5–h5
    (17.) a4–a5   Sb6–c8

Nun hat Schwarz bei gesicherter Königsstellung einen gesunden Mehrbauern, zwei offene Linien, die er mit Türmen besetzen kann, und hat bei aufmerksamem Spiel durchaus Gewinnaussichten.

Ganz das gleiche passiert Weiß, wenn er seine Dame im 8. Zuge nach d3 zieht:

    (8.) Dd1–d3   c5×d4
    (9.) c3×d4   Sb8–c6
    (10.) e2–e4   Sd5–b6
    (11.) Lc1–e3   o–o

Schon ist Schwarz besser entwickelt als Weiß.

    (12.) Sg1–h3   ---

Dieser plausible Springerzug soll dem Lf1 den Ausweg nicht versperren, damit Weiß endlich rochieren kann. Auch kann er sich möglicherweise zu einem Angriff auf die schwarze Königsstellung entscheiden. Dennoch wäre Sg1–e2 etwas stärker, wie Sie gleich erkennen werden.

    (12.) ---   f7–f5

Be4 darf nicht schlagen, da er damit das Feld d5 dem Sb6 preisgeben würde.

(13.)	Lf1–e2	f5 × e4
(14.)	Dd3 × e4	e6–e5!

Die Rochademöglichkeit mußte unter allen Umständen erhalten bleiben, doch das schwarze Bauernopfer macht alles zunichte.

(15.)	d4 × e5	Lc8–f5
(16.)	Le3–g5	Dd8–d4!

Und Schwarz gewinnt sicher. Finden Sie es zur Übung selbst heraus.

Etwas stärker, aber auch nicht ausreichend wäre gewesen:

(12.)	Sg1–e2	f7–f5
(13.)	Se2–c3	f5 × e4
(14.)	f3 × e4	Lc8–d7

Wieder mußte auf das Feld d5 ein Bauer wirken (falls 14. Sc3 × e5, Sb6–d5 15. Se4–g5, Tf8–f5!, falls 14. Dd3 × e4, e6–e5 mit nachfolgendem Ld7–f5).

(15.)	Lf1–e2	Ta8–c8
(16.)	Le3–f2	Tf8 × Lf2
(17.)	Ke1 × Tf2	–––

Schwarz bekommt für dieses Qualitätsopfer einen weißen Zentrumsbauern, da (18.) Kf2–e3 durch (18.) ––– e6–e5 entweder zum Matt oder zum Damenverlust führt. Da es sich dabei um echte Kombinationen mit, wenn auch manchmal komplizierten Zwangszugfolgen handelt, werden Sie die Abspiele leicht selbst entdecken. Versuchen Sie jedenfalls zur Stärkung Ihrer Kombinationskraft, die einzelnen Varianten zunächst selbst herauszufinden, bevor sie die Notationen nachspielen.*

(17.)	–––	Dd8–f6+
(18.)	Le2–f3	Sc6 × d4

Nun hat Schwarz eine positionell so überlegene Stellung erreicht, daß er sie ständig weiter verstärken kann, ohne daß Weiß zur Entwicklung seines tatenlosen Th1 kommt. Schwarz spielt trotz oder

---

* 18. Kf2–e3?, e6–e5 19. d4 × e5, Sc6 × e5
20. Dd3–d4, Tc8–f8 21. Ta1–f1 Matt in 2 Zügen.
                      21. g2–g3, Df6–f2 Damenverlust
20. Dd3–d2, Sb6–c4+ Damenverlust wegen Se5
20. Dd3–d1 Tc8 × Sc3+
20. Dd3–c2, Se5–g4+ 21. Ke3–d2 Ld7–a4! (21.) Ke3–d3, Df6–d6+ 22. Dc2 beliebig 23. Df6–f4+
20. Dd3–b1, Se5–g4+ 21. beliebig, Df6 × Sc3 Matt oder Ld7–a4 Matt

besser wegen seines Qualitätsopfers gewissermaßen mit einem ganzen Turm mehr, weil alle seine Figuren am Angriff teilnehmen. Wenn Sie das in der Partie vor dem Opfer erkennen, dann räumen Sie mit dem Opfer Ihrem Partner einen Vorteil ein, der für Sie wegen der erkannten Untätigkeit des Th1, die Sie aufrechterhalten können, einen noch größeren Vorteil zur Folge hat, den Sie zum Endsieg ausbauen können.

Es kann weiter geschehen:

(19.)	Ta1–c1	Sd4–b3
(20.)	Tc1–c2	Sb3–c5
(21.)	Dd3–e2	Df6–d4+
(22.)	De2–e3	Dd4×De3
(23.)	Kf2×De3	Sb6–c4+
(24.)	Ke3–e2	Sc5–b3!
(25.)	Tc2–a2	Sc4–e5!
(26.)	Sc3–b1	Sb3–c1+

Die Qualität ist zurückgewonnen, ohne daß die positionelle Überlegenheit hätte aufgegeben werden müssen.

Weiß ist zur Untätigkeit verdammt und muß seinen Ba3 ständig weiter verteidigen, während Schwarz diesen Bauern und den weißen König ständig mit allen Figuren angreifen kann.

Diese exemplarischen Abspiele verdanken die Analytiker übrigens einer Partie, die im Jahre 1951 zwischen dem ungarischen Großmeister Levente Lengeyel und dem Schachmeister Dietrich Weise gespielt wurde.

Nebenwege zur Sämisch-Variante

Die durch 4. a2–a3 gekennzeichnete Sämisch-Variante der Nimzo-Indischen Verteidigung kann auch ohne diesen Zug gespielt werden. Sie wird dadurch noch aggressiver, führt aber, wenn Weiß seine Stellung nicht schwächen will, zu Abspielen, die Sie schon kennengelernt haben.

Dennoch sollten Sie mit dieser Spielweise vertraut sein.

1.	d2–d4	e7–e6
2.	c2–c4	Sg8–f6
3.	Sb1–c3	Lf8–b4
4.	f2–f3	c7–c5

Falls Weiß nun nachträglich a2–a3 zieht, muß Schwarz den Sc3 nicht sofort schlagen, sondern kann (5.) --- c5 × d4 antworten und so den Sc3 zusätzlich bedrohen. Nach (6.) a3 × Lb4, d4 × Sc3 (7.) b2 × c3 hat Weiß einen Bauern weniger im Zentrum, was Schwarz ausnützen kann.

Weiß zieht deshalb in dieser Stellung regelmäßig

     5. d4–d5   ---

Dies zwingt Schwarz mehr oder weniger, seinen Läufer dennoch gegen den Sc3 abzutauschen, da er sonst seinen strategischen Eröffnungsplan verlassen würde, ohne einen anderen *sinnvollen* an seine Stelle setzen zu können.

     5. ---   Lb4 × Sc3
     6. b2 × Lc3   Dd8–a5

Dieser Zug ist zunächst schärfer als (6.) --- d7–d6, der eine Verfestigung des schwarzen Zentrums anstrebt, weil er ein Tempo gewinnt.

     7. Lc1–d2   d7–d6
     8. e2–e4   ---

Nun könnte Schwarz mit (8.) --- e6–e5 seine Zentrumsstellung verfestigen und gegen die weißen Angriffe so lange verteidigen, bis das Remis unausweichlich geworden ist.

Wie Sie leicht selbst erkennen, würde sich Schwarz mit (8.) --- e6–e5 aller Angriffsmöglichkeiten gegen die weiße Stellung begeben.

Bleibt dagegen das Feld e5, das, wie Sie sehen, von Schwarz beherrscht wird, ohne daß Weiß diese Beherrschung sofort, ohne Nachteile in Kauf zu nehmen, aufheben könnte, unbesetzt, dann kann Schwarz versuchen, hier einen Springer zu postieren, der dann gefahrdrohend in die weiße Stellung hineinwirken würde.

Die Bilanz der freien Felder ist ausgeglichen, und die Wirkungsgewichte-Mehrheit von Weiß bedeutet in dieser Stellung nur wenig. Weiß kann infolge der Geschlossenheit der Stellung keine raschen Verbesserungen oder gar ein Übergewicht erzielen.

Aus all diesen Gründen kann sich Schwarz einen Zug erlauben, der auf die Besetzung des Feldes e5 mit einem Springer abzielt. Da aber, solange die Bauernketten nicht verzahnt sind, ein Durchbruch von Weiß in der Mitte nicht auszuschließen ist, zieht Schwarz zunächst die Rochade, wodurch sein Sf6 zugleich ein Rückzugsfeld bekommt.

8.	---	o–o
9.	Lf1–d3	Sb8–d7

Daß und warum Weiß nun (10.) d5 × e6 nicht einmal erwägen darf, erkennen Sie selbst. Er muß vielmehr so rasch wie möglich rochieren, um die schwarze Bauernstellung sprengen und einen Königsangriff planen zu können.

10.	Sg1–e2	Sd7–e5

Stellung 44
Weiß zieht

W S
Felder: 11:11
Wirkgew: 20:15

nach 10. --- Sd7–e5

Sie erkennen nun deutlich, wie gefährlich der schwarze Springer für die weiße Stellung ist. Um Schwarz zu zwingen, sich entweder die Königsstellung aufreißen zu lassen, oder mindestens die Qualität, wenn nicht gar den Bd6 zu verlieren, zieht Weiß zur gleichzeitigen Deckung seines angegriffenen Ld3:

11.	Ld2–g5	Sf6–d7!

Schwarz erkennt, daß er seinen Bd6 opfern kann, weil er den Bc4 gewinnen und außerdem eine überlegenere Stellung bekommen wird. Versuchen Sie das Abspiel zur Übung selbst herauszubekommen:

12.	Lg5–e7	Se5 × Ld3+
13.	Dd1 × Sd3	Sd7–e4
14.	Dd3–d1	Tf8–e8
15.	Le7 × d6	Se4 × c4
16.	Ld6–f4	e6 × d5
17.	Dd1 × d5	Sc4–b6

Natürlich durfte weder (17.) e4×d5 (wegen Da5×c3+), noch
(17.) --- Lc8-e6 (wegen Dd5×b7) erfolgen. Aber Schwarz hat
auch so die überlegenere Stellung, die er zum Endsieg ausbauen
kann, bekommen.

Ein Angriff auf die schwarze Königsstellung durch die weiße
Dame und den Läufer ist leicht abzuschlagen. Weiß muß rochieren
und kann das Eindringen der schwarzen Figuren in die weiße Stellung nicht mehr nachhaltig verhindern.

Der Zug 4. Lc1-g5

Weiß kann auch, ohne den Zug (4.) f2-f3 einzuschalten, sofort auf
den Sf6 losgehen. Er verliert dann aber zunächst ein Tempo, wenn
er nicht gleich abtauschen und Schwarz damit entwickeln will.

    4. Lc1-g5   h7-h6
    5. Lg5-h4   c7-c5

Der weiße Läufer ist nun von seiner Diagonale c1-h6 abgedrängt
worden, was den schwarzen Angriff auf den Bd4 verstärkt. Aus
diesem Grunde hat Schwarz 4. --- h7-h6 gezogen und nicht etwa
um seinem König nach der Rochade ein »Luftloch« vorbereitet zu
haben. Der auf h6 stehende Bauer stellt eher eine Schwäche der
schwarzen Stellung dar, weil er zur »klassischen« Angriffsmarke
werden kann.

    6. d4-d5   b7-b5

Stellung 45
Schwarz zieht

W S
Felder: 11:10
Wirkgew. 21:16

nach 7. --- e6×d5

Schwarz bietet zur Schwächung des weißen Zentrums ein Bauernopfer an, das Ihnen aus gleichen Gründen später beim Blumenfeld-Gambit wieder begegnen wird.

Und nun hat Weiß zwei mögliche Fortsetzungen, von denen die eine schneller und sicherer zu einer schwächeren Stellung für Weiß von Schwarz forciert werden kann. Prägen Sie sich das einfachere Abspiel zuerst ein. Sie werden dann das kompliziertere leichter bewältigen.

```
 7. e2–e4        e6 × d5
 8. e4 × d5      o–o
 9. Lf1–d3       b5 × c4
```

Der weiße Läufer muß heraus, da sonst Weiß wegen des drohenden Schachs durch Dd8, ein Zug, der auch zugleich den Sf6 beweglich machen wird, nicht mehr zu o–o kommt.

Schwarz nutzt den Läuferzug sogleich zu einem Tempogewinn aus.

```
10. Ld3 × c4     Dd8–e8+
```

Mit diesem Damenschach erreicht Schwarz alles, worum er gekämpft hat. Der Sf6 ist der Gefahr, unter Zertrümmerung der Königsbauern abgetauscht zu werden, entronnen. Er kann nun den Sc3 angreifen. Die e-Linie wird auch dann zum freien Operationsfeld von Schwarz, wenn Weiß dem Damenschach mit (11.) Dd1–e2 opponiert.

Die b-Linie wird ebenfalls geöffnet und ermöglicht Schwarz, seine Angriffe gegen die weiße Stellung im Notfall auch über diese offene Linie aufzubauen.

Der Entwicklungsvorsprung von Schwarz muß nun durch gezielte Züge aufrechterhalten und zur endgültigen Angriffsformation ausgebaut werden.

Alles, was Weiß noch versuchen kann, ist, die Angriffsgruppierung von Schwarz so lange wie möglich hinauszuzögern und sich auf die Verteidigung seines Königs einzurichten.

```
11. Dd1–e2       Sf6–e4
12. Ta1–c1       Lc8–a6!
13. Lc4 × La6    Sb8 × La6
```

Wie durch Zauberei hat Schwarz durch das Abtauschangebot, das von Weiß nicht abgelehnt werden konnte (analysieren Sie es selbst), die Entwicklung seiner Figuren beendet. Warum Weiß nun nicht (14.) De2 × Sa6 ziehen darf, erkennen Sie selbst.

Nun droht der Sa6 in den Kampf einzugreifen. Deshalb erzwingt Weiß eine Bereinigung der Lage auf der e-Linie

   14. f2–f3   Se4 × Sc3
   15. b2 × Sc3   Lb4–a3

Durch diesen Angriff auf den Tc1 erhält Schwarz die endgültige Freiheit für die Formierung seiner Angriffsfortsetzung. Es drohte (16.) Lh4–e7 (bzw. nach g7–g5, Lh4–g3, ––– Lg3–d6).

Die zweite Möglichkeit nach 6. ––– b7–b5 für Weiß

Zurück zu einem Zug vor Stellung 45. Statt 7. e2–e4 kann Weiß auch den Be6 gleich schlagen, doch bekommt ihm das noch schlechter.

   7. d5 × e6   f7 × e6
   8. c4 × b5   0–0
   9. e2–e3   Dd8–a5

8. ––– 0–0 ist stärker als (8.) ––– d7–d5, weil Weiß durch 9. ––– Dd8–a5 gezwungen werden kann, seinen Lf1 durch 10. Sg1–e2 einzusperren und damit seinen Königsflügel lahmzulegen.

(9.) f2–f3 war wegen des übermächtigen Angriffs auf Sc3 nicht mehr möglich. Weiß hat nun alle Hände voll zu tun, sich zu verteidigen. Es entstehen ganz ähnliche Stellungsbilder wie in der Partie Boris Spasski gegen Michail Tal 1973, die Spasski möglicherweise ins Gedächtnis gekommen ist (siehe Seite 97 ff. und Stellung 23). Obwohl Weiß dort wesentlich freier stand, hat er die Partie ebenfalls verloren.

   10. Sg1–e2   a7–a6
   11. b5 × a6   Lc8 × a6
   12. Lh4 × Sf6   Tf8 × Lf6
   13. f2–f3   Sb8–c6

Weiß muß schon die »künstliche Rochade« vorbereiten.

Schwarz steht nun so überlegen, daß er sich gestatten kann, einen zweiten Bauern als Opfer anzubieten. Nimmt die weiße Dame, dann ist Weiß, wie Sie leicht selbst herausfinden werden, infolge der geöffneten D-Linie rasch endgültig verloren.

Sie haben also als Führer der schwarzen Steine auch 4. Lc1–g5 nicht zu fürchten.

Großmeister Spielmanns Zug 4. Dd1–b3

Großmeister Rudolf Spielmann, den Richard Réti den »letzten Barden des Gambitspiels« nennt, der »das Heil des Schachspiels in der Rückkehr zum Stil der alten Meister, natürlich mit der ... Beibehaltung der ... Steinitzschen Prinzipien sieht«, bevorzugt, getreu seiner schachromantischen Veranlagung, den direkten Angriff mit der Dame auf den Lb4.

Dabei leitet ihn der Gedanke, daß, wie auch immer Schwarz fortsetzt, die weiße Dame auf dem Felde b3 aktiv steht und daß sie gleichzeitig dem Ta1 das Feld d1 freigemacht hat. Auch daß möglicherweise einmal ein Angriff auf die schwarzen Mittelbauern nach o–o–o vorgetragen werden könnte, faßt er dabei ins Auge.

Denn jeder Versuch von Schwarz, Bd7–d5 zu ziehen, was ja doch einmal geschehen muß, führt bei aufmerksamem Spiel von Weiß mindestens zur Isolierung dieses Bauern, so daß sich auf dem Feld d4 möglicherweise ein weißer Springer festsetzen ließe.

Solche kombinativ-strategischen Überlegungen entsprechen ganz dem Geist Adolf Anderssens und Michail Tschigorins, die Rudolf Spielmanns große Vorbilder waren.

Leider ist diese romantische Kampfauffassung von den variantenstrotzenden Eröffnungstheoretikern fast völlig verdrängt worden.

1. d2–d4   e7–e6
2. c2–c4   Sg8–f6
3. Sb1–c3   Lf8–b4
4. Dd1–b3   c7–c5
5. d4×c5   Sb8–c6

Es ist stärker, zuerst den Sb8 zu entwickeln. Der Bc5 ist ohnehin nicht zu retten, kann aber möglicherweise mit einer anderen Figur geschlagen werden.

Nun hat Weiß drei sinnvolle Fortsetzungen:

1. Den Ihnen schon bekannten scharfen Zug (6.) Lc1–g5, der hier aber nach der Abdrängung durch h6, wie die Felderbilanz deutlich macht, zu einer ungünstigen Stellung für Weiß führt, sofern Schwarz seine Stellung nicht überschätzt und solide mit Lb4×c5 weiterzieht.

Stellung 46
Weiß zieht

W S
Felder: 10:13
Wirkgew: 17:23

nach (7.) – – – Lb4 × c5

Dann zeigt ihm die Felderbilanz von 10 : 13 bei 17 : 23 Wirkungsgewichten, daß er mehr Möglichkeiten haben muß als Weiß, zumal er im engeren Zentrum auf vier unbesetzte Felder wirkt, von denen zwei freie für ihn sind, während Weiß nur auf zwei unbesetzte dort wirkt und nicht ein einziges freies Feld hat.

2. Zieht Weiß dagegen 6. Sg1–f3, dann kann sofort der scharfe Zug (6.)–––Sf6–e4 folgen. Nun muß Weiß, um eine Vertrippelung seiner Bauern auf der c-Linie zu verhindern, (7.) Lc1–d2 ziehen. Er räumt damit Schwarz die Möglichkeit ein, sich das Läuferpaar gegen Läufer und Springer zu verschaffen, was, wie Sie bereits wissen, *in halboffenen Stellungen* einen großen Vorteil bedeutet.

Da das aber noch eine ganze Weile dauern wird und der ohnehin einstehende Bc5 mit Tempogewinn zurückgewonnen werden kann, wird Schwarz überlegen müssen, ob es nicht viel vorteilhafter ist, diesen Bc5 mit dem Se4 zu nehmen.

        6. Sg1–f3   Sf6–e4
        7. Lc1–d2   Se4 × c5
        8. Db3–c2   0–0

Nun muß zuerst die Hauptauseinandersetzung im Zentrum stattfinden, wenn Weiß den König noch angreifen will.

Eine Verstärkung dieser Aussichten würde die Plazierung des Ld2 auf c3 sein, die Schwarz nicht mehr verhindern kann.

Schwarz sieht das natürlich genauso kommen und schafft wegen der Auseinandersetzung in der Mitte vor allem seinen König weg.

Weiß wird ja mit der Entwicklung seines Königsflügels Zeit verlieren, so daß Schwarz sich auf die Verteidigung seines Königsflügels bequem einrichten kann.

   9. a2–a3   Lb4 × Sc3
   10. Ld2 × Lc3   a7–a5

Mit diesem Zug verhindert Schwarz, daß Weiß den stark stehenden Sc5 auf ein Randfeld jagt.

   11. g2–g3   ———

Sie werden sich fragen, ob Weiß hier nicht im Interesse seines Königsangriffs (11.) e2–e4 erwägen sollte, womöglich in Verbindung mit späterem 0–0–0.

Das alles wird aber durch die mögliche schwarze Zugfolge a5–a4 nebst Sc4–b3 sehr in Frage gestellt. Zur Verteidigung des Feldes b3 wird Weiß um Sf3–d2 ohnedies nicht herumkommen.

Hat Weiß aber einen Läufer auf g2 stehen, dann wird durch den Wegzug des Sf3 ein zusätzlicher Druck nicht nur auf das Feld d5, sondern auf die ganze lange Diagonale h1–a8 ausgeübt.

Diese Überlegungen, die Sie sorgfältig nachzuvollziehen versuchen sollten, machen Ihnen klar, warum 11. g2–g3 vorzuziehen ist. Der Be2 kann immer noch dann zum Vormarsch veranlaßt werden, wenn damit die größtmögliche Wirkung erzielt werden kann.

   11. ———   f7–f5
   12. Lf1–g2   Dd8–c7

Die Dame räumt das Feld d8 für einen der beiden Türme, denn nur ein Turm kann den erforderlichen Vormarsch des schwarzen d-Bauern gefahrlos unterstützen. Zugleich deckt sie vorsorglich das Feld b7, auf das der Lc8 gezogen werden soll.

   13. 0–0   a5–a4
   14. Sf3–d2   b7–b6

Weiß verstärkt nun seine Zentrumsstellung, indem er sich vorsorglich gegen die potentielle Möglichkeit eines gelegentlichen Sc6–e5 oder auch e6–e5 wappnet.

   15. f2–f4   Lc8–a6

Mit diesem zunächst überraschend wirkenden Zug bereitet Schwarz einen Angriff auf den Bc4 vor. Daß dieser Angriff, falls Weiß b2–b4 versuchen sollte, sofort zum Verlust dieses Bauern führen würde, sehen Sie selbst.

Weiß ist deshalb gezwungen, alle seine Angriffspläne gegen die schwarze Königsstellung unter Berücksichtigung dieser Gefahr auszuarbeiten. Die praktische Bedeutung dieses Zwangs erkennen Sie unter anderem daran, daß der Sd2 vorläufig an sein Feld gefesselt ist. Damit wird auch der weiße Angriffsläufer auf c2 unbeweglich gemacht. Sobald der Ta8 sein Feld verlassen hat (wegen Lg2), kann der Angriff auf Bc4 beginnen. Deshalb steht der weißfeldrige Läufer von Schwarz auf a6 wesentlich stärker als auf b7, von wo aus er bestenfalls den Lg2 einmal abtauschen könnte.

Stellung 47
Weiß zieht

W S
Felder: 11:11
Wirkgew: 23:26

nach 15. – – – Lc8 – a6

Das Stellungsbild zeigt, daß Schwarz und Weiß etwa gleichwertig auf das unbesetzte Zentrum wirken. Die Bilanz der freien Felder ist gleich, die der Wirkungsgewichte läßt eine geringfügige Überlegenheit von Schwarz erkennen.

3. Zieht Weiß dagegen statt 6. Sg1–f3 gleich (6.) Lc1–d2, dann wird der Angriff auf Sc3 durch Sf6–e4 verhindert.

1. d2–d4   e7–e6
2. c2–c4   Sg8–f6
3. Sb1–c3   Lf8–b4
4. Dd1–b3   c7–c5
5. d4×c5   Sb8–c6
6. Lc1–d2   Lb4×Sc3

In diesem Falle schlagen Sie am besten gleich den Sc3 mit Lb4. Die Entwicklung von Weiß wird sich dann wie gewohnt mit Sg1–f3, g2–g3 und Lf1–g2 fortsetzen. Den Bc5 bekommen Sie zurück!

Falls Weiß nun nachträglich noch Ld2-g5 ziehen sollte, dann wissen Sie jetzt, was Sie zu tun haben.

Auch für Schwarz ist es wichtig, wie Sie ebenfalls bereits erkennen konnten, dem Lc8 auf b7 zur guten Wirkung zu verhelfen, wobei Sie die eventuelle Möglichkeit, mit La6 den Bc4 zu bedrohen, nicht aus dem Auge verlieren sollten.

Sie wissen auch, warum es wichtig ist, o-o zu machen, und wie Sie einen Vormarsch Ihrer Mittelbauern sicher vorbereiten.

Sollte Weiß es wagen, die Große Rochade o-o-o zu machen, dann sollten Sie sofort gründlich darüber nachdenken, wie es Ihnen gelingen könnte, den weißen Damenflügel aufzurollen.

Dazu stehen Ihnen dann Züge wie Dd8-a5, Ta8-b8, a7-a6 und b7-b5 zur Verfügung.

Über die Angriffsmöglichkeiten, die Weiß währenddessen auf die schwarze Königsstellung haben könnte, sind Sie durch die bisherigen Analysen und Variantenuntersuchungen so umfangreich unterrichtet worden, daß Ihnen die Verteidigung mit den geringstmöglichen Kräften kein Problem mehr sein sollte.

Sie werden als Führer der schwarzen Steine jedenfalls keine große Mühe haben, wie immer Weiß auch fortsetzt, sich innerhalb der Remisbreite zu halten. Dabei haben Sie alle Chancen, durch schwächere Züge von Weiß in Vorteil zu kommen.

Sie müssen sich aber auf jeden Fall davor hüten, einen weißen Bauern nach e5 kommen zu lassen, weshalb Sie die Züge Dd8-c7 und d7-d6 rechtzeitig einplanen sollten.

Und was zieht Schwarz nach 4. Dd1-c2?

Die Eröffnungstheorie bezeichnet den Zug 4. Dd1-c2 als »klassisches System«, was bedeutet, daß dieser Zug bei Beginn der Einführung der Nimzo-Indischen Verteidigung der allgemein übliche war.

Der Sinn dieses Zuges zielt nicht auf eine kombinativ-positionelle Verbesserung der weißen Stellung, er deckt vielmehr hauptsächlich den Sc3 und unterstützt vorsorglich ein eventuelles e2-e4.

Der Zug verhütet also, daß durch den Abtausch ein Doppelbauer entsteht, vor denen sich jeder Schachspieler instinktiv scheut.

Außerdem hatte Dd1-c2 ohnehin eine lange Tradition aus dem

so viel gespielten Damengambit, das Sie als Führer der weißen Steine noch beschäftigen wird.

Im Damengambit galt das Feld c2 lange Zeit als der natürliche Standplatz der weißen Dame.

Es ist daher verständlich, daß der stets auf ein risikoarmes Spiel bedachte Weltmeister Capablanca diesen Zug auch in die Indische Verteidigung einführte. Seit dieser Zeit wird Dc2 als Voraussetzung eines »ruhigen und sicheren Aufbaus« für Weiß angesehen.

Dank der Erkenntnisse der Eröffnungstheorie gilt dieser Zug heute jedoch als viel zuwenig aussichtsreich.

So ist er in den Internationalen Turnieren aus der Mode gekommen und wird nur noch ausnahmsweise aus schachpsychologischen Gründen dann gespielt, wenn Weiß einen als risiko- und kombinationsfreudig bekannten Partner hat, der darauf aus ist, die Stellung zu verwickeln.

Sie können den Zug 4. Dd1–c2 ganz in der Ihnen schon vertraut gewordenen Weise beantworten. Das führt nicht nur zu ausgeglichenen Stellungen, sondern erspart Ihnen auch, was noch wichtiger ist, die Kenntnis einer ganzen Reihe von Varianten, die übrigens alle auch nicht aussichtsreicher für Schwarz sind.

   4. Dd1–c2   c7–c5

Es gibt hier für Schwarz statt 4. --- c7–c5 auch eine sogenannte »Züricher Variante«, die statt c5 gleich 4. --- Sb8–c6 zu spielen erfordert. Obwohl die positionellen Aussichten geringfügig besser sind, sollten Sie diese Variante erst dann versuchen, wenn Sie die gewohnten Abspiele »im Schlaf« beherrschen.

   5. d4×c5   Sb8–c6
   6. Sg1–f3   Lb4×c5

Da die Dame den schärferen Angriffszug (6.) --- Sf6–e4 verhindert, zieht Schwarz nur den Lb4 und erreicht damit eine Stellung, die Sie kennen und die alle bereits diskutierten Möglichkeiten für Schwarz enthält. Die Bilanz der freien Felder beträgt 11 : 11, die der Wirkungsgewichte 22 : 19. Sollte Weiß hier schärfer ziehen wie folgt:

   6. Lc1–g5   h7–h6

(Capablanca pflegte hier übrigens nach 6. --- Lb4×c5, 7. Lc1–f4 zu ziehen, was seiner risikoscheuen Spielweise entspricht. Capablancas Zug erleichtert Schwarz die Aufgabe, die Spannungen im

Zentrum zu seinen Gunsten zu verstärken, bedeutend. Analysieren Sie selbst.)

7\. Lg5–h4   g7–g5

Dann haben Sie Gelegenheit, eine kombinativ-positionelle Zugfolge zu erzwingen, die Sie sich nicht entgehen lassen sollten. Auch dann nicht, wenn Weiß mit einer geringen Stellungsüberlegenheit aus ihr hervorgehen kann. Die Remisbreite für Schwarz wird dabei jedenfalls noch nicht überschritten.

8\. Lh4–g3   Dd8–a5
9\. a2–a3   Lb4 × Sc3+

Warum Weiß nach (9.) f2–f3 kombinativ-positionell in eine unhaltbare Lage geraten würde, das sollten Sie zur Übung Ihrer Kombinationskraft wieder einmal selbst herausfinden. Suchen Sie nach einem Zug, der die Bilanz der freien Felder für Weiß auf 7 : 10 und die Wirkungsgewichte auf 14 : 20 verschlechtern würde.*

10\. Dc3 × Lc3   Sf6–e4
11\. Dc3 × Da5   Sc6 × Da5
12\. e2–e3   Se4 × Lg3

Die weitere Fortsetzung ist unproblematisch. Schwarz bekommt den Bc5 und kann sicher Remis halten.

Auch die Widerlegung von (12.) Lg3–e5 ist eine reizvolle Kombinationsaufgabe.

Alles in allem ist es, wenn Sie nicht in der Variantenflut der Theorie, die für 4. Dd1–c2 nach einer Angabe des Schach-Archiv bis zum 33. Zuge gediehen ist, ertrinken wollen, für Sie ausreichend, wenn Sie die hier untersuchten Varianten in Ihrem Gedächtnis parat haben. Mit ihnen ist der strategisch-positionelle Sinn der Eröffnung deutlich genug umrissen. Sie können sich im praktischen Fall für alle Fortsetzungen auf Ihr Schachgefühl und Ihre Kampfbereitschaft verlassen. Die jeweilige Bilanz der freien Felder und der Wirkungsgewichte erleichtert Ihnen dabei die Stellungsübersicht. Sie werden dann im Turnier nicht überrascht werden und in jedem Falle erträglich abschneiden.

* Da5 × c5

16.
Trainingsabschnitt

Die meistgespielte Rubinstein-Variante

Diese Eröffnungsvariante der Nimzo-Indischen Verteidigung, von der man sagen kann, sie kapituliere vor dem Hauptproblem dieser Verteidigung zugunsten von Schwarz, weil sie auf die baldige Durchsetzung des Zuges e2–e4 verzichtet, hat dennoch ihre großen Tücken.

Da sie die weitaus häufigste Zugfolge von Weiß seit dem Tage darstellt, an dem sie der später so unglückliche russisch-polnische Großmeister Akiba Rubinstein in die internationale Turnierpraxis einführte, wird sie auch Ihnen immer wieder begegnen.

Der sehr erfolgreiche Großmeister Akiba Rubinstein, der jahrzehntelang als der einzige galt, der Dr. Emmanuel Lasker vom Weltmeisterthron stürzen könne, hat dieser weißen Spielweise gegen die Indische Verteidigung durch seinen ganz normalen, soliden Zug gewissermaßen das gute Gewissen verliehen.

Die Indischen Verteidigungssysteme waren vielen konservativ eingestellten Großmeistern der frühen zwanziger Jahre unheimlich. Diese Systeme galten als mangelhaft, weil sie den von Weltmeister Wilhelm Steinitz begründeten und von Großmeister Tarrasch zur herrschenden Lehre ausgebauten strategischen Grundsätzen widersprachen. Trotzdem hatten sie Erfolge und brachten Schwarz bei sorgfältigem Spiel kaum je in ernsthafte Gefahr. Großmeister Tarrasch erklärte jedem, der es hören wollte: »Dadurch daß Schwarz auf die Besetzung des Zentrums verzichtet, bekommt Weiß leicht größere Terrainfreiheit. Außerdem muß Schwarz fast immer einen Königsläufer gegen den feindlichen Damenspringer tauschen. So ist eigentlich Weiß von vorneherein im Vorteil ... Die Indische Eröffnung, die übrigens von Louis Paulsen eingeführt wurde, ist eben nicht korrekt.«

Trotz dieser Nachteile wollte es den Tarrasch-Anhängern nicht gelingen, Schwarz zu überwältigen. Im Gegenteil. Je aggressiver ihre, in klassischer Manier vorbereiteten Angriffszüge gegen die schwarze Stellung wurden, um so häufiger kam Schwarz in entscheidenden Vorteil und gewann.

In diesen Kampf um die behauptete Allgemeingültigkeit klassischer schachstrategischer Grundsätze, die von den »Hypermodernen« um Großmeister Nimzowitsch verraten wurden, trat nun der, geradezu als Hohepriester dieser klassischen Spielweise angesehene Großmeister Rubinstein, dessen Partien »die Lehre von Steinitz in der vollendetsten Form« demonstrierten, mit dem »sanftesten Zug«, der für Weiß in dieser Eröffnung denkbar war: 4. e2–e3. Und siehe da. Dieser Verzicht auf die sofortige Aggressivität des weißen Spiels, der Schwarz zunächst sogar die Herrschaft über das Zentrum anbot(!), lohnte sich.

Das kam daher, weil sich kaum ein Führer der schwarzen Steine klarmachte, daß der Zug 4. e2–e3 tatsächlich nicht mehr bedeutete als die Überlassung des Anzugsvorteils an Schwarz, und das zugunsten einer sehr festen, praktisch unbeengten weißen Stellung, in der weiterhin alle Entwicklungsmöglichkeiten steckten.

Wenn Schwarz nun begann, anstatt sich auf die Erhaltung des Gleichgewichts einzustellen und seine Zentrumsstellung so lange zu verfestigen, bis ihm Weiß einen weiteren Vorteil überließ, der ihn zum Angriff berechtigt hätte, die weiße Stellung seinerseits mit aggressiven Zügen zu berennen, dann beging er den gleichen Fehler wie die »Klassiker«, die mit ihren übertriebenen Angriffszügen gegen die schwarze Stellung Fiasko erlitten hatten. Deshalb sollte sich Schwarz nach 4. e2–e3 nicht dazu verleiten lassen, nun mit aller Kraft auf Sieg zu spielen, sondern er sollte nach dem Beispiel Bobby Fischers in seinem Weltmeisterschaftskampf gegen Boris Spasski versuchen, eine unerschütterliche Zentrumsstellung zu erreichen, die alle noch vorhandenen Angriffsmöglichkeiten von Weiß auf seine Stellung hoffnungslos macht.

Für Sie ist eine solche Eröffnungsbehandlung um so günstiger, als sie sich in den Ihnen schon vertrauten Variantenbahnen bewegt. Sie brauchen also nicht viel Neues zu lernen und können Bekanntes weiterentwickeln.

Die Grundstellung sieht folgendermaßen aus:

Stellung 48
Schwarz zieht

W S
Felder: 12: 9
Wirkgew: 26:16

nach 6. Sg1–f3

Sie entsteht nach:

1. d2–d4   e7–e6
2. c2–c4   Sg8–f6
3. Sb1–c3   Lf8–b4
4. e2–e3   c7–c5
5. Lf1–d3   Sb8–c6
6. Sg1–f3   –––

Nur wenn Weiß statt 6. Sg1–f3 den Zug Sg1–e2 vorzieht, kann sich Schwarz erlauben, entweder sofort oder nach 5. ––– c5 × d4, e3 × d4 mit d7–d5 fortzufahren und so eine Vereinfachung der Zentrumsformationen anzustreben. Doch ist dieser eingeschränkte Springerzug recht selten.

6. –––   Lb4 × Sc3
7. b2 × Lc3   d7–d6

Der Abtausch des Lb4 gegen den Sc3 sollte erst nach 6. Sg1–f3 erfolgen.

7. ––– d7–d6 ist stärker als (7.) ––– 0–0, da sich Schwarz die lange Rochade vorbehalten sollte, wie die theoretische Analyse anhand einiger Großmeisterpartien lehrt. Im übrigen hat das Bestreben von Schwarz hier vordringlich der Verbarrikadierung der Zentrumsbauern zu gelten.

8. e3–e4   e6–e5

Sollte Weiß in dieser Stellung auf den Gedanken kommen, den Bd4, anstatt ihn vorzustoßen, gegen den Be5 oder Bc5 abzutauschen, in der Hoffnung auf ein unangreifbares Springerfeld auf d5, so erkennen Sie, daß sich die schwarze Stellung nach dem Zurückschlagen mit dem Bd6 durch das für den Lc8 dazugewonnene freie Feld e6 bedeutend verbessert hat. Damit könnte der Plan von Weiß, durch ein vierzügiges Springermanöver (Sd2–f1–e3–d5) das Feld d5 zu besetzen, vereitelt werden.

Sie dürfen damit rechnen, daß Weiß seinen Bd4 vorstößt.

9. d4–d5   Sc6–e7

Damit hat Schwarz eine Verfestigung seiner Zentrumsbauernstellung erreicht, die Weiß, wenn er noch Gewinnaussichten realisieren will, aufbrechen muß.

Das kann Weiß, wie die Theorie bestätigt, nur durch den schärfsten Zug versuchen.

10. Sf3–h4   h7–h6

In der 5. Wettkampfpartie um die Weltmeisterschaft wagte bisher nur Weltmeister Spasski in dieser, mit Zugumstellung im 4.–6. Zuge zustande gekommenen Stellung anstatt des theoretisch gerechtfertigten Zuges 11. f2–f3, den Zug

11. f2–f4   Se7–g6!

den Bobby Fischer mit einem Gegenangriff auf den gefährlichen weißen Angriffsspringer überlegen beantwortete. Überlegen deshalb, weil die Verbesserung der weißen Bauernstellung nach dem Abtausch nicht ausreicht, den beiden weißen Läufern die erhoffte Wirkung zu verschaffen.

Schwarz kann das, wie Sie erkennen werden, leicht verhindern. Zunächst sollen Sie aber mit den von der Theorie geforderten Varianten vertraut gemacht werden.

(11.) f2–f3   ---

Nach diesem Zuge würde der Antwortzug (11.) --- Se7–g6 zu einer Schwächung der schwarzen Stellung führen. Sie sollten das auswendig lernen, den Zug gegebenenfalls unterlassen und sich um die aufwendigen Nachweis-Varianten vorläufig nicht kümmern.

(11.) ---   g7–g5
(12.) Sh4–f5   Se7×f5

Manche Kommentatoren empfehlen (12.) --- Lc8×Sf5, was wegen der Freimachung des Feldes c8 plausibel erscheint, doch kann Weiß dadurch zu stärkerem Spiel kommen, wie lange Variantenuntersuchungen nachgewiesen haben.

(13.) e4 × Sf5   Sf6–h5

Damit beginnt die Verfestigung der Königsbauernseite.

(14.) g2–g3   Sh5–g7
(15.) Dd1–c2   Lc8–d7

Zur Vorbereitung von o–o–o.

(16.) Ke1–e2   Dd8–f6

Dieser Angriff auf Bf5 kann nur noch durch (17.) g3–g4 abgewehrt werden. Damit schrumpfen aber auch die weißen Durchbruchsmöglichkeiten auf der e- und g-Linie zusammen.

Es ist für die Entwicklung Ihrer Spielstärke von großer Wichtigkeit, daß Sie sich diese erzwungene Einschränkung der weißen strategischen Möglichkeiten durch wiederholte Analysen der vorhergegangenen und nachfolgenden Abspiele völlig zu eigen machen. Denn Sie werden analogen Eröffnungsentwicklungen immer wieder begegnen.

(17.) g3–g4   o–o–o

Die lange Rochade von Schwarz sieht für den in den allgemeinen Grundsätzen der Steinitz-Tarrasch-Spielweise geschulten Spieler sehr kühn aus.

Ist doch die b-Linie offen, so daß dort mit einer Massierung schwerer Figuren gerechnet werden müßte, die im Verein mit dem vormarschierenden Ba2 einen tödlichen Angriff auf die durch den unvertreibbaren Bd5 ohnehin stark eingeschränkte Königsstellung auf der Damenseite zustande bringen könnten.

Tatsächlich kann sich aber Schwarz, hauptsächlich wegen der unbeweglichen Bc3, Bc4, dem unangreifbaren, stark wirkenden Bc5 und dem Ld7, gegen einen solchen Angriffsversuch bequem verteidigen. (Wenn Sie nach alter Übung einmal die Möglichkeiten der Gesamtbauernstellung ohne Figuren prüfen, erkennen Sie, daß ein Endspiel infolge der stärkeren schwarzen Königsstellung für Schwarz eindeutig zu gewinnen wäre.)

Dagegen hat Weiß größere Möglichkeiten auf dem Königsflügel, wo ihm der Durchbruch auf der h-Linie und deren Besetzung mit schweren Figuren gelingen kann.

(18.) Lc1–e3   Df6–e7

Der Läufer macht den Türmen die Reihe frei, die Dame macht dem Bf7 Platz.

(19.) h2–h4   f7–f6

(20.)	Th1–h3	Td8–f8
(21.)	Ta1–h1	Th8–g8

Diesen Turmzug kann sich Schwarz nur dann leisten, wenn er zu erkennen imstande ist, daß der Einbruch der weißen Türme auf der h-Linie für die schwarze Stellung nicht gefährlich werden und auch das Remis nicht in Frage stellen kann.

Diese Erkenntnis, bzw. das Variantenwissen gibt dem Führer der schwarzen Steine volle Spielsicherheit und die Hoffnung, einen eventuellen Fehlzug von Weiß zum Angriff ausnützen zu können.

Deshalb sollte auch diese Stellung Gegenstand Ihrer wiederholten Analysen sein.

(22.)	h4 × g5	h6 × g5
(23.)	Th3–h7	De7–d8

Nun kann Schwarz in aller Ruhe auf die Möglichkeit warten, den Abtausch der weißen Türme zu erzwingen.

Weiß steht infolge seiner beiden chancenlos eingesperrten Läufer gänzlich inaktiv, während die schwarzen Figuren trotz ihrer Massierung auf der 7. und 8. Reihe viel beweglicher sind.

Zurück zum 11. Zuge von Weiß.

Analyse:
Boris Spasski gegen Bobby Fischer

Stellung 49
Weiß zieht

W S
Felder: 14: 9
Wirkgew: 23:17

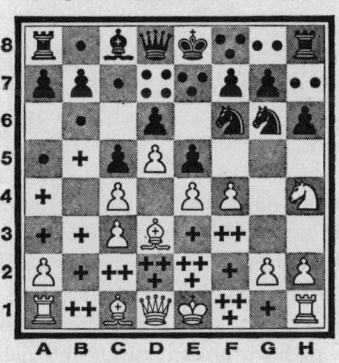

nach 11. --- Se7-g6

Die Bilanz der freien Felder und der Wirkungsgewichte macht ganz klar, daß Schwarz in dieser Stellung sein Heil allein in kombinativ-

positionellen Zügen suchen darf, deren Folgen die festgelegten
weißen Zentrumsbauern keinesfalls in Bewegung bringen dürfen.
Diese Erkenntnis schließt zum Beispiel jede Erwägung über
e5 × f4 aus, weil dann nach Lc1 × f4 der Vorstoß des Be4 nicht mehr
zu verhindern wäre. Damit würde sich aber der Ld3 in einen starken
Angriffsläufer verwandeln.

So bleibt Schwarz angesichts des drohenden Sh4 eigentlich gar
nichts anderes übrig, als durch den Zug Se7–g6, der den Sh4 und
den Bf4 gleichzeitig angreift, den Abtausch mit all seinen Folgen
zu riskieren.

Dies ist eine jener Stellungen, von denen Weltmeister Lasker
immer behauptete, »daß in schwierigen Stellungen überraschende
Verteidigungsmöglichkeiten steckten, die man aber muß finden
können«. Solche Überraschungszüge waren nach Laskers Überzeugung
fast niemals das Ergebnis vorheriger sorgfältiger Varianten-
Analysen, sondern entsprangen dem intuitiv-schöpferischen Schachgefühl deshalb, weil sie dort »naturgesetzlich verborgen sein
müßten«.

Ob Bobby Fischer sich dieser Laskerschen Deutung bewußt war,
ist eher unwahrscheinlich. Jedenfalls verhielt er sich dementsprechend,
obwohl Lasker nach seiner Meinung nicht mehr als ein
»Kaffeehausspieler war, der nichts von Eröffnungen und noch
weniger vom Positionsspiel verstand«.

11.	f2–f4	Se7–g6
12.	Sh4 × Sg6	f7 × Sg6
13.	f4 × e5	d6 × e5
14.	Lc1–e3	b7–b6
15.	o–o	o–o

Großmeister Svezotar Gligoric, der die Wettkampfpartie ausführlich analysiert und kommentiert hat, ist der Meinung, daß Spasskij
sofort 14. Ta1–b1 hätte ziehen sollen, statt den Bc5 anzugreifen.
Er hätte dann diesen Turm einen Zug eher nach b2 ziehen und so
»das Gleichgewicht länger hätte aufrechterhalten können«.

Da Schwarz ohnedies einmal hätte b7–b6 ziehen müssen, steht
der schwarzfeldrige Läufer auf c1 ebensogut wie auf e3.

16.	a2–a4	a7–a5
17.	Ta1–b1	Lc8–d7
18.	Tb1–b2	Ta8–b8

In der Fortsetzung 16. --- a7–a5, die den Bb6 hoffnungslos rückständig macht, erweist sich erneut die intuitiv-strategische Begabung Weltmeister Fischers. Er spürt einfach, daß er diese Schwäche angesichts der blockierten weißen Läufer auf sich nehmen darf.

    19. Tb2–f2   Dd8–e7
    20. Ld3–c2   g6–g5

Nach (20.) --- Sf6–g4 wäre das Remis gesichert, aber Fischer spielt nun auf Sieg.

    21. Le3–d2   De7–e8

Dieser Zug verstärkt den Angriff auf den Ba4.

    22. Ld2–e1   De8–g6
    23. Dd1–d3   Sf6 h5
    24. Tf2 × Tf8+   Tb8 × Tf8
    25. Tf1 × Tf8+   Kg8 × Tf8
    26. Lc2–d1   Sh5–f4
    27. Dd3–c2??   ---

Durch diesen Fehlzug kann Schwarz die Partie sofort siegreich beenden. Finden Sie selbst heraus, warum.*

Wie Weiß die Nimzo-Indische Verteidigung vermeiden kann

Nach den Eröffnungszügen:

    1. d2–d4   e7–e6
    2. c2–c4   Sg8–f6

kann Weiß die Nimzo-Indische Verteidigung vermeiden, indem er statt des Damenspringers den Königsspringer zieht.

    3. Sg1–f3   ---

Wenn Schwarz nun nach der von Großmeister Ewfim Bogoljubow erfundenen Variante die Nimzo-Indische Verteidigung durch (3.) --- Lf8–b4+ gewissermaßen erzwingen will, dann antwortet Weiß mit (4.) Lc1–d2 und alles wird wieder einmal variantenreich ganz anders.

Es hat deshalb für Sie wenig Sinn, sich auf diese neue Gedächtnisbelastung einzustellen und sich dazu mit neuen, ungewohnten Stellungsbildern herumzuschlagen.

---

* (27.) --- Ld7 × a4 (28.) Dc2 × La4, Dg6 × e5! und Matt im nächsten Zuge.

Auch die Damenindische Verteidigung sollten Sie vorläufig nicht spielen

Das gleiche Problem taucht für Sie mit noch umfangreicheren Variantenverzweigungen auf, wenn Sie mit (3.) --- b7–b6 in die in dieser Stellung übliche »Damenindische Verteidigung« einlenken.

Dieser Zug, der die Verstärkung der überlegenen Wirkung der schwarzen Figuren auf das Feld e4 zum Ziel hat, wird in der Damenindischen Verteidigung mit einem Tempoverlust (b7–b6) in Kauf genommen, weil der weißfeldrige schwarze Läufer von b7 aus nicht nur stark nach e4 wirkt, sondern weil Schwarz damit auch die sonst üblichen Entwicklungssorgen für diesen Läufer los wird.

Dennoch ist Weiß, infolge der etwas umständlichen schwarzen Entwicklung in dieser Eröffnung durch stärkere Züge in Bedrängnis zu bringen als in der Ihnen bereits vertrauten Nimzo-Indischen Verteidigung.

Das ist der Hauptgrund, warum Sie diese Verteidigung nicht ohne genaue Kenntnis der verschiedenen Grundvarianten versuchen sollten.

Da Sie aber die Variantenbelastung, die Sie Ihrem Gedächtnis bereits durch die Varianten der Französischen und der Nimzo-Indischen Verteidigung zugemutet haben, erst in einer großen Anzahl praktischer Partien und Turnierpartien so vollständig mit Ihrem Schachgefühl verschmelzen sollten, bis Sie das eine nicht mehr vom anderen unterscheiden können, ist es sinnvoller, wenn Sie das gründliche Studium der Damenindischen Verteidigung bis zur Erreichung dieses Zieles vorläufig aufschieben.

Sie fragen nun natürlich, wie Sie denn auf 3. Sg1–f3 anders antworten können, ohne durch diesen Zug in einen neuen Variantendschungel hineinzugeraten.

Wenn Sie als Führer der schwarzen Steine an dieser Stelle sofort den Ihnen vertrauten Zug 3. --- c7–c5 ziehen, dann kommen Sie damit zu einem Stellungsbild, das Sie schon kennen.

Die wichtige Frage, die hierzu beantwortet werden muß, ist, ob die Postierung des schwarzfeldrigen Lf8, der nunmehr wohl nur noch nach e7 entwickelt werden kann, von Weiß nicht zum Nachteil von Schwarz ausnützbar ist?

An der Bilanz der freien Felder ändert sich durch den Zug
3. --- c7–c5 nicht sehr viel. Allerdings war sie auch schon bisher
für Schwarz nachteilig. Und nun ist Weiß auch noch am Zuge.

Stellung 50
Weiß zieht

W S
Felder: 14:12
Wirkgew: 21:15

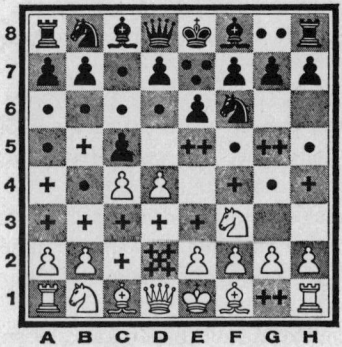

nach 3. --- c7–c5

Immerhin greift Schwarz durch 3. --- c7–c5 den Bd4 an und wird
ihn, wenn er nicht durch 4. e2–e3 gedeckt wird, vorteilhaft abtauschen, weil durch diesen Abtausch sowohl sein Lf8 wieder frei
ziehen, als auch sein Sc8 auf sein natürliches Entwicklungsfeld
käme. (Daß Weiß nicht etwa die schwarze Stellung durch 4. d4 × c5,
Lf8 × c5 entscheidend verbessern darf, versteht sich für Sie von
selbst.)

Was also zieht Weiß? Die Antwort sollen Sie im Rahmen einer
neuen Untersuchung erhalten.

Das Blumenfeld-Gambit als vorläufiger Ausweg

Der natürliche Zug für Weiß in dieser Stellung ist der Vorstoß
seines Bd4. Theoretisch vertretbar ist allerdings auch der Zug
(4.) g2–g3, der zu dem schon gekennzeichneten Abtausch mit
freier Entwicklung der schwarzen, leichten Figuren führt. Nach
(4.) --- c5 × d4 (5.) Sf3 × d4, Sb8–c6 (6.) Lf1–g2 kann, wie
Großmeister Ewfim Geller gezeigt hat, durch (6.) --- Lf8–b4+
(7.) Lc1–d2, Dd8–b6! eine Stellung zusammengezaubert werden,
in der sich die Kombinationsmöglichkeiten für beide Partner nur
so häufen. Sie sei Ihnen zum angelegentlichen Studium empfohlen.

Im Turnier aber wird Ihnen diese Zugfolge kaum einmal begegnen, weil der Vorstoß des Bd4 viel natürlicher ist, Schwarz das Problem seines schwarzfeldrigen Läufers auferlegt und dem Sb8 sein natürliches Entwicklungsfeld c6 wegnimmt. Dieses Feld kann Schwarz auch nicht durch den sofortigen Abtausch zurückgewinnen.

   4. d4–d5   ———

Das aber bedeutet, daß Schwarz sofort die größtmöglichen Anstrengungen machen muß, die weiße Bauernkette zu sprengen, bevor Weiß zu e2–e4 kommt.

Da ein sofortiges (4.) ——— e6 × d5 an der für Schwarz nachteiligen strategischen Lage nichts ändert, sondern diese eher noch verschlechtert, wird 3. ——— c7–c5 in dieser Eröffnung so gut wie nie gespielt.

Die zweite Möglichkeit, die Bauernkette zu sprengen, eben das Blumenfeld-Gambit, wird von der Eröffnungstheorie nicht als ausreichende Spielweise angesehen, weil es vorteilhaft abgelehnt werden kann.

Diese Situation hat für Sie den großen Vorteil, daß Sie Ihrem Turnierpartner, der Sie mit 3. Sg1–f3 auffordert, die Damenindische Verteidigung zu wählen, die er wahrscheinlich gut kennt, gleich zwei Antwortzüge hintereinander vorsetzen können, von denen er den ersten (4. d5) nur aus der Nimzo-Indischen Verteidigung, die er ja gerade vermeiden wollte, kennt und den zweiten vermutlich gar nicht, weil das Blumenfeld-Gambit zu den seit Jahrzehnten fast ausgestorbenen Spielweisen gehört.

   4. ———   b7–b5

Wenn Ihr Turnierpartner ein erfahrener Schachspieler ist, dann wird er selbst erkennen oder sich auch daran erinnern, gelesen zu haben, daß Weiß das Gambit nicht annehmen darf, weil andernfalls Schwarz ein übermächtiges Bauernzentrum bekommt.

Weltmeister Aljechin hat das von dem Moskauer Schachmeister Blumenfeld erarbeitete Gambit im Jahre 1922 in Pistyan gegen Großmeister Tarrasch in die Turnierpraxis eingeführt.

Tarrasch nahm das Gambit an

   (5.) d5 × e6   f7 × e6
   (6.) c4 × b5   d7–d5

Nun sah sich Tarrasch einer gewaltigen schwarzen Zentrumsbauernformation gegenüber, hinter der sich die schwarzen Figuren ungestört zu einem durchschlagenden Angriff formieren konnten. Seit dieser Partie wurde die Annahme des Blumenfeld-Gambits in internationalen Turnierpartien nie mehr versucht.

Da heute für den erfahrenen Schachspieler diese, sich bereits nach zwei Zügen bildende, überlegene Bauernformation, von Weiß vorausgesehen werden kann, werden Sie ihr im Turnier wohl nie begegnen, zumal die Ablehnung des Gambits anscheinend zu einer für Schwarz schwer zu behandelnden, gedrückten Stellung führt.

Für die Ablehnung hat Weiß zwei Züge:

1. Das Gegenopfer. Es wurde zum ersten Mal von Großmeister Akiba Rubinstein gegen Großmeister S. G. Tartakower in Teplitz-Schönau 1922 versucht.

(5.) e2–e4   Sf6×e4
(6.) d5×e6   f7×e6
(7.) Lf1–e3 Se4–f6
(8.) Sf3–g5 Dd8–e7

Damit kann Ke8 vor einem gelegentlichen Dd1–h5+ oder Ld3–g6+ nach d8 ausweichen, weil eine andere Verteidigung nicht möglich ist. Warum nicht, das werden Sie selbst leicht erkennen.

Nun muß Weiß dafür sorgen, daß Schwarz nicht zu der schon besprochenen starken Zentrumsbauernformation kommt, was ihn einige Verteidigungszüge kostet, die Schwarz mit Entwicklungszügen beantworten kann.

2. Der zweite Ablehnungszug.

5. Lc1–g5   b5×c4
6. e2–e4   Dd8×a5+
7. Dd1–d2   Da5×Dd2+
8. Sb1×Dd2   Lf8–e7

Die Bilanz der freien Felder lautet 9:9, die der Wirkungsgewichte 14:13. Schwarz hat bereits einen Mehrbauern, der, wenn Weiß ihn schlägt, entweder zu Bauernverlust oder zum Abtausch eines der beiden weißen Läufer führt, was Schwarz entwickeln würde.

Aufforderung zur Analyse eines fraglichen Zuges

Sollten Sie als Führer der schwarzen Steine ein Abspiel bevorzugen, das Sie als Ergebnis der Eröffnungstheorie in den Handbüchern finden, dann werden Sie nach dem Abtausch 5. --- e6 × d5 bei folgender Variante:

1. d2–d4	e7–e6
2. c2–c4	Sg8–f6
3. Sg1–f3	c7–c5
4. d4–d5	b7–b5
5. Lc1–g5	e6 × d5
6. c4 × d5	h7–h6

den Lg5 in gewohnter Weise angreifen. Sie dürfen aber den Bauerntausch vorher nicht unterlassen, weil Weiß sonst eine starke, überlegene Stellung erreichen kann.

(5.) Lc1–g5	h7–h6
(6.) Lg5 × Sf6	Dd8 × Lf6
(7.) Sb1–c3	b5–b4
(8.) Sc3–b5	Sb8–a6
(9.) e2–e4	---

Nach dem vorherigen Bauerntausch ist diese Fortsetzung aber nicht mehr erfolgreich.

7. Lg5 × Sf6	Dd8 × Lf6
(8.) Sb1–c3	b5–b4
(9.) Sc3–b5	Df6–b6!

Nach (10.) e2–e4, a7–a6 (11.) Dd1–a4, Lc8–b7 ist der weiße Springer verloren. Nun wieder zurück zum 8. Zug.

| 8. Dd1–c2 | --- |

Nun erobert Weiß, wie es die Handbücher lehren, nach (8.) --- d7–d6 (9.) e2–e4, a7–a6 (10.) a2–a4, b5–b4 das Feld c4 für alle Zeit. Bald wird sich dort ein Springer festsetzen, während Schwarz alle Mühe haben wird, seinen schwarzfeldrigen Läufer Lf8 zu aktivieren. Weiß wird bei sorgfältigem Spiel gewinnen.

Sie werden daher aufgefordert, statt (8.) --- d7–d6, wie das die Theorie fordert, den Zug

| 8. --- | c5–c4 |

zu analysieren.

Durch ihn hat Schwarz eine reelle Möglichkeit, seinen schwarzfeldrigen Lf8 zu entwickeln, bevor er d7–d6 ziehen muß, um seinen Sb8 und seinen weißfeldrigen Lc8 zu entwickeln.

Dieses Abspiel wird durch

9. e2–e4 ---

jedenfalls nicht verhindert, weil der Lf8 ein Schach geben kann.

Da eine unmittelbare Widerlegung des Zuges 8. --- c5–c4 in der Eröffnungstheorie nicht aufgefunden werden kann, erscheint es der Mühe wert, ihn auszuanalysieren.

Eine pragmatische Empfehlung zu 3. g2–g3

1. d2–d4 e7–e6
2. c2–c4 Sg8–f6
3. g2–g3 ---

Dies ist eine Einladung von Weiß, das »katalanische System« mit ihm zu spielen, das mit 3. --- d7–d5 beginnt. Sie sollten aber, solange die bisher behandelten Verteidigungsvarianten noch nicht Ihr ganz, wie selbstverständlich reproduzierbares, integriertes Spieleigentum geworden sind, die Beschäftigung mit einem weiteren weit verzweigten Verteidigungssystem vermeiden und lieber in vertrauten Bahnen bleiben. Auch dann sollten Sie das vorläufig zurückstellen, wenn Sie sich dadurch geringe Nachteile einhandeln. Ziehen Sie also wie gewohnt

3. --- c7–c5

Weiß hat nun, wie Sie schon wissen, nichts Sinnvolleres als (4.) e2–e3, was einen weiteren Tempoverlust bedeuten würde, oder:

4. d4–d5 e6 × d5

Natürlich können Sie jetzt nicht (4.) b7–b5 ziehen, da (5.) Lf1–g2 geantwortet würde. Damit hätten Sie aber die Wirkung auf das Feld c4 bald verloren.

5. c4 × d5 g7–g6
6. Lf1–g2 d7–d6

Nun haben Sie weder 7. Lc1–g5 oder e2–e4 oder f2–f4 oder gar Sg1–f3 zu fürchten. Ihr Lf8 kommt nach g7, von wo aus er auf die lange Diagonale a1–h8 drücken wird. Sie kommen zu 0–0 und Te8, ohne daß Weiß dem allen etwas Wirksames entgegenzustellen hätte. Die Bilanz der Wirkungsgewichte macht klar, daß die besseren Aussichten bei Schwarz sind.

Stellung 51
Weiß zieht

W S
Felder: 12:12
Wirkgew. 19:23

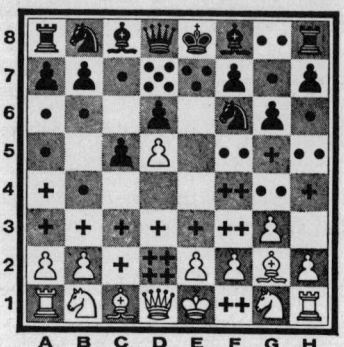

nach 6. --- d7 – d6

Der strategische Sinn der Damenbauerneröffnung ohne 2. c2–c4

Falls Ihr Partner die Partie mit den folgenden Zügen eröffnet:

1. d2–d4   e7–e6
2. Sg1–f3   d7–d5

also 2. c2–c4 unterläßt, kann Schwarz mit 2. --- d7–d5 die Herrschaft über das Feld e4 sofort antreten. Wenn Weiß den Versuch, den schwarzen Damenbauern mit 3. c2–c4 anzugreifen, unterläßt, ist das ein Zeichen dafür, daß er einen Durchbruch auf der e-Linie mit e2–e4 plant und mit f2–f4 später fortsetzen wird.

Schwarz kann sich darauf aktiv dadurch einstellen, daß er mit Lc8–b7 (nach Vorbereitung) den Druck auf das Feld e4 verstärkt und selbst eine Öffnung der e-Linie durch den Vormarsch des Be6 vorbereitet.

Das kann er durch Sb8–d7, Lf8–d6, Tf8–e8 (nach o–o, b7–b6, c7–c5) oder auch, je nachdem, wie Weiß zieht, durch Sb8–c6 bewirken.

Bei der Durchführung dieser Pläne muß Schwarz seine Figuren sehr beweglich halten, weil er, während er den Druck auf das Feld e4 verstärkt, gleichzeitig den Druck auf das Feld e5 aufbauen muß. Die Eröffnungstheorie hat nachgewiesen, daß beides möglich ist, ohne daß er dabei in Nachteil geraten muß.

Bei bestem Spiel von Weiß ergibt sich der volle Ausgleich, ein Ergebnis, das Schwarz (wegen des Nachzuges) ja eher anstrebt als Weiß.

17.
Trainingsabschnitt

Mit welchen Plänen sich die Großmeister an das Schachbrett setzen

Nach den vorausgegangenen Übungen in der Beschränkung auf das notwendigste Variantenwissen in der Verteidigung gegen die am meisten gespielten Eröffnungen der modernen Turniere haben Sie nun ein ausreichend fundiertes, kritisches Urteil gewonnen, um auch zwischen der Qualität früherer und moderner Eröffnungsweisen unterscheiden zu können.

Es gehört zu den bisher unausrottbaren Nachteilen der weitaus meisten Lehrbücher für schachspielende Anfänger, die der Eröffnung, dem Mittelspiel und den Endspielen gewidmet sind, daß sie ständig hinter den modernsten Spielweisen und Techniken hinterherhinken.

Diese Lehrbücher machen den werdenden Meisterspieler immer nur mit Spielgrundsätzen bekannt, die in der Vergangenheit gültig waren und lehren ihn fast nichts darüber, wie sich diese Grundsätze bis zur Gegenwart weiterentwickelt haben und warum sich eben deshalb auch die Spielweisen und Spieltechniken änderten.

Um den Lernenden bis zur Gegenwart weiterzuführen, haben solche Lehrbücher nicht mehr anzubieten als Variantenfluten, die nolens volens auswendig gelernt werden müssen.

Das klassische Beispiel einer solchen Schach-Lehrweise, die dort allerdings in ein leicht erkennbares Extrem getrieben wurde, ist das Werk des Schachschriftstellers Franz Gutmayer, dessen Wesenskern Richard Réti unübertrefflich gekennzeichnet hat:

»Dieser Gutmayer nun, dem es in fünfzig Jahren vielleicht gelingen wird, Steinitz zu begreifen, ist heute so weit, daß er Morphy wenigstens teilweise versteht. Und er glaubt, was für ihn eine Offenbarung ist, sei auch für jeden anderen neu, und diesen einen Lichtstrahl, der in die Dämmerung seines Geistes drang, verarbeitet er zu einer Reihe von Büchern.«

Jeder begabte Schachspieler
macht die historische Entwicklung durch

Alles Schachspiel fängt mit der Schachkombination an. Die ältesten Berichte über das Schachspiel enthalten, so gut wie ausschließlich, einfache und komplizierte Kombinationen.

Je komplizierter und in je mehr Varianten eine Schachkombination auf dem Schachbrett war, für um so geistreicher wurde sie gehalten. Um so höher wurde ihr Schöpfer geschätzt.

Die Eröffnungszüge einer Schachpartie wurden demgegenüber für nebensächlich gehalten und fanden nur dann Beachtung, wenn sie rasch zu einer interessanten Kombination zu führen versprachen.

Deshalb sind Eröffnungszüge, die zu dem bekannten Schäfermatt führen, bereits in den ältesten, auf uns überkommenen Schachbüchern zu finden.

Das ist auch der Grund, weshalb die sogenannten Gambite zu den ältesten Eröffnungen gehören und warum sich ihre Beliebtheit bis in unsere Zeit hinein erhalten hat.

In einem Schachlehrbuch aus dem Jahre 1803, das vorwiegend, wenn auch nicht ganz ausschließlich, den vielen verschiedenen Kombinationsmöglichkeiten in der Schachpartie gewidmet ist, heißt es:

> Die Gambitspiele *) unterscheiden sich von jenen dadurch, daß in einem Spiele dieser Art Derjenige, welcher den Zug hat, (nachdem Beyde zuerst, wie gewöhnlich, ihren Königsbauer zwey Schritte vorgerückt haben) nun im zweyten Zuge einen von den beyden Bauern der Läufer auch zwey Schritte thun läßt. Dieser letztere Bauer, welcher auch der Gambitbauer genannt wird, scheint ohne Noth und ganz umsonst verloren gegeben zu werden; aber man bringt durch diesen Zug seine Steine leichter in Bewegung und verschafft sich den Vortheil des Angriffs über den Gegner, welcher das Spiel verlieren muß, wenn er nicht seine ersten Gegenzüge mit besonderer Vorsicht und Ordnung thut. — Je nachdem man im zweyten Zuge den Bauer des Läufers entweder des Königs, oder der Königin, zieht und preisgibt, entsteht das Gambit des Königs; — oder das der Königin.

Wenn nun in beyden Arten der Gambitspiele der Gambitbauer vom Gegner geschlagen wird, so entsteht meistentheils ein weit unterhaltenderes Spiel, als ein gemeines zu werden pflegt, weil es einen lebhafteren Angriff veranlaßt und den Gegner zu einer vorsichtigern Vertheidigung nöthigt, ob es gleich, wenn Beyde gleich gut spielen, von Demjenigen unfehlbar gewonnen wird, der den angebotenen Gambitbauer genommen hat, weil er um diesen Bauer stärker ist. —— Wird aber dieser verlorengegebene Bauer von dem Gegner nicht geschlagen, so verwandelt sich dadurch das Spiel in ein gewöhnliches, oder gemeines, Spiel.

*) Dieses Wort Gambit kommt vom ital. dare il gambetto, jemandem ein Bein unterschlagen, eine Falle legen, her. Denn das Hingeben dieses Bauers ohne Noth wird meistentheils für den Gegner eine Falle.

Und aus der Entwicklung der Eröffnungszüge, die zum »Schäfermatt« führen können, leitet der Autor die folgenden allgemeinen Schachgrundsätze ab:

> Eine Eröffnung des Spiels, wie die gegenwärtige kann nur in dem Fall vortheilhaft seyn, wenn man von der Unerfahrenheit des Gegners den Sieg in vier Zügen zu erlangen hofft. Insofern man hier wahrscheinlicherweise einen Stein erobern kann und einen entscheidenden Verlust nicht fürchten darf, wenn der Versuch auch fehlschlagen sollte, mag man es immerhin versuchen. Eine andere Rücksicht, wodurch die Unschicklichkeit dieses Versuchs vermindert wird, ist, daß, wenn er ganz, oder zum Theil, gelingt, der Gegner verleitet werden kann, diese Spielart nachzumachen, wenn

> an ihm der erste Zug ist, welches
> bey seiner Unkunde wahrscheinlich
> übel ablaufen wird. Sobald die-
> se Kriegslist nichts mehr fruchtet,
> oder in sofern sie gleich anfangs
> fehlschlägt, wird man sie natür-
> lich aufgeben.
>
> Diese Abweichung von der Ma-
> xime: „Rechne nie auf die Miß-
> griffe Deines Gegners, oder hand-
> le so, als ob er andere Maaßre-
> geln nehmen würde, als du in sei-
> ner Lage nehmen würdest", —
> ist vielleicht die einzige nicht ganz
> verwerfliche.

Die uns bekannt gewordenen älteren, überlieferten Schach-Lehrbücher, befassen sich ganz ausschließlich mit den Kombinationen. Dies gilt auch für alle bereits vor dem Jahre 1500 (als die moderne Spielweise des Schachs sich zu entwickeln begann) bekannt gewordenen persischen, arabischen und lateinischen Aufzeichnungen.

In den um das und nach dem Jahre 1500 gedruckten Schach-Lehrbüchern finden sich neben den reinen Kombinationsstellungen zugunsten einer etwaigen Eröffnungstheorie nur noch die mehr oder weniger vollständige Wiedergabe gespielter Partien. Diese Wiedergabe findet aber ohne jeglichen kritischen oder belehrenden Kommentar statt, so daß jeder Schachspieler aus ihnen das herauslesen konnte, was in sein Kombinationsdenken hineinpaßte.

Philidor und Steinitz gegen Gustavus Selenus und Adolf Anderssen

Die ersten bedeutenden Schachspieler, die den Versuch machten, eine theoretisch begründete Partieanlage zu erforschen, waren der Kapitän Joseph Bertin, der bereits 1735 die Bauernführung untersuchte, und André Danican Philidor, der die Gedanken über die Bauernführung und ihre fundmentale Bedeutung für den Sieg in der Schachpartie vollendete.

Philidor, den Richard Réti »den vielleicht größten Schachdenker« genannt hat, der je gelebt habe, führte seine Analysen über die erfolgreiche Bauernführung weit über die üblichen Eröffnungszüge hinaus bis in das Mittelspiel hinein. Er wurde so zum ersten eigentlichen Eröffnungstheoretiker, der allerdings zur Kombination viel weniger Begabung hatte als die meisten der damals bekannten Schachmeister.

So kam es, daß er, ähnlich wie später der große Schachtheoretiker Wilhelm Steinitz, von den allerstärksten Kombinationsspielern seiner Zeit dennoch gelegentlich überwunden wurde.

Die weniger begabten Schachmeister seiner Zeit besiegte er ebenso – meistens sogar in blind gespielten Partien – infolge seiner weit überlegenen, strategisch-positionellen Spielführung, wie das später Wilhelm Steinitz tat. Er ließ diese Partner überhaupt nicht dazu kommen, Ansätze für Kombinationen entdecken zu können.

Wie die vor Philidor übliche Eröffnungsbeurteilung erfolgte, sei hier ein Beispiel für viele gleichartige längere aus dem berühmten Werk »Das Schach- oder Königsspiel« von Gustavus Selenus gegeben, der das Schach-Werk des Givachino Greco aus dem Jahre 1619 getreu überliefert hat.

81. Spiel.

	Weiß.	Schwarz.
1.	E2-E4	D7-D5
2.	E4-D5†	D.D8-D5†
3.	S.B1-C3	D.D5-D8
4.	D2-D4	

Ich habe durch diese Züge meine 6 Hauptsteine zum Angriff frey.

Die gebräuchliche Notation lautet:

1.	e2–e4	d7–d5
2.	e4×d5	Dd8×d5
3.	Sb1–c3	Dd5–d8
4.	d2–d4	---

Diese Eröffnung ist Ihnen unter dem Aspekt der Beherrschung freier Felder bereits bekanntgeworden. Der Zug 3. --- Dd5–a5, der ja einen positionellen Sinn hat, wurde von den damaligen Eröffnungstheoretikern überhaupt nicht ins Auge gefaßt. Damals ging es ausschließlich darum, auf die aus dieser vorteilhaften »*Angriffs-Stellung*« heraus entwickelbaren Kombinationen hinzuweisen.

In diese Spielauffassung hinein schoß, wie der Hecht in einen Karpfenteich, Philidor mit seiner ganz und gar *positionell* begründeten »Lehre von der Bauernführung«.

Es folgt ein Beispiel für das seinen im Kombinationsdenken befangenen Zeitgenossen weit überlegene strategisch positionelle Denken Philidors, das diese Zeitgenossen für minderwertig hielten, obwohl sie dauernd gegen ihn verloren. Die Partie entstammt dem Schachwerk Philidors: »Philidor l'Analyse des Echecs, contenant une nouvelle methode pour apprendre en peu de temps à se perfectioner dans ce noble jeu«, London 1748.

Es ist kennzeichnend, daß Philidor in der folgenden Partie eine Eröffnung analysiert, die heute noch als besonders moderne Verteidigung gegen 1. e2–e4 gilt.

104. Spiel.

Weiß. Schwarz.
1. E2–E4   C7–C5

Dieser Anfang ist, wenn man nicht den Zug hat, blos vertheidigend und nicht der rathsamste; aber er ist sehr gut zur Beurtheilung der Stärke eines Gegners, dessen Spielart man noch nicht kennt.

2. F2–F4   S. B8–C6

Durch den Zug E7–E5 hätte er mich nöthigen können, den Gambit zu spielen. Diesen Bauer hätte ich nicht nehmen können, ohne dem Schach von D. D8–H4 und dem Verluste des Spiels ausgesetzt zu seyn.

3. Sr. G1–F3   E7–E6
4. C2–C3

Ein nicht übler Zug wäre D2–D4 gewesen, um diesen Bauer gegen den seinigen C5 umzutauschen. Allein in der gegenwärtigen Lage muß ich meinen Läufer C1 erhalten, um ihn im Nothfalle dem seinigen entgegenzustellen; welcher von dem Felde C5 aus mich zu rochiren verhindern und meinen Steinen sehr beschwerlich werden würde.

	D7-D5		K: F8-C5†

5. E4-E5   F7-F5   10. L. E3-C5†   D. B6-C5†

11. S. B1-A3

Er hätte auch D5-D4 ziehn können. Alsdann hätte ich C3-D4† schlagen müssen, um ihn zu verhindern, eine ähnliche Stellung auf seinem rechten Flügel zu nehmen, als ich auf meinem rechten Flügel habe.

6. D2-D4   Sr. G8-H6

Er würde eben so schlecht mit C3-D4† schlagen, weil er dadurch meinen Springer B1 den Ausgang erleichterte, — als ich D4-C5†, weil ich dadurch seinen Läufer auf eine mir gefährliche Stelle locken würde.

7. L. C1-E3   D. D8-B6

Um mich zu nöthigen, B2-B3 zu ziehen, weil er dann durch A7-A5 den Angriff auf meinen linken Flügel mit gutem Erfolg anordnen kann.

8. D. D1-D2   Sr. H6-F7

Hätte er mit Sr. H6-G4 meinen Läufer E3 angegriffen, so hätte ich ihn zurückziehn und seinen Springer zur Rückkehr nöthigen müssen.

9. D4-C5†

Da ich meinen Springer B1 nicht herausbringen kann, ohne einen Doppelbauer zu bekommen, oder meine Königin in Gefahr zu setzen, so muß ich mich nothwendig seines Läufers F8 entledigen, welches durch diesen Zug geschieht.

Um ihn auf D4 mit dem andern Springer zu vereinigen, wo er am vortheilhaftesten steht. — Ueberhaupt ist es sehr rathsam, seine Springer in eine gegenseitige Unterstützung und auf solche Felder zu setzen, wo sie von den feindlichen Bauern weder angegriffen, noch zum Rückzuge genöthigt werden, können.

G7-G5

Um meine Bauern zu trennen. Ich darf ihn also nicht nehmen.

12. G2-G3   H7-H5

Um seinem Thurm einen freyen Ausgang zu verschaffen. Wenn ich ihm Zeit lasse, diesen Bauer noch weiter vorzurücken, so könnte er damit meine Flügelbauern angreifen und zerstreuen.

13. H2-H4   G5-F4†

Da ich Sr. F3-G4† ziehn kann, so nimmt er diesen Bauer, um für seinen Springer F7 einen ähnlichen Platz, nemlich G4, frey zu machen.

14. G3-F4†   Tr. H8-G8

Um sich der offenen Linie G zu bemächtigen. Dies ist einer von den Fällen, wo man einen Thurm gegen einen andern Stein aufopfern mag. — Er kann nun Tr. G8-G4 ziehn, wo dieser Thurm von zwey Bauern unterstützt ist. Ich kann ihn da nicht nehmen, weil ich sonst die Vereinigung seiner Bauern nur veranlassen würde.

15. Sr. F3 - G5 Sr. F7 - H6

Um ihn auf G4 zu bringen.

16. S. A3 - C2 Sr. H6 - G4
17. S. C2 - D4

Um die Richtung seiner Königin zu unterbrechen, seinen Bauer E6 anzugreifen, und dadurch den Springer mit dem andern in Verbindung zu setzen.

K. E8 - E7
18. Lr. F1 - E2 L. C8 - D7
19. K. roch - G1

Es wäre gefährlich, nach C1 hin zu rochiren, weil sein Angriff dahin leichter ist. Außerdem muß ich meinen König auf G3 zu bringen suchen, um seinen Springer G4 einzuschließen und meine Bauern zu unterstützen.

T. A8 - C8
20. T. A1 - C1

Um ihn zu verhindern, daß er nicht von dieser Linie C Meister werde, indem er S. C6 - D4† zieht, und mich C3 - D4† zu ziehen nöthigt. Hierdurch würde er gewinnen. —

In dieser Lage sind beyde Spiele gleich. Doch habe ich den kleinen Vortheil des weiter vorgedrungenen Bauers E5.

Philidors Kombinationsschwächen

So sinnvoll, wie die Überlegungen Philidors zum Problem dieser Eröffnungsbehandlung sogar einem modernen Spieler auch heute noch erscheinen, so deutlich macht sich die Schwäche des Philidor, sein nur mangelhaft ausgebildeter Sinn für die Kombination, in einer anderen, von ihm wiedergegebenen Partie bemerkbar.

Diese Partie ist ersichtlich eine Eröffnungskonstruktion, die Philidor aus dem Geiste niedergeschrieben haben muß. Denn es ist bei einem so gewaltigen Schachspieler, wie es Philidor war, nicht denkbar, daß er die beiden Haupt-Fehlzüge dieser Partie im 11. und 13. Zuge am Schachbrett übersehen hätte.

94. Spiel.

Weiß.	Schwarz.
1. E2-E4	E7-E5
2. Lr.F1-C4	C7-C5

Dieser Zug in dieser Lage mag dann und wann, anstatt des gewöhnlichen Lr. F8-C5, mit Vortheil gewählt werden. Wenn ich gleich den Zug habe, so verhindert er mich jezt zwey Bauern auf der Mitte zu vereinigen, beschränkt und hindert meine Züge und sezt meinen Läufer C4 in Unwirksamkeit.

3. Sr.G1-F3	S. B8-C6
4. C2-C3	Sr.G8-F6
5. D2-D3	A7-A6
6. L. C1-E3	B7-B5
7. Lr. C4-B3	C5-C4
8. D3-C4†	Sr.F6-E4†
9. C4-B5†	A6-B5†
10. D.D1-D3	Sr.E4-D6

Um sich und den Bauer B5 zu retten.

11. Lr.B3-D5

um die Eroberung seines Königsbauers durch Sr. F3-E5† gegen den Springer C6 zu decken, welcher nicht wiederschlagen darf, ohne jezt den Thurm A8 auszusetzen.

	E5-E4
12. D.D3-E2	E4-F3†
13. D. E2-F3†	F7-F6

Um den Zug D. F3-F7†‡ zu verhüten.

14. Lr.D5-C6†	D7-C6†
15. D.F3-C6†✱ L.	C8-D7
16. D.C6-F3	

Jezt ist mein Plan, die Bauern meines linken Flügels, sobald als möglich, vorzurücken.

L. D7-E6

Er hat keine Bauern mehr, die er Hoffnung haben kann, zur Dame zu führen. Dagegen sind die meinigen noch vorhanden. Er muß sich also durch das Uebergewicht seiner Officiers helfen und von meinen Bauern Eroberungen zu machen suchen, indem er zuerst auf einem, dann auf dem andern, Flügel sie angreift und zwey oder drey Officiers dazu vorrücken läßt.

17. A2-A3

Wenn ich, anstatt diesen Bauer zu retten, B2-B3 gezogen hätte, so würde der S. mit L. E6-B3† den leztern geschlagen haben.

	B5-B4
18. C3-B4†	Sr.D6-C4
19. D.F3-C6✱	K. E8-F7
20. L. E3-C1	

um sich und den Bauer B2 zu retten.

	Lr. F8-B4†✣	31. Lr. F1-F3† D. C6-F3†✣
21. K. rochirt	Lr. B4-D6	32. D. E2-F3† L. B7-F3†*
22. D. C6-F3	D. D8-C7	33. K. G2-F3† Lr. E8-E3†✣
23. G2-G3	L. A8-E8	34. K. F3-F4
24. D. F3-E2	L. E6-D5	
25. S. B1-C3		

Die Bauern können jezt nicht mit Sicherheit vorrücken.

        L. D5-B7

Es ist jezt besser, daß er sich entfernt.

26.	A3-A4	Sr. C4-E5
27.	S. C3-B5	D. C7-C6
28.	F2-F3	

Um den Zug D. C6-H1‡ zu verhüten.

        Lr. D6-C5✣

Der Angriff von meinem Springer hat ihm seinen Plan vereitelt. Er würde sonst, anstatt dieses Zuges, Sr. E5-F3†* gezogen haben.

29. K. G1-G2   Lr. H8-E8

Wenn man weniger Bauern, und mehr Officiers hat, als der Gegner, so muß man von den Letztern so Viele, als man kann, in Wirksamkeit setzen, und wenn man nur Einen mehr heranführt, so muß der Gegner am Ende weichen.

30. L. C1-E3   Sr. E5-F3†

Wenn ich von den vier Feldern, welche meinem Könige jezt offen stehen, nicht eins der vordern gewählt hätte, so würde ich beym nächsten Zuge entweder einen Bauer, oder den Thurm, eingebüßt haben.

        L. B8-E8

Jezt hat der S. entschieden so gut als gewonnen.

35. K. F4-G4	L. E8-E4✣
36. K. G4-H3	G7-G5
37. L. A1-C1	G5-G4✣
38. K. H3-G2	Lr. E3-E2✣
39. K. G2-F1	

Auf H1 würde er noch früher dem Mat unterliegen. Denn der S. wird Lr. E2 E1* ziehen. Wenn ich gleich mit L. C1 E1† schlage, so schlägt er mit L. E4-E1†* wieder, und zieht, wenn ich den König auf G2 gerettet habe, sogleich L. E1-G1‡.

        Lr. E2-F2✣

40. K. F1-G1	Lr. F2-C2✣
41. K. G1-F1	Lr. C2-C1†✣
42. K. F1-G2	L. E4-E2‡

---

* Zu Philidors Zeit durfte noch aus dem Schach wegrochiert werden. Philidor selbst hat damit durch die Hereinnahme der »von dem Schachclub in England« entwickelten 17 Regeln in sein Lehrbuch ein Ende gemacht.

Diese Partie aber macht es wohl auch verständlich, warum die Lehren des Philidor nur teilweise die Billigung und Nachahmung der Schachmeister seiner Zeit fanden. Diese Meister verschrieben sich in ihrer Mehrzahl lieber der alten, bewährten Kombinationssuche, als sich auf die als höchst langweilig, nutzlos und unkünstlerisch empfundenen Bauernketten Philidorscher Prägung einzulassen.

Diese Bevorzugung der geistesblitzenden Opfer- und Mattkombinationen, die noch über hundert Jahre alleinbeherrschend blieb, wurde auch durch Paul Morphy, der sie als erster *unmerklich* erschütterte, nicht verdrängt.

Erst durch das Auftreten von Wilhelm Steinitz wurde diese Spielweise endgültig widerlegt.

Steinitz gegen Zukertort

In dem in Wien zum Schachmeister herangereiften Wilhelm Steinitz wiederholte sich das schachliche Schicksal des Philidor. Er galt als verschrobener Theoretisierer und barocker Schachspieler-Sonderling. Obwohl er 28 Jahre lang der unbestrittene Schachweltmeister war, wurde seine ausschließlich auf eine geschlossene Partieanlage ausgerichtete Spielweise nur selten übernommen. Steinitz übernahm oft um geringfügiger Positionsvorteile willen langwierige Verteidigungen. Solche Vorteile waren für ihn etwa eine unangreifbare, vorgeschobene Springerposition oder zwei Läufer gegen Läufer und Springer oder auch das Erzeugen von »schwachen Punkten« und »Löchern« in der gegnerischen Stellung, über die seine Figuren später einmal einzudringen hoffen durften.

Eine solche Spielweise galt den zeitgenössischen Meistern als langweilig, trocken, ja stupide und kam ihnen als Verrat an der Schachspiel*kunst* vor, die für sie stets ein Höchstmaß an variationsreich blitzender Geistesarbeit aufweisen sollte.

Dieser Vorwurf der langweiligen Trockenheit ist noch jedem schachanalytischen Geist, der eine umfassendere Systematik, als sie bis dato berücksichtigt zu werden pflegte, in das Schachspiel eingeführt und damit einen neuen Schachspielstil begründet hat, gemacht worden.

Wie schwer es Weltmeister Steinitz gefallen sein muß, seine

gewaltigen Erkenntnisse in seinen eigenen Partien praktisch zu verwerten, lehren viele Partien, die er während seiner Weltmeisterzeit spielte.

Erstens verstieß er selbst häufig gegen die von ihm aufgestellten Grundsätze.

Zweitens übertrieb er diese Grundsätze manchmal und wendete sie auch auf Stellungen an, in denen sie keine Gültigkeit hatten. So zog er zum Beispiel oftmals den König, den er als »starke Figur« erkannt hatte, zu früh im Mittelspiel aus seiner Rochadeecke in den Kampf und setzte ihn dadurch einer erhöhten Mattgefahr aus.

Drittens gelang es ihm, trotz aller unablässigen Bemühungen nicht, die Anwendungsgrenzen seiner Schachspiel-Erkenntnisse durch deren Einbau in ein geschlossenes Spielsystem zu erkennen und angemessen nutzbar zu machen. Das brachte erst sein bedeutendster Schüler, der Großmeister Siegbert Tarrasch fertig, der zugleich mit der Ausarbeitung dieses Steinitz-Spielsystems auch dessen Unvollständigkeiten und Schwächen offenbar machte, die er freilich niemals wahr haben wollte.

Tarrasch hielt dieses von ihm nachgeschaffene Spielsystem für absolut und gewissermaßen ewig gültig, während es doch, wie die schachhistorische Entwicklung bald zeigte, nur das reine Kombinationsspiel, das alle positionellen Rücksichten verachtete, dadurch widerlegte, daß es den Kombinationsspielern durch sorgfältiges Positionsspiel den Boden unter den Füßen wegzog, indem es ihnen überhaupt keine, oder doch nur ausnahmsweise eine Gelegenheit verschaffte, *Kombinationen zu entdecken.*

Wie das zu verstehen ist, das zeigen vor allem die Wettkampfpartien, die Wilhelm Steinitz gegen die beiden stärksten Kombinationsgenies seiner Zeit, Adolf Anderssen und den nicht minder berühmten Dr. Johannes Zukertort, der aus dem polnischen Rußland nach London übersiedelt war, gewann.

Da die Partien des Breslauer Gymnasiallehrers Adolf Anderssen zu den bevorzugten Studienobjekten aller Schachmeister gehören, sind sie immer wieder neu veröffentlicht und analysiert worden. Sie sind deshalb dem lernenden Schachspieler auch heute noch viel leichter zugänglich als die Partien des ihm durchaus ebenbürtigen Dr. Zukertort.

Wilhelm Steinitz, der mit beiden Meistern Wettkämpfe austrug, die er sämtlich gewann, behauptete in einem Kommentar zu einer Partie zwischen Zukertort und dem englischen Spitzenspieler James Henry Blackburne, der selbst als Kombinationsgenie anerkannt war, daß Zukertort in dieser Partie, die 1883 in London ausgetragen wurde, »eine der höchsten Kombinationen, vielleicht die schönste aller, die je vor einem Schachbrett geschaffen wurde«, gelungen sei.

In dieser Partie verschränken sich Kombinationsideen mit positionellen Plänen in einer für die damalige Spielweise seltenen Deutlichkeit.

Es ist ja keineswegs so, wie viele Tarrasch-Epigonen infolge der Entschiedenheit, mit der ihr Lehrer positionelle Nachlässigkeiten der früheren Kombinationsspieler anzuprangern verstand, behaupten, daß diese Spieler nun überhaupt niemals positionelle Überlegungen angestellt und danach gespielt hätten. Wer das glaubt, der entfernt sich weit von der Wirklichkeit.

Die Entdeckungen positionellen Schachdenkens und deren Ausnutzung in der Partie, die Steinitz machte und die Tarrasch zu einem geschlossenen System auszubauen sich bemühte, waren lediglich von subtilerer Art, als sie bis dahin erkannt waren und Berücksichtigung fanden.

Zwischen dem Kombinationsspiel Anderssens und dem Positionsspiel Steinitz' bestand vergleichsweise ein Unterschied wie zwischen einer Dampfmaschine und einem Dieselmotor. Beide sind grundsätzlich gleich konstruiert, beide setzen eine Flüssigkeit (Wasser bzw. Öl) in eine Treibkraft um, beide bewältigen dadurch gleichartige technische Aufgaben. Nur die Dampfmaschine ist bei gleicher Leistung plumper und nicht so elastisch, dafür aber leichter zu bedienen und viel weniger kompliziert gebaut. Sie besitzt bei weitem nicht so viele Feinheiten wie der Dieselmotor, der nur von einem umfassenden, technisch gebildeten Ingenieur konstruiert und von einem viel sorgfältiger ausgebildeten, kenntnisreicheren Maschinisten bedient werden muß.

»Die schönste Kombination,
die je vor einem Schachbrett geschaffen wurde«

1. c2–c4 e7–e6

Zukertort wählte diesen, schon damals relativ seltenen Eröffnungszug nicht etwa aus positionellen Gründen, weil er ein möglichst festes Bauernzentrum aufzubauen beabsichtigte, sondern weil er hoffte, durch diesen Zug rasch zu einer kombinationsträchtigen Stellung kommen zu können.

Das gleiche gilt für den ganz modern anmutenden Antwortzug Blackburnes. Beide Spieler hatten, wenn überhaupt, bei ihren Zügen vielmehr die Verblüffung des Partners durch ungewöhnliche Züge im Sinn.

2. e2–e3 Sg8–f6
3. Sg1–f3 b7–b6

Der Zug von Schwarz hat durchaus einen positionellen Sinn. Er will auf die lange Diagonale drücken und so die sich über das Zentrum häufig anbahnenden Kombinationen unterstützen.

4. Lf1–e2 Lc8–b7

Auch der Zug von Weiß ist (unbewußt) positionell gemeint. Er will seinen König durch die Rochade in Sicherheit gebracht wissen und den Turm bei dem voraussehbaren Kampf um die Mitte zur Verfügung haben.

5. 0–0 d7–d5

Schwarz greift als erster im Zentrum an, Weiß folgt ihm sogleich.

6. d2–d4 Lf8–d6

Der Läuferzug ist ganz kombinativ gedacht. Er blickt auf den Bh2, der nicht sehr sicher verteidigt ist, aber durch Sf6–g4 und Dd8–h4 angegriffen werden kann. Auch der Lb7 steht zu einer Beteiligung an einer auf g2 zielenden Kombination bereit.

7. Sb1–c3 0–0
8. b2–b3 Sb8–d7
9. Lc1–b2 Dd8–e7
10. Sc3–b5 Sf6–e4

Weiß sieht eine Möglichkeit, den schwarzen »Opfer«-Läufer auf d6 zum Abtausch zu zwingen und er ergreift sie, zumal er erwarten muß, daß die schwarzen Türme die nun zu erwartende Durchbrechung des Zentrums nach Belieben wirksam unterstützen werden.

11. Sb5 × Ld6 c7 × Sd6

Schwarz denkt nicht daran, etwa mit dem Se4 zurückzuschlagen, da er die c-Linie in Besitz zu nehmen hofft und ihm der Mehrbauer im Zentrum willkommen ist.

Zugleich aber ist der von Schwarz nach e4 gezogene Springer lästig geworden und sollte vertrieben werden, damit Weiß seine Figuren hinter seinen Bauern ungehindert weiter entfalten kann.

12. Sf3–d2 Sd7–f6
13. f2–f3 Se4 × Sd2

Da dem Se4 durch den Sf6 und Bd6 jeder Rückzug verbarrikadiert ist (Sg5?, h4), muß er ihn abtauschen.

14. Dd1 × Sd2 d5 × c4

Und nun tauscht Schwarz, obwohl er damit das weiße Spiel erleichtert, aus *kombinativen und positionellen* Gründen seinen Mittelbauern ab. Denn entweder schlägt der Bb3 zurück, dann hat er ein Angriffsobjekt, das Weiß auf die Dauer nicht so stark verteidigen kann, wie es von Schwarz angegriffen werden wird, oder er schlägt mit dem Le2 zurück, dann kann dieser Läufer leicht vertrieben (d6–d5) und die offene Linie von Schwarz durch eine schwere Figur um einen Zug eher als von Weiß in Besitz genommen werden.

Damit aber darf Schwarz hoffen, später in die weiße Stellung eindringen zu können.

15. Le2 × c4 d6–d5
16. Lc4–d3 Tf8–c8

Um dieser handfesten positionellen Chance willen gibt Schwarz einen anderen positionellen Vorteil, der angesichts der von Weiß dauerhaft beherrschten Felder c1, c2, c3, c4, c5 als viel geringer angesehen ist, auf: den Druck auf die lange Diagonale h1–a8 durch den an sich vorzüglich postierten Lb7.

Kein moderner Spieler hätte das getan. Aber damals galten die Kombinationsmöglichkeiten unter der Verwendung von schweren Figuren als besonders aussichtsreich.

Zukertort beurteilte das alles natürlich ganz genau so wie Blackburne. Er sah, oder vielmehr er fühlte auch die Chance, zu einem heftigen Angriff auf die schwarze Königsstellung zu kommen. Und es ist durchaus wahrscheinlich, daß er Blackburne die lockende Aussicht, seine beiden Türme auf der c-Linie zu verdoppeln, ganz ungestört überließ, weil er dadurch seinen Be3 bis nach e5 vorzustoßen hoffte und dadurch den wichtigen Verteidigungsspringer Sf6 von seinem Platz hätte vertreiben können.

17. Ta1–e1   Tc8–c7
18. e3–e4   Ta8–c8
19. e4–e5   Sf6–e8

Die Rechnung Zukertorts ist aufgegangen. Natürlich hat Blackburne die auf seinen Königsflügel zukommenden Gefahren ebenfalls gesehen. Doch rechnete er sich aus, daß er auf jeden Fall zu g7–g6 und Se8–g7 kommen würde, was ihm zur Abwehr der weißen Angriffe auszureichen schien. Außerdem stand ihm für das Vorrücken des weißen Bf3 der Zug f7–f5 zur Verfügung, der, falls Weiß Be5 × f6 e.p. schlagen, seinem Springer wieder nach f6 zu ziehen ermöglichen würde.

Daß er sich durch ein solches Abspiel allerdings einen unheilbar schwachen Be6 und für Weiß ein starkes Feld auf e5 schaffen würde, das war eine Überlegung, die erst durch Wilhelm Steinitz für die Spielführung fruchtbar gemacht wurde.

Weder für Blackburne noch für Zukertort hatten solche Überlegungen irgendeine praktische Bedeutung, und keiner von ihnen hätte jemals planmäßig auf die Erreichung solcher feinen Positionsvorteile gespielt.

Kamen sie dennoch – gewissermaßen zufällig – zustande, dann wurden sie allerdings auch als Vorteile erkannt und ausgenützt.

20. f3–f4   g7–g6
21. Te1–e3   f7–f5
22. e5 × f5 e.p. Se8 × f6

So hätte kein moderner Spieler geantwortet. Es ist selbstverständlich, daß die De7, die nun gefährdet steht, schlagen mußte. Der unvorsichtige 22. Zug Blackburnes, den dieser sicherlich wegen der Aussicht riskierte, zu Sf6–e4 zu kommen, gibt Zukertort nun Gelegenheit, eben die Kombination zu entwickeln, die Steinitz »vielleicht die schönste aller, die je vor einem Schachbrett geschaffen wurden«, genannt hat.

Stellung 52
Weiß zieht

W S
Felder: 14:13
Wirkgew: 24:25

nach 22. – – – Se8 x f6

Die Kombination Zukertorts ist für uns, die wir sie fast hundert Jahre später nachspielen, um so bewundernswerter, als die Bilanz der freien Felder und die der Wirkungsgewichte fast gleich sind. Der Erfolg der Zukertortschen Kombination entspringt also nicht einer, durch die Anhäufung vieler geringer Vorteile gewonnenen Überlegenheit, die erfahrungsgemäß immer von sich aus kombinationsträchtig ist, sondern gestaltet kraft eines überlegenen Geistes bei gleichen Möglichkeiten die Schachwirklichkeit gewaltsam um. Das hat Steinitz sicher auch gespürt und das mag die Veranlassung für ihn gewesen sein, gerade diese Kombination über alle anderen Kombinationen zu stellen, die in dieser Hochblüte glänzendster Kombinationsschöpfungen ausgedacht worden waren.

Wir können auch heute noch dieser Kombination als einer hohen, genial zu nennenden Geistesschöpfung unsere Bewunderung nicht versagen, und jeder Großmeister unseres Jahrzehnts wäre stolz darauf, wenn sie ihm gleichwertig gelingen würde. Deshalb werden Sie auch diesmal nicht aufgefordert, die Zugfolge selbst zu entdecken, bevor Sie die Notation nachspielen.

23. f4–f5! Sf6–e4
24. Ld3 × e4 d5 × e4
25. f5 × g6! Tc7–c2

Der Bauernzug 25. f5 × g6 von Weiß machte Blackburne, der bisher das weiße Spiel dank seiner gewaltig besetzten c-Linie und seiner kombinativen Verteidigung für gewinnträchtig gehalten haben mochte, den er nach der Konsolidierung des Zentrums über das schwachgewordene Feld c2 einzuheimsen gedachte, blitzartig klar, daß nunmehr für seinen König Lebensgefahr bestand. Nun wandte er seine ganze große Kombinationskraft der Rettung seines Königs zu.

Er entdeckte, daß g6 × h7 nicht zu verhindern war, und beschloß, diesen weißen Bauern nicht zurückzuschlagen, sondern seinen König hinter ihm zu verstecken. Das würde die Angriffe des Te3 unwirksam machen.

Die Hauptgefahr aber drohte naturgemäß von der weißen Dame auf d2. Sie mußte, solange der Turm noch auf e3 stand, von d2 so vertrieben werden, daß sie sich am Königsangriff nicht mehr beteiligen konnte. Das war glücklicherweise durch Tc7–c2 erreichbar.

Wich Dd2 vor dem Turmangriff nicht sofort aus, sondern versuchte, Weiß zuvor noch dem auf g8 stehenden König ein Schach zu geben, dann konnte dieser sich auf h8 hinter dem Bh7 verstecken, weil gegen d4–d5+ die Deckung e6–e5 durch den von De7 gedeckten Be6 zur Verfügung stand.

Daß Weiß in dieser Stellung ein Damenopfer suchen und finden könne, das hat selbst der kombinationserfahrene Blackburne nicht genauer untersucht. Andernfalls hätte er die zum Matt führenden Zwangszugfolgen gewiß entdeckt.

Und selbst wenn es ihm in den Sinn gekommen sein sollte zu prüfen, ob Weiß etwa eine Ablenkung seiner Dame bewirken könne, um dem Kh8 durch Lb2 × e5 ein Schach zu geben, dann hätte er immer noch gesehen, daß er die Ablenkung seiner Dame nach Dd2–b4 durch Tc8–c5 verhindern könnte, weil ja der Bd4 schon auf d5 steht.

26. g6 × h7+   Kg8–h8
27. d4–d5+   e6–e5
28. Dd2–b4   Tc8–c5

Wie wenig Blackburne das folgende Opferangebot in Betracht zog, geht schon daraus hervor, daß er 28. --- Tc8–c5 und nicht, was viel stärker gewesen wäre, Tc2–c5 zog.

29. Tf1–f8+!   ---

Mit diesem überraschenden Turmopfer, das wie ein Versehen aussieht, hatte Blackburne im 25. Zuge gewiß nicht gerechnet, zumal er wahrscheinlich mit einiger Mühe das siebenzügige Matt, das Weiß haben würde, wenn er ein eventuelles Damenopfer auf b4 mit Dd7 × b4 annehmen würde, herauszurechnen hatte.

Andernfalls hätte er gewiß im 27. Zuge durch (27.) --- Tc2 × Lb2 dem Mattnetz durch einen Qualitätsverlust zu entrinnen versucht. Damit hätte er die Partie auf die Dauer zwar auch, doch nicht ganz so rasch verloren. Analysieren Sie die Folgen selbst aus.

So aber sah Blackburne ohne weiter nachzudenken, daß er den weißen Tf8 nicht nehmen durfte, weil dann wieder Lb2 × e5 entscheidet.

(29.) ---	De7 × Tf8
(30.) Lb2 × e5 +	Kh8 × h7
(31.) Te3–h3 +	Kh7–g6
	(oder Kg8, Th8+)
(32.) Db4 × e4 +	

Er zog deshalb noch:

29. ---	Kh8 × h7
30. Db4 × e4 +	Kh7–g7
31. Lb2 × e5 +	Kg7 × Tf8
32. Le5–g7 +	Kf8–g8
33. De4 × De7	aufgegeben

Wenn Schwarz den Lg7 schlägt, wird er Matt gesetzt. Sie sehen es.

18.
Trainingsabschnitt

Sind große Kombinationsspieler heute ausgestorben?

Nein. Sie kommen auch heute noch vor. Und zwar sowohl in der klassischen als unter den variantenbesessenen Großmeistern auch in einer neuen, quasi die ganze Partie umgreifenden Form.

Zwei Beispiele für die große Kombination der klassischen Form sind die in dem Lehrbuch »Die Neue Schachschule. Meister durch schöpferisches Spiel« als Kombinationsübung Nr. 15 und als Stellungsbild Nr. 64 analysierten Opferkombinationen. Die erstere gestaltete Großmeister Akiba Rubinstein gegen Rotlevi, die zweite Großmeister Samuel Reshevsky gegen Shainswit.

Ein Beispiel für die modernste »große Kombination«, die eine ganze Partie gewissermaßen umfassen, jedenfalls aber bestimmen kann, ist eine im Kandidatenturnier der Weltmeisterschaft 1959 gespielte Wettkampfpartie zwischen dem nachmaligen Weltmeister Michail Tal und dem ehemaligen Weltmeister Wassili Smyslow.

Analyse:
Tal gegen Smyslow

    1. e2–e4   c7–c6

Diese Eröffnung wird Caro-Kann-Verteidigung genannt. Sie ist eine fast ebenso überzeugende Verteidigung gegen den Zug 1. e2–e4 wie die Französische Verteidigung.

    2. d2–d3   d7–d5
    3. Sb1–d2   e7–e5
    4. Sg1–f3   Sb8–d7
    5. d3–d4   ———

Mit diesem Zuge beginnen die von Tal angestrebten kombinativen Verwicklungen. Von der Eröffnungstheorie wird diese Spielweise von Weiß als »bedeutungslos« abqualifiziert.

Tal wandte demnach gegen den ehemaligen Weltmeister ein psychologisches Verfahren an, mit dem Ziel, diesen durch das Herausführen aus dem Variantenwissen zu verunsichern.

5. ---	d5 × e4
6. Sd2 × e4	e5 × d4
7. Dd1 × d4	Sg8–f6
8. Lc1–g5	Lf8–e7

Wie weiland Paul Morphy hat Weiß mit wenigen Zügen freie Linien geschaffen und dabei seine halbe Streitmacht zum Angriff aufmarschieren lassen.

9. o–o–o	o–o
10. Se4–d6	Dd8–a5

Weiß zielt bereits auf den Bf7.

11. Lf1–c4	b7–b5

Weiß setzt den Angriff unbekümmert um die Möglichkeit fort, eine ganze Figur [(12.) Lb3, c5 mit später c4] oder aber den Ba2 zu verlieren. Dahinter kann nur eine positionelle Kombination stecken.

12. Lg5–d2!	Da5–a6

Da ist sie auch schon. Smyslow zieht es vor, sich auf die Verteidigung einzustellen, weshalb er nicht (12.) --- Da5–a4 zieht.

13. Sd6–f5	Le7–d8

Auch hier ist wieder der besonnen ziehende Smyslow zu erkennen. Der naheliegende Zug Lc5 könnte zwar durch die Zugfolge:

(13.) ---	Le7–c5
(14.) Dd4–h4	b5 × Lc4
(15.) Dh4–g5	Sf6–h5
(16.) Sf5–h6+	Kg8–h8
(17.) Dg5 × Sh5	Da6 × a2

zum Gewinn für Schwarz führen, doch kann Weiß durch:

(15.) Ld2–c3	Da6 × a2
(16.) Td1 × Sd7!	Lc8 × Td7
(17.) Sf5–h6+	Kg8–h8
(18.) Dh4 × Sf6	---

seine Dame opfern und anschließend undeckbar Matt sagen. Zurück zum 13. Zug!

Stellung 53
Schwarz zieht

W S
Felder: 13: 7
Wirkgew. 27:12

nach 13. Sd5–f6

Schon hier zeigt sich die unheimliche Kombinationskraft Tals in ihrer ganzen Größe.

13.	---	Le7–d8
14.	Dd4–h4	b5 × Lc4

[(14.) --- Sf6–d5 (15.) Dh4–g3, Ld8–f6 (16.) Lb4 × Sd5 ist vorteilhaft für Weiß.]

15.	Dh4–g5	Sf6–h5
16.	Sf5–h6+	Kg8–h8
17.	Dg5 × Sh5	Da6 × a2

Nun scheint es, als ob dem ehemaligen Weltmeister Smyslow angesichts der unaufhörlichen kombinativen Bedrohungen durch Tals Spielweise die Nerven durchgegangen wären.

Statt (17.) --- Ld8–f6 oder gar (17.) --- g7 × Sh6 zu ziehen und seine ganze Kraft der Verteidigung zu widmen, die ihm nach der Meinung der Analytiker zumindest ein Remis beschert hätte, versucht er einen chancenlosen Angriff auf den weißen König, den Tal im Handumdrehen widerlegt, wobei er Schwarz durch ein Damenopfer zum Aufgeben bringt.

18.	Ld2–c3	Sd7–f6
19.	Dh5 × f7!	Da2–a1+
20.	Kc1–d2	Tf8 × Df7
21.	Sh6 × Tf7+	Kh8–g8
22.	Td1 × Da1	Kg8 × Sf7
23.	Sf3–e5+	Kf7–e6

24.	Se5×c6	Sf6–e4+
25.	Kd2–e3	Ld8–b6+
26.	Lc3–d4	aufgegeben

Eine Kombinationspartie im Laskerschen Seelenzertrümmerungsstil.

Wodurch Wilhelm Steinitz die Kombinationsspieler überwand

Wilhelm Steinitz, der sich als einer der ersten Berufsschachspieler fühlte und auch so bezeichnete, untersuchte lange Jahre die glanzvollsten Kombinationen der Schachmeister seiner Zeit. Er wollte die Gründe herausfinden, die für das Erkennen einer Kombinationsmöglichkeit und deren anschließende Durchführung verantwortlich sein könnten.

Er war infolge seiner beruflichen Vertrautheit mit dem Schachspiel weit davon entfernt, die Entstehung einer Kombinationsidee allein dem Genie des Schachmeisters zuzuschreiben, wie das die in staunender Bewunderung verharrende Laienwelt tat.

Für ihn mußten ganz bestimmte, immer wiederkehrende Stellungsmerkmale vorhanden sein, die das Entdecken gleichartiger Kombinationsideen begründeten und förderten.

So entdeckte er schließlich einen stets gleichartigen Zusammenhang zwischen den immer wieder auftretenden positionellen Schwächen der Stellungen mit den verschiedenartigsten Kombinationsideen, die sich dem Schachmeister auf Grund dieser vorhandenen Positionsschwächen geradezu aufdrängten.

Solche charakteristischen Positionsschwächen, die dem Schachspieler die Idee zu einer durchschlagenden Kombination vermitteln, fand er etwa in einer Stellung, die zu einer Partie von Adolf Anderssen gegen Paul Morphy gehörte.

Stellung 54
Schwarz zieht

W S
Felder: 15: 9
Wirkgew: 23:15

nach Tf1–f3

Die Bilanz der freien Felder macht deutlich, daß Weiß nicht die mindesten Schwierigkeiten hatte und haben wird, seinen Turm auf die g-Linie zu bringen, um den Angriff auf die schwarze Königsstellung fortzusetzen.

Das Feld f6 ist ein schwaches Feld, da Weiß dorthin, noch dazu durch den Be5 unterstützt, dreimal wirkt. Diese starke Wirkung wird nur vom Lg7 gekontert. Es wird sich auf diesem Feld also bald eine Figur festsetzen können.

Die ganze g-Linie ist schwach, weil vor dem schwarzen König kein verteidigender Bauer mehr steht. Auch die h-Linie, das Feld h6 und Bh7 sind schwach, weil sie nur unvollkommen verteidigt werden können.

Schließlich ist auch noch das Feld d6 in der Hand von Weiß.

Alles das macht deutlich, daß Weiß seinen Angriff auf der g-Linie verstärken muß, zumal Anderssen, wenn er seinen Tc8 über c7 an der Verteidigung der Königsstellung teilhaben lassen will, zuerst noch mit der Entfernung von Ld7 Zeit verliert.

1. — — —   Ld7–b5
2. Tf3–g3   Tc8–c7
3. Lg5–f6   f5–f4

Es drohte bereits Dh4–h6, was Schwarz völlig unbeweglich machen würde. Das Bauernopfer versucht Anderssen in der Hoffnung, nach dem Wegzug des Tg3 seinen Lb5 über d3 zur Verteidigung von Bh7 einsetzen zu können.

4. Dh4 × f4	De8–f8
5. Sc3 × Lb5	a6 × Sb5
6. Df4–h6	Kg8–h8
7. Tg3 × Lg7	Tc7 × Tg7

Nun sind die schwarzen Figuren dank der von Weiß besetzten schwachen Felder unbewegbar gefesselt und der »starke« weiße König kann ungefährdet eingreifen:

8. Kg1–f2	Kh8–g8
9. Dh6 × Tg7+	Df8 × Dg7
10. Lf6 × Dg7	Kg8 × Lg7

Nun kann Schwarz den Einbruch des weißen Königs hinter die schwarzen Bauern nur noch auf Kosten eines zur Dame gehenden weißen Bauern verhindern. Anderssen gab nach wenigen weiteren Zügen auf.

Es ist für Sie übrigens bemerkenswert, wie Morphy hier die bekannte theoretische Übung, die Ihnen auch schon wiederholt angeraten wurde, im Geiste alle Figuren vom Brett zu entfernen, um herauszufinden, ob das Bauernendspiel mit den beiden Königen gewonnen oder verloren ist, in die Spielpraxis umgesetzt hat.

Nachdem Wilhelm Steinitz durch seine Analysen der erfolgreichen Kombinationen einen der Hauptgründe für deren Zustandekommen in den »schwachen Punkten« der Stellung erkannt hatte, spielte er in seinen eigenen Partien konsequent auf die Provozierung schwacher Punkte und deren kombinative Ausnützung.

In diesem Bestreben wurde er ganz von selbst dazu geführt, möglichst geschlossene Stellungen, sogar um den Preis vorübergehender Nachteile, anzustreben. Dieses Bemühen war schwer zu realisieren, weil die Kombinationsspieler seiner Zeit offene Linien, möglichst im Zentrum, selbst durch Opfer anstrebten, denn nur in offenen oder wenigstens halboffenen Stellungen tauchten durchschlagende Kombinationsmöglichkeiten auf.

Verzahnte Bauernketten und bei gedrückter Stellung statisch gesicherte Zentrumsstellungen waren für die Kombinationsspieler ein unfruchtbarer Boden.

Andererseits finden sich aber die von Steinitz angestrebten »schwachen Punkte« vorzugsweise in festen Stellungen oder lassen sich dort nur bei unbeweglich festgelegten Mittelbauern hervorrufen und ausnützen.

Es ist daher nicht verwunderlich, daß die Zeitgenossen dem Wilhelm Steinitz barocke oder bizarre Züge, die ihnen ganz sinnlos erschienen, zum Vorwurf machten. Diese bizarren Züge führten aber immerhin dazu, daß die Stellungen geschlossen und verzahnt blieben, so daß die Chance, »schwache Punkte« zu erzeugen und zu besetzen, gegeben war.

Wie Steinitz das bewirkte, zeigt das folgende Beispiel.

In einer zwischen Wilhelm Steinitz und dem englischen Spitzenspieler James H. Blackburne, der ein fast ebenso berühmter Kombinationsspieler war wie Johannes Zuckertort, kam es in einer Spanischen Partie nach dem 13. Zuge von Schwarz zu folgender Stellung:

Stellung 55
Weiß zieht

W S
Felder: 11: 8
Wirkgew: 25:18

nach 13. --- Sd8-e6

Weiß zog:

   14. Se3–f5   g7–g6

Für einen Kombinationsspieler wie Blackburne ist es durchaus begreiflich, daß er diesen bedrohlichen Springer zu vertreiben versucht. Hätte er aber Steinitz' Erkenntnisse von den »schwachen Punkten« gekannt, dann hätte er vorher seinen schwarzfeldrigen Läufer vor dem Abtausch bewahrt.

   15. Sf5 × Le7+   Dd7 × Se7

Denn nun hat sich Schwarz ahnungslos zwei schwache Punkte, die Felder h6 und f6, geschaffen, die er wegen der beiden Bauern auf e4 und g5 ohne schweren Nachteil nicht mehr zu beseitigen imstande war.

Richard Réti kommentiert diese Stellung mit der folgenden Betrachtung: »Unter einem schwachen Punkt versteht man ein Feld, welches von keinem Bauern mehr gedeckt werden kann und wo dank des auf dem Brett vorhandenen Figurenmaterials der Gegner hoffen darf, sich mit einer Figur unvertreibbar festsetzen zu können. Solche Felder sind hier die Felder f6 und h6 in Anbetracht des Umstandes, daß Schwarz keinen schwarzen Läufer mehr hat.

Im Besitz eines solchen Läufers, besonders auf dem für die Verteidigung günstigen Feld g7, hätte Schwarz nichts zu fürchten. Allerdings kann man Blackburne keine Vorwürfe machen, daß er dies damals nicht wußte. Wahrscheinlich wäre auch ein Morphy sehr erstaunt gewesen, wenn man ihm gesagt hätte, daß bereits zehn Züge später weiße Figuren auf den Feldern f6 und h6 unvertreibbar festsitzen würden.«

16. Lc1–e3   Se8–g7

Warum geht der Lc1 nicht nach h6, wo er doch unvertreibbar einen schwachen Punkt, der sogar ein freies Feld ist, das Weiß beherrscht, besetzen kann?

Eine positionelle Analyse der Stellung macht Ihnen deutlich, daß eine Besetzung der schwachen Punkte, die sich Schwarz durch 14. --- g7–g6 geschaffen hat, nur dann erfolgversprechend ist, wenn die Figuren, die sich dort festsetzen, gemeinsam auf das Feld g7, beziehungsweise die dort stehende Figur wirken.

Deshalb ist das Feld h6 der natürliche Platz für die weiße Dame, die dort von Schwarz praktisch nicht angegriffen werden kann. Auf das Feld f6 wirkt immerhin die schwarze Dame. Dazu kommt später durch den erzwungenen Zug f7–f6 auch noch der Turm f8. Deshalb ist dieses Feld der gegebene Platz für den schwarzfeldrigen Läufer von Weiß.

Sie sollten bei diesen Überlegungen auch den Sf3 nicht vergessen, der nach g5 wirkt und der, falls die weiße Dame einmal auf h6 steht, einen tödlichen Angriff auf Bh7 unterstützen könnte.

Diese Lage und die Stellung des Sg7, der immerhin auf die Felder h5 und f5 wirkt, machen Ihnen klar, daß der Angriff zur Besetzung der schwachen Punkte h6 und f6 auch nicht durch den Vormarsch des Bg4 und Bh3 erfolgen darf, da sonst entweder das Feld g5 mit einem weißen oder einem schwarzen Bauern besetzt sein würde.

So bleibt zunächst nur die Freimachung der Diagonalen durch die Zertrümmerung des schwarzen Bauernzentrums übrig, die Weiß dementsprechend mit dem Zug 16. Lc1–e3 einleitet.

17. o–o–o   c7–c5

Da Schwarz am Königsflügel keine Bewegungsfreiheit mehr hat und er seine Verteidigungsstellung dort nur noch weiter verschlechtern kann, versucht er, durch einen Angriff auf die weiße Königsstellung Gegenspiel zu bekommen.

Natürlich sieht Blackburne, daß er eine Öffnung der Mitte durch die Auflösung seiner Bauernstellung nicht verhindern kann. Er weiß aber auch, daß damit kombinative Angriffe auf den weißen König möglich sein werden und richtet sich als echter Kombinationsspieler sofort auf diese Möglichkeiten ein.

18. d3–d4   e5 × d4
19. c3 × d4   c5–c4

Schwarz weiß aus langjähriger Spielerfahrung, daß er seine Bauernwalze zur erfolgreichen Berennung der weißen Königsstellung unbedingt benötigen wird. Deshalb erhält er sich seinen Bc5, anstatt ihn, was für die Verteidigung seiner Königsstellung besser gewesen wäre, gegen den Bd4 abzutauschen

Damit aber erleichtert er es Weiß, die Besetzung des schwachen Punktes f6 mit seinem Le3 zu erreichen, erheblich.

20. d4–d5   Se6–c7
21. De2–d2   a6–a5

Die Dame stellt sich zum Zug nach h6 bereit. Schwarz setzt seinen Angriff auf die weiße Königsstellung fort.

22. Le3–d4   f7–f6

Nun wird es höchste Zeit für Schwarz, durch f7–f6 den Tf8 an der Verteidigung des Feldes f6 zu beteiligen (es drohte Dh6 und g5 und evtl. Sg5).

23. Dd2–h6   b5–b4
24. g4–g5   f6–f5
25. Ld4–f6   De7–f7

Warum Blackburne hier nicht mit Tf8 × Lf6 die Qualität opfern darf, das sehen Sie selbst. Vergessen Sie bei Ihrer Analyse den Th1 und die Öffnung der e-Linie nicht.

26. e4 × f5   g6 × f5

[Falls (26.) – – – Sg7 × f5 (27.) Lc2 × Sf5, g6 × Lf5 (28.) g5–g6!]

27. g5–g6! Df7 × g6
28. Lf6 × Sg7 ---

Diesen Läufer darf die Dame nicht schlagen. Warum nicht? Finden Sie es selbst.

Es bleibt Schwarz nichts anderes übrig, als die Damen zu tauschen, wodurch Weiß eine ganze Figur gewonnen hat.

29. --- Dg6 × Dh6+
30. Lg6 × Dh6

und der Gewinn für Weiß ist offensichtlich.

Den Blick für ruinierte Stellungen schulen

Damit sind nicht Stellungen gemeint, deren Ruin durch eine Opfer- oder andere Kombination nachgewiesen werden kann. Solche Zwangsfolgen zu entdecken oder herbeizuführen, das haben Sie längst gelernt.

Es ist der auf den Erkenntnissen von Wilhelm Steinitz beruhende Positionsblick, der Sie den Ruin einer Stellung anhand der schwachen Punkte, der aufbrechbaren Diagonalen, der möglichen Flügelangriffe bei gesicherter Mitte, der totalen Einschnürungsmöglichkeit von Königsstellungen, das heißt also, anhand *von durchführbaren Plänen* (anstelle von *kombinativen Ideen*) erkennen läßt.

Der weltweite Erfolg des *Denkens nach Plänen*, das von Wilhelm Steinitz begründet und später von Siegbert Tarrasch zum System erhoben wurde, ist auf diese, für die damalige Zeit grundsätzlich neue Einstellung zum Schachspiel zurückzuführen. Diese Einstellung spiegelt ein allgemeines kulturhistorisches Phänomen wieder, das im Bereich der exakten Naturwissenschaften durch den Übergang von der individuellen Lösungsidee zur umfassenden Systematik naturwissenschaftlicher und allgemeinwissenschaftlicher Systeme gekennzeichnet wird. Dieser Übergang läßt sich besonders exemplarisch auf den Gebieten der angewandten Physik und Chemie in der zweiten Hälfte des 19. Jahrhunderts beobachten.

Im Schachspiel wurde dieser Wechsel zum systematischen Planspiel vor allem von Karl Schlechter, Harry Nelson Pillsbury aufgenommen und später von Akiba Rubinstein und José Raoul Capablanca bis weit in das 20. Jahrhundert hineingetragen.

Gegen die vorübergehende Erstarrung dieses systematischen

Plandenkens im Schach revoltierte – analog den revolutionären Erweiterungen gültiger physikalischer Grundauffassungen in der Physik durch Max Planck und Albert Einstein – Aaron Nimzowitsch samt den später in seinem Gefolge auftauchenden Epigonen, den »Neuromantikern« und »Hypermodernen«.

Durch diese, im Kampf der verschiedenen Meinungen und Lehren aufeinanderprallenden Geister, deren theoretische Behauptungen sich sogleich im praktischen Experiment der Turnierpartie zu bewähren hatten, entwickelte sich das Plan-Denken im Schachspiel schließlich in überragender Weise. Und zwar wurde es so fruchtbar, daß die ihm drohende wissenschaftliche Versandung in einer Variantenwüste ebenso wie der sogenannte »Remistod« ganz von selbst überwunden und der schöpferischen Intuition des echten Schachkünstlers, der im Verein mit dem jeweiligen Partner im gemeinsamen Ringen gegeneinander die Gestaltung echter Schachkunstwerke anstrebte, damit der Weg wieder frei geworden war.

All das hatte seinen Ursprung in den Erkenntnissen von neuen Stellungs- und Spielprinzipien, mit deren Hilfe Wilhelm Steinitz das zeitgenössische Kombinationsspiel durch das zähe Herbeiführen von anfänglich geschlossenen Stellungen überwand.

Daß die geschlossene Spielweise in den Partien von Wilhelm Steinitz keineswegs, wie etwa bei Philidor, als eine Grundbedingung der erfolgreichen Spielführung angesehen wurde (wie das manche seiner Epigonen später wahrhaben wollten), sondern ihm als reines Mittel zum Zweck galt, das beweist eine Partie, die er gegen den »russischen Morphy«, Großmeister Michael Tschigorin, im Jahre 1892 in Havanna spielte. Auch diese Partie ist für die Behandlung bestimmter Stellungen im Sinne von Steinitz richtunggebend geworden.

Die Spielgrundsätze von Steinitz waren für ihn nur Werkzeuge

Analyse:
Steinitz gegen Tschigorin

Wilhelm Steinitz	Michael Tschigorin
1. e2–e4	e7–e5
2. Sg1–f3	Sb8–c6

3. Lf1–b5 Sg8–f6

Der Be4 wird angegriffen, ohne daß sich Schwarz um die weitere Verteidigung seines Be5 kümmert. Auch Tschigorin zog das Kombinationsspiel dem Positionsspiel vor. Tschigorin beherrschte, wie Morphy, das Kombinationsspiel für offene Stellungen durchaus. Deshalb versucht er so rasch wie möglich offene Linien zu schaffen.

4. d2–d3 d7–d6
5. c2–c3 g7–g6

Schwarz will seinen schwarzfeldrigen Lc8 auf der langen Diagonale a1–h8 zur Wirkung bringen, weil er nach der Rochade das weiße Zentrum anzugreifen beabsichtigt. Das ist *sein* Plan.

6. Sb1–d2 Lf8–g7
7. Sd2–f1 o–o
8. Lb5–a4 Sf6–d7

Wie Sie wissen, stammt die Erkenntnis von der Überlegenheit zweier Läufer gegen Läufer und Springer *in halboffenen Stellungen* von Steinitz. Es ist daher verständlich, daß Steinitz sich bemüht, seinen Lb5 vor einem erzwungenen Abtausch (Sf6–d7–c5) rechtzeitig zu bewahren.

9. Sf1–e3 Sd7–c5
10. La4–c2 Sc5–e6

Sie erkennen, daß in derart geschlossenen Stellungen, deren Öffnung nicht ohne Nachteile erzwungen werden kann, gegen die Regeln des Tarrasch-Systems, nach denen das Ziehen einer bereits gezogenen Figur als Tempoverlust Nachteile einbringen muß, durchaus verstoßen werden darf.

Das ist auch ein Zeichen dafür, daß die Begründung eines starren Spielsystems nach »Kraft, Raum und Zeit«, das Tarrasch aus den Erkenntnissen von Steinitz herausdestilliert hatte, grundsätzlich unberechtigt und nur pragmatisch zu rechtfertigen war. Die bösen Folgen dieser stur verteidigten, angeblichen Gesetzmäßigkeit werden Sie noch kennenlernen.

So verkündete Tarrasch zum Beispiel:

»Mit besonderer Sorgfalt muß der Nachziehende, der ja immer um ein Tempo zurück ist, darauf bedacht sein, diesen Nachteil stets dadurch sofort auszugleichen, daß er immer einen *gleichwertigen* Gegenzug macht, der in bezug auf Kraft, Raum und Zeit das

Gleichgewicht wahrt. Nur keine minderwertigen Züge und keine
Einsperrungszüge! (Unter Einsperrungszügen verstand Tarrasch
z. B. Sc6 vor c5 etc.) Damit begibt man sich schon auf die schiefe
Ebene, die schließlich zum Verlust führt. Solch ein minderwertiger
Zug, vor denen sich natürlich nicht nur der Nachziehende, sondern
ebenso der Anziehende zu hüten hat, ist z. B. oft der Zug c2–c3
bzw. c7–c6, der dem Damenspringer sein bestes Entwicklungsfeld
c3 bzw. c6 nimmt.«

An dieser so apodiktisch vorgetragenen Spielanweisung erkennen
Sie, daß hier anstelle der Steinitzschen Pläneschmiede ein festes
System begründet worden ist, von dem abzuweichen angeblich
»schließlich zum Verlust führt«.

Daß dies keineswegs immer so sein muß, werden Sie noch erfahren oder besser demonstriert bekommen, hier aber verstehen Sie
bereits, warum Steinitz, der mit Vorliebe c2–c3 zog, dies erfolgreich tat, sobald der Plan, den er verfolgte, erfüllt werden konnte.

11. h2–h4   Sc6–e7

Schon wieder leistet sich Steinitz eine grobe Verletzung des
Tarrasch-Systems. Er verfolgt eben einen bestimmten Plan, der alle
Systematik widerlegt.

12. h4–h5   d6–d5

Auch Tschigorin verfolgt seinen Plan, doch mit offensichtlich
geringeren Chancen als Steinitz.

13. h5 × g6   f7 × g6?

Tschigorin wollte Weiß wohl den Angriff auf der h-Linie, der
ohnehin kaum abzuwenden ist, so schwer wie möglich machen und
schlug deshalb mit dem f-Bauern zurück. Er kam aber durch die
infolge des Verschwindens des f-Bauern bewirkte Schwächung der
Diagonalen a2–g8 und a1–h8 aus dem Regen in die Traufe.

Beachten Sie, daß diese Schwächung auch durch ein eventuelles
f7–f5 entstanden wäre.

Wilhelm Steinitz, im Erkennen solcher »schwachen Punkte« seit
jeher geschult, beschließt sofort, diese Schwäche auszunützen, und
ändert dazu ohne zu zögern *seine gesamte bisherige, geschlossene
Partienanlage.*

Ein Anhänger des Tarrasch-Systems hätte das nur dann gewagt,
wenn sich diese Änderung durch eine Zwangszugfolge, also eine
taktische Kombination hätte rechtfertigen lassen.

Der nach einem Plan spielende Steinitz dagegen läßt nach dem Auftauchen der schwarzen Stellungsschwächen seinen bisherigen Plan des alleinigen Flügelangriffs bei gesicherter Mitte sofort fallen und verfolgt einen neuen Plan, der zum Nachweis der schwarzen Stellungsschwächen die Auflösung des festen Zentrums voraussetzt.

Bitte machen Sie sich ganz klar, was diese plötzliche Umkehr von einem Spieler am Turnierbrett verlangt, der in seinen Eröffnungsplan des Flügelangriffs bei gesichertem Zentrum schon eine 13 Züge dauernde Geistesarbeit investiert hat. Dabei ist eine Gestalt der Partie gewachsen und hat sich verfestigt, die sich aus dem Vorstellungsbereich beider Partner nicht so einfach wegwischen läßt. Diese Partiengestalt fordert von beiden Spielern gewissermaßen ungestüm ihre Vollendung. Und gegen diese Forderung soll sich nun der eine Spieler auflehnen, weil neue Voraussetzungen für den allgemeinen Plan der Partie eingetreten sind. Das verlangt eine Entscheidung, der nicht viele Großmeister selbst heutzutage, wo solche plötzlichen Umschaltungen weit häufiger durch die modernen Spielweisen veranlaßt werden, gewachsen sind.

Für seine Zeitgenossen, soweit sie ihn überhaupt verstanden, und seine Epigonen vollbrachte Steinitz mit dem Fallenlassen des alten und der Adoptierung eines neuen Spielplans jedenfalls eine schier übermenschliche Leistung.

```
14. e4 × d5          Se7 × d5
15. Se3 × Sd5        Dd8 × Sd5
```

Und schon ist die Diagonale a2–g8 erobert. Noch dazu mit Tempogewinn.

```
16. Lc2–b3           Dd5–c6
17. Dd1–e2           Lc8–d7
```

Erinnert Sie der weiße Läuferzug nicht an den 16. Zug der Partie Steinitz-Blackburne (siehe Seite 225)? Schwarz hatte nun allen Grund, seinen Se6 beweglich zu machen.

```
18. Lc1–e3           Kg8–h8
19. o–o–o            Ta8–e8
20. De2–f1           a7–a5
```

Der beginnende Bauernsturm von Schwarz zeigt, daß Tschigorin den weißen Damenzug nur als Ausweichmanöver zur Durchsetzung von d3–d4 beurteilt hat. Das ist er zwar auch, doch hätte der

Kombinationsspieler Tschigorin gleichzeitig das Opfer Th1 × h7, Kh8 × Th7, Df1 – h1+ auf seine sofortige oder spätere kombinative Tragfähigkeit untersuchen sollen.

Für Sie ist diese Partie auch ein Anlaß, die ständige Verschränkung positioneller Pläne mit kombinativen Ideen zu erkennen und in Ihren eigenen Partien zum Tragen zu bringen.

    21. d3 – d4   e5 × d4
    22. Sf3 × d4   Lg7 × Sd4

Jetzt hat Tschigorin die Gefahr erkannt. Zu spät. Schwarz konnte sich (22.) – – – Se6 × Sd4 nicht leisten wegen (23.) Th1 × h7+, Kh8 × Th7 (24.) Df1 – h1+!

    23. Td1 × Ld4   Se6 × Td4

Und nun nicht, wie es naheliegend, aber falsch wäre, (24.) Le3 × Sd4+, Tf8 – f6, was das Matt vereiteln und lediglich die Qualität zurückgewinnen würde, sondern durch weitere Opfer das Matt erzwingen!

Schauen Sie nicht nach! Finden Sie es zuerst selbst heraus.*

---

* 24. Th1 × h7+, Kh8 × Th7 25. Df1 – h1+, Kh7 – g7 26. Le3 – h6+, Kg7 – f6 27. Dh1 – h4+, Kf6 – e5 28. Dh4 × Sd4+, aufgegeben.

19.
Trainingsabschnitt

Die Systematiker ergreifen die Macht

In der Entwicklungsgeschichte des Schachspiels lösen immer wieder grundsätzlich unterscheidbare Perioden einander ab, die sich stilistisch und inhaltlich voneinander abgrenzen lassen.

Seit es Niederschriften von Schachaufgaben und Schachpartien gibt, also bereits seit dem Mittelalter, läßt sich immer wieder beobachten, daß bei den Schachspielern abwechselnd zwei Spielhaltungen im Vordergrund des Interesses standen.

1. Das Kampf- oder Kombinationsschach
2. Das Denk- oder Positionsschach

Am Beispiel der Lehre des Franzosen Philidor von der Bauernführung haben Sie das Denk- oder Positionsschach zum ersten Mal kennengelernt.

Die schachwissenschaftliche Forschung hat aber festgestellt, daß bereits im 15. Jahrhundert über das rein kombinativ angelegte Spiel hinaus, als dessen früheste Zeugen etwa die sogenannten »Mat-Mansuben« der Araber angesehen werden können, nach allgemeinen, also theoretisch ermittelten Grundsätzen gespielt wurde.

So geht insbesondere aus den Partien, die der Spanier Lucena 1497 und ein halbes Jahrhundert später sein geistlicher Landsmann Rui Lopez de Segura veröffentlichten, hervor, daß die Bedeutung der offenen Linie, der Zentrumsbauern, der Figurenentwicklung und des Tempogewinns durch Gambite und Opfer, ja sogar durch die Läuferfianchettierung bekannt waren oder doch wenigstens zu erproben versucht wurden.

Wenn auch von einer systematischen Betrachtung und theoretischen Koordination dieser Einzelerkenntnisse noch keine Rede sein konnte.

Es wurde von den damaligen Schachspielern, die lediglich auf die möglichst rasche Überrumpelung des Gegners ausgingen, bereits erkannt, daß die Verfolgung dieser kombinativen Ziele, etwa durch eine freie Linie, die sie mit einem Turm besetzen konnten, oder auch durch eine rasche Konzentration von Figuren auf die Stellung des gegnerischen Königs, die sich durch den Aufzug der Mittelbauern eher erreichen ließ, erleichtert wurde.

Deshalb wandten sie solche Zugfolgen in den von ihnen gespielten Partien immer wieder an, ohne daraus allerdings allgemeine spieltheoretische Grundsätze abzuleiten und niederzulegen.

Das tat erst Philidor zum ersten Male, als er die Bauern zur »Seele des Spiels« erklärte.

Seine systematisch-theoretischen Erkenntnisse gingen dann, gewissermaßen schleichend, in die Spielweise der Kampfspieler, die nichts anderes als gewinnen wollten, ein und *wirkten dort stilbildend.*

Derjenige Teil der theoretischen Erkenntnisse des Philidor, der sich in den von seinen Zeitgenossen gespielten Partien bewährte und der die Erzielung des Endsiegs förderte, wurde so lange immer wieder praktiziert, bis er schließlich zum selbstverständlichen Bestandteil der Spielweise aller Meisterspieler wurde.

Deshalb unterscheidet sich das Kombinationsspiel der Meister nach Philidor erkennbar von dem Kombinationsspiel der Meister vor Philidor.

Dann kam Paul Morphy, der junge amerikanische Meister, der fundamental neue, theoretische Erkenntnisse während seines Spiels am Schachbrett verwirklichte, ohne sich, wie Großmeister Geza Maroczy gezeigt hat (siehe Seite 161), über die allgemeinen Spielgrundsätze, die sich aus seiner streng positionell geführten, tempogewinnenden Figurenentwicklung ableiten ließ, jemals selbst systematisch klar geworden zu sein.

Auch diese, über das Positionsdenken des Philidor weit hinausgehenden, temposparenden Entwicklungsgrundsätze der Figurenführung wurden sehr rasch Allgemeingut des meisterlichen Spielstils seiner Zeitgenossen, ohne zunächst als theoretische Spielsysteme begründet zu werden. Das kam erst rund fünfzig Jahre später.

Die Geburt der allgemeingültigen Spieltheorie

Die systematische, wissenschaftliche Eröffnungstheorie begann erst mit Großmeister Siegbert Tarrasch und seinem schachtheoretischen Spiegelbild Aaron Nimzowitsch.

Die Grundlagen für die Erarbeitung einer sich allgemeingültig gebenden Eröffnungstheorie und einer Theorie der Behandlungsgrundsätze bestimmter Stellungskonfigurationen des Mittelspiels hatte allerdings bereits der nach Philidor größte Schachdenker Wilhelm Steinitz geliefert.

Wilhelm Steinitz war sich jedoch des lückenhaften und fragmentarischen Charakters seiner Erkenntnisse und Spielgrundsätze so sehr bewußt, daß er gar nicht daran dachte, auch nur den Versuch zu machen, eine allgemeine Schachspiel-Theorie zu entwickeln.

Tarrasch und Nimzowitsch hatten diese Skrupel nicht. Und wenn ihnen eine solche Gesamttheorie auch nicht gelang, so stellten sie doch Spielsysteme auf, die rasch ganze Schulen begründeten.

Sie prägten um die Jahrhundertwende nacheinander einen Spielstil, der noch heute für alle Meisterspieler zum Grundwissen ihrer individuellen Spielweise gehört.

Diesen beiden Großmeistern, die sich um die Weiterentwicklung des Schachspiels so unvergängliche Verdienste erworben haben, kam zugute, daß der Lieutenant Paul Rudolf v. Bilguer und dessen Schachfreund v. d. Lasa im Jahre 1843 ein »Handbuch des Schachspiels« herausgebracht hatten, das sich zwar als schachtheoretisches Werk verstand, in der Tat aber nicht mehr als eine sorgfältig kommentierte und mit vielen Zitaten versehene Sammlung fast aller damals bekannten Spieleröffnungen samt deren Varianten war, soweit sie in der praktischen Partie gezogen und schriftlich überliefert worden waren.

Das gleiche gilt für eine systematische Übersicht aller bekannten Endspielarten.

Zu einer gleichartigen, varianten-systematischen Aufschlüsselung auch des sogenannten »Mittelspiels« konnten sich die Herausgeber verständlicherweise nicht verstehen. Dazu hätten auch weder ihre Kräfte noch die verlegerischen Möglichkeiten ausgereicht. Sie fanden deshalb, um dennoch für den Anfänger wie den Meister einigermaßen vollständig zu sein, den folgenden Ausweg:

»Für die Mitte der Partie, deren sichere Leitung man durch Übung mit erfahrenen Gegnern oder aus ihren Partien lernen kann, haben wir nach jedem Kapitel einige Spiele als Muster folgen lassen.«

Damit war ein Betrachtungsschema für die Schachpartie geschaffen, das bis heute gültig geblieben ist und das bei aller Fruchtbarkeit für eine rasche Orientierung über die variantenbedingten Stärken oder Schwächen der Eröffnungen gerade dem Anfänger und dem Meisteraspiranten einen Studiengang aufzwang, der überwiegend zu einer Gedächtnisüberbelastung und zur mangelhaften Entwicklung des vor allem anderen wichtigen Schachgefühls führte.

Viele Großmeister und unter ihnen bezeichnenderweise gerade die meisten Weltmeister vor Alexander Aljechin haben, wie Sie wissen, eine recht geringe Meinung von der wissenschaftlichen Eröffnungstheorie gehabt und es vor allem beharrlich abgelehnt, ihr Gedächtnis mit Variantenbündeln zu überladen.

Dies geschah ganz gewiß deshalb, weil sie sich durch allzu umfangreiches Variantenwissen überbelastet und in der freien Entfaltung ihres Schachgefühls behindert empfanden.

Daß und warum es dennoch, insbesondere durch die so verdienstvollen Untersuchungen der Großmeister Tarrasch, Nimzowitsch und später vorwiegend der sowjetischen Schachschule zu einer Überbetonung, ja geradezu Überflutung der schachlichen Ausbildung durch immer längere und immer verzweigtere Varianten gekommen ist, das werden Sie an einigen charakteristischen Beispielen gleich erkennen können.

Glücklicherweise ist jedoch die Überschätzung der Bedeutung des Variantenwissens für die Entwicklung zum Schachmeister im Abklingen begriffen, so daß Sie in den Stoßseufzer eines Schachenthusiasten in der Zeitschrift »Schach Echo« Nr. 24, 1960 nicht länger einzustimmen brauchen:

»Wir sträuben uns nicht dagegen, die Nase in die Bücher zu stecken, aber ist es für den noch in der Entwicklung sich befindlichen Schachfreund nicht möglich, mit einem knappen Programm, mit einigen wenigen Eröffnungen auszukommen? Oder ist er dazu verdammt, auf dem Meere unermeßlicher Varianten aus Dutzenden von Eröffnungen hin- und hergetrieben zu werden?«

Der internationale Schachmeister Vladimir Bucovic hat vor wenigen Jahren diese Frage systematisch untersucht und ist zu folgendem Ergebnis gekommen:

»Die zu sehr angeschwollene Eröffnungstheorie wird vielfach als eine Bürde empfunden. Sie überladet die Meister mit Vorbereitungen und Gedächtnisarbeit und droht bereits die Schachkunst allmählich in ein Variantengewerbe zu verwandeln.

Um hier Wandel zu schaffen, muß man zunächst klarstellen, warum und wie diese Theorie wächst. Im Grunde genommen betrifft sie eigentlich nicht die Eröffnungsphase, sondern gilt dem frühen Mittelspiel. Und da hierfür die Gesetze nicht genug bekannt sind, sammelt man Erfahrungsmaterial aus Meisterpartien und nennt das Theorie. Es hat sich so gefügt, daß diese beschwerliche Phase der Theoriebildung gerade in unserer Zeit kulminiert und wohl viele talentvolle Spieler vom praktischen Turnierspiel abhält. Das wird auf diese Weise kaum so weitergehen; man wird nie das ganze Mittelspiel durch Buchvarianten bewältigen können. *Schon beginnt man in der Sowjet-Union, typische Formationen und nicht mehr Varianten-Systeme zu studieren.*«

Weltmeister Lasker hat einmal den Versuch gemacht zu erklären, wie es ursprünglich zur Eröffnung einer Schachpartie gekommen sein mag.

»Hunderte von Jahren hatte man auf gut Glück begonnen. Die Verwicklungen traten nach ein paar Zügen von selbst ein, in den Verwicklungen offenbarte sich das Können, der Anfang der Partie schien fast bedeutungslos.«

Von den Eröffnungen auf gut Glück konzentrierten sich die Eröffnungsgewohnheiten dann im Laufe der Zeit auf die Doppelschritte der beiden Mittelbauern.

Es wurde entweder 1. e2–e4 oder 1. d2–d4 eröffnet und, da sich die Spiele dann zunächst gleichwertig zu entwickeln pflegten, auch vom Partner mit dem Doppelschritt des entsprechenden Mittelbauern beantwortet.

Die Bedeutung der Brettmitte für die Möglichkeit, bald zu wirksamen Kombinationen zu kommen, wurde ebenfalls rasch erkannt, weshalb jeder Spieler das engere oder weitere Zentrum dadurch zu beherrschen versuchte, daß er es mit Steinen besetzte.

Aus diesen Gewohnheiten, die in allen Meisterpartien wiederkehrten, wurden dann, bis Wilhelm Steinitz seine tiefer schürfenden Untersuchungen anstellte, Anweisungen an den Spieler entwickelt, die sinngemäß immer gleichartig so lauteten:

»Ziehe möglichst bald die Mittelbauern und leichten Officiere, spiele überhaupt die Figuren mehr nach der Mitte hin, um eine Stellung herzustellen, die die eignen Figuren (namentlich den König) gehörig deckt, zugleich aber als Basis zu einem Angriff auf den Feind dienen kann, wenn sich derselbe die geringste Blöße geben sollte. Die Läufer sind daher auf die 4. Linie (gemeint ist 'Reihe', d. A.) zu setzen, von wo sie zugleich die in der Nähe des feindlichen Königs befindlichen Läuferbauern (f7, f2) bedrohen. Die Springer setze nicht an die Randfelder. Rochire möglichst bald, um den König sicher zu stellen, und suche den Feind an der Rochade zu hindern. Achte darauf, daß du – beim Schlagen – keine Doppelbauern erhältst, da dieselben die Bewegung hindern und leicht vom Feinde erobert werden können. Beachte ferner, daß ein einzelner Bauer nur sehr schwer zu halten ist und die Deckung desselben deine Kräfte zu sehr zersplittern würde. Den Abtausch der Figuren vermeide nicht ängstlich, bewerkstellige ihn vielmehr – z.B. auch zwischen den beiden Damen –, wenn dir der geringste Vortheil daraus erwächst. Auch die unbedeutendste Figur gieb nicht zwecklos preis, bedenke vielmehr, daß der geübte Spieler mit einem Bauer mehr gar oft die Partie gewinnen muß. Bemächtige dich der offenen Linien mit den Thürmen und Läufern (gemeint sind die Diagonalen, d. A.). Es empfiehlt sich daher auch oft, nach der kurzen Rochade die f-Linie vom Bauer frei zu machen, um für den Thurm eine neue Angriffslinie auf den feindlichen König zu gewinnen. Besonders im Anfange des Spieles hüte dich, König und Dame auf dieselbe gerade oder schräge Linie zu stellen, da ein Angriff des feindlichen Thurmes oder Läufers leicht den Verlust der Dame nach sich ziehen kann. Will man ein Schach durch Zwischensetzen einer Figur decken, so wählt man in der Regel eine solche, welche die schachbietende Figur zugleich angreift. Einen einzelnen feindlichen Bauern unmittelbar vor dem König schlägt man sehr oft nicht, weil er den König in der Regel besser deckt, als eine eigene Figur. Vermeide auch zweckloses Schachbieten oder das zu zeitige Eindringen mit der Dame und den Thürmen in die feindlichen Figuren, da der Gegner durch Entgegenstellen seiner Truppen oft nur an Entwickelung gewinnt und du durch resultatloses Hin- und Herziehen Tempi verlieren würdest. Ziehe, um kein Tempo zu verlieren, die Thurmbauern nur dann einen Schritt, wenn die Anwesenheit des feindlichen Läufers oder Springers auf dem 4. Felde des Springers (z. B. des schwarzen Läufers auf g4 oder b4) wirklich verderblich werden könnte.«

Dr. Siegbert Tarrasch, der Schach-Präceptor Germaniae

Diese Spielanweisung erschien im Jahre 1879, also 16 Jahre vor Großmeister Siegbert Tarraschs grundlegendem Werk »Dreihundert Schachpartien« und dem später folgenden »Die moderne Schachpartie«. Diese beiden Lehrbücher wurden zur »Bibel« aller ernsthaft bemühten Schachspieler.

Die Gegenüberstellung erfolgt hier nur deshalb, weil Großmeister Tarrasch die gleichen Spiel-Grundsätze zu einem dogmatischen System ausgebaut, als verpflichtendes Lehrgebäude darbot, von dem der Spieler, wenn er gegen einen gleichwertigen Meister erfolgreich sein wollte, keinen Fußbreit abweichen durfte.

Diesem umfassend erscheinenden System, das den Wert der im Zentrum stehenden Bauern überschätzte, das dem Tempogewinn vor dem Plan den Vorzug gab, das behauptete, daß es in jeder Stellung nur einen einzigen »besten Zug« geben könne, daß jede beengte Stellung den Keim des Verlustes in sich trage, erwuchs im Jahre 1913 ein mächtiger Gegner. Er löste eine regelrechte Revolution der bis dahin unter den Meistern allein herrschenden Spielweise aus. Dieser Gegner hieß: Aaron Nimzowitsch.

Bevor Sie nun in die revolutionäre Vollendung der von Steinitz begründeten und von Tarrasch formierten »klassischen Spielweise« durch den Neu-Romantiker Aaron Nimzowitsch eingeführt werden, sollten Sie sich mit diesen »klassischen Spielprinzipien« durch einige praktische Beispiele vertraut machen.

20.
Trainingsabschnitt

Analyse:
Tarrasch gegen Rubinstein

Dr. S. Tarrasch	A. Rubinstein
1. e2–e4	e7–e5

Über diese Eröffnung hat Weltmeister Lasker noch um die Jahrhundertwende geurteilt: »Die folgerichtigste von allen Eröffnungen, die mit dem Doppelschritt der Königsbauern beginnen.«

2. Sg1–f3	Sb8–c6
3. Sb1–c3	Sg8–f6
4. Lf1–b5	Lf8–c5

Das Besondere an dieser Partie ist, daß hier die beiden anerkannt bedeutendsten Nachfolger und Vollender der Ideen und Erkenntnisse von Wilhelm Steinitz gegeneinander spielen.

Die Verdienste von Großmeister Tarrasch um den Ausbau des Ideenguts von Steinitz kennen Sie schon. Von A. Rubinstein sagt Richard Réti: »So hat Rubinstein denn auch die vollendetsten Partien der Epoche nach Steinitz geschaffen. Mit den Theorien von Steinitz und ihrer Anwendung in der Schachpraxis ging es ähnlich wie mit den physikalischen Theorien und ihrer Anwendung in der Technik. Steinitz selbst, ihr Schöpfer, hat bei weitem nicht die besten Partien dieser Art geliefert. Eine ganze Generation von Schachmeistern war nötig, um aus diesen Theorien alles für die praktische Partie herauszuholen. Rubinstein war der Schlußstein dieser Generation und seine Partien demonstrieren die Lehre von Steinitz in der vollendetsten Form.«

5. Sf3 × e5	Sc6–d4

Schwarz darf den Se5 nicht schlagen, da (6.) d2–d4 die Figur mit Vorteil für Weiß zurückgewinnt.

Zieht Weiß nun (6.) Lb5–e2, dann hat Schwarz für den geopferten (Gambit-) Bauern keinen Ausgleich. Rubinstein spielte daher in zukünftigen Partien zuerst (4.) --- Sc6–d4 und machte dann erst den Gambitzug (5.) --- Lf8–c5.

Großmeister Tarrasch nützt die Möglichkeit, in Vorteil zu kommen, nicht aus und zieht im Interesse seines Druckspiels gleich

    6. Lb5–a4   o–o
    7. d2–d3   ---

Das ist besser als (7.) Se5–d3, Lc5–b6 (8.) e4–e5, Lf6–e8. Weil Weiß seinen Lc1 blockiert hätte und Schwarz den Be4 durch d7–d5 vorteilhaft bedrohen kann und rasch zu einem heftigen Angriff kommt.

    7. ---   d7–d5
    8. Lc1–g5   c7–c6

Der direkte und indirekte Kampf um das Zentrum ist, getreu den Tarrasch-Grundsätzen, mit aller Heftigkeit entbrannt.

Die Frage lautet nun, ob Weiß den geopferten schwarzen Bauern wieder zurückgeben muß.

Akiba Rubinstein wurde von vielen Schachmeistern immer wieder nachgesagt, er betreibe das Schach so wie ein indischer Büßer, der nichts anderes kenne, als ein tiefes Sichversenken in das Reich der schwarz und weiß geschrägten Felder, dem Brett und Figuren heilige Symbole eines Mysteriums seien, dem er in gläubiger Verehrung als ein Priester diene.

In dieser Partie gegen den »Mitschüler« von Wilhelm Steinitz ist von solcher mystischen Versenkung nichts zu spüren.

Doch macht seine Spielweise hier den ihm ebenfalls stets zuerkannten Eindruck konservativer Solidität: »Er drängt nicht auf rasche Entscheidung, er geht mit dem Gegner und wartet mit nie versagender Geduld auf eine günstige Stunde. Dem entspricht auch, daß er in der Eröffnungsphase keinen besonderen Ehrgeiz entfaltet. Sein Spiel ist unauffällig ohne schillernde Pointen, dafür aber gediegen und von jener Kraft, die den reifen Meister kennzeichnet. Er gehört zum Typus des »Logikers« im Schach, der – wie Tarrasch – methodisch, planvoll Baustein an Baustein fügt, wie die Stellung sie bietet.«

Doch war, wie Weltmeister Lasker aus Rubinsteins Partien erkannt hat, diesem strengen Logiker auch eine gewisse psychologische Haltung gegenüber dem vertrauten Gegner keineswegs fremd.

Daß Rubinstein in dieser Partie gegen den »Logiker« Tarrasch eine derart überlegene Stellung erreichte, die er wie immer Schritt für Schritt geduldig aufgebaut hatte, verdankt er, so paradox dies klingt, einer einseitigen Vorliebe von Großmeister Tarrasch. Sie galt dem von Tarrasch postulierten Grundsatz vom »einzigen besten Zug« in jeder Stellung.

Dieses angebliche Gesetz, um dessen Nachweis Tarrasch in allen seinen Partien unablässig bemüht war, verführte ihn dazu, jedes angebotene Opfer, jedes Gambit zunächst einmal anzunehmen, das heißt, den mit dem Gambit verbundenen materiellen Vorteil einzuheimsen. Dann wurde dieser Vorteil durch lauter »beste Züge« bis zum Endspiel verteidigt. Dort würde dann erfahrungsgemäß der materielle Vorteil bei bestem Spiel zum Endsieg ausreichen.

Tarrasch glaubte damit auch den von Steinitz theoretisch erarbeiteten Grundsatz zu rechtfertigen, nach dem »fast jedes Gambit am besten durch dessen Annahme bekämpft wird«.

Es ist für den Nachspielenden ein hoher Genuß, mitzuerleben, wie in dieser Partie sich Steinitz hier gewissermaßen selbst bekämpft, indem sich eine seiner Erkenntnisse gegen die andere stemmt und sie schließlich überwältigt.

Weltmeister Lasker, dem die auf Gewinn ausgerichtete Spielweise alles und die ästhetische Schönheit der Partieführung, an die so viele Großmeister glaubten, und die auch Rubinsteins Merkmal war, nichts galt, hatte in Rubinsteins Partien ein ausschließlich spieltaktisches Merkmal entdeckt, das er so formulierte: »Wiederum ist es deutlich, welche Kraft Rubinsteins Spiel gewinnt, indem er sich nach den *jeweiligen Schwächen* des Gegners richtet.«

Rubinstein hat die »Schwäche« von Großmeister Tarrasch für die Annahme angebotener Opfer zweifellos genau gekannt und spielte deshalb in dieser Partie gegen ihn ein Gambit, das ihm einen kleinen Positionsvorteil im Zentrumsbereich einbringen würde, den er dann streng logisch Zug um Zug ausbauen konnte.

Wie Rubinstein diesen Vorsatz im Sinne der Lehren Wilhelm Steinitz methodisch planvoll ausführt, ohne sich dabei auf kombinative Nebenwege ablenken zu lassen, ist für jeden Meisterschüler von exemplarisch lehrhafter Bedeutung.

Da die Periode des systematisch-planvollen Spiels von Ihnen ebenso wie alle anderen historischen Spielweisen durchlaufen werden muß, sollten Sie gerade die dafür vorbildlichen Partien der Großmeister Rubinstein, Capablanca und Tarrasch studieren und nachahmen. Erst wenn Sie diesen Spielstil beherrscht gelernt haben, sollten Sie anfangen, diese Partien mit denen des »Neuromantikers« Nimzowitsch und der »Hypermodernen« Tartakower, Réti, Grünfeldt und anderen ganz systematisch zu vergleichen.

Die letztgenannten waren nämlich nicht, wie sie zeitweise selbst glaubten, die revolutionären Zerschmetterer der »klassischen« Steinitz-Spielweise, sondern deren Vollender.

Zurück zum 9. Zug der Partie:

Daß Weiß sich nun die kurze Rochade o–o nicht leisten kann, weil nach (8.) --- Tf8–e8 der Vormarsch des natürlichen Angriffsbauern f2 unterbleiben müßte, zeigt deutlich, welchen Stellungsvorteil Schwarz für den geopferten Be5 eintauschen konnte.

Da sich Weiß diese seine einzige Angriffschance erhalten will, muß er die lange Rochade vorbereiten. Auch (10.) Se5–f3 ist kein Ausweg, weil sogleich (10.) --- Lc8–g4 folgt.

```
 9. Dd1–d2        Tf8–e8
10. f2–f4         b7–b5!
11. La4–b3        h7–h6
```

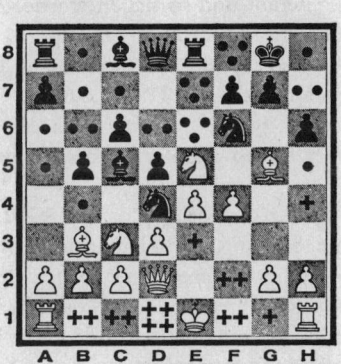

Stellung 56
Weiß zieht

W S
Felder: 8:14
Wirkgew: 15:23

nach 11. --- h7–h6

Die Analyse der Stellung ergibt, daß nicht nur die Bilanz der freien Felder und Wirkungsgewichte für Weiß ziemlich ungünstig ist.

Der Druck auf die weiße Stellung ist vom Zentrum aus stärker und bedrohlicher als der Druck der weißen Figuren auf den schwarzen Königsflügel.

Ebenso offensichtlich wie, daß Weiß keinesfalls o–o ziehen darf, ist es auch, daß die Auflösung des Zentrums unmittelbar bevorsteht. Der weiße König muß also aus der Mitte weg, was nur durch o–o–o sinnvoll geschehen kann.

Auf dem weißen Damenflügel droht aber ein heftiger Angriff durch a7–a5, vor allem dann, wenn Weiß seine Bauernmehrheit zu behalten versucht durch:

(12.) Lg5 × Sf6   Dd8 × Lf6
(13.) o–o–o   a7–a5
(14.) e4 × d5   a5–a4
(15.) Sc3–e4   Df6–e7
(16.) d5–d6   ———

Was spricht gegen diese für Weiß so vorteilhaft erscheinende Abwicklung? Der erfahrene Großmeister Tarrasch muß entdeckt haben, daß Schwarz hier siegreich fortfahren kann, wenn er die Dame opfert!

(16.) ———   a4 × Lb3!

Nun darf Weiß De7 nicht schlagen, da Schwarz durch (17.) b3 × a2 die Dame zurückgewinnt und so siegen würde. Analysieren Sie es selbst und kommen wir zurück zum 12. Zug.

Großmeister Tarrasch verzichtete deshalb auf dieses Abspiel und zog stärker seinen angegriffenen Läufer zurück.

12. Lg5–h4   Sf6 × e4

Nun kann Schwarz seinen geopferten Bauern vorteilhaft zurückerobern.

13. Lh4 × Dd8   Se4 × Dd2

Die nun erreichte Stellung muß Rubinstein bereits vor seinem Zug 10. ——— b7–b5 herausgerechnet haben, denn wenn er diesen Zug, der den La4 nach b3 zwang, unterlassen hätte, würde er jetzt seinen Sd2 verlieren, ohne daß er den Ld8 dafür bekäme.

Weiß könnte dann, anstatt sofort 14. Ke1 × Sd2 zu ziehen, zunächst (14.) Ld8–h4 ziehen, weil der schwarze Sd2 kein Fluchtfeld und keine Abtauschmöglichkeit mehr hätte!

14. Ke1 × Sd2   Te8 × Ld8

Die nun erreichte Stellung ist eine neue Analyse wert:

Stellung 57
Weiß zieht

W S
Felder: 7:13
Wirkgew: 18:18

nach 14. --- Te8 × Ld8

Von Schwarz droht erneut der Angriff auf den Damenflügel mit a7–a5. Gegen diese Drohung muß Weiß etwas unternehmen, und zwar so rasch wie möglich. Denn es ist leicht zu erkennen, daß Schwarz in der Lage ist, den einzigen noch übriggebliebenen Stolz von Weiß, den das Zentrum besetzenden Se5 zu vertreiben.

Dann aber werden die beiden Läufer von Schwarz übermächtig, während der weißfeldrige Läufer von Weiß völlig gelähmt steht.

Es ist auch kein Weg ersichtlich, auf dem er rasch abgetauscht oder aktiviert werden könnte.

Die beiden weißen Türme sind noch nicht dazu gekommen, in das Geschehen einzugreifen. So wichtig es wäre, wenigstens einen der beiden weißen Türme zu aktivieren, so ist es dennoch wichtiger, die überlegene schwarze Figurenstellung im Zentrum zu zersprengen.

Das kann aber nur durch sofortiges Sc3–e2 geschehen.

Den vom Turnierbuch vorgeschlagenen Zug (das Turnier fand 1912 in San Sebastian statt) (15.) Ta1–e1 hat Großmeister Tarrasch mit Sicherheit selbst erwogen und beim Durchrechnen erkannt, daß er für seinen Lb3 zwar drei Bauern bekommen, anschließend aber in eine Verluststellung hineingeraten würde.*

---

* (15.) Ta1–e1, a7–a5 (16.) Sc3–e2, Sd4 × Se2 (17.) Te1 × Se2, a5–a4 (18.) Se5 × c6, Lc8 × g4 (19.) Sc6 × Td8, Lg4 × Te2 (20.) Lb3 × d5, Ta8 × Sd8 (21.) Ld5 × f7+, Kg8 × Lf7 (22.) Kd2 × Le2, Td8–e8+ (23.) Ke2–d1, a4–a3 (24.) b2–b3, Lc5–b4, wie Großmeister Réti analysiert hat.

Großmeister Tarrasch zog deshalb

15. Sc3–e2	Sd4 × Se2
16. Kd2 × Se2	Td8–e8
17. Ke2–f1	Lc8–b7
18. c2–c3	f7–f6

Mit diesem Zug beginnt Rubinstein, die Früchte seines geduldig fortschreitenden Spiels, durch das er unablässig auf die Schwächen der weißen Stellung gespielt hat, zu ernten.

Er verbindet jetzt seine strategische Stärke, die von Steinitz nachgewiesene Überlegenheit zweier Läufer gegen Läufer und Springer, mit der taktischen Zurückdrängung und wirkungsschwächenden Abseitsstellung des weißen Läufers.

Sie sollten sich an dieser Stelle des Ihnen in der »Neuen Schachschule. Meister durch schöpferisches Spiel« gegebenen Nachweises erinnern, daß zwei Läufer nur dann stärker sind als Läufer und Springer, wenn die Stellung *halboffen* ist und die Läufer nicht hinter eigenen oder vor gegnerischen Bauernketten so postiert sind, daß sie sich frei bewegen können.

Wenn Sie die Stellung 57 daraufhin prüfen, dann erkennen Sie, daß die schwarzen Läufer alle Bewegungsfreiheit besitzen, während der weiße Läufer durch die festgefügte schwarze Bauernkette des Damenflügels bewegungslos eingesperrt ist.

Weiß braucht, wenn er den Läufer nicht gegen drei schwarze Bauern abtauscht, mindestens vier Züge, um ihn wieder ins Spiel zu bringen.

19. Se5–g4	h6–h5
20. Sg4–f2	Lc5–e3

Mit der Zurückdrängung des Springers ist die letzte Hoffnung von Weiß auf einen Gegenangriff verschwunden. Er konzentriert sich nun ganz auf die Verteidigung, in der Hoffnung, Remis zu erreichen.

21. Lb3–d1	h5–h4
22. g2–g3	a7–a5

Schwarz hätte den Bh5 durch (21.) g7–g6 decken können, konnte dann aber die Befreiung des Königsflügels und des Th1 nicht mehr verhindern.

Deshalb macht er sich lieber die Hauptschwäche der weißen Königsstellung zunutze und erzwang den Deckungszug 22. g2–g3, wohl beachtend, daß er das Feld g4 dem Sf2 ruhig überlassen konnte, solange sich die Bauern g7, f6 und auch d5 nicht bewegen.

  23. Ld1–f3   b5–b4
  24. Kf1–g2   b4 × c3
  25. b2 × c3   Lb7–a6

Der letzte Zug von Schwarz sieht auf den ersten Blick wie ein Versehen aus. Denn Weiß könnte jetzt durch (26.) d3–d4 den schwarzen Le3 bewegungslos machen und ihn entweder zum Abtausch gegen den ohnehin bewegungsbeschränkten Sf2 veranlassen oder den Le3 mit Turm und Springer angreifen. Doch scheitert dieser Plan an Le3–d2, der Weiß zwingt, den Bc3 durch Sf2–d1 zu decken, damit die Verbindung der Türme zu unterbrechen und die Beweglichkeit der weißen Figuren vollends lahmzulegen.

Die totale Eingeschränktheit dieser Stellung wird durch die Bilanz der freien Felder 9 : 15 bei 20 : 22 Wirkungsgewichten unterstrichen.

Dem schacherfahrenen Blick von Großmeister Tarrasch muß die eingeschränkte Lage seines Königs bewußt geworden sein, weshalb er auf einen anderen Ausweg aus dem Angriff auf den Bd3, der nach dem Abtausch von Sf2 verloren wäre, sinnen mußte.

Da ihm das Hauptproblem seiner Stellung, die immer stärker werdende und bald auch auf der Königsseite drohende totale Bewegungseinschränkung seines weißfeldrigen Läufers die größeren Sorgen machte, prüfte er, bevor er die Frage eines weiteren Deckungszuges für den Bd3 durch einen der Türme untersuchte, zunächst, ob es nicht einen Verteidigungszug gäbe, der zugleich seinen Läufer zu befreien geeignet sei, ohne dabei ein materielles Opfer bringen zu müssen.

Diese kraftsparende Ordnung der spieltechnischen Überlegungen sollten Sie sich für Ihr eigenes Spiel ebenfalls anzugewöhnen versuchen.

Großmeister Tarrasch entdeckte, daß er die Befreiung seines Läufers durch den folgenden verteidigenden Angriffszug erreichen konnte:

  26. c3–c4!   Ta8–d8

Da Schwarz den Bc4 nicht schlagen darf (warum, erkennen Sie selbst), bleibt ihm nichts anderes übrig, als den angegriffenen Bd5

durch den Ta8 zu decken und diesen damit zugleich aus dem
potentiellen Wirkungsbereich des Lf3 zu entfernen.

    27. c4 × d5   c6 × d5
    28. Th1–d1   Te8–e7

Schwarz scheint (29.) Sf2–g4 mit dem Angriff auf den drückenden
schwarzen Le3 nicht zu fürchten. Warum wohl? Überlegen Sie,
bevor Sie weiterziehen.

    29. Sf2–g4   h4 × g3
    30. h2 × g3   Le3–d4

Mit diesem tempogewinnenden Rückzug des schwarzen Läufers auf
ein zentrales Wirkungsfeld wird zugleich deutlich, daß die eingeschränkte Bewegungsfreiheit des weißen Springers noch lange
nicht aufgehoben ist.

    31. Ta1–c1   Te7–b7
    32. Tc1–c2   Kg8–f7

Stellung 58
Weiß zieht

W S
Felder: 9:15
Wirkgew: 16:25

nach 32. – – – Kg8–f7

Die Bilanz der freien Felder und Wirkungsgewichte macht die
Überlegenheit der schwarzen Figurenstellung überwältigend deutlich.

Im Bereich der schwarzen Stellung hat Weiß überhaupt nur ein
einziges freies Feld c6 zur Verfügung, obwohl sein Tc2 die ganze
c-Linie beherrscht.

Diese Tatsache illustriert zugleich die fast unheimliche Kraft des
unangreifbar vor dem Bd3 versteckten schwarzen Ld4, der auch

dem Kg2 zwei wichtige Felder in der eigenen Stellung unbetretbar macht.

Wie soll es nun weitergehen? Überlegen Sie das zur Stärkung Ihres Schachgefühls und Ihrer Kombinationskraft selbst, bevor Sie weiterziehen.

Großmeister Tarrasch hat es verstanden, das schwarze Bauernzentrum aufzulösen und dadurch den Haupthemmschuh für die Beweglichkeit seines weißfeldrigen Läufers nachhaltig abzubauen.

Er hat nun die Hoffnung, den Läufer früher oder später wieder aktivieren zu können.

Die weißen Figuren stehen alle immerhin verteidigungsbereit. Wenn Weiß auch keine große Hoffnung auf einen Angriff hat, so kann er doch erwarten, sich gegen Angriffe auf seine Bauern ausreichend verteidigen zu können, zumal die schwarzen Damenbauern ebenso vereinzelt sind wie die weißen.

Schwarz wird, da ein Mattangriff auf den weißen König aussichtslos erscheint, die Bauern des weißen Damenflügels wirksam angreifen und womöglich zu erobern versuchen. Dazu wird er eine weitere Angriffsfigur, seinen König (!), herbeiholen müssen.

Der schwarze König kann die ihn schützenden Bauern verlassen, dank der beiden Läufer, die ihn gegebenenfalls vor Schachs decken und ihm die Überschreitung von Linien, die von weißen Türmen beherrscht werden, ermöglichen. Der schwarze König darf sich also zutrauen, zum Damenflügel hinüberzumarschieren.

Da das schwarze Läuferpaar aber auch andere Aufgaben zu erfüllen hat, als nur den Weg des Königs zu decken, und die beiden weißen Türme das Haupthindernis für den Marsch des schwarzen Königs darstellen, sollten sie nach Möglichkeit gegen die eigenen Türme abgetauscht werden.

Dann erst könnte sich die Angriffskraft des weißen Läuferpaars voll entfalten.

Großmeister Rubinstein, der sicher mehr auf Grund seines Schachgefühls zur gleichen Stellungsbeurteilung gekommen ist, sieht, daß er den Abtausch eines Turmes sofort ohne Nachteil erzwingen kann. Er zieht nach dem Deckungszug von Weiß:

33.	Sg4–f2	Tb7–b2
34.	Tc2 × Tb2	Ld3 × Tb2
35.	Td1–d2	Lb2–d4

Der schwarze Läufer nimmt sofort seine zentrale, beherrschende Stellung wieder ein.

Für Schwarz lautet die nächste zu lösende Aufgabe, seinen Td8 von den Deckungspflichten des Be5 zu befreien, für Weiß lautet sie, einen Plan zu erfinden, durch den sein Sf2 wieder in eine beherrschende Zentrumsstellung gebracht werden kann.

          36. Sf2–h3   Kf7–e6

Schwarz durchschaut natürlich, daß der Sh3 nach f4–f5 auf dem Feld f5 postiert werden soll. Weiß hat indessen die Antwort von Schwarz vorausgesehen und lenkt den schwarzen König durch eine Drohung ab.

          37. Td2–c2   Ke6–d6

Daß (37.) — — — La4 × d4 mit Figurenverlust für Schwarz enden würde, wobei Schwarz nicht einmal zwei weiße Bauern für die geopferte schwarze Figur bekäme, sehen Sie selbst.

          38. f4–f5   Td8–c8!

Eine großmeisterliche Widerlegung der weißen Spielweise, die deutlich macht, wie überlegen Rubinstein die positionelle wie materielle Kombination beherrscht.

Daß Weiß nicht von sich aus die Türme tauschen darf, weil er damit den schwarzen Plänen Vorschub leistet, ist offensichtlich.

          39. Lf3–d1   Tc8 × Tc2
          40. Ld1 × Tc2   Kd6–e5
          41. g3–g4   Ld4–e3

Der Zug von Schwarz verhindert endgültig Sh3–f4

          42. Kg2–f3   Kf5–d4
          43. Lc2–b3   — — —

Eine leicht durchschaubare Falle

          43. — — —   La6–b7
          44. Kf3–e2   Lb7–a6
          45. Lb3–c2   La6–b5
          46. a2–a4   Lb5–d7

Jetzt droht Rubinstein g7–g6

          47. Ke2–f3   Kd4–c3
          48. Kf2 × Le3   d5–d4+
          49. Ke3–e2   — — —

Natürlich darf der weiße König nicht nach e4. Finden Sie selbst heraus, warum?

49. ---	Kc3 × Lc2
50. Sh3–f4	Ld7 × a4
51. Sf4–e6	La4–b3
52. Se6 × d4+	Kc2–b2

Welcher Meister hätte es wohl gewagt, eine solche Abwicklung auch nur ins Auge zu fassen?

53. Sd4–b5	a5–a4

Der weiße Springer muß unter allen Umständen den Ba4 aufhalten und, wenn nötig, sich gegen ihn abtauschen.

54. Ke2–e3	a4–a3
55. Sb5 × a3	Kb2 × a3

Nun sieht es aber für Schwarz eigentlich ungünstig aus. Oder? Wenn nicht, warum nicht?

56. Ke3–d4	Ka3–b4!

Und Schwarz kann die weißen Bauern in aller Ruhe nacheinander erobern.

      Weiß gab auf.

21.
Trainingsabschnitt

Tarrasch entfesselt die Variantenfluten

Die diktatorisch vorgetragene Behauptung des unbestrittenen europäischen Schachlehrmeisters Dr. Siegbert Tarrasch von dem einzigen besten Zug, der in jeder Stellung gefunden werden müsse (»daß ein Zug der stärkste, der allerstärkste ist und nur der ist der richtige«), wurde bis zum ersten Weltkrieg von fast allen europäischen Meistern, Großmeistern und sonstigen Schachspielern gläubig hingenommen.

Das hatte zur Folge, daß vor allem in denjenigen Partien, die von Tarrasch-Schülern verloren wurden, ein sich immer stärker werdender Zwang entwickelte, den nicht zu widerlegenden Nachweis zu führen, an welcher Stelle der einzige, beste Zug versäumt worden war.

Tarrasch hatte dazu behauptet: »Ist der Vorteil noch nicht groß, dann zeigt es sich meist, daß, wenn mehrere Züge in Betracht kommen, nicht nur der eine der stärkste ist, sondern daß die anderen sogar nachteilig ausfallen, und nichts ist im Schach schwieriger, als von mehreren gleich gut erscheinenden Zügen den besten, den einzig richtigen herauszufinden.«

Ein solcher Nachweis war selbstverständlich nur durch eine sorgfältig betriebene und erschöpfende Variantenanalyse möglich.

Tarrasch selbst war, wie sein Schüler Großmeister Vidmar überliefert hat: »kein Eröffnungsvariantenanbeter. Er behandelte die Eröffnung, als sei sie bereits das Mittelspiel.«

Diese Einstellung verhinderte aber leider nicht, daß die Tarrasch-Schüler ständig gezwungen waren, über das Studium der Bilguerschen Eröffnungstabellen hinaus viel weitergehende Variantenverzweigungen zu durchforsten, um herauszubekommen, welcher Zug in beliebigen Stellungen des Mittelspiels als einziger bester erwiesen werden konnte.

Die Kommentare zu den veröffentlichten Turnierpartien wurden infolgedessen immer variantenreicher und die privaten Orientierungsaufzeichnungen der Meister schwollen zu respektablen Handbüchern an.

Diese allgemeine Tendenz zur »wissenschaftlichen Theorienforschung« stieg fast ins Unermeßliche, als vor und nach dem ersten Weltkrieg die Hauptgrundsätze von Dr. Tarrasch, die von ihm als Schachgesetze verkündet wurden, von dem »Neuromantiker« Aaron Nimzowitsch und den »hypermodern« spielenden Meistern auf das Heftigste angegriffen wurden, und, wie es schien, häufig widerlegt werden konnten.

Aaron Nimzowitsch oder die Revolution an der Nabelschnur

Der Übergang der »klassischen« Spielweise zur »neuromantischen« und schließlich zur »hypermodernen« begann im Jahre 1913.

Er richtete sich nicht etwa auf einen grundsätzlichen Neubeginn der Spielanfänge und eine Neubewertung der Wirkungsmöglichkeiten auf die Felder des Schachbretts, wie das Weltmeister Lasker in seinem Lehrbuch des Schachspiels wenigstens andeutungsweise und eben deshalb erfolglos zu tun versuchte. Die neuromantischen Hypermodernen standen vielmehr gegen die apodiktischen Lehren von Großmeister Tarrasch und die daraus abgeleiteten Schachgesetze auf.

Sie ließen die von Steinitz entdeckten Erkenntnisse durchaus gelten, behaupteten jedoch, sie weit folgerichtiger zu interpretieren und für die praktische Partie viel nachhaltiger nutzbar machen zu können, als dies der »klassische« Tarrasch tat. Dennoch fügten sie den Steinitz-Erkenntnissen keine neuen hinzu.

Das taten erst, nachdem der hypermoderne Sturm im Wasserglas von der Theorie besänftigt und in gewaltigen Variantenuntersuchungen auf das ihm angemessene Maß zurückgeschraubt worden war, langsam und zögernd die sowjetischen, die europäischen und die amerikanischen Turnierkämpfer von Botwinnik bis Bobby Fischer.

Um Ihnen deutlich zu machen, worin die angeblich so revolutionären Neuerungen der neuromantischen Hypermodernen tatsächlich bestanden, genügt es, einige Sätze aus Aaron Nimzowitschs »Mein System« und Dr. S. G. Tartakowers »Die hypermoderne

Schachpartie« zu zitieren. Sie werden dann erkennen, daß diese Neuerungen nicht grundsätzlicher Art waren, sondern lediglich den alten, von Wilhelm Steinitz geschaffenen Spielgrundsätzen eine neue Bewertung gaben, die sie in der praktischen Partie zu rechtfertigen versuchten.

Es begann mit einem Zeitschriftenartikel von Aaron Nimzowitsch, dessen Titel lautete: »Entspricht Dr. Tarraschs 'Die moderne Schachpartie' wirklich moderner Auffassung?«

In diesem Artikel versuchte Nimzowitsch, nach vorsichtigem Lob der »klassischen« Bemühungen von Tarrasch um die schachtheoretischen Erkenntnisse von Wilhelm Steinitz, das nach seiner Meinung von Tarrasch zu einem aus Schachgesetzen bestehenden Lehrgebäude ganz zu Unrecht hochstilisierte Gedankengut Steinitz' auf den Boden Nimzowitschscher Tatsachen zurückzuführen.

Es heißt dort über Tarrasch selbst:

»Er ist von einer unerbittlichen Gradlinigkeit, ich sage nicht Konsequenz, denn das wäre nicht das Gleiche. (Gradlinigkeit: das ist Scheinkonsequenz; wenn man will, Konsequenz fürs Auge, statt für den forschen Geist.)

Aber das Spiel ist jetzt unvergleichlich komplizierter, die Auffassung hat sich vertieft! Neue Ideen suchen sich Geltung zu verschaffen . . . In vielen Dingen, ganz speziell auch bezüglich der ›Aufgabe des Zentrums‹ ist man heute lange nicht mehr so rigoros, ich möchte sagen, so orthodox, wie früher.

Aber Dr. Tarrasch steht den neuen Anschauungen kühl und fremd gegenüber.«

Die offene Turmlinie als »Erfindung« von Großmeister Nimzowitsch

Diese »neuen Anschauungen« nimmt Nimzowitsch nun seinerseits auch dann rigoros als seine schachtheoretischen Geistesschöpfungen für sich in Anspruch, wenn sie gleich uralten, bereits vor Steinitz allgemein üblichen Spielprinzipien (siehe Seite 245 ff.) entsprechen.

Er war überzeugt davon, daß er sie sämtlich mit neuem, revolutionärem Geist erfüllt habe.

Ein Beispiel:

»Die offene Turmlinie.
1. Einleitung. Allgemeines und Definitionen.

Die von mir erfundene Theorie der offenen Linie ist als einer der Grundpfeiler meines Systems zu betrachten. Das Gesetz der Vorpostenbildung in einer offenen Linie hatte ich bereits vor ca. 12 Jahren in der ›Wiener Schachzeitung‹ veröffentlicht, aber damals fehlte mir noch die Erkenntnis dessen, daß genanntes Manöver dem Hauptzweck der Operation in einer Linie, nämlich der schließlichen Besetzung der feindlichen 7. oder 8. Reihe logisch untergeordnet sei, mit andern Worten: um den Widerstand des Gegners in der Linie zu brechen, etabliere man den Vorposten, ziele aber unentwegt nach der 7. Reihe hin, deren Besetzung man als Ideal jeder Linienoperation zu betrachten habe. Die Etablierung des Vorpostens sei also nur ein Hilfsmanöver.«

Ähnliches macht er, wenn auch nicht gerade als eigene Erfindung, von der Bauern-Blockade geltend.

»2. Die Blockade der Freibauern.

Die Begründung der Blockadepflicht und warum genannte Begründung auch für den Praktiker, also nicht bloß für den Schachraisonneur (= Schachdenker), von größter Bedeutung sei und sein müsse. Die überaus komplizierten, weil ewig schwankenden Beziehungen zwischen Freibauer und Blockeur. Vom starken und schwachen, vom elastischen und unelastischen Blockeur.

Unter Blockade versteht man die mechanische Stoppung eines feindlichen Bauern durch einen Offizier. ›Ein Angriffsobjekt muß zuerst festgelegt werden.‹ Es entsteht eine Bauernkette, die gegenseitig behindernd wirkt. Das natürliche Bestreben ist nun die Zerstörung der einengenden Bauernkette; diese Angriffe müssen gegen den ›Fuß der Kette‹ gerichtet werden, von Schw. gegen d4, von Weiß gegen e6, das ist die Parole! ... einem von mir herrührenden Gesetz gemäß: Der Angriff auf eine Bauernkette kann von einem Kettenglied auf das andere übertragen werden.

Im Positionsspiel dagegen tritt das Thema der Hemmung auf: Es handelt sich hierbei öfters um einen ganzen Flügel, der gehemmt werden soll. In Partien, in denen der hemmende Partner besonders stark orchestriert (ich denke nun an meine Dresdener Partie gegen Johner, 1926), erleben wir gar folgendes: das ganze Brett, beide Flügel, alle Ecken greifen das Motiv auf und schleudern es nach überall hin!«

Ganz besonders hat es ihm die von Tarrasch vertretene Lehre vom »Zentrum« angetan, deren Prinzipien – übrigens nicht ganz zu Unrecht, wenngleich stark übertrieben – er geradezu auf den Kopf stellt.

»Zunächst die Definition des Begriffes Zentrum.

Hierbei haben wir uns einfach an den Wortlaut zu halten: Zentrum, das ist: die in der Mitte des Brettes gelegenen Felder. *Felder!, nicht Bauern!* Das ist wesentlich und darf unter keinen Umständen außer Acht gelassen werden.

Die Bedeutung des Zentrums, das heißt des in der Mitte des Brettes gelegenen Felderkomplexes, als eine Basis zu weiteren Operationen, ist über jeden Zweifel erhaben. Unter anderem sei an eine Partieglosse von Emmanuel Lasker erinnert.

›Weiß‹, so schrieb er, ›steht im Zentrum nicht gut genug, um auf den Flügeln operieren zu können.‹ Das ist sehr fein gedacht und illustriert gleichzeitig die tiefen Zusammenhänge zwischen der Mitte und den Flügeln, das Zentrum als dominierendes Prinzip, die Flügel als untergeordnetes.

Daß die Beherrschung der Mitte von großer Bedeutung sein muß, erhellt schon allein daraus, daß man, wenn man sich im Zentrum aufgebaut, von dort aus die Möglichkeit hat, nach beiden Flügeln gleichzeitig zu wirken, eventl. überzuschwenken.

Ohne gesunde Verhältnisse im Zentrum ist auch entschieden keine gesunde Stellung denkbar.

Man sieht daher, worauf es eigentlich ankommt: nicht bloß auf eine Besetzung, d. h. Plazierung von Bauern, sondern vielmehr auf die allgemeine Wirksamkeit im Zentrum und diese wird durch ganz andere Faktoren bestimmt.

Diesen Gedanken habe ich so formuliert: Mit dem Verschwindenlassen eines Bauern aus dem Zentrum (z. B. d5 × e4) ist das Zentrum noch lange nicht aufgegeben. Der Begriff des Zentrums ist ein viel weiterer.

Freilich sind gerade die Bauern zur Zentrumsbildung am geeignetsten weil am stabilsten, aber im Zentrum plazierte Figuren können sehr wohl die Bauern ersetzen. Und auch ein auf das feindliche Zentrum ausgeübter Druck, ausgehend von hinwirkenden Türmen resp. Läufern, kann von entsprechender Bedeutung sein. Das ist die wirklich moderne, besonders von mir vertretene Anschauung.«

Und dann schlägt er wieder auf das Lehrgebäude von Großmeister Tarrasch ein:

»Im Detail fanden wir seine engbegrenzte Auffassung der Zentrumsstrategie als nicht den modernen Auffassungen entsprechend, desgleichen auch seine gewohnheitsmäßige Nichtbeachtung der die Position charakterisierenden, ja die Position erst schaffenden Bauernkonfiguration (speziell in der Mitte). Von diesem Gesichtspunkt aus mußten wir auch seine Schlagwörter wie ›freies Spiel‹, ›beengte Verteidigung‹ etc. als die naturgemäße Entwicklung der Schachphilosophie hemmend, zurückweisen. Ganz besonders mußten wir betonen, daß wir uns mit der Ansicht Dr. Tarraschs, das Zentrum ist ›aufgegeben‹, sobald die Vollzähligkeit der Bauern in der Mitte Einbuße erlitten hat, nie und nimmer befreunden können.

Maßgebend ist nur der größere oder geringere Grad der Beweglichkeit, den das gegnerische mobile Zentrum besitzt: gehemmt – ist es schwach; blockiert – halb verloren!

Der Artikel (und noch mehr ein in der ›Wienerin‹ unter dem Titel ›Mein System‹ gebrachter) bekämpft auch die formalistische Auffassung der Elemente, wie rückständiger Bauer, Angriffsmarke etc., es kommt immer nur auf den ›inneren Wert‹ der Stellung an (gegeben durch das jeweilige Bauernskelett), nicht aber auf freieres Spiel und ähnliche ›formale‹ Dinge mehr.

Ganz neu mutet auch die Idee an, daß eine lückenlos durchgeführte Blockierung ein Bauernopfer verträgt (bis dahin kannte man nur die logische Zusammengehörigkeit zwischen ›Opfer‹ und ›Angriff‹, nicht aber die zwischen ›Opfer‹ und ›Blockade‹).

Wenn wir fernerhin erwägen wollen, daß die ›relative Ungefährlichkeit‹ der Bauernwalze schon im Jahre 1911 erkannt worden ist, so sind wir damit bereits in der angenehmen Lage, alle integrierenden Bestandteile der späterhin als hypermodern bezeichneten Schule erfaßt zu haben.«

Zusammenfassend behauptet Nimzowitsch dann, der Wert seiner »aller Tradition zuwiderlaufenden Neuerungen« bestehe in dem Verzicht auf die Besetzung des Zentrums durch Bauern.

Aus all diesen Neudeutungen und Neudefinitionen der »klassischen und vorklassischen« Spielweisen leitet Nimzowitsch dann eine allgemeine Theorie des Positionsspiels ab, die zwar im wesentlichen die von Steinitz entdeckten Spielgrundsätze bestätigt, sie aber von der dogmatischen Einseitigkeit, die sie im Lehrgebäude von Großmeister Tarrasch bekommen hatten, säubert oder befreit.

Es ist deshalb für Sie und Ihre Entwicklung zum Meister von ebenso großer Bedeutung, sich auch mit diesen Fortschritten und Modifikationen der »klassischen Spielweise« vertraut zu machen. Wenn Sie die klassische Spielweise, die sich insbesondere an den Partien der Großmeister Tarrasch, Rubinstein, Schlechter und Teichmann studieren läßt, hinreichend erfaßt und Ihrem eigenen Spiel integriert haben, dann werden Sie auch in den Partien von Großmeister Nimzowitsch und den ihm nachfolgenden »Hypermodernen« die Spreu vom Weizen klar zu unterscheiden verstehen.

Allgemeine Spielgrundsätze müssen vor allem Variantenwissen entdeckt und begriffen werden

Berücksichtigen Sie bei diesen Bemühungen aber stets, daß es sich lediglich darum handeln kann, die schachstrategischen Auswirkungen *allgemeiner Spielgrundsätze* zu verstehen, und nicht etwa in den Varianten-Dschungel, den die Theoretiker um diese Großmeisterpartien herumgelegt haben, einzudringen.

Sie würden sich bald hoffnungslos darin verirren.

Damit soll die wissenschaftliche Variantentheorie gewiß nicht herabgesetzt werden. Sie hat immerhin dazu geführt, die angeblichen Schach-*Gesetze* der Großmeister Tarrasch und Nimzowitsch auf die für das moderne Schachspiel brauchbaren Regeln zurückzuführen und alle Übertreibungen und Irrtümer auszumerzen.

Ganz besonders gilt dies für die »Hypermodernen Schachpartie«.

Von diesen Eröffnungsneuerungen ist praktisch, außer der Réti-Eröffnung und der Aljechin-Verteidigung, nichts übrig geblieben. (Die Indischen Systeme gehören der »Neuromantischen« Schule Nimzowitschs an.)

Doch nun zunächst ein Abriß der Auffassungen, die Großmeister Nimzowitsch vom Positionsspiel hatte:

»Viele Meister und eine Reihe von starken Amateuren glauben nämlich daran, daß es sich beim Positionsspiel in erster Linie darum handle, kleine Vorteile zu akkumulieren, um dieselben dann im Endspiel auszubeuten. Diese Spielart erfordere feinstes Verständnis und wirke auch in ästhetischer Beziehung recht befriedigend.

Demgegenüber möchten wir bemerken, daß das Akkumulieren geringfügiger Vorteile keineswegs den wichtigsten Bestandteil des Positionsspiels bildet. Wir sind eher geneigt, genanntem Manöver eine recht untergeordnete Rolle beizumessen. Ferner wird die Schwierigkeit dieser Spielweise bedeutend überschätzt und schließlich ist es nicht leicht einzusehen, weshalb ein kleinliches Aufspeichern von Werten ›schön‹ zu nennen sei? Erinnert diese Art nicht einigermaßen an die Tätigkeit eines alten Geizhalses, und wer dürfte letztere ›schön‹ finden wollen? Wir registrieren somit, daß es ganz andere Dinge gibt, denen sich die Aufmerksamkeit des Positionsspielers zuzuwenden habe, Dinge, die das ›Akkumulieren‹ ganz und gar in den Schatten stellen.

Was sind das nun für Dinge und worin erblicke ich die Idee des wirklichen Positionsspiels? Darauf erwidere ich kurz und sachlich: in der *Prophylaxe!* (= Vorbeugung).

Wie bereits mehrfach erwähnt, sind m. E. weder Angriff noch Verteidigung eigentlich Sache des Positionsspiels, das ist vielmehr eine energisch und zielbewußt betriebene Prophylaxe. Es gilt nämlich vor allem, einigen im positionellen Sinne unerwünschten Möglichkeiten von vornherein die Spitze abzubrechen. Solcher Möglichkeiten gibt es, wenn wir von den Malheurs absehen wollen, die wenig geübten Spielern zuzustoßen pflegen, nur *zweierlei*. (Wir erinnern beiläufig daran, daß der Anfänger sich namentlich davor hüten muß, seinen Bauern in der Mitte zu verlieren, da solches Fehlen eines Zentralbauern dem Gegner zu einer sich heranwälzenden Bauernlawine Vorschub leisten könnte. Der geübte Spieler würde – im Gegensatz zum ungeübten Spieler – Mittel und Wege finden, die Lawine zu hemmen.) Die eine dieser beiden Möglichkeiten besteht darin, daß der Gegner dazu gelangen könnte, seinen ›befreienden‹ Bauernzug zu tun. Der Positionsspieler muß also seine Figuren so aufstellen, daß die befreienden Züge des Gegners verhindert würden.

Wir registrieren, daß das Verhindern von befreienden Bauernzügen (sofern besagtes Verhindern notwendig und angängig erscheint) von größter Tragweite für jedes Positionsspiel ist. Dieses Verhindern ist das, was wir unter Prophylaxe nach außen hin verstanden wissen wollen. Viel schwieriger ist es, den Begriff der ›Prophylaxe nach innen hin‹ zu erfassen, denn hier hätten wir es mit einer neuen Idee zu tun. Es handelt sich nämlich um die Verhütung eines Übels, das man eigentlich nie als solches aufgefaßt hat, das aber doch von großer zerstörender Wirkung sein kann und in der Regel auch zu sein pflegt. Das Übel besteht darin, daß die eigenen Figuren in keinerlei oder in ungenügendem Kontakt zu den eigenen strategisch wichtigen Punkten stehen. Da ich besagten Umstand als ein Übel auffasse, so mußte ich die strategische Forderung aufstellen, daß man die eigenen strategisch wichtigen Punkte zu überdecken habe (also mehr Deckung schaffen als Angriff besteht, auf Vorrat decken). Meine Formulierung bzw. Begründung lautet folgendermaßen: Schwache Punkte, noch mehr aber starke Punkte, kurz alles, was man unter dem Sammelbegriff strategisch wichtige Punkte zusammenfassen kann, sollen überdeckt werden! Denn tun die Offiziere solches, so winkt ihnen als Belohnung der Umstand, daß sie die strategisch wichtigen Punkte decken helfen, auch sonst in jeder Beziehung gut zu stehen kommen.

Die Regel von der Überdeckung gilt natürlich ganz besonders für starke Punkte, also für wichtige Zentralfelder, die mehrfach beschossen werden sollen, für starke Blockadefelder oder starke Freibauern etc. Ganz gewöhnliche schwache Punkte darf man keineswegs überdecken, denn solches könnte leicht zu passiven Stellungen der Verteidiger führen. Indes ein schwacher Bauer, der aber die Basis einer wichtigen Bauernkette bildet, darf und soll sehr wohl überdeckt werden.

Typisch für Meisterpartien – und der begabte tschechische

Meister Opocensky bildet natürlich keine Ausnahme – ist und bleibt aber das Zentralisieren. Namentlich Aljechin bedient sich dieser Strategie mit besonderer Vorliebe, und ist erstere (neben dem Spiel gegen gegnerische Felder von bestimmter Farbe) zum Leitmotiv aller seiner Partien geworden. Selbst wenn das am Königsflügel gezückte Messer ihm anscheinend an der Kehle sitzt, findet er immer noch Zeit dazu, Truppen in der Mitte zu massieren!

Worin hat das Leitmotiv der wahren Strategie zu bestehen? Antwort: in einer bewußten Überdeckung des Zentrums (statt der fehlerhaften, aber beliebten Geringschätzung desselben) und ferner im systematisch durchzuführenden Stratagem des Zentralisierens.«

Diese Grundsätze sind genauso einseitig verkündet wie die des ›Tempo-Gewinns‹ von Tarrasch. Sie können durch gezieltes Dagegenanspielen, wie viele Partien von Tal und Larsen zeigen, widerlegt und zum Verlust ausgenützt werden.

Die vielfältigen, manchmal sogar einander ausschließenden, allgemeinen Grundregeln und Gesetze, nach denen sowohl die Tarrasch- als auch die Nimzowitsch-Schüler zu spielen gezwungen waren, erforderten vom Spieler fortlaufend Grundsatzentscheidungen, die bis in jeden einzelnen Zug hineinwirkten.

Das Schachspiel wurde dadurch zu einer Kalkulationsaufgabe, in der das Schachgefühl nur noch als untergeordnetes Werkzeug diente und die freie Intuition überhaupt keinen Platz mehr hatte.

Jeder Zug, jede strategische oder taktische Absicht, muß eindeutig begründbar sein und begründet werden.

Diese Methode war schlimmer als alle lexikalischen Varianten, weil sich über die angemessene Anwendung von Grundsätzen endlos diskutieren und streiten ließ, während die Varianten lediglich quantitative, dafür aber ganz eindeutige Fragen und Antworten lieferten.

Wie außerordentlich groß die immer näher rückende, endgültige Erstarrung des Schachspiels damals war, geht schlaglichtartig aus der Mitteilung von Großmeister Tartakower hervor, daß Richard Réti »seit Jahren an einem groß angelegten Werke arbeitet, das die tausendjährige Wahrheitsschlange im Schach endgültig besiegen soll, da die kürzeste Variante, wie er mir verraten hat, bis zum 100sten, die längste aber bis zum 5ten (retrograden!) Zuge reicht.«

In diesem Bemühen des zu den »Hypermodernen« zählenden Großmeisters Richard Réti, der zu den zukunftsweisendsten Mitgliedern zählte, verflechten sich das Positionsschach und die wissenschaftliche Variantenklärung zur unauflöslichen Einheit.

In diesem Schachspielbereich kann der Spieler nur noch Nachvollzieher oder Automat sein. Für die individuelle Freiheit der persönlichen Entscheidung ist dort kein Raum mehr.

Das hat sogar Großmeister Nimzowitsch gelegentlich am eigenen Leibe gespürt. In einem Bericht über seine Teilnahme an einem Großmeisterturnier in Lüttich 1930 gesteht er: »Im Turnier zu Lüttich bin ich auf die Idee gekommen, meinem System, über das ich zwei Bücher geschrieben, und dem ich alle meine Erfolge zu verdanken habe, glattweg untreu zu werden!! Ich fing an, das Konsolidierungsspiel mit all seinen von mir so liebevoll gepflegten Pointen, wie Hemmung, Blockade, Zentrierung und Überdeckung *langweilig* zu finden, sehnte mich vielmehr nach dem betäubenden Tempo rücksichtslosen Angriffsspiels . . .

In Lüttich spielte ich ohne oder vielmehr gegen mein System und wurde bloß Dritter; im Frankfurter Turnier aber ließ ich meinem System freie Bahn (indem ich selbst nur das erforderliche Quantum an Intuition beisteuerte) und siehe da, ich wurde mit 9½ von 11 möglichen Punkten glänzender Sieger. Also: Das System soll leben!«

Die Hypermodernen, die zugleich Nachfolger und Vollender des Neuromantikers Nimzowitsch sein wollten, spürten die Gefahr der Versteinerung und Schablonisierung des Schachspiels im Turnierspiel ebenso, wie in ihren theoretischen Bemühungen. Damals machte die zwar scherzhaft gemeinte, aber dennoch ernst zu nehmende Bemerkung in den Turniersälen die Runde: »Bei der Kommentierung der gespielten Partien gehören die Kombinationen in die 'Anmerkungen'.«

22.
Trainingsabschnitt

Analyse:
E. Bogoljubow gegen A. Nimzowitsch

Bevor nun – zum Nutzen Ihrer schachlichen Ausbildung – der Versuch der »Hypermodernen«, die Schablonisierung des Tarrasch-Nimzowitsch-Lehrgebäudes zugunsten eines freien, intuitiven Schachspiels zu überwinden, umrissen wird, sollen Sie anhand einer typischen Partie das System von Großmeister Nimzowitsch kennenlernen.

Die folgende Partie wurde im Jahre 1930 in San Remo zwischen dem Weltmeisterschaftsanwärter Großmeister Ewfim Bogoljubow und Großmeister Aaron Nimzowitsch gespielt.

E. Bogoljubow   A. Nimzowitsch
1. d2–d4   Sg8–f6

Weiß besetzt das Zentrum, Schwarz überdeckt es.

2. c2–c4   e7–e6

Erneut Besetzung gegen Überdeckung

3. Sb1–c3   Lf8–b4

Der Vorstoß (4.) e2–e4 wird verhindert

4. Dd1–b3   c7–c5

Mit diesem Zuge beginnt die erste positionelle Kombination. Großmeister Bogoljubow glaubte mit dem von Großmeister R. Spielmann erfundenen Zuge die schwarze Spielweise widerlegen zu können.

5. d4×c5   Sb8–c6

Statt dessen wäre auch (5.) – – – Sb8–a6 möglich gewesen, was Weltmeister Aljechin 1929 versuchte. Großmeister Nimzowitsch bleibt indessen auch in der Verteidigung seinen Prinzipien der Zentrumsüberdeckung und der Figuren-Zentralisierung treu.

6. Sg1–f3   Sf6–e4

Auch Weiß überdeckt nun die Zentrumsfelder. Der Angriff des

Se4 soll nicht etwa Schwarz das Läuferpaar einbringen, sondern soll, bei gesichertem Zentrum, den eingeleiteten Angriff auf den weißen Damenflügel verstärken.

Stellung 59
Weiß zieht

W S
Felder: 8 : 8
Wirkgew: 14:15

nach 6. --- Sf6 – e4

Wie die Bilanz der freien Felder zeigt, hat Schwarz auf beiden Flügeln trotz der zurückgehaltenen Mittelbauern eine ausreichend große Beweglichkeit, wodurch der potentielle Nachteil des rückständigen d-Bauern durchaus kompensiert wird, sofern sich Schwarz keine Nachlässigkeit zuschulden kommen läßt.

Es ist wesentlicher Bestandteil des Nimzowitsch-Systems, rückständige Bauern nicht als Schwächen anzusehen, solange die Stellung sonst ausgeglichen ist oder gar überlegen gehalten werden kann.

Der Abtausch des Se4 gegen den Ld2 wäre allerdings eine solche Nachlässigkeit, die sich rächen müßte. Deshalb unterläßt sie Nimzowitsch systemgemäß auch dann, wenn er die theoretische Analyse, die eine Schwäche der d-Linie für Schwarz nach o–o–o herausgefunden hat, nicht anerkennt.

7. Lc1–d2   Se4 × c5
8. Db3–c2   f7–f5

Wieder ein Druck auf das Zentrum und zugleich ein gesichertes Fluchtfeld für den Sc5. An einen solchen Zug hätte vor Nimzowitsch kein »klassisch« spielender Meister gedacht. Er hätte vielmehr (8.) --- o–o gezogen.

     9. e2–e3   o–o

Jetzt, da das Zentrum für Schwarz vollends gesichert ist, wird die Turm-Reserve durch o–o einsatzbereit gemacht.

 Weiß hat nun allen Grund, ebenfalls die Rochade vorzubereiten.

     10. Lf1–e2   b7–b6

Schwarz macht Weiß mit diesem Vorbereitungszug für eine weitere Überdeckung des unbesetzten Zentrums auf die Gefahren aufmerksam, die einem eventuellen (11.) o–o drohen. Der weißfeldrige Läufer von Schwarz schickt sich an, auf der langen Diagonalen h1–a8 den Bg2 zu bedrohen. Der Zug von Schwarz enthält insofern eine schachpsychologische Komponente, als Schwarz im Gegensatz zu Weiß die potentiellen Möglichkeiten für die Fortsetzung seines Damenflügelangriffs bereits erkannt und durchgerechnet hat.

 Weiß läßt sich einschüchtern. Er glaubt nach der Prüfung der beiden Flügelstellungen, die dem Königsflügel drohenden Angriffe weit ernsthafter beurteilen zu müssen als diejenigen, die seinem König auf dem Damenflügel drohen könnten.

 Er sieht, daß er den Lb3 durch a3 angreifen und damit zum Abtausch zwingen könnte, da dieser nicht ohne Figurenverlust nach a5 zurückgezogen werden kann.

 Das genügt ihm, um sich für die lange Rochade zu entscheiden.

     11. o–o–o   a7–a5!

Da die Zentrumsfelder durch die Überdeckungen fest in der Hand von Schwarz sind, kann er sich nun einen forcierten Flügelangriff leisten, der zugleich ein positionell-kombinatorisches Kabinettstück wird.

     12. a2–a3   a5–a4

Zu seiner Überraschung entdeckt Weiß, daß er (13.) a3 × Lb4 nicht ziehen darf, weil Sc6 × b4 die weiße Dame fängt. Die Dame darf nicht nach b1. Finden Sie selbst heraus, warum nicht.

 Auch wenn Weiß zunächst (13.) Kc1–b1 zieht, kann Schwarz seinen Lb4 zum Schlagen einstehen lassen, da die weiße Dame auch dann verlorenginge.

     13. Sc3–b5   Lb4 × Ld2+

Es wäre besser gewesen, wenn Weiß (13.) Sc3–a2 gezogen hätte, wie gleich erkennbar sein wird.

     14. Sf3 × Ld2   Sc6–a5!

15. Le2–f3 d7–d5!!

Der d-Bauer wird nicht zur Besetzung, sondern zur Deckung in das Zentrum gestellt.

16. c4×d5 Lc8–a6!

Weiß darf weder (17.) Lf3–e2 (wegen Dd8×d5 und Dd5–a2) noch Sb5–d4 [wegen La6–d3, (18.) Dc2–c3, Ta8–c8] ziehen. Warum (17.) Sb5–c3 unmöglich ist, wissen Sie schon.

17. Sd2–c4 La6×Sb5
18. d5×e6 Dd8–c7

Weiß versucht zu retten, was zu retten ist.

19. Lf3×Ta8 Lb5×Sc4
20. La8–d5 Lc4×Ld5
21. Td1×Ld5 Dc7–c6!

Der Be6 kann nicht mehr gedeckt werden. Finden Sie selbst heraus, warum.

22. e6–e7 Dc6×Td5
23. e7×Tf8+ Kg8×Df8
24. Th1–d1 Dd5–e5

Es ist erstaunlich, wie es Schwarz trotz der komplizierten Abwicklung verstanden hat, seine Wirkung auf die Zentrumsfelder aufrechtzuerhalten.

Auch die Bilanz der freien Felder und der Wirkungsgewichte läßt die Überlegenheit der schwarzen Stellung erkennen.

Stellung 60
Weiß zieht

W S
Felder: 9:12
Wirkgew: 12:16

nach 24. – – – Dd5–e5

25. h2–h3 h7–h5

Weiß will nicht etwa seinen h-Bauern vor der schwarzen Dame retten, weil Schwarz ihn gar nicht zu schlagen wagen darf, sondern er muß, wenn er überhaupt noch Chancen haben will, seinem Turm freie Linien verschaffen. Deshalb opfert er sogar einen Bauern.

26. g2–g4 h5×g4
27. h3×g4 Sa5–b3+
28. Kc1–b1 f5×g4
29. Td1–g1 De5–d5

Nun darf Tg1 den Bg4 nicht schlagen. Finden Sie selbst heraus, warum!

30. Tg1–d1 Dd5–e4
31. Td1–g1 Sb3–d2+

31. Td1–g1 ist etwas besser als (31.) Dc2×De4, Sc5×De4 (32.) Td1–g1 (nicht Tf1), Se4×f2 (33.) Tg1–g2, Sb3–d2+ (34.) Kb1–c1, Sd2–e4.

32. Kb1–c1 De4–d5!

Wieder darf der Tg1 den Bg4 nicht schlagen, weil Sc4–b3+ und Dd5–h1+ mit Matt folgt. Daß Dd2 den Sd2 nicht schlagen darf, ist selbstverständlich.

33. Dc2–h7 Sd2–e4

Es droht nun Dd5–d2+ mit undeckbarem Matt.

34. Dh7–h8+ Kg8–f7

Weiß hat kein weiteres Schach mehr und seine Dame ist von der Verteidigung seines Königs völlig abgeschnitten. Deshalb bricht die weiße Königsstellung nun auch rasch zusammen.

35. Kc1–b1 Dd5–d3+

Weiß gab auf, weil nach:

(36.) Kb1–a1 Sc5–b3+
(37.) Ka1–a2 Se4–c3+
(38.) b2×Sc3 Dd3–c2 Matt

oder umgekehrt in gleicher Weise. Wenn Weiß seine Dame bei seinem König im 33. Zuge gelassen hätte, wäre das Matt etwas später möglich gewesen. Wie? Das sollten Sie selbst herauszufinden versuchen.

23.
Trainingsabschnitt

Die »Hypermodernen« versuchen die Nabelschnur zu kappen

Diesen Versuch hat niemand überzeugender und temperamentvoller beschrieben als der Führer der Hypermodernen, Großmeister Dr. S. G. Tartakower:

»Ganz anders die Jungen! Sie suchen den Sieg, kennen keine Gefahr und haben daher alle Finessen und Pointen, Tücken und Fallen, Kombinationen und Opfer des Mittelspiels schon ins Eröffnungsstadium verlegt, wodurch das Spiel im allgemeinen viel dynamischer wurde. Erst wenn es ihnen hierdurch gelingt, im feindlichen Lager irgend eine (vielleicht sogar vermeintliche) Schwäche der Bauern- oder Figurenkonfiguration zu schaffen, ändern sie ihre halsbrecherische Taktik und gehen nunmehr zur Methode der wissenschaftlichen Ausnutzung über.

Hieraus erhellt es zur Genüge, daß gerade die Eröffnungsstöße, die zum baldigen (Zentrums-) Geplänkel und daraufhin erfahrungsgemäß zum resultatlosen Binden und Aufreiben der Kräfte – kurz gesagt, zum verfrühten Aufdecken der Karten führen, von den Jungen ängstlich vermieden werden. ›System des verschleierten Aufmarsches‹, so könnte man ihre Partieanlage definieren.

Auch die Jungen sehen übrigens in der Beherrschung des Zentrums ein vielversprechendes Pfand des Sieges, wollen aber in den Kampf um dasselbe erst nach zweckmäßiger Aufspeicherung der latenten Kräfte eintreten, statt letztere durch landläufige Angriffsmethoden verpuffen zu lassen: Daher das Taumeln der Figuren, daher die Cavation in der Bauernführung, daher auch die so beliebt gewordene Seitenentwicklung (Fianchettierung) der Läuferpaare! Die Eröffnung wird wie ein Mittelspiel, das Mittelspiel dann wie eine Eröffnung behandelt.

Während also vom Standpunkt des klassischen Schachs der

weitausholende Königsbauerzug 1. e2–e4 unbedingt der zweckmäßigste sein muß, da er

1. sofort die Kampfmitte betritt;
2. den meisten Figuren (L, S, D) Bewegungsfreiheit schafft;
3. konkrete Angriffsziele bietet und daher
4. seit jeher genau durchgeforscht werden konnte –,

ist er für einen Neo-Romantiker gerade aus denselbigen Gründen zu verwerfen, denn

1. löst sich die kindische Balgerei im Zentrum sehr bald in eine stumpfsinnige Gleichgewichtserschöpfung oder gar in ein Debakel des vorwitzigen Angreifers auf;
2. glaubt die neueste Eröffnungstheorie für den Königsläufer eine viel nachhaltigere Diagonale (g2–a8), für den Königsspringer ein eventuell viel wirksameres Feld (h3) und für die Dame im Anfang der Partie am liebsten natürlich überhaupt keine ausgreifende Entwicklung zu finden;
3. besitzt erfahrungsgemäß fast jede Stellung eine große Widerstandskraft, die sich im Verhältnis der heranwälzenden Drohungen steigert (»Gesetz des gesteigerten Widerstands«) und pflegt daher ein Generalsturm ohne entsprechende Artillerievorbereitung wie ein fruchtloser Amoklauf zu wirken;
4. zwingt gerade die Möglichkeit, die offenen Spiele mit klaren Varianten und exakten Analysen zu belegen, etwas Anderes, Neues, Apartes zu suchen, was dem Kampfe der Individualitäten mehr Spielraum gibt.«

So weit der Neo-Romantiker, der aus ähnlichen Gründen auch 1. d2–d4 verwirft, besonders aber für den mit einem Mindertempo behafteten Nachziehenden das sofortige Kreuzen der Klingen (durch 1. – – – e7–e5 bzw. 1. – – – d7–d5) für unratsam hält und dem Gegner lieber vorläufig das Terrain im Zentrum überläßt, statt ihm sonst bequeme Angriffsmarken zu gewähren.

»Im Sinne obiger Erörterungen beginnen sogar die barocken Seitenbauernzüge wie 1. c2–c4 und 1. b2–b4, die man früher nur aus Dandysmus oder Effektenhascherei machte, an wissenschaftlichem Gehalt zu gewinnen und der scheinbar neutrale Eröffnungszug 1. Sg1–f3 zum Ausgangspunkt eines gefährlichen Blockierungssystems zu werden.

Die Kombination ist eine mögliche Unmöglichkeit! Sie ist ein göttlicher Funken, der ganz außerhalb der eigenen Schachidee stehend, die Schachpartie meteorhaft beleuchtet. Es ist daher ganz unrichtig und für die Kombination erniedrigend, sie in irgendein Abhängigkeitsverhältnis mit dem sogenannten Positionsspiel, dem sie diametral entgegengesetzt ist, zu bringen.

Ziele und Wege der Kombination: Sie hat zur Aufgabe, die tote Masse der Schachfiguren, den beschränkten Raum des Schachfeldes, die arithmetische Unbarmherzigkeit der Zügezahl, aber auch den lebendigen Geist des Gegners zu zerrütten. Sie gelangt dazu, indem sie alle Prinzipien der Materie (Figurenzahl!), Stellung (Schwächen!) und Zeit (Tempi!) über Bord wirft und sich also über die ehrlichen Bemühungen des Positionsspiels höhnisch hinwegsetzt.

Ihr Verhältnis zum Positionsspiel ist demnach keineswegs ergänzender, sondern dirimierender Natur, was schon daraus hervorgeht, daß gewöhnlich gerade die Partei, die mit allen positionellen Schwächen behaftet ist, durch kombinatorische Effekte den Sieg an sich reißt.

Die Kombination ist also die Seele des Schachs und daher stets als etwas Übersinnliches, als ein Göttergeschenk zu betrachten. Sie allein bekämpft die Idee der Macht mit der Macht der Idee, beschaut die undurchdringliche Masse mit den tötenden Augen des Angriffs, schafft die Drohung herbei, zaubert das Opfer heraus, kämpft mit einem Wort gegen das feindliche, gegen das – feindselige Schach!

Endlich haben wir das befreiende Wort ausgesprochen. Der Leser dürfte aus dem Vorhergesagten schon selbst den wichtigen Schluß gezogen haben, daß wenn das Positionsspiel mit seiner allnivellierenden Logik für das Schach arbeitet, so arbeitet das Kombinationsspiel gegen das Schach, hebt es aber gerade dadurch aus dem Sumpfe einer bloßen Spielerei auf die hohe Stufe einer geheimnisvollen Kunst empor.

Die Schachpartie ist ein Problem, mit dem Unterschied freilich, daß dort die ungefüge Idee der künstlichen Stellung, im praktischen Spiel aber die ungefüge Stellung der flüchtigen Idee untergeordnet wird und der Schachspieler, wie ein schaffender Künstler, in immerwährender Angst, dieselbe entschlüpfen zu sehen, kämpft. Was wäre übrigens die ganze Technik des Schachs ohne das erlösende Wunder der Kombination? Es ist klar, daß das Schach in der strengen Architektonik des Positionskampfes ein bloßes Spiel bleiben würde, während es nur dank der Phantasie jene wundersame Geheimwissenschaft geworden ist, die wir erforschen und der wir dienen.

In diesem Sinne sind auch die Worte eines Schachschriftstellers zu verstehen: Auf Position spielen, d. h. auf gar nichts spielen!

Und nicht nur der Kausalnexus, sondern auch der zeitliche Zusammenhang zwischen dem Positions- und Kombinationsspiel wird gewöhnlich in falsches Licht gerückt, denn die schärfsten Emanationen des rebellischen Erfindungsgeistes kommen gerade alleranfangs vor, wo meistens alle gesunden Grundsätze des Bauernzentrums, der Figurenentwicklung, der Königssicherheit, des Terrain- und Tempogewinns ins Gesicht geschlagen werden.

Wir sind also nunmehr in der Lage, folgende Gegenresolution zu treffen: Als treibende Kraft des Sieges ist nicht der trockene Geist des Positionsspiels, sondern der göttliche Funken der Kombination zu betrachten.

Wir ziehen aus obigen Erörterungen folgende pädagogische Schlüsse:

1. Die frühere Strategie lehrte: Es ist ratsam, den Kampf nicht gegen die feindlichen ›Stärken‹, sondern gegen dessen Schwächen zu führen. (»Gesetz des nur schwachen Angriffsobjekts!«)

2. Als eine solcher Schwächen ist es vielleicht angezeigt, statt der stets intensiv bewachten Panzerstellung des Königs, irgendeine Figurenkonfiguration, am bequemsten aber einen Bauer, aufs Korn zu nehmen. (Indirekte Angriffsführung, auch solides »Positionsspiel« genannt.)

3. Diese Schwächen, ob sie nun durch den Verlauf der Eröffnung oder durch das gütige Zutun des Spielers selbst entstehen und ob sie augenscheinlicher oder latenter Natur sind, können durch allerlei schablonenhafte Merkmale erkannt werden. Als Beispiele für solche ›Schablonenschwächen‹ seien genannt: Ein isolierter oder rückständiger Bauer, eine abgesperrte oder schwer zu entwickelnde Figur, entblößte Königsstellung, dislozierte Schlachtordnung usw. usw. Die richtige Strategie besteht in ihrem Erkennen, d. h. im Erkennen, ob die Hauptaufgabe der Partieführung auf diese Mängel konzentriert werden kann. Sie bekämpfen, ist dann Sache der Technik. – So lautete also die frühere Wahrheit im Schach.

4. Folgende Erkenntnisse kommen nun hinzu, die dem Spieler neue Hoffnung und dem Spiele eine neue Dynamik verleihen: Jener Kampf um die Schwächen ist keineswegs mit dem Kampf um die Initiative zu verwechseln. Man kann und soll auch in der ärgsten Defensivstellung das sub 2 skizzierte Ziel im Auge behalten. Der Kampf steht und fällt mit den beiderseitigen Schwächen. Die nunmehr allein richtige Strategie besteht in ihrem Herbeischaffen. Sie erkennen, ist dann Sache der fortgeschrittenen Technik.

5. Und als logische Konsequenz dieser Auffassung: Schwach ist nicht nur das, was als solches erscheint (also die sogenannten »Schablonenschwächen«), sondern auch das, was man aus dem Schachgefühl heraus zum Objekt der Schwäche stempeln will.

6. Also: Alles ist entweder schon schwach an sich oder aber – kann schwach gemacht werden! Als die geeignete Taktik, um dieses Ziel zu erreichen, sind unauffällige oder gar verschleierte Manöver, Vermeiden des energieauflösenden Aneinanderprallens der Streitkräfte und Festhalten an seinem Ziel trotz eventueller Tempo- und Terrainverluste zu empfehlen: Das Gesunde wird mürbe gemacht, das übrige – besorgt der Partner! Dies ist das Wesen des Kampfes, wo die starren Prinzipien der landläufigen Taktik nicht mehr genügen und wo es keine auf der Hand liegende Patentwahrheit geben kann.«

Auf diese mehr phantasievollen als schachlogischen Spielregeln antwortete Großmeister Nimzowitsch in seinem Buch »Mein System«:

»Tartakowers interessanter Versuch, eine neue schachrevolutionäre Idee zu schaffen, daß der Hypermodernist, wenn er will, jede gegnerische Stärke als Schwäche behandeln kann (also nicht bloß typische Schwächen, wie rückständige Bauern etc.). Also: ›Wo ein Wille, dort ein Weg, vulgo feindliche Schwäche‹ muß als gescheitert betrachtet werden.

Man kann nur Schwächen angreifen, es braucht natürlich keine traditionelle Schwäche zu sein, am Krückstock, aber eine Schwäche muß es sein, und sei es bloß eine Reflexschwäche. Wir Modernen sind an die Gesetze der Logik genau so gebunden, wie die Nichtmodernen, nur daß wir eben eine Verinnerlichung der toten Dogmen, eine Belebung derselben anstreben. Die Logik verlangt es aber, daß man die gegnerische Stellung von der schwachen Seite aus zu sprengen suche. Der Satz, daß man die gegnerische Stärke anzugreifen habe, ist ein moderner Irrtum, nichts weiter.«

Das gilt ganz konkret für jede praktische Partie, wie schon Weltmeister Steinitz, den die Neuromantiker wie die Hypermodernen in gleicher Weise für ihr Vorbild halten, im Jahre 1870 als die Frucht seiner gesamten Schacherfahrung im »Modern Chess Instructor« veröffentlichte:

»Ich gelangte zu der Überzeugung, daß zu einer wirksamen Verteidigung einer Stellung weit weniger Kräfte nötig seien als zum Angriff, und daß ein Angriff überhaupt nur Aussicht auf Erfolg besitze, wenn die gegnerische Stellung schon entsprechend geschwächt ist. Dies veranlaßte mich zum Nachdenken, und mein Sinnen war nur darauf gerichtet, eine einfache und sichere Methode herauszufinden, um diese Schwächung der feindlichen Stellung herbeizuführen.«

Und an anderer Stelle ergänzt Steinitz diesen Gedankenweg: »Ausgeglichene Stellungen führen bei bestem Spiel immer wieder zu ausgeglichenen Stellungen.«

24.
Trainingsabschnitt

Wie Ihr Eröffnungsrepertoire aussehen könnte

Sie sind nun wieder an der Schwelle des Schachspielstils unserer Zeit angelangt. Sie haben erkennen können, wie wichtig es für jeden werdenden Meister ist, das Fundament der Entwicklung der modernen Schachstrategie und Schachtaktik nicht nur kennengelernt, sondern sich auch in seinen schon damals zukunftsträchtigen Elementen auch erarbeitet zu haben. Nun endlich können Sie sich mit gutem Gewissen der Frage zuwenden, welche Eröffnung Sie als Führer der weißen Steine für Ihre kommenden ernsten und Turnierpartien wählen und studieren sollten.

Wie eröffnen Sie mit Weiß möglichst variantenarm?

Der schachstilistische Abriß über den Verlauf der historischen Entwicklung alter und neuer Spielweisen bis etwa zum Jahre 1940 hat Sie erkennen lassen, daß sowohl die klassischen als auch die neuromantischen weißen Eröffnungszüge der Tarrasch- und Nimzowitsch-Schule für den werdenden Meister wegen des damit verbundenen unentbehrlichen Variantengefüges, das der Turnierspieler auswendig kennen muß, eine viel zu schwere Bürde darstellen.

Wenn Sie diese Ochsentour zum Meisterspieler gehen wollen, werden Sie wahrscheinlich eines Tages die Lust am Schachspiel in ähnlicher Weise verlieren wie Großmeister Nimzowitsch im Turnier in Lüttich.

Er mußte allerdings, weil er ein Berufsspieler war, koste es was es wolle, wieder zu seinem System zurückfinden. Sie dagegen können es aufgeben, ein Meister werden zu wollen und das wäre, wenn Sie begabt sind, doch schade.

Der Ausweg, den Sie aus diesem Dilemma finden können, ist von dem Wollen der Hypermodernen nicht so weit entfernt.

Die Lehre, die Sie aus der Kenntnis der schachhistorischen Entwicklung für Ihr eigenes Spiel und für die Verbesserung Ihrer Spielstärke ziehen können, ist die, daß Sie als Führer der weißen Steine nach einer Eröffnung suchen sollten, deren Variantengefüge sich ähnlich einschränken läßt, wie das der Französischen und Indischen Verteidigung, die Sie bereits beherrschen gelernt haben.

Daß demnach der von Ihnen zu wählende Eröffnungszug weder 1. d2–d4 noch gar 1. e2–e4 sein kann, ist damit wohl deutlich geworden. Was aber dann?

Von den Mittelbauern ist der d-Bauer, wenn er sich in das Zentrum stellt, am besten geschützt, weil er von Dd1 gedeckt wird.

Diese gesicherte Stellung erlaubt es Weiß, sogleich 2. c2–c4 zu planen, selbst dann, wenn der Bd4 von Schwarz durch den Antwortzug angegriffen werden sollte.

Diese strategische Tatsache macht den entscheidenden Unterschied zu 1. e2–e4 aus. Der Be4 ist nicht verteidigt, muß auf einen sofortigen Angriff hin entweder weiterbewegt oder verteidigt oder aber abgetauscht werden, wenn er nicht verlorengehen soll.

Ganz den gleichen strategischen Vorteil hat Schwarz, wenn er 1. --- d7–d5 antworten kann, sofern Weiß nicht bereits mit einem Bauern auf das Feld d5 wirkt, also seinerseits abtauschen könnte.

Wenn aber Weiß, um zu vermeiden, daß er sich dem vielfältigen Variantengefüge einer der klassischen Mittelbauereröffnungen unterwerfen muß, nach einem anderen ersten Eröffnungszug sucht, dann sollte er möglichst einen solchen wählen, der es Schwarz nicht erlaubt, sofort mit 1. --- d7–d5 zu antworten.

Es gibt nur einen einzigen weißen Eröffnungszug, der dies verhindert, ohne die Nachteile von 1. e2–e4 zu haben, das ist der Zug

1. c2–c4   ---

Sie erinnern sich gewiß daran, daß eben dieser Zug auch von den Hypermodernen propagiert wurde. Großmeister Tartakower hat ihn den »stärksten Eröffnungszug der Welt« genannt, während ihn Großmeister Tarrasch als »vollkommenen Unsinn« beurteilte.

Wenn Sie diesen Zug für einige Jahre als Eröffnungszug zu Ihrem Spezial-Studium machen und ihn auch in ernsten Partien und Turnieren praktisch erproben, dann können Sie drei Ziele gleichzeitig erreichen.

1. Sie können fast auf jeden Gegenzug hin Ihren Partner aus

seinem gegenwärtigen Variantenwissen herausführen, ohne daß Sie einen entscheidenden Nachteil dabei in Kauf zu nehmen haben. Damit erreichen Sie, daß der Vorteil des Gedächtnisarchivs, über den Ihr Partner möglicherweise verfügt, ausgeschaltet wird. Mit dieser Methode befinden Sie sich in bester Gesellschaft. Angefangen haben damit die Weltmeister Lasker und Aljechin und noch heute praktizieren Weltmeister Michail Tal, Großmeister Bent Larsen und eine wachsende Zahl weiterer Großmeister diese Methode.

Weltmeister Aljechin und Großmeister Bent Larsen haben sich ausdrücklich zu dieser Methode bekannt.

In einem Kommentar von Weltmeister Aljechin zu einem Zug in einer Partie mit dem belgischen Meister Edgar Colle sagt er:

»Ich wollte meinen Gegner von den ihm geläufigen Varianten abbringen und ihn zum selbständigen Denken veranlassen.«

Großmeister Bent Larsen erklärt zu einer Variante der Königsindischen Verteidigung im Jahre 1968: »Es ist aber ziemlich selten, daß ich solche langen Theorievarianten spiele. Warum nicht? Weil ich es liebe, meine Gegner zum selbständigen Denken und Fehlermachen zu zwingen. Die Überraschungen machen die Leute unsicher! Sie spielen schlechter als gewöhnlich oder verbrauchen mehr Bedenkzeit – oder beides.«

Sie ersehen daraus, daß für den noch ungeübten Turnierspieler jede Eröffnung die Aufgabe enthalten sollte, zunächst einmal die Partie aus dem »Wissen« des Partners herauszuführen, ohne dafür größere Nachteile in Kauf nehmen zu müssen.

Erst dann kann ein gleichwertiges Messen der Kräfte zwischen Ihnen und Ihrem Partner beginnen.

Schach-Akrobaten erbringen am Schachbrett nur ungern eigene geistige Leistungen, die über die Reproduktion auswendig gelernter Variantenstrukturen hinausgehen. Werden sie durch ungewöhnliche oder auch nur wenig gebräuchliche Züge ihrer Partner dazu gezwungen, dann brauchen sie zur Umstellung stets übermäßig viel Bedenkzeit und kommen dadurch im Turnier bald in Zeitnot, oder sie machen schwächere Züge, die Sie zu Ihrem Vorteil ausnützen können.

2. Sie können in dieser Eröffnung aber auch, wenn Sie das

wollen, Ihrem Partner Gelegenheit geben, in bekannte Stellungen des Damengambits, der Indischen Verteidigungen, der Katalanischen Eröffnung (Schach-Archiv Nr. 23, 11c, I, 1971), des Réti-Systems und der Sizilianischen Verteidigung einzuscheren, indem Sie sich in die Variantenfluten dieser Verteidigungen von ganz bestimmten Stellungsbildern aus »hineinschleichen« und nur die dann bereits eingeschränkten Variantenverästelungen dieser Stellungen zu kennen brauchen. Bobby Fischer tut das mit Vorliebe. Dadurch können Sie auch diese Eröffnungen langsam, Stufe für Stufe beherrschen lernen, ohne Ihr Gedächtnis gleich überlasten zu müssen.

Von dieser Eröffnung 1. c2–c4 ausgehend, können Sie vor allem die Sizilianische Verteidigung, die ja trotz ihrer strategischen Unzulänglichkeit zu den gegenwärtigen Turnier-Modevarianten gehört, sehr oft (wenn Ihr Partner auf 1. c2–c4 mit e7–e5 antwortet) mit vertauschten Farben und einem – entscheidenden – Zug mehr kennenlernen, und zwar eine der wichtigsten Varianten dieser Eröffnung, die *Drachenvariante*.

3. Sie können in allen Eröffnungsvarianten von 1. c2–c4, mit Ausnahme der sogenannten Königsindischen Verteidigung, in die Schwarz stets einlenken kann, mit unbedingter Sicherheit Remis erreichen, es sei denn, Ihr Partner greift zu tollkühnen Opfern, die Sie widerlegen, um dann die Partie zu gewinnen.

Die Theoretiker behaupten, Schwarz könne die Königsindische Verteidigung nach den Zügen 1. d2–d4 oder 1. c2–c4 oder Sg1–f3 oder 1. g2–g3 erzwingen. Das mag für die theoretisch stärksten Züge vielleicht zutreffen, doch könnte gerade dieser Versuch von Schwarz, sofern er mit 1. ––– g7–g6 oder 1. ––– Sg8–f6 beginnt, von Weiß zu einem sehr überraschenden zweiten Zuge ausgenützt werden. Dieser Zug liegt aber ganz im Sinne der »neuromantisch-hypermodernen« Eröffnungsstrategie.

    1. c2–c4   g7–g6
    2. f2–f4?!   –––

Stellt Schwarz nun nach diesem Zug seinen positionellen Eröffnungsplan zugunsten einer kombinativen Abwicklung um, was jedem Turnierspieler, der sich gewöhnlich mit dem Vorsatz einer ganz bestimmten Spielstrategie an das Brett setzt, schwer genug fällt und ihn in jedem Falle viel Bedenkzeit kostet, dann kann er den Be7 opfern, durch ein Schach den weißen Königsflügel aufreißen und seinen geopferten Bauern in Gestalt des Bc4 zurückgewinnen.

```
2. ---             e7-e5
3. f4×e5           Dd8-h4+
4. g2-g3           Dh4×c4
```

Anstatt nun, was naheliegt, die Dc4 durch (5.) e2-e3 sofort anzugreifen und so die gesicherte Deckung der weißen Zentrumsbauern (d4) vorzubereiten, ist es für Weiß sinnvoller, die schwarze Dame zunächst durch den Bd3 anzugreifen.

```
5. d2-d3           ---
```

Nun muß die Dame erneut fliehen, oder aber Schwarz muß mit (5.) --- Lf8-b4 ein Schach geben. Das aber zwänge Schwarz eine Inkonsequenz auf, ohne daß er sich davon einen kombinativen Vorteil versprechen kann, weil Weiß mit (6.) Sb1-d2 antwortet.

Es ist offensichtlich, daß ein Abtausch für Schwarz nachteilig ist. Deshalb sollte die Dc4 weichen, etwa nach d5, worauf Weiß seine Entwicklung mit Sg1-f3 fortsetzt, um anschließend den Lb4 durch a2-a3 zum Rückzug zu zwingen.

Zieht sich der Lb4 nicht nach e7 oder f8 zurück, dann kann er erneut angegriffen und womöglich zum Abtausch gezwungen werden. Nach dieser Abwicklung hat Weiß dann zwar eine offene Stellung, die aber infolge des von ihm beherrschten Zentrums überlegen ist und die er sich dank seiner besseren Entwicklung und des Läuferpaares leisten könnte.

Schwarz wird diese für ihn ungünstige Stellungsentwicklung nach 5. d2-d3 sicher herausdenken und deshalb seine Dame lieber sofort zurückziehen.

```
5. ---             Dc4-d5 (oder e6)
6. Sg1-f3          Sb8-c6
```

Nun beginnt, nachdem es Ihnen gelungen ist, Schwarz recht gründlich aus seinem »Variantenwissen« herauszuführen, das gleichwertige Messen der Kräfte zwischen Ihnen und Ihrem Partner.

Dabei ist es Ihre Aufgabe, herauszufinden, ob es stärker ist, den angegriffenen Be5 durch Lc1-g4 oder d3-d4 zu verteidigen, auch wie Sie ungehindert zur Rochade kommen, oder ob es nicht aussichtsreicher ist, statt der baldigen kurzen Rochade sich auch die lange vorzubehalten. Ihr strategischer Gesamtplan wird von der

Plazierung des Lf1 stark beeinflußt werden und auch davon, ob der Sb1 über c3 oder d2, von wo er deutlicher auf das erweiterte Zentrum hin zentralisiert ist, entwickelt werden sollte, und so weiter.

Das alles hängt natürlich von den Plänen ab, die Sie durchführen wollen und die Schwarz seinerseits durchführen kann.

Wenn Sie sich die Bilanz der freien Felder und Wirkungsgewichte nach dem 6. Zuge von Schwarz ansehen, dann erkennen Sie ebenfalls, daß die weiße Stellung überlegen ist.

Stellung 61
Weiß zieht

W S
Felder: 12:10
Wirkgew: 19:17

nach 6. --- Sb8-c6

Das wichtigste Ergebnis dieser Abwicklung ist, daß Ihr Turnierpartner Sie nicht mehr in eine vielzügige Variantenfalle hineinlocken kann. Wenn er Ihre Eröffnung widerlegen will, dann muß er das aus eigener Kraft schaffen, oder weil Sie einen so schwachen Zug machen, daß er als Fehler bezeichnet werden darf. Aber auch dann, wenn Sie diese Partie verlieren sollten, werden Sie den Gewinn davontragen, daß der oder die Fehler, die Sie machten, einer Schwäche Ihrer Spielbegabung entstammen und nicht einer Variantenabweichung, so daß die Ausmerzung kein Gedächtnisproblem ist.

Sollte Schwarz auf 1. c2–c4 statt (1.) --- g7–g6 mit (1.) --- Sg8–f6 antworten, dann ist nach 2. f2–f4 der Gambitzug (2.) --- e7–e5 nicht mehr sinnvoll. Weiß kommt dann in jedem Fall zur Entwicklung seiner beiden Springer, da der Bf4 nach (2.) --- d7–d5 (3.) c4×d5, Sf6×d5 (4.) Sg1–f3 indirekt gedeckt ist. Damit wird der sofortige Befreiungszug von Schwarz (4.) --- e7-e5 verhindert.

Auch über diese Eröffnungsanlage gibt es keinerlei wesentliche theoretische Untersuchungen, so daß, so stark oder schwach sich diese Eröffnung schließlich auch für Sie entpuppen mag, Sie Ihren Partner jedenfalls wieder aus dem Variantenwissen herausgelockt haben werden.

Was Sie nach beendeter Turnierpartie tun sollten

Gelingt es Ihnen, Ihre Turnierpartie zu gewinnen, dann sollten Sie die Partie nicht nur voll Stolz Ihren Freunden und Kollegen vorführen, weil die Sie dann gerne auf schwache Züge, die Sie gemacht haben und andere Gewinnmöglichkeiten, die Sie versäumt haben, aufmerksam machen, sondern Sie sollten vor allen Dingen so sorgfältig wie überhaupt möglich ausanalysieren, *warum* Sie gewonnen haben.

Nicht aus Ihren starken, sondern *aus den schwachen Zügen Ihres Partners* werden Sie wirklich etwas lernen. Vor allem an diesen Zügen können Sie Ihre Spielstärke verbessern.

Sollten Sie trotz eifrigen Analysierens die Schwächen der Züge Ihres Partners nicht aufdecken können, dann sollten Sie daraus erkennen, daß Sie gar nicht stärker gespielt haben als Ihr Partner, sondern daß Sie lediglich Schachglück hatten, als Sie gewannen.

Ihre Analyse sollte auch nicht in den einfachen Feststellungen bestehen: Dieser Zug meines Partners war eben schwach. Es kommt für die Verbesserung Ihrer Spielstärke viel mehr darauf an, daß Sie herausfinden, auf Grund welcher Überlegung Ihr Partner dazu verleitet wurde, den schwachen Zug ins Auge zu fassen und schließlich zu ziehen.

Natürlich ist es sehr hilfreich, wenn Sie Ihren Partner über seine Motive befragen können, doch stärkt es Ihre Spielkraft viel nachhaltiger, wenn es Ihnen gelingt, diese Motive Ihres Partners *selbst herauszudenken*.

Dabei ist es auch nicht so wesentlich, wenn Ihr Partner anläßlich einer späteren Information über Ihre Erkenntnisse erklärt, er habe an eine solche Motivation für den einen oder anderen schwachen Zug »überhaupt nicht gedacht«.

Ausschlaggebend ist ganz allein, ob sich die von Ihnen gefundene Motivation schachlich vertreten läßt. Das können Sie in der Diskussion mit befreundeten Spielern, die möglichst stärker als Sie selbst spielen sollten, fast immer herausfinden.

Jedenfalls werden Sie auf diesem Wege Ihre eigene Spielstärke systematisch verbessern können.

Denken Sie auch immer daran, daß keine geschlossene Stellung rein strategisch gewonnen werden kann.

Der Endsieg beruht stets auf einer taktischen oder positionellen Kombination

Immer ist eine Öffnung des Spiels und ein Durchbruch im Endstadium des Spiels notwendig. Um den erfolgreich durchzuführen, müssen Sie auch kombinieren können. *Schachgefühl und Kombinationskraft* sind deshalb das Fundament jeglichen erfolgreichen Schachspiels. Das eine kann durch unablässiges Üben, das andere durch Gedächtnistraining erworben werden.

So gut wie alle Kombinationen gehorchen typischen Gestalten. Das Schachgefühl wird an der jeweiligen Stellung aktiviert und nicht etwa vom Schachpartner herausgefordert.

Das bedeutet für Sie, daß Sie sich rechtzeitig darauf trainieren sollten, nicht nur die »typischen Gestalten« der möglichen, erfolgreichen Kombinationen Ihrem Gedächtnis einzuprägen, sondern auch darauf, das Risiko des kombinativen Durchbruchs, das ja, wenn es durch positionelle Kombinationen gefordert wird, sehr oft ziemlich hoch ist, nicht zu scheuen. Von solcher Scheu sind viele Großmeister, ja sogar Weltmeister zu ihrem Nachteil besessen. Das bezeugt eine Bemerkung von Weltmeister Bobby Fischer über den ehemaligen Weltmeister Tigran Petrosjan, die er 1962 in Curaçao gemacht hat:

»Warum ist er nur so ängstlich, irgendein Risiko einzugehen?« fragte Fischer mit aufrichtigem Staunen. »Mit seinem Talent und seiner Fähigkeit, Stellungen richtig zu beurteilen und Varianten zu berechnen!«

Das systematische Studium der »Englischen Partie«

1. c2–c4   e7–e5

Das entspricht der Sizilianischen Verteidigung mit vertauschten Farben und dadurch *für Weiß mit einem Zug mehr.*

Das kann Weiß selbstverständlich ausnützen.

Die Sizilianische Verteidigung bestätigt, angesichts der miserablen Bilanz der freien Felder und Wirkungsgewichte, das Urteil von Großmeister Tarrasch als »Eröffnung von zweifelhaftem Wert«. Der Führer der schwarzen Steine kann die schlechte Felderbilanz nur durch die Mithilfe von Weiß wieder ausgleichen. Das geschieht gegenwärtig auch in internationalen Turnieren regelmäßig *infolge der Anwendung der traditionellen Eröffnungszugfolge.*

Die Tatsache, daß Schwarz durch die Erwiderung 1. — — — e7–e5 Weiß nun auch noch einen ganzen Zug schenkt, sollte eigentlich ausreichen, Schwarz durch diese Eröffnung in eine hoffnungslos verlorene Eröffnungskonstellation hineinzumanövrieren.

Von den wissenschaftlichen Analytikern ist das wohl nur deshalb noch nicht ausreichend erforscht worden, weil auch in diesem Falle den traditionellen Abspielen gefolgt wird, die, wie Sie schon wissen, nicht geeignet sind, die tieferen strategischen Nachteile der Sizilianischen Verteidigung *in aller Schärfe* aufzudecken.

Ihnen gibt diese Eröffnungsfolge als dem Führer der weißen Steine deshalb die willkommene Gelegenheit, die strategisch-positionellen Schwächen der Sizilianischen Verteidigung weitaus gezielter aufdecken zu können, als dies mit einem Zug weniger möglich ist.

Sie können aber auch zunächst, den traditionellen Spuren folgend, versuchen, bestimmte »klassische« Eröffnungsvarianten der Sizilianischen Verteidigung zu erreichen, die Sie dann wiederum *mit einem Zug mehr* auf ihre Schwächen gezielter abklopfen können.

In jedem Falle sollte Sie diese Anzugs-Umkehrung veranlassen, die Eröffnungszüge der sogenannten »Drachenvariante« der Sizilianischen Verteidigung mit denjenigen der »Englischen Eröffnung« nach 1. c2–c4, e7–e5 vergleichend *Zug um Zug* so lange zu studieren, bis die Eröffnungsstellungen (Weiß: Englisch, Schwarz: Sizilianisch) übereinstimmen.

Das wird Ihnen nicht ganz leichtfallen, weil sich die Stellungsbilder nicht nur farbenvertauscht, sondern oft auch noch spiegelbildlich ausbilden.

Aber eben der Zwang zum farbenvertauscht-spiegelbildlichen Umdenken übt sehr und stärkt außerdem Ihre Kombinationskraft für *großräumige positionelle Kombinationen* beträchtlich. Diese Fähigkeit kommt Ihnen dann auch für die reine Beurteilung der positionellen Werte beliebiger Stellungsbilder sehr zugute.

Beherrschen Sie die Umkehrung aber, dann wird es Ihnen auch nicht schwerfallen, Ihren Partner, sobald er auf 1. c2–c4 nur e7–e5 geantwortet hat, bald aus seinem Variantenwissen hinauszuzwingen, ohne daß Sie dabei Nachteile oder auch nur ein größeres Risiko in Kauf nehmen müßten.

Schwarz kann sich nach 1. c2–c4, e7–e5 von der traditionellen Zugfolge des vertauschten sizilianischen Angriffs wegen des gefahrdrohenden Mehrzuges, den er Weiß überläßt, auch lösen, wodurch er stärker ausgeglichene Stellungen erreicht.

Auch diese Eröffnungsvarianten, die glücklicherweise nicht sehr zahlreich sind, sollten Sie sich einprägen.

Im großen und ganzen werden Sie, selbst bei starkem Spiel von Schwarz, häufig Gelegenheit bekommen, Schwarz durch scharfe Züge aus dem bekannteren Variantenbereich herauszulocken, ohne daß Schwarz seinerseits diese Möglichkeit hätte.

In Abwandlung eines Urteils von Großmeister Tarrasch läßt sich für diese Verteidigung feststellen: »Die Antwort e7–e5 auf 1. c2–c4 ist eben nicht korrekt.«

Der eklatante Vorteil, in den Weiß durch den Antwortzug 1. --- e7–e5 versetzt wird, läßt sich überzeugend an den Eröffnungszügen einer Partie aufzeigen, die Großmeister Bent Larsen gegen den rumänischen Großmeister Florin Gheorghiu 1968 in Monaco spielte.

Analyse:
Larsen gegen Gheorghiu

1. c2–c4   e7–e5
2. g2–g3   g7–g6?

Den ungewöhnlichen 2. Antwortzug von Schwarz hält Großmeister Larsen – im Gegensatz zu manchen Kritikern – für gut spielbar, weil Schwarz den Befreiungszug d7–d5 auf jeden Fall durchsetzen kann. Doch bekommt Larsen durch diesen Zug auch Gelegenheit, den besonderen Vorteil des Mehrzuges, den Weiß hier hat, aufzuzeigen: »Im Sizilianer wird mitunter 1. e2–e4, c7–c5 2. g2–g3 gespielt, aber es wurde nie sehr populär wegen der energischen Antwort 2. ––– d7–d5. In der vorliegenden Stellung habe ich den ausgezeichneten Mehrzug 2. g2–g3, weshalb 3. d2–d4 kaum schwächer sein kann, als das oben erwähnte 2. ––– d7–d5.«

Die Antwort d7–d5 ist, wenn auch nicht als 2. Zug, sogar erheblich schwächer, wie das folgende, theoretisch gesicherte Abspiel zeigt: (1.) c2–c4, e7–e5 (2.) Sb1–c3, Sg8–f6 (3.) g2–g3, d7–d5? Der Entwicklungsvorsprung von Weiß ist, mit oder ohne Abtausch im Zentrum, offensichtlich.

Der dritte Zug in der »Englischen Eröffnung« ist, wenn Sie die Zugfolge als »Sizilianisch im Anzuge« mit vertauschten Farben auffassen, ein an Weiß von Schwarz verschenkter Mehrzug, der den ganzen sizilianischen Verteidigungsaufbau (bei ganz gleicher, spiegelbildlicher Figurenentwicklung) durch überlegene Führung in einen nachhaltigen Angriff zu verwandeln imstande ist.

Um das zu erreichen, muß Weiß allerdings die traditionelle Zugfolge der »Drachenvariante« ein wenig verändern.

Sie sollten, um die ganze strategisch-positionelle Tragweite zu erkennen, zuerst die klassische Zugfolge der Drachenvariante analysieren und dann erst die mit dem 7. Zuge erreichte Stellung mit der nach dem 7. Zuge von Weiß in der »Englischen Eröffnung« erreichten Stellung vergleichen.

1. Eröffnungsentwicklung:
Die Drachenvariante der Sizilianischen Verteidigung

1. e2–e4   *c7–c5*
2. Sg1–f3   *Sb8–c6*
3. d2–d4   *c5 × d4*
4. Sf3 × d4   *Sg8–f6*
5. Sb1–c3   *d7–d6*
6. Lf1–e2   *g7–g6*
7. Lc1–e3   *Lf8–g7*

Die Züge von Schwarz wurden kursiv gedruckt, und alle Züge

wurden ohne Kommentar wiedergegeben, damit Sie den schrittweisen Aufbau der schwarzen Stellung ohne Ablenkung von Stufe zu Stufe verfolgen können. Das erleichtert Ihnen den Vergleich mit dem schrittweisen Aufbau der nachfolgend ebenso wiedergegebenen weißen Stellung der »Englischen Eröffnung«.

Dieser schrittweise Vergleich ist für Sie deshalb nicht so ganz einfach durchschaubar, weil er nicht nur farbenvertauscht, sondern auch noch spiegelbildlich bewältigt werden muß.

Am besten ziehen Sie die Züge auf zwei Schachbrettern nebeneinander, gleichzeitig.

2. Eröffnungsentwicklung:
Englisch als »Sizilianisch im Anzuge«

1. $c2-c4$	$e7-e5$
2. $Sb1-c3$	$Sg8-f6$
3. $g2-g3$	$d7-d5$

Der Mehrzug 3. $g2-g3$, den Weiß an dieser Stelle zur Verfügung hat, entspricht in der Drachenvariante dem Zug 6. --- $g7-g6$. Dieser Zug erlaubt Weiß, die schwarze Figurenentwicklung nach dem Abtausch des schwarzen d-Bauern erheblich zu reduzieren.

4. $c4 \times d5$	$Sf6 \times d5$
5. $Lf1-g2$	$Sd5-b6$
6. $Sg1-f3$	$Sb8-c6$
7. $d2-d3$	---

Mit seinem 7. Zuge hat Weiß nun die farbenvertauschte, spiegelbildliche Stellung der Drachenvariante der Sizilianischen Verteidigung nach dem 7. Zuge von Schwarz erreicht.

Ein Vergleich der Bilanzen der freien Felder und der Wirkungsgewichte (wobei in der Stellung 62 um des leichteren Vergleiches willen einmal die weißen Steine oben und die schwarzen unten abgebildet sind) ergibt, um wieviel überlegener und angriffsstärker die aus der »Englischen Eröffnung« hervorgegangene Stellung der farbenvertauschten, spiegelbildlichen »Drachenvariante« tatsächlich ist. Das erkennen Sie erst, wenn Sie beide Stellungen nebeneinander und abwechselnd aus den Grundstellungen heraus entwickeln.

Stellung 62
Schwarz zieht

W S
Felder: 9:12
Wirkgew. 17:21

nach 7. d2–d3

Stellung 63
Weiß zieht

W S
Felder: 13:10
Wirkgew. 25:19

nach 7. --- Lf8–g7

Die Stellungen 62 und 63 verlangen von Ihnen einen etwas anders geführten Vergleich, als Sie das bisher beim Vergleichen von Stellungen gewohnt waren.

Hier steht eine mit schwarzen wie mit weißen Steinen genau (spiegelbildlich) gleiche Stellung (die infolgedessen auch die gleichen Wirkungskräfte ausstrahlt) einer jeweils verschieden aufgebauten weißen und schwarzen Stellung gegenüber.

Da die beiden gegenüberstehenden Stellungen jeweils durch die verschiedene Zug*folge* eine verschiedene Plazierung der gegenüberliegenden Schachsteine bewirkt haben, fällt auch die Bilanz der freien Felder und der Wirkungsgewichte verschieden groß aus, obwohl die eine der beiden, also entweder die weißen oder die schwarzen Figurenplazierungen, in den beiden Stellungsbildern genau positionsgleich ist.

Diese Zugfolgen, die *insgesamt* zu spiegelbildlich gleichen Stellungsbildern der schwarzen oder weißen Steine führen, machen Ihnen klar, daß und auf welche Weise *Umstellungen von Eröffnungszügen* trotz gleichen Endstellungen zu ganz verschiedenen strategisch-positionellen Figurenkonfigurationen auf dem Schachbrett führen können. Die so entstehenden Verschiedenheiten bieten dann dem Führer der weißen oder der schwarzen Steine eine ganz andere Chancenverteilung an!

Strategisch-positionelle Überlegungen

Stellen Sie nun auf zwei Schachbrettern die Grundstellung der Steine so auf, daß Ihnen auf dem rechten Brett die schwarzen Steine zugewandt sind.

Und nun machen Sie auf beiden Brettern die gleichen (farbenvertauschten und spiegelbildlichen) Züge jeweils wie gewöhnlich mit den weißen Steinen:

Englisch (Schwarz zu Ihnen)   Sizilianisch (Weiß zu Ihnen)
  1. c2–c4   e7–e5   1. e2–e4   c7–c5
  2. Sb1–c3 Sg8–f6   2. Sg1–f3 Sb8–c6

Weiß wie Schwarz bereiten offensichtlich den Vorstoß des d-Bauern vor. Der Führer der weißen Steine in der Englischen Partie kann sich allerdings mit einem Mehrzug (da er den Anzug hat) auf den Vorstoß des schwarzen d-Bauern vorbereiten.

  3. g2–g3   d7–d5   3. d2–d4   c5×d4

Infolge des Zwischenzuges 3. g2–g3 von Weiß findet der Abtausch des c-Bauern gegen den d-Bauern, der in der Sizilianischen sofort erfolgt, in der Englischen erst im nächsten Zuge statt.

  4. c4×d5 Sf6×d5   4. Sf3×d4 Sg8–f6

Während in der Englischen die Position auf den engeren und weiteren Zentrumsfeldern zur Sizilianischen spiegelbildlich gleich ist, scheint Schwarz in der Sizilianischen nun Weiß um einen Zug früher zur Deckung des Be4 zwingen zu können.

In der Englischen hat es Weiß wegen des ihm von Schwarz

»geschenkten« Zuges 3. g2–g3 gar nicht nötig, mit 5. Sg1–f3 den Be5 sofort anzugreifen. Er verfügt vielmehr über einen stärkeren Zug, der den schwarzen Sd5 zum zweiten Mal angreift.

In der Sizilianischen hat Schwarz (weil er noch nicht g7–g6 ziehen konnte) diese Möglichkeit der Auswahl nicht. Er ist also in seiner Figurenbeweglichkeit deutlich eingeschränkter als Weiß in der Englischen.

5. Lf1–g2 Sd5–b6   5. Sb1–c3 d7–d6

Der Sd5 kann in der Englischen auf dem Felde d5 nicht verteidigt werden, da sowohl 5. --- c7–c6 als auch Lc8–e6 an 6. Dd1–b3*) scheitert. Er wird deshalb nach c6 zurückgezogen, damit er an der Verteidigung des Damenflügels, auf den die weißen Figuren bereits ausgerichtet sind, teilnehmen kann. Das könnte er auf f6 nicht sofort und auf e7 würde er dem Lf8 die Wirkung auf der Diagonale a3–f8 abschneiden.

In der Sizilianischen behauptet der weiße Sd4 dagegen seinen Platz im Zentrum. Weiß muß aber nun den Be4 decken, was natürlich stärker mit dem Entwicklungszug 5. Sb1–c3 als etwa durch (5.) f2–f3 geschieht. – Durch 5. --- d7–d6 wird dem Lc8 die Wirkung auf die Diagonale c8–h3 eröffnet.

6. Sg1–f3 Sb8–c6   6. Lf1–e2 g7–g6

Nach der Verjagung des schwarzen Springers nach b6 setzt Weiß, entsprechend der Sizilianischen, mit einem Entwicklungsangriff auf den Be5 fort, der nun analog durch den Entwicklungszug Sb8–c6 verteidigt wird.

In der Sizilianischen bereitet Weiß die Rochade durch den Wegzug des Lf1 vor. Der Läufer kann sowohl nach e2, als auch nach c4 gestellt werden. Der klassische Zug ist Lf1–e2.

Schwarz antwortet in der Sizilianischen mit der Vorbereitung der Fianchettierung seines Lf8 durch 6. --- g7–g6, was die Drachenvariante charakterisiert.

7. d2–d3   ---   7. Lc1–e3 Lf8–g7

Zieht Weiß in der Englischen nun 7. d2–d3, dann erreicht er farbenvertauscht spiegelbildlich die gleiche Stellung wie Schwarz nach seinem 7. Zuge in der Sizilianischen (vergl. Stellungen 62, 63).

---

*) (5.) ... Lc8-e6 (6.) Dd1-f3, Sd5-b3 (7.) Db3-a4+ und dann erst nach d1 zurück oder aber, falls (7.) ... Dd8-d7 Dametausch trotz Sb3-c2+, weil Ta8 und Sb1 verloren gehen.

Aus den Bilanzen der freien Felder und Wirkungsgewichte ist zu ersehen, daß die Angriffsmöglichkeiten gegen die schwarze Stellung in der Sizilianischen Eröffnung größer sind (13 : 10), als sie Schwarz gegen die analoge Stellung von Weiß hätte (9 : 12). Da aber Weiß in der Englischen, die der Drachenvariante analoge Angriffsstellung bereits mit 6. Sg1–f3 vollkommen erreicht hat, während Schwarz in der Sizilianischen den Lf8 erst im 7. Zuge nach g7 ziehen kann, muß Weiß in der Englischen keineswegs mit (7.) d2–d3 die Normalstellung der Drachenvariante analogisieren. Er könnte z.B. (7.) o–o oder noch schärfer (7.) a2–a3 in der Absicht ziehen, ohne weiteres Zögern einen vehementen Angriff gegen den schwarzen Damenflügel vorzutragen.

Da Sie nach alledem, was Sie bisher erkannt haben, bereit sein werden, die schärfste Fortsetzung zu wählen (zumal alle Varianten nach (7.) o–o, laut theoretischen Untersuchungen, zu beiderseits gleichwertigen Stellungen führen), könnten Sie ebenso wie die sowjetrussischen Meister Furman und Kortschnoi in den Meisterschaften der UdSSR 1959 in Moskau die folgende Fortsetzung, die außerdem aus dem Variantenwissen hinausführt, versuchen:

Analyse: Furman gegen Kortschnoi

7. a2–a3	Lc8–e6
8. d2–d3	f7–f6
9. b2–b4	a7–a5
10. b4–b5	Sc6–d4
11. Sf3 × Sd4	e5 × Sd4
12. Sc3–e4	a5–a4

Obwohl Schwarz auf diese Weise den Vorstoß des weißen a-Bauern verhindert hat, ist seine Stellung doch strategisch-positionell erkennbar schwächer als die von Weiß.

Das wird durch den folgenden Zug von Weiß, der die Schwäche des schwarzen Damenflügels unterstreicht, sofort verdeutlicht.

Dabei ist es wesentlich, daß Sie erkennen, warum ein sofortiger Angriff auf den im Zentrum stehenden Se4 gar nicht möglich ist. Damit hat aber Weiß die Möglichkeit, einen Doppelangriff gegen den schwarzen Damenflügel und den Königsflügel gleichzeitig vorzutragen.

13. Lc1–d2 ———

Analysieren Sie es selbst aus.

Weltmeister Botwinnik gegen Internationalen Meister Dückstein

Wie zwingend die strategisch-positionelle Entwicklung nach 3. g2–g3 in der Englischen Partie vor sich geht, das zeigt eine Partie, die auf der XIII. Schach-Olympiade im Jahre 1958 zwischen dem damaligen Weltmeister und dem Internationalen Meister zustande kam. Da sie einen hohen Lehrwert hat, sollten Sie diese Partie in allen ihren Entwicklungsstadien sorgfältig analysieren.

1. c2–c4   e7–e5
2. Sb1–c3   Sg8–f6

Es ist deutlich, daß die weiße Zugfolge darauf abzielt, die Wirkung auf das Feld d5 zu sichern.

Schwarz versucht die Absicht von Weiß durch seine Antwortzüge zu kontern, da er nach e7–e5 irgendwann auch zu dem Befreiungszug d7–d5 kommen muß.

3. g2–g3   d7–d5

Es ist ganz natürlich, daß Schwarz im gleichen Augenblick, da Weiß die direkte Wirkungsverstärkung auf das Feld d5 aufgibt, sogleich mit dem Befreiungszug 3. –– – d7–d5 antwortet.

Weiß hätte den Druck auf das Feld d5 zum Beispiel sofort oder nach dem üblichen dazwischengeschalteten Angriff auf den Be5 durch (3.) Sg1–f3 und dessen Verteidigung (3.) –– – Sb8–c6 mit (4.) e2–e4 fortsetzen können. Er würde aber dadurch, wie die theoretischen Analytiker nachgewiesen haben, nur Gleichstand erreichen.

Der Zug 2. g2–g3 verstärkt dagegen den Druck auf das Feld d5 indirekt, das heißt durch eine positionelle Kombination, die nach dem Bauernabtausch durch den tempoverlierenden Zug 5. –– – Sd5–b6 erreicht wird.

Da Weiß gewissermaßen damit rechnen darf, daß Schwarz die Gelegenheit, den Befreiungszug 3. –– – d7–d5 zu machen, sofort ergreifen wird, ist diese Kombination gerechtfertigt.

Sie sollten sich aber auch damit auseinandersetzen, wie Weiß fortsetzt, wenn Schwarz das sofortige 3. –– – d7–d5 unterläßt. Schwarz hat in dieser Stellung nur zwei sinnvolle Züge, von denen der Zug (3.) –– – c7–c6 die positionelle Kombination von Weiß zu widerlegen versucht:

(3.) g2–g3   c7–c6

Dieser Antwortzug ist eine Erfindung des sowjetrussischen Großmeisters Paul Keres.

In diesem Falle könnten Sie sofort mit (4.) d2–d4 fortsetzen, würden aber, wie die theoretischen Analytiker feststellten, bei stärkstem Spiel von Schwarz nicht mehr als Gleichstand erreichen.

Viel interessanter für Sie wäre der schärfste Angriff auf den Be5 durch

(4.) Sg1–f3   ---

der nun, da das Feld c6 besetzt ist, nicht mehr durch Sb8–c6 verteidigt werden kann.

Da Schwarz aber (3.) --- c7–c6 zur risikoloseren Vorbereitung von d7–d5 gezogen hat, wird er kaum (4.) --- d7–d6 ziehen, so daß ihm nur noch der Vorstoß seines e-Bauern als sinnvolle Fortsetzung übrig bleibt.

(Kümmern Sie sich also vorläufig nicht um andere 4. Züge von Weiß, weil Sie dadurch Ihr Variantengedächtnis entlasten. Versuchen Sie auch keinesfalls (4.) Lf1–g2, weil Sie dann auf jeden Fall, wie die theoretischen Analytiker feststellten, in schwerste Nachteile hineinkommen können.)

(4.) ---   e5–e4
(5.) Sf3–d4   d7–d5
(6.) c4 × d5   ---

Sollte Schwarz nun nicht, wie zu erwarten, mit (6.) --- c6 × d5, sondern mit (6.) --- Dd8–b6!? fortfahren, so könnten Sie, statt wie Exweltmeister M. Botwinnik gegen Weltmeister M. Tal im Weltmeisterschaftskampf 1961 mit (7.) Sd4–b3, durch das reizvolle Experiment (7.) Dd1–a4 wieder einmal Ihren Partner aus seinem Variantenwissen herauszuzwingen versuchen, es sei denn, er kenne die von amerikanischen Meistern vorgeschlagene, aber nie gespielte Variante, die Großmeister Keres widerlegt hat. Da das jedoch unwahrscheinlich ist, sollten Sie es trotzdem versuchen, auch wenn Sie mit fliegenden Fahnen untergehen könnten. Doch ist das durchaus nicht wahrscheinlich.*

---

* (7.) Dd1–a4, Lf8–c5 (8.) d5 × c6, 0–0! Die Entscheidung zu (8.) --- 0–0 wird Ihr Partner, wenn er die Untersuchung von Keres nicht kennt, kaum aus eigener Kraft am Brett herausdenken können. Er wird wahrscheinlicher mit (8.) --- Sb8 × c6 antworten und nach (9.) Sd4 × Sc6, Lc5 × f2+ (10.) Ke1–d1, b7 × Sc6 durch (11.) e2–e3 oder Sc3 × e4 in Nachteil kommen. Zurück zu (8.) --- 0–0 (9.) c6 × b7,

Ähnliches gilt übrigens auch für den Zug (5.) --- Dd8-b6, auf den Sie ebenfalls statt des zurückhaltenden (6.) Sd4-b3 mutiger mit (6.) e2-e3 antworten können. Dann ergeben sich nach (6.) --- d7-d5 eine ganze Reihe variantenvernachlässigter kombinativer Möglichkeiten, an denen Sie Ihre Spielstärke schulen können.

Für die weitaus größere Mehrzahl Ihrer Turnierpartner, mit denen Sie diese Stellung erreichen, wird es jedenfalls natürlicher sein, planmäßig fortzusetzen.

(6.) ---   c6 × d5
(7.) d2-d3   Dd8-b6

Die schwarze Bauernkette im Zentrum sollte unverzüglich zu zerstören versucht werden. Da ein Angriff auf die Basis im Sinne des Nimzowitsch-Systems hier nicht möglich ist, wird die Spitze angegriffen.

Schwarz kann diesen Angriff wegen des starken Sd4 nicht sinnvoll abwehren. Er muß sich auf eine strategisch-positionelle Verbesserung seiner Stellung beschränken.

Auch in dieser Stellung sollten Sie den auf dem Feld d4 so stark stehenden weißen Springer nicht nach b3 zurückziehen, sondern ihm trotz der drohenden Angriffsfortsetzung durch die Sprengung der schwarzen Bauernkette die Deckung durch Dd1 verschaffen.

(8.) d3 × e4   Lf8-c5
(9.) e2-e3   d5 × e4

Die weitere Fortsetzung ist klar. Weiß wird wohl Lf1-g2 und o-o ziehen müssen, bevor er weitere Angriffspläne schmieden darf. Ebenso wird Schwarz seine Figurenentwicklung durch o-o und Lc8-g4 vollenden und den Druck auf das von ihm beherrschte Feld f3 verstärken.

Beide Partner haben starke Stellungen, die der größeren Spielstärke alle Chancen einräumen.

Lc8 × b7 (10.) e2-e3, Lc5 × Sd4 (11.) Da4 × Ld4, Db6 × Dd4 (12.) e3 × Dd4, Sb8-c6 (13.) Lf1-g2, ---. Schwarz kann nun durch Lb7-a6 Remis durch Zugwiederholung erzwingen, weil Weiß Lg2-f1 antworten muß. Analysieren Sie es selbst. (13.) ---, Sc6 × d4 (14.) o-o, Lb7-a6 (15.) Tf1-d1. Der Zwang für Weiß, seinen Tf1 nach d1 zu stellen, zeigt Ihnen, daß und warum Schwarz nun eine überlegene Stellung erreicht hat, die einen Bauern bei weitem wert ist. Weiß kann sich übrigens durch ein Qualitätsopferangebot nicht aus der Affäre ziehen, denn (15.) Sc3 × e4, Sf6 × Se4 (16.) Lg2 × Se4, La6 × Tf1 (17.) Le4 × Ta8, Lf1-d3! führt zu einer Gewinnstellung für Schwarz, der Weiß nichts mehr entgegenzusetzen hat.

Weiß darf allerdings nach (10.) Lf1–g2, o–o seine Stellung nicht dahingehend überschätzen, daß er glaubt, mit (11.) Sc3 × e4 den Be5 gewinnen zu können (auch Lg2 × e4 führt zum Verlust). Es würde folgen: (11.) — — — Sf6 × Se4 (12.) Lg2 × Se4, Tf8–e8 und Schwarz gewinnt mindestens seinen Bauern mit deutlichem Stellungsvorteil zurück. Analysieren Sie es selbst aus.

Damit Sie nicht zurückzublättern brauchen, fangen wir noch einmal von vorne an:

1. c2–c4   e7–e5
2. Sb1–c3   Sg8–f6
3. g2–g3   d7–d5

Setzt Schwarz nun entsprechend seinem Verteidigungsplan, sich so bald wie möglich Befreiung für seine Figuren zu verschaffen, fort, dann hat die positionelle Kombination von Weiß Erfolg.

4. c4 × d5   Sf6 × d5
5. Lf1–g2   Sd5–b6

Warum der Sd5 seinen Platz nicht behaupten kann, das haben Sie schon früher erkannt.

Nun setzt Weiß mit dem Angriff auf den Be5 fort, der jetzt nicht weiter vorgestoßen werden kann.

6. Sg1–f3   Sb8–c6

Damit hat Weiß die strategische Anlage der Drachenvariante der Sizilianischen Verteidigung erreicht, die er nun, wegen des Mehrzuges und der schlechten Bilanz der freien Felder und Wirkungsgewichte für Schwarz sogleich zu einem starken Angriff auf den schwarzen Damenflügel ausnützen kann.

7. a2–a3   Lf8–e7

Schwarz muß so schnell wie möglich seinen König durch die Rochade aus der Mitte wegschaffen, damit er seinen Be5 ausreichend verteidigen kann. Trotzdem hätte Schwarz wohl besser daran getan, dem weißen Damenflügelangriff zunächst durch (8.) — — — a7–a5 wirksam entgegenzutreten.

8. d2–d3   o–o

Die Öffnung der Diagonale c1–h6 ist für Weiß ebenso bedeutsam wie die Wirkung auf das Feld c4 durch den Bd3.

9. b2–b4   — — —

Stellung 64
Schwarz zieht

W S
Felder: 11 : 9
Wirkgew: 20:14

nach 9. b2 – b4

Wie soll Schwarz nun ziehen?

Die Bilanz der freien Felder und der Wirkungsgewichte könnte er, da er am Zuge ist, zwar verbessern, doch erkennen Sie, daß die erreichte Stellung Weiß deutliche positionell-kombinatorische Möglichkeiten auf dem Damenflügel bietet, deren Auffangen das Hauptanliegen von Schwarz sein sollte.

Da sich eine wirksame Verteidigung gegen diese weißen Möglichkeiten nicht mehr, oder doch nur sehr mühsam und umständlich herausanalysieren läßt, greift Großmeister Dückstein zu dem historisch-traditionellen Mittel eines Ablenkungsangriffs auf dem anderen, hier dem weißen, Königsflügel.

Dabei berücksichtigt er nicht genügend, daß solche Flügelangriffe, in aller Regel, nur dann erfolgversprechend sind, wenn eine gesicherte, nicht zu erschütternde Zentrumsstellung vorhanden ist oder aufrechterhalten werden kann.

Sie erkennen in Stellung 64 leicht, daß die auf dem Damenflügel vorstoßenden Bauern die im Augenblick latent vorhandene Wirkung der schwarzen Figuren bald verringern werden. Dies wird insbesondere dann der Fall sein, wenn der Lg2 auf der Diagonale h1 – a8 stärker zur Wirkung gekommen sein wird.

Aus diesem Grunde, und nicht etwa wegen des Materialverlustes von einem Bauern, ist der Flügelangriff mit Bauernopfer, den Großmeister Dückstein hier gegen Weltmeister Botwinnik unternimmt, zum Scheitern verurteilt.

Großmeister Dückstein zog:

9. ---   f7–f5

Er hätte solider und weniger risikoreich mit einem Zug, den Sie schon aus der Partie Furman gegen Kortschnoi (siehe Seite 301) kennen, antworten können.

(9.) ---   Lc8–e6

Es wäre dann auch ganz analog strategisch-positionell weitergegangen.

(10.) o–o   f7–f6

Da Kortschnoi als Führer der schwarzen Steine vorsorglich bereits (8.) --- f7–f6 gezogen hatte, ist das hier angebotene Bauernopfer mit den unangenehmen Folgen für Weiß dort nicht vorhanden [also (10.) b4–b5, Sc6–d4 (11.) Sf3 × e5, Le6–b3!].

(11.) Lc1–e3   Dd8–d7

Sie sehen, wie Weiß sich anstrengen muß, die Herrschaft über das Feld d4 zu behalten.

(12.) Sc3–e4   Sc6–d5
(13.) Ta1–c1   Tf8–d8

Und nun kann sich Schwarz bei vorläufig gesichertem Zentrum durch Angriffszüge ausreichend verteidigen.

Zurück zur Partie Botwinnik gegen Dückstein:

10. b4–b5   Sc6–d4
11. Sf3 × e5   Le7–f6

Erinnern Sie sich? Stünde der weißfeldrige schwarze Läufer schon auf dem Felde f6, dann dürfte der Springer den Be5 nicht schlagen. Doch ist die Annahme des Bauernopfers auch jetzt noch durchaus risikoreich, wie Sie gleich erkennen werden.

12. f2–f4   Lc8–e6
13. Ta1–b1   Lf6 × Se5
14. f4 × Le5   f5–f4

Das ist des schwarzen Pudels Kern. Nimmt Weiß dieses zweite Bauernopfer von Schwarz an, gerät er in eine Verluststellung.

Diese Möglichkeit scheint Großmeister Dückstein so begeistert zu haben, daß er über die Ablehnung dieses Bauernopfers wahrscheinlich nicht genügend nachgedacht hat Diese Vermutung wird insbesondere durch den 17. Zug von Schwarz gestärkt. Obwohl er ganz natürlich aussieht, legt er doch den eigentlichen Grundstein zum Verlust der Partie für Schwarz.

Doch sollten Sie zuerst analysieren, was geschieht, wenn Weiß auch diese schwarzes Bauernopfer noch annimmt, weil Sie das in einer Turnierpartie auch tun würden.

(15.)	Lc1 × f4	Tf8 × Lf4
(16.)	g3 × Tf4	Dd8–h4+
(17.)	Ke1–d2	Dh4 × f4+
(18.)	e2–e3	Df4–f2+
(19.)	Sc3–e2	Df2 × Lg2
(20.)	e3 × Sd4	Le6–d5
(21.)	Th1–g1	Dg2 × h2

Statt (20.) ——— Le6–d5 war auch ——— a7–a6 eine erfolgversprechende Fortsetzung, da Weiß das Eingreifen des Ta8 über die a-Linie nicht mehr verhindern könnte. Doch ist die Eroberung des Bh2 mit der Beherrschung der langen Diagonale h1–a8, der freien f-Linie und den verbundenen Freibauern stärker und führt trotz des Qualitätsopfers zum sicheren Sieg.

Das sofortige Schlagen mit dem g-Bauern im (15.) Zuge würde übrigens noch schlimmere Folgen haben. Analysieren Sie es selbst aus.

Weiß wird also wohl darauf verzichten müssen, auch das zweite Bauernopfer anzunehmen Da seinem König die größere Gefahr droht, bietet sich als Ablehnungszug vor allem die Rochade an.

15. 0–0!   ———

Nun führt Großmeister Dückstein eine erneute Analyse seiner Stellung durch und entdeckt den ungedeckten Sc3, der möglicherweise durch ein Damenschach erobert werden kann. Das bedeutet, daß er jetzt nicht nur seinen f-Bauern, sondern auch seinen Sd4 opfern könnte.

Auch diese hübschen Kombinationsmöglichkeiten, die er gegen den Weltmeister herausarbeiten konnte, scheinen ihn wieder davon abgehalten zu haben, den strategisch-positionellen Wert der einfacheren Abwicklungen ausreichend zu klären.

Zum Beispiel:

(15.)	———	f4 × g3
(16.)	h2 × g3	Tf8 × Tf1
(17.)	Dd1 × Tf1+	Sb6–d5

oder:

(16.)	h2 × g3	Sd4–f5

(17.) Sc3–e4   Dd8–d4+
(18.) Kg1–h1   Dd4×e5
(19.) Lc1–f4   –––

Beide Abspiele hätten ihm wohl das Remis sichern können. Großmeister Dückstein aber zog es vor, sein aufregendes Kombinationsspiel weiter zu betreiben.

15. –––   f4–f3
16. e2×f3   Sd4×f3+
17. Tf1×Sf3   Dd8–d4+

Natürlich schlägt Weiß mit dem Tf1 zurück, weil er so mit tempogewinnenden Angriffen auf die schwarze Dame fortsetzen kann. Bitte machen Sie sich das klar und lernen Sie daraus.

18. Tf3–e3   Dd4×Sc3

Auch wenn Schwarz diese Abwicklung vermieden hätte, wäre Weiß mit der überlegenen Stellung aus diesem Abspiel hervorgegangen.

(17.) –––   Tf8×Tf3
(18.) Dd1×Tf3   Dd8–d4+
(19.) d3–d4   –––

Das erkennen Sie aus den verbundenen Zentrumsbauern und dem Läuferpaar, das in dieser halboffenen Stellung bald eine überwältigende Kraft entfalten wird.

Nach 17. ––– Dd8–d4+ aber stellt Weltmeister Botwinnik die positionelle Überlegenheit der weißen Stellung noch nachdrücklicher klar.

19. d3–d4   Dc3–c4
20. Tb1–b4   Dc4–a2
21. Te3–e2   Da2–a1

Damit ist die schwarze Dame endgültig in das Abseits hineingezwungen worden.

Erinnern Sie sich der Partie E. Schiffers gegen M. Tschigorin?*
Auch das Stellungsbild 18 zeigt eine ähnliche, wenn auch nicht ganz so extreme Abseitsstellung der schwarzen Dame.

Weltmeister Botwinnik nutzt die Abseitsstellung der schwarzen Dame nun rigoros aus.

22. d4–d5   Ta8–d8
23. Te2–d2   Le6–f5

* Die Neue Schachschule. Meister durch schöpferisches Spiel, 14. Trainingsabschnitt

24. Lc1–b2   Da1×Dd1+
25. Td2×Dd1   Tf8–e8

Weiß kann die Abseitsstellung der schwarzen Dame kaum besser ausnützen als durch das Abtauschangebot. Dadurch bekommt sein Läufer die beherrschende Position auf der langen Diagonale a1–h8.

Auch wird die Überlegenheit der weißen Bauernmehrheit grundsätzlich um so deutlicher, je mehr Figuren abgetauscht werden.

26. Lg2–f3   Sb6–d7

Der weiße Läuferzug verhindert ein eventuelles Lf5–e6 und deckt indirekt den Vormarsch des Be5 und des Kg1.

27. e5–e6   Sd7–c5
28. Tb4–f4   Lf5–g6

Warum (28.) --- g7–g6 ein positioneller Fehler wäre, das erkennen Sie selbst.

29. h2–h4   h7–h5

Der Lg6 muß auf den Diagonalen b1–h7 und e8–h5 weiterwirken können, wenn er nicht zum Hemmstein für Schwarz werden soll. Auch das sollten Sie sich sorgfältig bewußt machen.

Es droht auch irgendwann Tf4–f7.

30. Tf4–c4   Sc5–d3

Es ist nun eine lehrreiche Stellung entstanden, deren positionelle und kombinative Fortsetzungen leicht zu durchschauen sind. Analysieren Sie selbst, was sich z.B. nach (30.) --- b7–b6 entwickeln würde.

31. Lb2–d4   Te8–e7
32. Tc4–c3   c7–c5
33. b5×c5 e.p. b7×c6
34. Td1×Sd3   Lg6×Td3
35. Ld4–c5   Te7–e8

Das ist von Weiß nicht etwa riskant, sondern mit höchster Präzision gespielt. Es gab keinen rascheren Weg, den Endsieg klarzustellen. Analysieren Sie selbst.

36. Tc3×Ld3   c6×d5
37. e6–e7   Td8–d7
38. Lf3×h5   Te8×e7
39. Lc5×Te7   Td7×Le7
40. Td3×d5   Te7–e3
41. Kg1–f2   ---

Abschiedseinladung von Weiß zu einer »kleinen Kombination«.

	41. ---	Te3 × a3
	42. Lh5–g6	---

droht Matt

	42. ---	Kg8–f8
	43. Td5–e5	---

wird Matt.

25.
Trainingsabschnitt

Was zieht Weiß nach 3. --- Lf8–b4?

1. c2–c4   e7–e5
2. Sb1–c3   Sg8–f6
3. g2–g3   Lf8–b4

Schwarz zieht seinen Läufer weniger um eines Angriffs auf den Sc3 willen, als wegen der Möglichkeit zur sofortigen Rochade.

4. Lf1–g2   o–o

Nun haben Sie wieder einmal Gelegenheit, Ihren Partner aus dem üblichen Variantenwissen herauszuführen, indem Sie entweder den Abtausch Läufer gegen Springer durch (5.) a2–a3 forcieren, oder sogar durch (5.) Sc3–d5 zu kombinatorischen Verwicklungen auffordern.

In beiden Fällen werden Sie, bevor Sie die Auseinandersetzung in der Mitte beginnen oder fortsetzen, zunächst e2–e3 und Sg1–e2 einplanen müssen.

Daß Sie nach dem eventuellen Abtausch der beiden Springer mit dem c-Bauern und nicht mit dem Lg2 zurückschlagen, versteht sich von selbst. Der Vorteil der Stellung von Weiß besteht jedenfalls darin, daß der Bd5 durch den Lg2 gedeckt ist, also nach c6–c5 nicht mit Entwicklungsvorteil für Schwarz abgetauscht werden muß. Auch kann Weiß seine Figuren leichter entwickeln als Schwarz.

Auch die Bilanz der freien Felder und Wirkungsgewichte macht Ihnen Mut zu einer dieser Fortsetzungen: Sie beträgt nach (4.) a2–a3 $F = 10 : 10$, $W = 17 : 13$ und nach (4.) Sc3–d5 $F = 10 : 9$, $W = 14 : 11$.

Anscheinend ist 1. --- e7–e5 tatsächlich nicht korrekt

Nach diesen Untersuchungen ist es jedenfalls nicht verwunderlich, daß heute die Antwort auf 1. c2–c4 nicht mehr, wie früher fast immer, e7–e5 lautet, obwohl im Handbuch der Modernen Schacheröffnungen erklärt wird: »4. d2–d4 ist am logischsten...« und »Schwarz kann am besten durch 4. --- e5×d4, wie in Nr. 2 Ausgleich erzielen, wo er das Läuferpaar aufgibt, um die weiße Bauernformation zu zerstören.«

Sie haben gelernt, daß und wie Sie dieses Abspiel durch 2. g2–g3 und Lf1–g2 verhindern können, weil so der Ausgleich für Schwarz erheblich erschwert, wenn nicht gar unmöglich gemacht wird.

Der Kuriosität halber sollen Sie noch einen gescheiterten Versuch kennenlernen, den Weltmeister Wassili W. Smyslow 1962 in Mar del Plata gemacht hat, um 1. --- e7–e5 zu rechtfertigen. Diese Eröffnungszüge sind für Sie deshalb von praktischer Bedeutung, weil sie von Schwarz benutzt werden könnten, den Führer der weißen Steine aus seinem Variantenwissen herauszuführen. Sie brauchen diese Eröffnungsanlage aber deshalb nicht auswendig zu lernen, weil sich ihre Widerlegung entweder bei schwacher Fortsetzung leicht am Brett herausrechnen läßt, oder aber, weil sie Schwarz bereits im 5. Zuge in eine hoffnungslose positionelle Situation bringt, was am Brett ebenfalls leicht erkannt werden kann.

Analyse:
D. Byrne gegen Smyslow

1.	c2–c4	e7–e5
2.	Sb1–c3	d7–d6
3.	g2–g3	Lc8–g4

Das ist der von aller Variantenkenntnis abweichende Zug von Schwarz. Weiß kann sofort sehr stark antworten.

    4. d2–d4   Sb8–c6

Diesen Zug machte Smyslow, obwohl er genau voraussah, wie nachteilig er sich für ihn auswirken würde, weil ihm der Bauerntausch sonst eine unhaltbare Stellung beschert.

    (4.) ---   e5×d4
    (5.) Dd1×d4   Sg8–f6
    (6.) Sc3–d5!   ---

Und es gibt keine Rettung, weil (6.) --- Sb8–d7 mit Lc1–g5 beantwortet wird.

    5. d4–d5   Sc6–b8

Nun muß der schwarze Springer auf sein Ausgangsfeld zurück, weil er nicht nach d4 gezogen werden darf:

(5.) --- Sc6–d4
(6.) Lc1–e3 c7–c5
(7.) d5 × c5 e. p. Sd4 × c6
(8.) Lf1–g2 ---

Und die Angriffsüberlegenheit der weißen Stellung ist eklatant, wenn die Partie auch bei weitem noch nicht gewonnen ist.

Auch nach Sc6–b8 steht Weiß so stark, daß er sich, im Gegensatz zu Schwarz, der schnellstens etwas für seine Entwicklung tun und deshalb auf (6.) --- f7–f5 verzichten muß, weil (7.) Dd1–c2, Dd8–c8 (8.) h2–h3 für ihn schlecht ausginge, auf einen Flankenangriff vorbereiten kann. Analysieren Sie es selbst.

Schwarz verlor die Partie schließlich vor allem deshalb, weil er trotz stärksten Gegenspiels bereits im 8. Zuge in eine beengte Stellung hineingeriet, die ihn, im Gegensatz zu Weiß, an einer erfolgversprechenden Entfaltung seiner Kräfte nachhaltig hinderte. Das aber gehört nicht mehr zum unmittelbaren Lehrziel.

Zurück zur Vermeidung von 1. --- e7–e5

Eine der häufigsten Antworten auf 1. c2–c4 ist der Zug Sg8–f6, der Weiß zunächst die Wirkung auf das Feld d5 durch 2. Sb1–c3 ohne Nachteil zu verstärken erlaubt.

1. c2–c4 Sg8–f6
2. Sb1–c3 ---

Nun hat Schwarz insgesamt vier plausible Fortsetzungen (2. --- d7–d5 oder e7–e6 oder c7–c6 oder c7–c5).

Sofortiges 2. --- d7–d5 widerspricht der schachlichen Logik, weil Weiß infolge des Anzuges nach dem Abtausch des c-Bauern gegen einen Zentrumsbauern durch fortgesetzte Angriffe seine Anzugsinitiative behalten und mit einem Mehrbauern im Zentrum eine stärker angriffsträchtige Stellung aufbauen kann. Deshalb kann diese Antwort von Schwarz durch die Anwendung allgemeiner Richtlinien und den Hinweis auf den sofortigen oder nach 2. Sb1–c3 erfolgenden Zug e2–e4 als erledigt angesehen werden.

Weiß hat jedenfalls aussichtsreiche, wenn auch nicht risikolose Angriffsfortsetzungen, kommt bald zur Rochade und kann gegebenenfalls einen gleichzeitigen Angriff in der Mitte und auf dem Damenflügel versuchen.

Viel näherliegend ist es für Schwarz, so zu antworten, daß er sich auf die Auseinandersetzung in der Mitte sofort vorbereitend einstellt.

Der nächstliegende Zug dafür ist, da der Königsspringer bereits auf f6 steht, ein Zug mit seinem Königsbauern.

2. --- e7–e6

Dieser Zug unterstützt nicht nur das spätere d7–d5, das zur Befreiung ja doch einmal gezogen werden muß, sondern öffnet auch dem Lf8 die Diagonale a3–f8, so daß Schwarz auch bald zur Rochade kommen kann.

Aus diesem Grunde ist dieser Zug auch schärfer, als der Zug 2. --- c7–c6, der an dieser Stelle ebenfalls häufig gezogen wird. Auch die Bilanz der freien Felder spricht für 2. --- e7–e6:

Stellung 65
Weiß zieht

W S
Felder: 7: 9
Wirkgew: 10:12

nach 2. --- e7–e6

Nach 2. --- c7–c6 ergibt die Bilanz der freien Felder 6 : 7, die der Wirkungsgewichte 8 : 8. Auch ist die Wirkung auf die engeren und weiteren Zentrumsfelder deutlich geringer.

Sollte Weiß den Versuch machen, sich über (3.) g2–g3 der langen Diagonale h1–a8 zu bemächtigen, dann kann Schwarz immer noch rechtzeitig durch (3.) --- c7–c6 opponieren.

Geschieht das nicht, dann hat Schwarz aber sofort oder nach c7–c5 das Feld c6 für seinen Sb8 freigehalten.

Außerdem hat Schwarz, falls Weiß mit (3.) d2–d4 fortsetzt, die Möglichkeit mit (3.) --- Lf8–b4 in die Nimzo-Indische Verteidigung einzulenken, die Sie ja schon kennen.

Nach allem, was Sie über die Möglichkeiten der Eröffnung 1. c2–c4 bisher erkannt haben, gibt es für Sie in der so erreichten Stellung nach (2.) --- e7–e6 wie --- c7–c6 nicht nur aus Gründen der Variantenbeschränkung, sondern vor allem auch aus positionellen Gründen, keinen anderen Zug als:

3. g2–g3   ---

Schwarz wird sich nun, aus Ihnen bereits bekannten Gründen (siehe Seite 314), kaum zu (3.) --- d7–d5 entschließen, sondern eher mit (3.) --- c7–c5, was später behandelt werden wird, (3.) --- c7–c6, oder

(3.) ---   Sb8–c6

fortfahren.

Nach dem Springerzug bietet sich für Weiß die Möglichkeit an, den Ihnen bereits bekannten Angriff auf den schwarzen Damenflügel sinngemäß einzuleiten. Deshalb wird das hier nicht noch einmal behandelt.

Falls Schwarz auf den Gedanken kommen sollte, mit (3.) --- g7–g6 die Fianchettierung seines Königsläufers vorzubereiten, tritt gleichfalls der Fall ein, zu dem das Handbuch anmerkt: »Schwarz verfügt über eine Vielzahl von Systemen, aber sobald er die Karten aufdeckt, leitet Weiß in die ihm am günstigsten scheinende Eröffnung über.«

Weiß wird also, da er erwarten darf, daß Schwarz nach Lf8–g7 auch mit baldigem o–o fortsetzt, nach d2–d3 einen Ausfall seines Lc1, Dc1 oder d2 und nach Lg2 und Sf3 gleichzeitig einen Angriff auf die schwarze Königsstellung, oder aber – je nach den schwarzen Verteidigungszügen – auf den schwarzen Damenflügel vorbereiten können. Die Muster, nach denen dies geschehen kann, haben Sie ja schon ausreichend kennengelernt.

So bleibt also nur noch der Zug:

3. ---   c7–c6

Auch in diesem Falle ist die Absicht von Schwarz mit einiger Sicherheit zu erkennen. Er wird (4.) --- d7–d5 ziehen wollen und damit eine Bauernstellung einnehmen, wie sie aus einer Variante der slawischen Verteidigung des Damengambits bekannt ist.

Obwohl diese Stellung, wie Sie noch erkennen werden, positionell für Schwarz so ungünstig ist, daß kein erfahrener Meister sie wählen würde, wird sie dennoch von Turnierspielern, die versuchen, im Geiste Großmeister Maroczys abwartende Lauerstellungen aufzubauen, die schwer zu erschüttern sind, nicht selten versucht. Deshalb sollten Sie die strategischen Schwächen dieser Stellung kennen und sie auszunützen verstehen.

Um diese Schwächen unabhängig von den Variantenkonfigurationen zu erkennen, sollten Sie einen begrenzten Ausflug in die slawische Verteidigung des Damengambits unternehmen.

Stellen Sie zwei Schachbretter auf, so daß Sie sich die bis jetzt erreichte Stellung sofort wieder vor Augen führen können. Auf dem zweiten Brett stellen Sie die Grundstellung auf.

Zweites Brett: Damengambit

1. d2–d4   d7–d5
2. c2–c4   c7–c6

Die slawische Verteidigung des Damengambits kennzeichnet sich durch den Zug 2. --- c7–c6 von Schwarz.

Obwohl der Zug dem Sb8 das natürliche und wirksamste Entwicklungsfeld c6 wegnimmt, scheint der Gewinn für die schwarze Stellung, daß nämlich der Lc8 frei herausziehen kann, größer zu sein. In der älteren »orthodoxen« Verteidigung des Damengambits war der eingesperrte Lc8 die entscheidende, oft den Partieverlust verschuldende Belastung für Schwarz.

Erstes Brett: Englische Eröffnung

Da in der mit 1. c2–c4 zustandegekommenen Vergleichsstellung auf dem ersten Brett bereits 2. --- e7–e6 gezogen wurde, bedeutet der Zug 3. --- c7–c6 dort also, daß der Lc8 eingesperrt bleibt und durch c7–c6 auch noch das Entwicklungsfeld für den Lc8, das Feld b7 zusätzlich weggenommen wird.

Es ist klar, daß Sie diese beiden schweren strategischen Nachteile den Führer der schwarzen Steine so lange wie möglich tragen lassen sollten.

Deshalb werden Sie auch nach einem (4.) --- d7–d5 Ihren Bc4

nicht gegen den Bd5 abtauschen, damit Schwarz nicht einen seiner strategischen Nachteile (gesperrtes Springerfeld oder den eingesperrten Lc8) beseitigen kann.

Andererseits sollten Sie aber auch dafür sorgen, daß Schwarz das Feld d5 nicht durch den Abtausch seines d-Bauern gegen den weißen c-Bauern zu einem Wirkungsfeld für seinen Sf6 macht. Dieser Springer könnte dann nur noch durch e2−e4 nachhaltig vertrieben werden. Das würde Ihre strategische Anlage einengen.

Auf dem Feld c4 sollte möglichst lange (auch nach einem Abtausch) ein weißer Bauer stehenbleiben, wodurch sich der Deckungszug b2−b3 für den Bc4 ganz von selbst ergibt.

   4. b2−b3   d7−d5

Sollte Schwarz nun den Vorstoß seines d-Bauern durchsetzen, dann können Sie sogleich in das Damengambit übergehen.

   5. d2−d4   −−−

Wie Schwarz nun auch immer fortsetzt, Sie können alle etwaigen Angriffszüge (z. B. Lf8−b4 und Sf6−e4 leicht mit aussichtsreichen Entwicklungszügen abwehren (z. B. Lc1−b2 und Ta1−c1 etc.).

Auch haben Sie auf diese Weise Ihren Partner wieder einmal aus dem gängigen Variantengefüge herausgeführt.

26.
Trainingsabschnitt

Die weitaus wichtigste Antwort auf 1. c2–c4

Aus der Untersuchung der Bilanz der freien Felder und anderen analytischen Untersuchungen ist Ihnen schon häufiger klargeworden, daß der Führer der schwarzen Steine gegen gleichstarke Partner nur dann zielgerecht auf Gewinn spielen darf, wenn Weiß mindestens *zwei* schwache Züge gemacht hat.

Der erste schwache Zug von Weiß kehrt das grundsätzliche Gleichgewichtsverhältnis der beiderseitigen Spielmöglichkeiten lediglich insoweit um, als der Vorteil des ersten Zuges, das heißt die Bestimmung der Partieanlage und deren Weiterentwicklung vom Führer der weißen Steine auf den Führer der schwarzen Steine übergeht.

Man kann auch sagen, daß Schwarz die Aufgabe habe, solange Weiß die Initiative, die ihm mit dem Recht verliehen wird, den ersten Zug zu tun, nicht abgibt, sich gegen die Züge von Weiß so stark wie möglich zu verteidigen, weil Weiß so lange »angreift«.

Der erste schwächere Zug von Weiß kann dieses Verhältnis umkehren, sichert aber deshalb dem Führer der schwarzen Steine noch lange nicht den Sieg.

Wenn Weiß keinen weiteren schwachen Zug macht, sondern die schwarzen Züge gleichstark beantwortet, dann wird die Partie eben Remis. Das Remis kann ja auch Schwarz, trotz der stärksten Züge von Weiß, immer dadurch erreichen, daß er die Züge von Weiß stets gleichstark beantwortet. Eröffnungen, die solche gleichstarken Antwortzüge nicht stets erlauben, sind minderwertige Eröffnungen.

Für den Führer der schwarzen Steine liegt es deshalb nahe, vom ersten Zuge an die weißen Züge immer so zu beantworten, daß die Remisbreite keinesfalls überschritten wird.

Solche Antwortzüge haben Sie bereits kennengelernt.

Führen Sie die weißen Steine, und eröffnen Sie mit 1. c2–c4, dann

erkennen Sie aus der sofortigen oder wenig späteren Antwort 1. ---
c7–c5, die als »Symmetrievariante« bezeichnet wird, daß Ihr
Partner einen Weg zu gehen versucht, der bei gleichstarkem Spiel
sicher zum Remis führt; jedenfalls aber jedes Risiko vermeiden soll.

Diese Einstellung Ihres Partners können Sie – wenn Sie sich
stark genug dazu fühlen – natürlich psychologisch! – unterlaufen.

Antwortet Ihr Partner auf Ihren Eröffnungszug sofort mit 1. ---
c7–c5 oder Sg8–f6, dann können Sie ihn auch durch 2. f2–f4 aus
allen Variantenträumen reißen.

Es ist zwar möglich, diese riskante Spielweise von Weiß zu
widerlegen, insbesondere nach (1.) --- Sg8–f6, doch ist diese
Widerlegung am Brett nicht so ohne weiteres zu finden.

Wenn Sie diese Spielweise im Turnier nicht gerade gegen einen
älteren, erfahrenen Meister versuchen, sondern gegen einen jungen,
möglichst variantenbesessenen Spieler, dann dürfen Sie auf Erfolg
hoffen. In jedem Falle aber werden Sie zu einem variantenfreien
Messen der gegenseitigen Spielstärken kommen (siehe Seite 289).

Wollen Sie das nicht wagen, dann sollten Sie, bevor Sie sich an
das Turnierbrett setzen, wenigstens die Normalvarianten dieser
Abspiele, soweit sie für Weiß aussichtsreich sind, beherrschen.

Die Symmetrievarianten der »Englischen Eröffnung«

1. c2–c4   c7–c5
2. Sb1–c3   Sb8–c6

Über diese symmetrische Spielweise, bei zurückgehaltenen Mittelbauern, urteilt Großmeister Tarrasch: »Wenn Schwarz ... sich
damit begnügt, die vom Gegner angeschlagene Tonart weiterzuspielen und seine Züge zu kopieren, dann kommen solche korrek-
ten Partien mit symmetrischer Flankenentwicklung aller vier
Läufer zustande, wie sie jetzt so modern sind und wie sie der
Schrecken aller wahren Freunde des edlen Spieles bilden.«

3. g2–g3   g7–g6

Für Weiß ist die Fortsetzung in dieser Stellung, nach allem was
Sie schon früher analysiert haben, einfach. (3.) --- e7–e6 haben
Sie nicht zu fürchten (siehe Seite 315).

Schwarz kann sowohl seinen weißfeldrigen Lc8 als auch seinen
schwarzfeldrigen Lf8 fianchettieren und damit entweder in eine

Variante der Damenindischen, oder eine für Weiß günstige Variante der Sizilianischen Verteidigung einlenken.

Beide Fortsetzungen haben Sie nach allem, was Sie schon studiert und gelernt haben, nicht zu fürchten.

4. Lf1–g2   Lf8–g7

Der Führer der weißen Steine steht nun an einem Scheidewege. Er kann den Zentrumskampf aktualisieren oder einen Damenflügelangriff starten, für den er den Wegzug des Lf8 von der Diagonale f8–a3 auszunützen versuchen kann.

Als dritte Möglichkeit bietet sich die solide aussehende Fortsetzung 5. Sg1–f3 an, die dann durch d2–d3 und b2–b3 mit Lc1–b2 zur Réti-Eröffnung ergänzt werden kann, sofern Schwarz darauf eingeht.

Da die Réti-Eröffnung seit den 20er Jahren nach allen Richtungen hin analysiert wurde und Sie sich für diese Spielweise wieder einmal zahlreiche, von den bisher studierten strategischen Strukturen ziemlich verschiedene, recht zähflüssige Positionsbilder einprägen müßten, sollten Sie davon vorläufig absehen. Dagegen sind Ihnen sowohl der Zentrumsvorstoß als auch der Damenflügelangriff, samt deren Verteidigungsmöglichkeiten durch Schwarz, bereits wohlvertraut.

Deshalb empfiehlt es sich für Sie auch hier, pragmatisch zu verfahren und den Réti-Aufbau so lange nicht zu versuchen, bis Sie die anderen Abspiele »im Schlaf« beherrschen.

Auf der Suche nach den »schärfsten« Fortsetzungszügen, die ja längst zu Ihrem Leitverhalten geworden sein sollten (siehe Seite 81 ff.), können Sie sich in dieser speziellen Lage, in die Sie die bisherigen Antwortzüge von Schwarz hineingeführt haben, den bei Ihrem remissüchtigen Partner vermutlich vorhandenen Respekt vor einem Vorstoß des weißen d-Bauern zunutze machen.

Sie können zunächst so tun, als ob Sie diesen Vorstoß vorbereiteten, um Ihren Partner zu dem variantengemäßen Antwortzug e7–e5 zu veranlassen.

Ihr Zug öffnet zugleich Ihrem Sf1 das für den späteren Damenflügelangriff und zur Verteidigung Ihrer Königsstellung vorteilhafte Feld e2, während Schwarz, um d2–d4 zu verhüten, zugleich die Wirkungskraft seines Lg7 blockiert.

Wenn Sie dann anschließend den Damenflügelangriff verstärken,

können Sie auch Ihren Partner aus dem, ihm möglicherweise gut
bekannten, Variantengefüge hinauskomplimentieren.

       5. e2–e3   e7–e5

Für Schwarz, der ja durch 1. --- c7–c5 und seine Folgezüge zu
erkennen gegeben hat, daß er das Remis in der Symmetrie der
Züge sucht, liegt es nahe, nach der Blockierung des weißen d-
Bauernvorstoßes mit der Symmetrie fortzufahren.

Sie dürfen deshalb, falls Ihnen nicht gerade ein extrem varianten-
erfahrener Partner gegenübersitzt, hoffen, daß Schwarz die folgenden Symmetriezüge für unbedenklich halten wird.

       6. Sg1–e2   Sg8–e7
       7. 0–0   0–0
       8. a2–a3   a7–a6

Die nun entstandene Stellung liefert ein ganz exemplarisches Beispiel dafür, welch ungeheuren Vorteil es für einen Spieler haben
kann, wenn er den Vorteil des ersten Zuges und damit die Initiative für die Lenkung der Weiterentwicklung einer Stellung besitzt.

Bei dieser Analyse wird sich für Sie herausstellen, daß Schwarz
dem Angriff in der Mitte sehr wohl standhalten kann, so daß es
für Sie wahrscheinlich aus schachpragmatischen Gründen sinnvoller ist, statt sofort mit (8.) d2–d4 fortzufahren, zunächst dennoch 8. a2–a3 zu ziehen.

Die strategisch-positionelle Lage nach 8. --- a7–a6

Stellung 66   W S
Weiß zieht   Felder: 11:11
                                                                   Wirkgew. 17:17

nach 8. --- a7–a6

Wäre Schwarz in dieser Stellung am Zuge, dann würde er in wenigen Zügen einen so entscheidenden Stellungsvorteil erzwingen können, daß Weiß auch bei stärksten Antwortzügen sicher verloren wäre. Sie werden gleich Gelegenheit bekommen, das zur Stärkung Ihres Positionsgefühls selbst durchzuanalysieren.

Zunächst aber sollten Sie sich damit beschäftigen, was Weiß am Zuge, positionell-kombinativ bei ausgeglichener Bilanz der freien Felder und Wirkungsgewichte, seinerseits aus dieser Stellung herausholen kann.

9. b2–b4! ---

Ein Bauernopfer, das Schwarz angesichts seiner stärkeren Zentrumsbauernstellung lieber nicht annehmen sollte. Er gerät aber auch dann in positionellen Nachteil.

Die Deckung des Bc5 durch Bb7 würde, wie Sie selbst erkennen, eine ganze Figur kosten.

Die Deckung durch (9.) d7–d6 erlaubt dem Ta1 die Beherrschung der b-Linie anzustreben, wodurch Weiß seinen Damenflügelangriff überlegen fortsetzen könnte. [(9.) --- d7–d6 (10.) b4×c5, d6×c5 (11.) Ta1–b1, Ta8–b8]

Nimmt aber Schwarz, wie das zwischen Nikolajewski und Popov 1968 in Varna geschah, das Opfer an, dann weist der sowjetische Meister, für Sie, die eklatante strategische Fehlbeurteilung dieses Bauerngewinns nach.

9. --- c5×b4
10. a3×b4 Sc6×b4

Das Bauernopfer hat die Angriffslinien und -diagonalen für Weiß freigemacht.

11. Lc1–a3 Sb4–c6

Der schwarze Springer muß nach c6 zurück, da er nach (9.) --- Se7–c6 abgetauscht und mit weißer Stellungsverbesserung erneut angegriffen werden könnte.

12. La3–d6 Tf8–e8

Der Se7 soll den Ld6 angreifen können.

13. Sc3–b5! Se7–f5
14. Ld6–c7 Dd8–e7
15. Se2–c3 e5–e4

Die Lage für Schwarz wird immer bedrohlicher. Er greift nolens volens an.

          16. Sc3–d5   De7–c5

Auf dem Königsflügel würde die schwarze Dame in eine hilflose Abseitsstellung gedrängt werden.

          17. Lc7–b6   Dc5 × c4
          18. Sb5–c7!   ---

Daß und warum der Lg7 den Ta1 nicht nehmen darf, erkennen Sie selbst. Dann aber hat Schwarz gegen Ta1–a4 und später Lf1 keine Abwehr mehr. Die schwarze Dame geht verloren. Analysieren Sie es selbst aus.

Vom Experiment zum praktischen Partienbeispiel

Zurück zum Stellungsbild 66.

Bevor Sie nun untersuchen, welchen Zug Schwarz anstelle des Antwortzuges (8.) --- a7–a6 wählen sollte, um innerhalb der Remisbreite zu bleiben, sollten Sie die bereits angekündigte experimentelle Untersuchung der Chancen durchführen, die Schwarz hätte, wenn in der Stellung 66 nicht Weiß sondern Schwarz am Zuge wäre.

Wenn Sie der fiktive Charakter dieser Voraussetzung stören sollte, dann können Sie, ohne die strategisch-positionelle Lage merklich zu verändern, annehmen, daß Weiß, wie das früher oft vorkam, aus übertriebener Vorsicht seinem Kg1 durch (9.) h2–h3 ein Ausweichfeld für alle Fälle geschaffen hätte. Dadurch wäre dann der Anzugsvorteil auf Schwarz übergegangen.

Mit dem frischen Wissen, das Sie sich durch die Analyse der Variantenkombinationen nach der Annahme des Bauernopfers von Weiß durch Schwarz nach 7. b2–b4 verschafft haben, werden Sie die kombinativ-positionellen Möglichkeiten für Schwarz nun rasch in allen ihren Konsequenzen durchschauen.

          (7.) ---   b7–b5!

Sie erkennen sofort, daß sich Weiß durch die Annahme des Opfers in eine noch erheblich schlechtere Lage bringen würde, als sie Schwarz im vorigen Abspiel auferlegt wurde.

Das kommt daher, weil Schwarz einen Bauern auf e5 stehen hat. [(8.) c5 × b5, a6 × b5 (9.) Sc3 × b5, Lc8–a6 (10.) Sb5–c3, La6–d3 und nun kann der Se2 nicht nach f4 ziehen.]

Wird aber der Bc4 durch (8.) d2–d3 oder b2–b3 gedeckt, dann

kommt es nach dem Bauerntausch sofort oder später zur Beherrschung der b-Linie durch Ta8–b8 und zur Fortsetzung des gefährlichen Angriffs auf den weißen Damenflügel, den auch ein Ausfall der Dd1 nach d6 nicht aufhalten könnte. Analysieren Sie es selbst.

Aus diesem fiktiven Abspiel, das Schwarz einen so erfolgversprechenden Weg zeigt, läßt sich folgern, daß Schwarz versuchen könnte, sich die Angriffsstellung auf den weißen Damenflügel, vielleicht durch den Verzicht auf einen Zug auf seinem Königsflügel – etwa o–o – gewissermaßen (als Mehrzug) zu erschleichen.

In der Tat gibt es eine solche Variante der Symmetrievariante der Englischen Partie, die im Jahre 1971 zwischen Svend Hamann und Bednarski gespielt wurde.

Analyse:
Hamann gegen Bednarski

1. c2–c4   c7–c5
2. Sb1–c3   Sb8–c6
3. g2–g3   g7–g6
4. Lf1–g2   Lf8–g7
5. e2–e3   a7–a6

Damit verzichtet Schwarz sowohl auf die Unterbindung des weißen Vorstoßes (6.) d2–d4, als auch auf die Weiterentwicklung seines Königsflügels und beginnt, im Vertrauen auf die Unterstützung seines auf der langen Diagonale wirkenden Lg7, sogleich mit dem Angriff gegen den weißen Damenflügel. Diese Absicht kann er natürlich nur dann erfolgreich weiterverfolgen, wenn Weiß nicht sofort (6.) d2–d4 zieht.

6. Sg1–e2   b7–b5!?

Weiß läßt sich nicht beirren, zumal ja der Se2 zur Verteidigung des Damenflügels maßgebend beitragen kann.

7. d2–d4   b5 × c4

Warum (7.) b4 × c5, a6 × b5 (8.) Sc3 × b5 für Weiß sehr nachteilig wäre, das wissen Sie schon (siehe Seite 323).

Schwarz läßt sich von dem weißen Gegenzug seinerseits nicht beirren und setzt seinen Angriff fort.

8. o–o   c5 × d4
9. Se2 × d4   Lc8–b7

Nun hat Weiß eine Kombination, die beide weißfeldrigen Läufer abtauscht und ihm, bei verschlechterter Stellung von Schwarz, den geopferten Bauern zurückbringt.

Bitte machen Sie sich klar, daß diese Kombination nur deshalb Erfolg hat, weil Schwarz die Entwicklung Sg8–e7 unterlassen hat. Statt dessen startete er, wie sich jetzt herausstellt, einen überstürzten Angriff auf den weißen Damenflügel.

10. Sd4 × Sc6   Lb7 × Sc6

Schwarz muß wohl oder übel mit dem Läufer zurückschlagen. Andernfalls wird die Überlegenheit der weißen Stellung noch stärker.

11. Lg2 × Lc6   d7 × Lc6
12. Dd1–a4   Dd8–b6
13. Da4 × c4   ---

Und Schwarz wird alle Mühe haben, seinen isolierten Bc6 zu verteidigen, während Weiß die Fortsetzung des Angriffs auf diesen Bauern und auf die schwarze Königsstellung ohne Mühe mit Entwicklungszügen koppeln kann.

Diese Partie ist ebenfalls ein Lehrbeispiel dafür, wie durch eine Häufung kleiner Vorteile das »große Plus« Weltmeister Laskers erzielt werden kann, das bei stärkster Fortsetzung den Endsieg sichern sollte.

Es folgte weiter:

13. ---   Sg8–f6
14. b2–b3   o–o
15. Lc1–b2   ---

Und Weiß kann, da der weißfeldrige schwarze Läufer verschwunden ist, seinen König später nach Belieben über die weißen Felder wandern lassen und ihn so für das Endspiel besser plazieren.

Nun haben Sie sich nur noch damit vertraut zu machen, was bei dieser symmetrischen Entwicklung geschieht, wenn Weiß den Zentrumsangriff mit (7.) d2–d4 unterläßt und es Schwarz anbietet, auf den Zug 8. a2–a3 seinerseits mit 8. --- d7–d5 zu antworten.

Der tiefere Grund dafür, warum Sie es mit 8. a2–a3 Schwarz anbieten, seinerseits 8. --- d7–d5 zu wagen, ist ein schachpsychologischer ganz im Sinne Weltmeister Laskers.

Durch die streng symmetrische Entwicklung gibt Schwarz nämlich zu erkennen, daß er konsequent und vorsichtig auf Remis spielen will.

Durch das Angebot 8. a2–a3 zwingen Sie aber Schwarz gewissermaßen »mit sanfter Gewalt« dazu, seine Gegenchancen durch 8. – – – d7–d5 wahrzunehmen. Sie dürfen das ohne Bedenken tun, weil diese Antwort von Schwarz in dieser Stellung zwar die Initiative an Schwarz übergehen läßt (was dieser ja gerade als Bürde empfinden und darum möglicherweise unsicher werden soll), aber dennoch die Remisgrenze für Weiß bei weitem noch nicht überschreitet. Beginnen Sie der Bequemlichkeit halber von vorne:

1. c2–c4   c7–c5
2. Sb1–c3   Sb8–c6
3. g2–g3   g7–g6
4. Lf1–g2   Lf8–g7
5. e2–e3   e7–e6
6. Sg1–e2   Sg8–e7
7. o–o   o–o
8. a2–a3   d7–d5
9. c4 × d5   Se7 × d5

Der Se7 muß zurückschlagen, weil die Antwort (9.) – – – e6 × d5 mit (10.) d2–d4, c5 × d4 (11.) e3 × d4 bzw. (10.) – – – c5–c4 mit e3–e4 beantwortet werden würde, was Weiß zwei freie Angriffslinien einbringt, die er wahlweise ausnützen könnte, wobei ihm vor allen Dingen das freie Feld f4 zugute käme.

10. d2–d4   c5 × d4
11. Sc3 × Sd5   e6 × Sd5
12. e3 × d4   – – –

Nun sind die strategischen Entwicklungslinien für Weiß klar vorgezeichnet. Sein Se2 steht außerdem weitaus beweglicher als Sc6.

Niemals die Initiative abgeben, es sei denn zur Widerlegung überstürzter Angriffe

Aus diesen Untersuchungen ziehen Sie die Lehre, daß überstürzte Angriffe, die nicht ausreichend durch entwickelte Figuren aktiv und passiv unterstützt werden, verhältnismäßig leicht widerlegt werden können und strategisch-positionelle Nachteile bringt.

Andererseits können gerade symmetrisch aufgebaute Stellungen besonders gefährlich sein, sobald die Initiative durch den Verlust des Anzugsvorteils auf den Partner übergeht.

Sie wissen bereits, daß solche Verluste oft unmerklich durch Abtauschvorgänge, die um die Erringung materieller Vorteile willen herbeigeführt werden, zu sich häufenden Nachteilen führen können.

Erinnern Sie sich der Partie von Richter Meek gegen Paul Morphy, die 1855 in Mobile gespielt wurde?*

Dort hatte Weiß durch einen Abtausch aller bereits entwickelten Figuren einen in der Eröffnung geopferten Bauern zurückgewonnen, wobei die weiße Dame in die Brettmitte geriet. Dort war sie tempoverlierenden schwarzen Angriffen ausgesetzt. Die schwarzen Angriffszüge förderten zugleich die Figurenentwicklung, während Weiß ständig Verteidigungszüge machen mußte.

Diese Partie war eine gröbere, zeitbedingte Ausgabe der modernen Ausnützung weit geringerer Schwächen gleicher Art, die Sie soeben analytisch durchforscht haben.

Wenn Schwarz die Symmetrie schon nach 1. --- c7-c5 verläßt

Seit Großmeister Botwinnik in seiner Partie gegen Kirillow, die er 1933 in Leningrad spielte, einen überwältigenden Sieg errang, glaubten viele Schachtheoretiker, daß der Fianchettierungsversuch des Lf1-g2 unterbleiben müsse, weil nach (2.) --- Sg8-f6 (3.) g2-g3 Schwarz d7-d5 durchsetzen kann.

Das »Handbuch« gibt jedoch eine stärkere Variante für Weiß an, so daß der Nachteil der weißen Stellung in der Partie Kirillow/Botwinnik durch den 6. Zug von Weiß und keineswegs durch die strategische Eröffnungsbehandlung evident wird.

Analyse:
Kirillow gegen Botwinnik

1. c2-c4   c7-c5
2. Sb1-c3   Sg8-f6
3. g2-g3   d7-d5!

Das Ausrufezeichen ist, wie sich herausstellen wird, durchaus unberechtigt.

* Siehe »Die Neue Schachschule. Meister durch schöpferisches Spiel« 16. Trainingsabschnitt, Düsseldorf 1971.

4. c4×d5	Sf6×d5
5. Lf1–g2	Sd5–c7
6. Sg1–f3	---

Dieser Springerzug verstellt dem Lg2 die Wirkungsmöglichkeit auf der Diagonale a8–h1 und ermöglicht Schwarz die ungehinderte Entwicklung seiner Damenflügelfiguren.

Das »Handbuch« gibt statt dessen den Zug (6.) d2–d3 mit folgender Weiterentwicklung an:

(6.) d2–d3	Sb8–c6
(7.) Lg2×Sc6+	b7×Lc6
(8.) Dd1–a4	Dd8–d7

Das führt auch dann, wenn Schwarz (8.) Lc8–d7 zieht, in jedem Falle zu einer deutlich überlegenen Stellung für Weiß. [Nach (9.) Sg1–f3, f7–f6 (10.) Lc1–c3, e7–e5 (11.) Sc3–e4, Sc7–e6 (12.) o–o]

Doch kann Schwarz natürlich auch, statt seinen Damenspringer zum Abtausch anzubieten, folgendermaßen fortfahren.

(6.) d2–d3	e7–e5
(7.) Dd1–b3	Sb8–d7
(8.) Sg1–f3	Lf8–e7
(9.) Sc3–d5	Sc7–e6
(10.) o–o	o–o
(11.) a2–a4	---

Und wieder ist die weiße Stellung deutlich überlegen. Weiß kann sogar noch stärker ziehen, wie Großmeister Tal schon 1954 gegen Gipslis demonstrierte:

(7.) f2–f4!	e5×f4
(8.) Lc1×f4	Lf8–e7
(9.) Dd1–a4+	Sb8–d7
(10.) Sg1–f3	o–o
(11.) o–o	---

Die gewaltige strategische Überlegenheit der weißen Stellung ist evident.

Trotz der günstigen strategischen Aussichten für Weiß und angesichts der analytisch erhärteten Tatsache, daß Schwarz bei vorsichtigerem Spiel die Remisbreite nicht überschreitet, können Sie im 6. Zuge statt des d-Bauern auch den e-Bauern ziehen.

Das hätte für Sie den pragmatischen Vorteil, daß Sie in bereits gewohnte Eröffnungsbahnen einlenken und zugleich eine Eröffnungsbehandlung wählen könnten, deren Varianten viel weniger erforscht sind.

Die strategisch-taktischen Konsequenzen dieser Eröffnungsentwicklung sind Ihnen zum Teil bereits bekannt, zum Teil werden Sie deren Vorteile für Weiß noch in anderen Zusammenhängen kennenlernen.

27.
Trainingsabschnitt

Eine für Weiß günstige Variante des Symmetriespiels

1. c2–c4   c7–c5
2. Sb1–c3   Sb8–c6
3. g2–g3   g7–g6
4. Lf1–g2   Lf8–g7
5. e2–e3   Sg8–f6

Setzt Schwarz an dieser Stelle die Symmetrie nicht fort, sondern versucht er, angesichts des Zuges 6. e2–e3 von Weiß durch den Springerzug zur raschen Rochade zu kommen, um sich dann durch d7–d5 zu befreien, so hat Weiß, wie das sowjetische Analytiker herausfanden, eine Chance, in nachhaltigen Stellungsvorteil zu kommen.

6. Sg1–e2   o–o
7. d2–d4   d7–d6

Weiß muß an dieser Stelle allerdings sofort seinen ursprünglichen Plan, einen Angriff gegen den schwarzen Damenflügel zu starten, aufgeben und im Zentrum angreifen.

8. o–o   a7–a6

Schwarz sichert seinen Damenflügel und bereitet zugleich einen Angriff auf den weißen Damenflügel vor.

Schwarz kann statt dessen auch (8.) ——— Lc8–d7 ziehen, worauf üblicherweise mit (9.) b2–b3, a7–a6 fortgefahren wird. Schwarz wird aber nach (10.) Lc1–b2, Ta8–b8 (11.) Ta1–c1 kaum mehr mit ——— b7–b5 fortfahren, weshalb Weiß sinnvoller durch (11.) d4×c5, d6×c5 (12.) Sc3–a4, b7–b6 (13.) Se2–f4 ebenfalls eine strategisch-positionell überlegene Stellung erreicht.

9. b2–b3   Ta8–b8
10. Lc1–b2   Lc8–d7
11. Ta1–c1!   ———

Dieser Zug ist eine Entdeckung des »Schach-Archivs«. Er steht in keinem Handbuch und wird deshalb Ihrem Turnierpartner wahrscheinlich unbekannt sein.

Er sieht auch nicht so gefahrdrohend aus, daß Ihr Partner den gefaßten Plan eines Angriffs auf den weißen Damenflügel nun gleich wegwerfen müßte.

   11. ---   b7–b5

Nun beginnt eine positionelle Kombination für Weiß.

   12. c4 × b5   a6 × b5
   13. d4 × c5   d6 × c5
   14. Sc3–e4   Sf6 × Se4

Schlägt der Sf6 nicht, dann geht der Bc5 verloren, wodurch Schwarz in schwere Bedrängnis gerät. Analysieren Sie es selbst.

   15. Lb2 × Lg7   Kg8 × Lg7

Schwarz kann dem drohenden Bauernverlust auf c5 nicht etwa durch (15.) --- Se4 × f2 zuvorkommen, weil nach (16.) Tf1 × Sf2, Kg8 × Lg7 (17.) Tc1 × c5 Schwarz wiederum in Bedrängnis gerät.

Weiß gewinnt dagegen mindestens einen weiteren Bauern.

   16. Lg2 × Se4   ---

Wenn Ihr Turnierpartner dieses Abspiel kennt und die nun erreichte, positionell überlegene Stellung von Weiß scheuen sollte, dann kann er nach dem 6. Zuge von Weiß immer noch in etwa in die Symmetriestellung zurückkehren.

   (6.) Sg1–e2   e7–e6
   (7.) d2–d4   c5 × d4
   (8.) e3 × d4   d7–d5

Nach der Auffassung des Schach-Archivs ist es »ja belanglos, ob der Springer hier auf e7 oder auf f6 steht«.

   (9.) c4 × d5   e6 × d5

Nun ist die Stellung des Sf6 vielleicht doch nicht so ganz belanglos, weil Weiß, worauf das Schach-Archiv allerdings ebenfalls als Möglichkeit hinweist, infolge der für den Lg7 blockierten Diagonale a1–h8 seinen Königsspringer zum Angriff ziehen kann.

   (10.) Se2–f4!   ---

Nun ist der Bd5 dreimal angegriffen und nur zweimal verteidigt. Will Schwarz nicht das Läuferpaar, noch dazu um den Preis eines rückständigen e-Bauern, einbüßen, dann bleibt ihm nichts anderes übrig, als

   (10.) ---   Sc6–e7

Weder ein Angriff auf die weiße Dame, noch auf den Bd4 können den Verlust des Bd5 verhindern, ohne daß Weiß dafür seinen Bd4 hergeben muß.

(11.) Dd1-b3   ---

Nun muß Schwarz entweder den Bauernverlust, oder die entscheidende positionelle Verschlechterung seiner Stellung in Kauf nehmen. Das alles ist nur deshalb möglich, weil der schwarze Königsspringer nach f6 statt nach e7 gezogen wurde.

Bitte prägen Sie sich die strategisch-positionellen Möglichkeiten solcher unscheinbaren Variantenveränderungen sorgfältig ein. Sie kommen sehr oft vor, und werden dann, vom Großmeister aufwärts, in sensationell anmutende Siege umgemünzt.

In der Schach-Fachsprache wird das als »ungenaues Spiel« bezeichnet, das »rechtzeitig erkannt« werden sollte.

Zusammenfassung: Weiß darf mehr wagen als Schwarz

Stellung 67
Weiß zieht

W S
Felder: 12:12
Wirkgew: 21:21

nach 4. --- Lf8-g7

Aus der Partieeröffnung Hamann gegen Bednarski (siehe Seite 325) haben Sie gelernt, wie nachteilig ein verfrühter Angriff von Schwarz auf den weißen Damenflügel sein kann.

Schwarz sollte, bevor er so etwas wagt, zuerst seine Zentrumsverhältnisse sichern (e7-e6 und Sg8-e7), weil er sonst in einen deutlichen strategisch-positionellen Nachteil hineingetrieben wird. Analog den früheren Untersuchungen, die Sie über den Vorteil des Anzuges, das heißt den Besitz der Initiative, angestellt haben, sollte in Stellung 62 auch die Frage untersucht werden, ob das, was dem Nachziehenden nicht erlaubt ist, dem Anziehenden in einer symmetrisch gleichen Stellung nicht doch erlaubt sein könnte.

Die Bilanz der freien Felder und der Wirkungsgewichte ist für beide Partner unterschiedslos gleich.

Bei der Prüfung dieser Verhältnisse sollte Ihnen übrigens auffallen, daß sämtliche Zentrumsfelder freie Felder sind, die gleichgewichtig mit recht hohen Wirkungsgewichten von beiden Partnern beherrscht werden. Das ist ein Zeichen für die Überlegenheit der beiderseitigen Eröffnungszüge, die sich von den klassischen Eröffnungsbehandlungen deutlich vorteilhaft abheben.

Ein Zug von Weiß, der kein Tempo verschenkt und damit die Initiative aufrechterhält, müßte ihm also grundsätzlich erlaubt sein. Weiß darf deshalb, im Gegensatz zu Schwarz, den sofortigen Angriffszug (5.) a2−a3 durchaus erwägen.

Er darf ihn aber nur dann ausführen, wenn er sicher erkannt hat, daß der Angriff nicht genauso verfrüht wäre wie der von Schwarz. Die analytisch zu lösende Frage lautet hier also, ob die Durchführung dieses Angriffs nicht – wie in der Partie Hamann/Bednarski für Schwarz – mit einer nachteiligen Stellung in der Mitte endet.

Eine Entscheidung darüber werden Sie bereits auf Grund Ihres Schachgefühls ohne viel Durchrechnen treffen können, wenn Sie sich vergegenwärtigen, daß die nachteilige Stellung für Schwarz in der symmetrischen Lage deshalb zustande kam, weil Weiß vor 5. −−− a7−a6 bereits 5. e2−e3 gezogen hatte und weil er vor dem schwarzen Opferzug 6. −−− b7−b5 noch den sehr wirksamen Verteidigungszug 6. Sg1−e2 ausführen konnte.

Im Falle der Stellung 67 käme aber Schwarz nur noch zu (5.) e7−e6, nicht mehr aber zu dem entscheidenden Verteidigungszug Sg8−e7, bevor das Angriffsgewitter mit (6.) b2−b4 über ihn hereinbricht. Es ist daher kein Wunder, daß der sofortige Angriffszug

5. a2−a3   −−−

in der modernen Turnierpraxis in dieser Stellung zum allgemein üblichen Fortsetzungszug geworden ist.

Aus früheren Untersuchungen kennen Sie bereits die großen Gefahren, die in diesem Opferangriff für den Verteidiger, der das Opfer keinesfalls annehmen darf (siehe Seite 322), stecken.

Schwarz muß deshalb, wenn er nicht in Nachteil kommen will, sofort energische Gegenmaßnahmen treffen.

Warum Schwarz mit (5.) --- a7–a6 kaum Erfolg haben wird, das können Sie bereits aus Ihrem Variantenwissen selbst analog beurteilen. Warum auch der Verteidigungszug (5.) e7–e6 ebenfalls mangelhaft ist und wie dieser Mangel ausgenützt werden kann, das wissen Sie ebenfalls bereits.

Das gleiche gilt für den Verteidigungszug (5.) --- d7–d6 (siehe Seite 331).

So scheint es für Schwarz nur die einzige Möglichkeit zu geben, den von Weiß geplanten Vorstoß (6.) b2–b4 energisch zu bremsen.

  5. ---   a7–a5
  6. Ta1–b1   d7–d6

Nun setzt Weiß turnierüblich meist mit (7.) Sg1–f3 fort. Da aber der für Weiß aussichtsreiche Vorstoß d2–d4, auch ohne weitere Verteidigung von Schwarz, der das für ihn freie Feld d4 bereits mit drei Wirkungsgewichten, darunter eins durch den Bc5 beherrscht, nicht sofort möglich ist, könnten Sie den Vorstoß des Bd2 zunächst durch 7. e2–e3 vorbereiten, wodurch Schwarz d4 als freies Feld durch den Bauernangriff verliert und außerdem der Sg1 das für ihn nunmehr freie Feld e2 demnächst betreten kann, so daß er die Wirkung des Lg2 auf der Diagonale h1–a8 nicht zu blockieren braucht.

Damit geraten Sie, was vielleicht das wichtigste Ergebnis dieser Überlegungen ist, aber in ein Abspiel hinein, dessen strategische Möglichkeiten Ihnen bereits aus früheren Untersuchungen wohlvertraut sind.

  7. e2–e3   e7–e5

Schwarz wird nun nichts anderes übrig bleiben, da er den Vorstoß (8.) d2–d4 ebensowenig zulassen darf wie (6.) b2–b4, seinen Be7 vorzustoßen und dadurch seinem Lg7 einen beträchtlichen Teil seiner Wirkung auf der Diagonale a1–h8 zu nehmen.

Machen Sie nun wieder eine Zwischenbilanz:

Stellung 68
Weiß zieht

W S
Felder: 11:13
Wirkgew: 23:24

nach 7. --- e7 – e5

Da Weiß am Zuge ist, spielt das reine Verhältnis der freien Felder und Wirkungsgewichte keine so bedeutsame Rolle wie die Kennzeichnung der freien Felder e4 und d5, die Weiß das ungehinderte Betreten der wichtigsten Zentrumsfelder erlauben.

Nicht minder bedeutsam ist, daß sich die freien Felder b5 und d5 als »schwache Punkte« im Sinne von Steinitz darstellen. Auf diese Felder kann kein schwarzer Bauer mehr wirken.

Wenn es Weiß zum Beispiel gelänge, die weißfeldrigen Läufer beider Seiten gegeneinander abzutauschen, dann könnten sich auf diesen Feldern weiße Springer mit verheerender Wirkung festsetzen. Sie haben darüber ja schon ausführlich gehört (siehe Seite 233 ff. und »Die Neue Schachschule. Meister durch schöpferisches Spiel«, 22. und 23. Trainingsabschnitt).

Da Schwarz die Fortsetzung unmittelbarer Angriffe im Zentrum und auf dem Damenflügel unterbunden hat, wobei Weiß die Initiative nicht abzugeben brauchte, wird dieser nun zunächst seine Entwicklung vollenden.

Schwarz muß mehr noch als Weiß ein Gleiches tun, weil er sich durch die Verteidigung schwache Punkte geschaffen hat, die er nicht mehr, oder doch nur unter Opfern beseitigen kann.

Das strategische Ziel von Weiß wird also sein, vor allem den schwachen Punkt d5 so dauerhaft wie möglich mit einem weißen Springer zu besetzen.

Dazu ist der Zug des Königsspringers die ideale Vorbereitung.

8. Sg1–e2 Sg8–f6

Da der Th8 früher oder später in der Mitte zur aktiven Verteidigung gebraucht wird und die beiden Felder d5 und e4 für Weiß frei und mehrfach beherrscht sind, sollten sie durch Sg8–f6 angegriffen werden.

Die Endauseinandersetzung wird sich ja doch im Zentrum abspielen. Dazu sollten alle Figuren so postiert sein, daß sie sich, bei größtmöglicher Wirksamkeit, so wenig wie möglich gegenseitig behindern.

Bevor Weiß rochiert, wird er zweckmäßig Schwarz auch daran hindern, den Vorstoß seines Ba5 vorzubereiten. Dadurch kann er zugleich seinem eingeschränkten Lc1 die Möglichkeit eröffnen, auf die Diagonale a1–h8 zu kommen.

9. b2–b3   0–0
10. 0–0   Lc8–e6
11. Lc1–b2   –––

Die weiteren strategischen Entwicklungslinien sind nun für Sie klar erkennbar.

Da sich Schwarz den Vorstoß seines Bd6, was nach dem Abtausch die weiße Position verbessern, die schwarze dagegen deutlich verschlechtern würde, nicht leisten kann, bleibt ihm nur noch übrig, genau wie Weiß zu versuchen, seine Verteidigungskraft dadurch zu erhöhen, daß er seine Türme aktiviert. Damit bereitet er gleichzeitig den späteren Vorstoß seines Bd6 vor, der seine größte Schwäche repräsentiert.

Bei all diesen Versuchen muß er aber sorgfältig darauf achten, daß er einen weiteren schwachen Punkt b5 hat, auf dem sich der weiße Sc3 ungehindert festsetzen kann.

Setzt sich der weiße Springer dort fest, dann hat Weiß die Möglichkeit, mit d2–d4 die Auflösung der schwarzen Bauernstellung zu erzwingen.

Das aber würde wiederum den Bd6 in hoffnungsloser Stellung isolieren.

Schwarz wird daher auch überlegen müssen, ob er nach 10. ––– 0–0 statt Lc8–c6 nicht stärker folgendermaßen zieht:

(10.) 0–0   Lc8–f5

Weiß könnte dann aber nach (11.) Tb1–b2 durch (12.) Sc3–b6 mit nachfolgendem Se2–c3 eine wesentliche positionelle Verbesserung seiner Stellung durchsetzen, da (11.) --- d6-d5 wieder nicht stark genug ist. Analysieren Sie es selbst aus.

Schlußbetrachtung

Mit der Untersuchung der Hauptvarianten der Französischen und der Indischen Verteidigungssysteme sowie der Englischen Eröffnung ist Ihnen ein Spiel-Repertoire angeboten worden, das für praktisch alle Eröffnungen und Verteidigungszüge, die Ihnen in Turnierpartien begegnen können, ausreicht.

Auch wenn Sie Eröffnungszüge vorgesetzt bekommen, die in diesem Werk nicht ausdrücklich behandelt wurden (z.B. 1. g2-g3 oder 1. b2-b4 oder 1. Sg1-f3 oder 1. b2-b3 usw.), werden Sie stets in der Lage sein, nicht nur einen angemessenen Antwortzug zu finden, sondern auch ein angemessenes strategisch-positionelles Verteidigungssystem dagegen zu entwickeln.

Sie werden ja nicht gleich mit Großmeistern, sondern noch lange Zeit mit guten Schachspielern und Regionalmeistern in Turnieren zusammentreffen, die sich, genau wie Sie, mehr auf ihre Spielstärke verlassen und die auch ein ähnlich eingeschränktes, meistens allerdings auf andere Eröffnungen abgestimmtes, Variantenwissen besitzen wie Sie.

Wenn Sie die, im Zusammenhang mit den in diesem Werk angebotenen Eröffnungs- und Verteidigungssysteme stehenden, Varianten wirklich beherrschen gelernt haben, dann verfügen Sie gleichzeitig über eine Spielsicherheit, die Sie auch in schwierigen Lagen nicht mehr verlassen wird.

Denken Sie immer daran, daß Spielsicherheit, unerschütterliches Selbstvertrauen und intuitives Schachgefühl der unabdingbare Unterbau des Meisterweges sind.

Wo sie fehlen oder auch nur vorübergehend erschüttert werden, da rettet auch ein noch so umfangreiches Variantenwissen nicht vor dem Partieverlust. Das haben unzählige Schachspieler aller Klassen, bis hinauf zu den Weltmeistern, immer wieder erfahren müssen.

Vom Wesen des Schachspiels
und des Schachspielers

Gute Schachspieler sind häufig unkorrekte Denker.

Das läßt sich leicht an praktischen Beispielen aufzeigen. Es kann sogar aus gutem Grund behauptet werden, daß Schachspieler, die während des Spiels unlogische Gedankengänge strikt vermeiden, kaum zu Großmeistern, gewiß nicht zu Weltmeistern aufsteigen.

Da das Schachspiel aber andererseits ganz unbezweifelbar ein Denkspiel ist, muß sich die Feststellung, daß gute Schachspieler häufig unkorrekte Denker seien, auch logisch erhärten lassen.

Denklogik und Schachlogik

Die »Logik« ist bekanntlich die Wissenschaft vom »Denken in Begriffen«, nicht aber auch vom »Erkennen durch Begriffe«. Wenngleich der psychische Prozeß des »Erkennens« durch die Anwendung streng logisch verknüpfter Begriffe wissenschaftlich-allgemeingültig analysiert werden kann, führt doch die *reine Anwendung* streng logischer Begriffe niemals zu reinen Erkenntnissen; besonders dann nicht, wenn diese Erkenntnisse den Charakter »synthetischer Urteile« besitzen.

Die wahrhaft großen Leistungen des Schachdenkers bestehen aber, wie allgemein anerkannt ist, in der psychischen Hervorbringung »synthetischer Urteile«.

Die »Verwirklichung« solcher Urteile in die Bauern- und Figurenstellungen des Schachbretts hinein ist dann nur noch eine interpretierende Tätigkeit, vergleichbar der Interpretation eines Musikwerkes durch die Instrumentalisten eines Orchesters und ihres Dirigenten.

Der wahrhaft große Schachspieler ist Schöpfer und Interpret zugleich, wobei seinen Erkenntnissen in der jeweiligen Einzelstellung ein kontradiktorischer Reizfaktor immer wieder neu entgegengehalten wird, den er schöpferisch umzugestalten hat.

Dieser kontradiktorische Reizfaktor wird ihm Zug für Zug von seinem Spielpartner am Brett geliefert. Der Partner ist seinerseits vor die Erkenntnisaufgabe gestellt, den vorhergegangenen Zug, der bis dahin gebildeten Partiengestalt, *angemessen* einzugliedern. Die Angemessenheit dieser Eingliederungen kann von der bloßen, rein logisch definierbaren *Ergänzung* über die gestalthafte *Vervollkommnung* der Stellungsstruktur und charakteristischer Zugfolgen bis zum vollendenden intuitiven Genieblitz, dessen Verwirklichung auf dem Brett sich als »synthetisches« Urteil zu erkennen gibt, reichen.

Diese Definition wird auch durch eine analoge Formulierung in der »Großen Sowjetischen Enzyclopädie« bestätigt, wo es heißt: »... eine *Kunst*, die sich in der Gestalt eines Spiels präsentiert.«

Das Schachspiel als Sport, als Wissenschaft und als Kunst

Im Schachspiel ist die reine Anwendung streng logischer Begriffe identisch mit der systematischen Analyse von Eröffnungs-, Mittelspiel- und Endspiel-Varianten.

Jeder einzelne Zug hat zu dem ihm folgenden und dem ihm vorhergegangenen Zuge eine streng logische Beziehung, die sich sogar durch die schärfste aller logischen Beziehungen, die mathematische Logik, allgemeingültig darstellen läßt.

Diese mathematisch-logische Beziehung der unmittelbar benachbarten Einzelzüge läßt sich allerdings nur über sogenannte »Zwangszugfolgen« hinweg aufrechterhalten.

Sie wird bereits fraglich für die psychische Entscheidung, die für ein Opferangebot getroffen werden muß, und zwar auch dann, wenn die Annahme des angebotenen Opfers eine, streng logisch definierbare, Zwangszugfolge auslöst.

Die Entscheidung darüber, ob in der bestimmten Stellung ein Opfer angeboten werden sollte oder nicht, kann allerdings auch von der Stellungsstruktur, also der jeweils vorhandenen Konfiguration der Schachsteine auf dem Schachbrett, dem Spieler gewissermaßen »abgefordert« werden.

Insofern kann »eine Kombination in einer Stellung verborgen sein« (Lasker), so daß der Spieler die Pflicht hat, sie herauszuholen und zur Durchführung zu bringen.

Diese Auffassung hat Weltmeister Lasker sogar für *alle* Kombinationen vertreten.

Wäre diese Laskersche Auffassung richtig und analytisch beweisbar, dann würde allerdings auch für die Opferkombination die mathematisch-logische Deduktion möglich sein und Computer könnten noch besser Schach spielen, als sie das, bis heute, mit Hilfe von rein vergleichenden Entscheidungen, also durch »analytische Urteile«, bereits fertigbringen.

Doch läßt sich die Auffassung Laskers gerade dort zwingend als Zirkelschluß erweisen, wo die spieltaktischen Entscheidungen, die Zwangszugfolgen oder auch die Herbeiführung typischer Stellungsmerkmale und ganzer Positionen erzwingen, von anderen Entscheidungen, die nur strategisch begründbare Züge auslösen, abgelöst werden. Solche nur strategisch begründbare Züge lassen sich logisch bestenfalls als *Tendenzen*, also nach Betrag und Richtung unbestimmbare Vektoren, mathematisch-logisch kennzeichnen. Daß die Folgen solcher strategischer Anstöße, die sich ja trotzdem in Einzelzugfolgen verwirklichen, rückblickend, *nachdem* sie einmal entstanden sind, analytisch rein logisch auflösen lassen, beweist nicht mehr, als daß die Züge auf dem Brett oder durch die schriftliche Niederlegung in der Schach-Notation keine andere Wirklichkeitsqualität besitzen als etwa die Notenschrift für die musikalische Komposition oder die Begriffsauswahl und die Buchstabenkombination für das literarische Werk.

Beide sind Werkzeuge zur Objektivierung und zeitüberdauernden Archivierung psychischer Gestaltungsleistungen. Sie stehen zu ihren psychischen Vorbildern lediglich in einem sinnbildlichen, manchmal auch symbolischen Verhältnis.

Diese Deutung wird auch durch die allgemeingültige Kennzeichnung der Schachsteine als *Funktionssymbole* von genau abgegrenzter Bewegungsfähigkeit und Wirkungskraft bestätigt.

Die spielentscheidende Überlegenheit der strategischen Stellungsgestaltung über die taktischen Zwangszugfolgen und deren vorbereitenden Entscheidungen läßt sich aus zahlreichen Partien früherer bis zu den modernen Meisterspielern nachweisen.

Material gegen Beweglichkeit

Diese Überlegenheit gilt zum Beispiel bereits für eine mehrfach besprochene Partie von Richter Meek gegen Paul Morphy in

Mobile 1855. In dieser Partie wird die Herbeiführung einer strategisch verlorenen Position für Weiß durch einen massiven Figurenabtausch in der Eröffnung herbeigeführt.

Diese Abtauschmöglichkeit, bei der Weiß einen Bauern gewinnt, kann ja auch als durch eine bewußte strategische Entscheidung Morphys herbeigeführt aufgefaßt werden. Das würde dann bedeuten, daß Morphy seinem Partner *angeboten* hat, durch eine taktische Kombination einen Bauern zu gewinnen.

Dieses Angebot bekommt so den Charakter einer strategischen Opferkombination Morphys, weil deren Annahme (die in der Auslösung einer streng logisch definierbaren Zwangszugfolge besteht) gleichzeitig zu einer Stellung führt, in der ein mathematisch-logisch definierbarer Vorteil (ein Bauerngewinn) durch eine Tendenz, also eine keineswegs ebenso streng logisch definierbare Hoffnung erkauft wird.

Der Opfernde darf erwarten, daß er durch fortgesetzte Angriffszüge auf die Dame des Partners einen so großen Entwicklungsvorsprung erreichen wird, daß dadurch eine noch völlig unbestimmte Häufung von möglichen Zwangszugfolgen für Schwarz entsteht, die zum Endsieg ausreichen.

Material gegen Phantasie

Für die strategische Unbestimmtheit logisch zwingend ableitbarer Zugfolgen ist das folgende Stellungsbeispiel vorbildlich. Großmeister Tartakower traf in einer Partie, die er 1922 in Teplitz-Schönau gegen Großmeister Maroszy spielte, eine Entscheidung, die sich nur als »strategisch-ahnungsvoll« begründen läßt, weil sie sich sogar *nach der siegreichen Abwicklung* jeder strengen Variantenanalyse entzog, obwohl sie auch nicht widerlegt werden konnte.

Die logische Unbestimmtheit der von Tartakower getroffenen Entscheidung ist vor allem durch die, nach dem angebotenen Turmopfer, erst noch erforderliche Vollendung der Figurenentwicklung von Schwarz begründet. Erst wenn diese mehrzügige Entwicklung vollzogen ist, können die gewinnträchtigen Zugfolgen geplant und durchgeführt werden.

Durch diese logische Unbestimmtheit bekommt die Entscheidung Tartakowers, das gewaltige Opfer eines ganzen Turmes anzubieten, andeutungsweise den Charakter eines im künstlerischen Sinne »synthetischen Urteils«, wenngleich dieses Urteil durch die besondere Stellungsstruktur möglicherweise als von ihr *herausgefordert* definiert werden könnte. Doch würde dies nur die kreative Verschmelzung zwischen dem Spieler und der Stellung offenbaren und die schachkünstlerische Leistung Tartakowers nicht schmälern.

Stellung 69
Weiß zieht

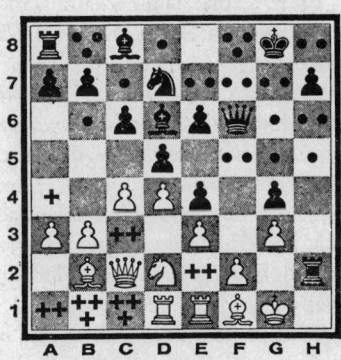

W S
Felder: 6:14
Wirkgew: 13:24

nach 17. --- Th6 x h2

Das Turmopfer hat keine Zwangszugfolgen, ja nicht einmal Zwangsvarianten zur Folge, sondern läßt Weiß jede Freiheit, sich zu verteidigen.

Trotzdem aber gibt es für Weiß weder eine strategisch noch taktisch durchschlagende Rettung.

Und das, obwohl, wenn Schwarz das nur allgemein kalkulierbare Turmopfer unterläßt, Weiß sich strategisch wie taktisch voll ausreichend verteidigen kann. Die enorme Überlegenheit in der Beherrschung der freien Felder und der Wirkungsgewichte, vor allem auf dem Königsflügel, die Weiß erkennbar nicht rasch und auch wohl nur unter Figurenopfern ändern kann, legt ein Opfer von Schwarz durchaus nahe, wenn auch nicht gerade das Opfer eines ganzen Turms allein durch die Bilanz gerechtfertigt wird.

Unterbleibt andererseits das Turmopfer, kann sich Weiß nach der folgenden Grundvariante befriedigend verteidigen: (17.) --- Se7-f8 (18.) Lf1-g2, Sf8-g6 (19.) Se2-f1, Lc8-d7 (20.) Te1-e2, Ta8-f8 (21.) b3-b4, ---.

Dagegen ist der Zug 17. --- Th6×h2 ein genialer intuitiver Einfall, der nur durch die deutlich beengte Stellung der weißen Figuren, die für Sie durch die Felderbilanz noch überzeugender verdeutlicht wird, gerechtfertigt erscheint, weil diese Figuren sich nur sehr langsam zur Verteidigung des weißen Königsflügels umgruppieren können. Doch läßt diese Lage noch keineswegs ein sicher gewonnenes End-Abspiel, ja nicht einmal mit überwiegender Wahrscheinlichkeit, vermuten. Dazu sind die Varianten viel zu unbestimmt und beliebig.

Eine Variantenanalyse am Brett ist nicht nur wegen der viel zu zahlreichen Zugmöglichkeiten, sondern auch wegen der rückständigen und gehemmten Entwicklung des schwarzen Damenflügels ebenso unmöglich wie risikobeladen.

Die Mehrzahl der Großmeister würde ein Figurenopfer in dieser Stellung nicht einmal ins Auge fassen, sondern sich allenfalls vornehmen, es als vage Möglichkeit nach der vollendeten Entwicklung zu untersuchen.

Diese vage Möglichkeit wird dem Führer der schwarzen Steine hier allerdings, wie schon angedeutet, von der beengten Stellung der weißen Steine gewissermaßen aufgedrängt.

Es läßt sich auch mit Weltmeister Lasker behaupten, die Stellung fordere, daß Opfermöglichkeiten als hier »in der Luft liegend« von Schwarz durch jeden seiner Züge als fernes Ziel mit angesteuert würden.

Doch bereits im 17. Zuge ein solches Opfer mit Aussicht auf den Endsieg durchzuführen, das erfordert vom Führer der schwarzen Steine eine Entscheidung, die weit über die Sicherheit des Schachgefühls, das durch eine Stellungsstruktur begründet wird, hinausgeht.

Die Opferentscheidung Großmeister Tartakowers in dieser unfertigen Stellung hat den Charakter des genialen Einfalls und damit eines »synthetischen Urteils«.

Die Partie wurde mit den folgenden Zügen fortgesetzt und von Schwarz gewonnen.

18. Kg1×Th2, Df6×f2+ 19. Kh2-h1!, Sd7-f6! 20. Te1-e2, Df2×g3 21. Sd2-b1, Sf6-h5 22. Dc2-d2, Lc8-d7! 23. Te2-f2, Dg3-h4+ 24. Kh1-g1, Ld6-g3 25. Lb2-c3, Lg3×Tf2+ 26. Dd2×Lf2, g4-g3 27. Df2-g2, Ta8-f8 28. Lc3-e1, Tf8×Lf1+!

29. Kg1 × Tf1, e6–e5 30. Kf1–g1, Ld7–g4 31. Le1 × g3, Sh5 × Lg3
32. Td1–e1, Sg3–f5 33. Dg2–f2, Dh4–g5 34. d4 × e5, Lg4–f3+
35. Kg1–f1, Sf3–g3+ aufgegeben.

Siegen durch Nachgeben

Zum 3. Zuge der Partie Botwinnik/Dückstein wurde eine von Großmeister Paul Keres vorgeschlagene Variante analysiert, die im 7. Zuge wahlweise in eine von amerikanischen Meistern vorgeschlagene Fortsetzung übergeht (siehe Seite 302).

Diese Fortsetzung (7.) Dd1–a4 wurde ebenfalls von Großmeister Keres analysiert und widerlegt.

Es handelt sich um die folgende Ausgangsstellung:

Stellung 70
Schwarz zieht

W S
Felder: 8: 9
Wirkgew: 12:16

nach 7. Dd1–a4

Da Schwarz seinen Angriff auf den Sd4 mit Aussicht auf einen Bauerngewinn (f2) fortsetzen kann, wird er selbstverständlich 7. --- Lf8–c5 ziehen, weil er damit gleichzeitig die spätere Rochade seines Königs ermöglicht.

Weiß ergreift seinerseits ebenso selbstverständlich die Gelegenheit, einen Bauern zu gewinnen, den er zwar voraussichtlich wieder verlieren wird (f2), doch erhält Schwarz durch das Abspiel eine positionelle Schwäche, nämlich einen vereinzelten Damenflügelbauern.

7. Dd1–a4   Lf8–c5

8. d5 × c6 ---

Nun sieht es so aus, als ob Schwarz gezwungen sei, den Bc6 tunlichst mit dem Sb8 zu schlagen, da Weiß andernfalls seinen Bauerngewinn durch (9.) e2–e3 aufrechterhalten könnte.

8. --- Sb8 × c6
9. Sd4 × Sc6 ---

Doch ist auch dieses Abspiel für Schwarz durchaus problematisch, weil es sehr die Frage ist, ob der schwarze Läufer nach (9.) --- Lc5 × f2+ nicht dauernd eingesperrt und schließlich erobert werden kann.

Schwarz wird jedenfalls, wie Sie erkennen, in materiellen und positionellen Nachteil kommen, womit (7.) Dd1–a4 widerlegt zu sein scheint.

Einem Großmeister ist es zwar zuzutrauen, daß er, auch wenn er der Variante unvermutet begegnet, im Turnier die Frage eines weiteren Bauernopfers nach (8.) --- 0–0 prüft, denn er bekommt immerhin für den geopferten Bauern die sehr starke positionelle Verbesserung seines Lc8, der demnächst durch Lf1–g2 ein zweites Mal angegriffen werden wird. Aber! Aber er wird diesem Abspiel wohl gleich wieder mißtrauen und es verwerfen, weil es am Brett einfach zu schwierig ist, auch noch zu erkennen, daß Weiß nicht mehr rechtzeitig zur Entwicklung seines Damenläufers kommen und *deshalb* die Partie verlieren wird. Dazu sind die Zugmöglichkeiten von Weiß zu vielfältig und bei weitem zu wenig zwingend.

Denn Weiß kann ja, wenn Schwarz seinen positionellen Vorteil zu realisieren versucht und Weiß einen isolierten Doppelbauern im Zentrum verschaffen will, die Damen abtauschen. Danach aber führt e4–e3 keineswegs zum Turmgewinn, sondern befreit im Gegenteil Weiß, weil der Sc3 auf das Feld e4 wirkt.

Durch dieses Abspiel ist jedenfalls an eine Fortsetzung des schwarzen Angriffs nicht zu denken. Und deshalb muß Schwarz wohl auch ein weiteres Bauernopfer durch (8.) --- 0–0 als ungerechtfertigt erscheinen.

Doch Großmeister Keres untersuchte in häuslicher Analyse den Zug (8.) --- 0–0 noch ein Stück weiter:

(8.) --- 0–0

Dies opfert den zweiten Bauern, weil Schwarz (9.) --- Lc8 × b7 ziehen muß, was ihm als Äquivalent immerhin einen weiteren Entwicklungszug (nach 0–0) einbringt. Der Lb7 drückt auf die lange Diagonale a8–h1 und deckt den Be4.

(9.)	c6 × b7	Lc8 × b7
(10.)	e2–e3	Lc5 × Sd4
(11.)	Da4 × Ld4	Db6 × Dd4
(12.)	e3 × Dd4	— — —

Schwarz kann, wenn er sich die Mühe zu machen bereit ist, vielleicht auch noch herausrechnen, daß Weiß die Befreiung seines Damenflügels wahrscheinlich durch ein Qualitätsopfer und einen Bauernverlust erkaufen könnte. Doch wird er angesichts des nach der Abwicklung überlegen stehenden weißen Läuferpaares, gegen das er mit Läufer und Springer bei den vielen noch auf dem Brett befindlichen Bauern und der günstigeren Position des weißen Königs trotz seiner Qualitätsmehrheit keine Siegeschance mehr erwarten darf, diese Abwicklung ebenfalls verwerfen.

Schwarz kommt also durch die Analyse der Folgen von (8.) — — — 0–0 zu dem Schluß, daß er kaum mehr als das Remis erreichen wird und auch das nur, wenn er seine ganze Kraft aufbietet.

Damit ist auch diese Abwicklung, die ja mit einem zweifachen Bauernopfer beginnt, viel zu risikoreich und wird verworfen.

Sitzt aber ein Großmeister vom Genie eines Bobby Fischer oder Michail Tal an diesem Brett, dann ist es durchaus denkbar, daß er in intuitiver, strategisch-positioneller Schau die überlegene Stellungsentwicklung für Schwarz erfaßt, die Großmeister Keres durch die Anwendung der konsequenten wissenschaftlich-theoretischen Analyse entdeckt hat.

(12.)	— — —	Sb8–c6
(13.)	Lf1–g2	— — —

Nun kann, wie Sie wissen, Schwarz durch (13.) — — — Lb7–a6 das Remis erzwingen.

(13.)	— — —	Sc6 × d4
(14.)	0–0	Lb7–a6
(15.)	Tf1–d1 (erzwungen!)	— — —

Und die gewaltige Überlegenheit der schwarzen Stellung ist offenbar. Diese Stellung kann nun zwingend zum Endsieg weiterentwickelt werden. Der Weg hängt aber ganz von den weißen Antwortzügen ab. So hätte Weiß auch versuchen können, sein Tf1 einstehen zu lassen und sich so aus der Schlinge zu ziehen:

(15.)	Sc3 × e4	Sf6 × Se4
(16.)	Lg2 × Se4	La6 × Tf1
(17.)	Le4 × Ta8	Lf1 – d3

Auch diese strategisch-siegreiche Stellung kann nur mit Hilfe des Partners zustande kommen und muß intuitiv als möglich erschaut oder erfühlt werden, bevor 8. --- o–o gewagt werden darf. Sie ist, wie Sie leicht erkennen, noch deutlicher für Weiß verloren als 15. Tf1–d1.

Der geniale strategisch-positionelle Blick

Dazu gehört aber der gleiche geniale, strategisch-positionelle Blick, wie ihn Fischer im Kampf um die Weltmeisterschaft 1972 in der 5. Partie nach dem 11. Zuge von Weltmeister Spasski bewiesen hat (siehe Stellung 70).

11. f2–f4!?   Se7–g6!!

In einer so kombinationsträchtigen Stellung, die Weiß noch dazu den Erhalt eines gedeckten Freibauern verspricht, wobei für Schwarz auch noch ein isolierter Be5 und ein ungedeckter Bc5 entstehen, mit einem rein strategischen Zuge zu antworten, der den Angriff auf den schwarzen Königsflügel nur vorübergehend unterbrechen kann, dazu gehört wirklich mehr als wissenschaftlich-sportliches Können.

Hier kennzeichnet sich der echte kreative, d.h. schöpferische Künstler. Dieser geniale Antwortzug auf einen nicht minder genial zu nennenden Angriffszug hätte es verdient gehabt, daß Weltmeister Spasskij nicht mit ohnmächtiger Wut, sondern ebenso wie einer seiner großen Vorgänger 114 Jahre früher, der ebenfalls gegen einen jungen Amerikaner zu kämpfen hatte, mit Entzücken, reagiert hätte.

Adolf Anderssen saß, wie Harold C. Schonberg aus den Aufzeichnungen von Morphys Sekretär Frederik Edge mitteilt, »am Brett und studierte die schrecklichen Stellungen, in die Morphy ihn gebracht hatte, bis er vor Bewunderung für die Strategie seines Widerparts übers ganze Gesicht strahlte. Und während er rundheraus zu lachen begann, stellte er die Figuren für die nächste Partie auf, ohne ein Wort zu sagen.«

Nun kann in unserem Jahrhundert der sportlichen Profi-Rekorde zwar nicht erwartet werden, daß ein Schachweltmeister eine Partie nur aus Bewunderung für einen genialen Antwortzug seines Gegners gleich aufgibt, doch sollte von einem Künstler die schöpferische Leistung eines anderen, der noch dazu an einem gemeinsamen Kunstwerk mitgestaltet, mit Freude und nicht mit Wut beantwortet werden.

Eine solche Haltung ließe sich sogar pragmatisch verteidigen, denn bei ausgeglichenerer Gemütsverfassung wären dem Weltmeister, mit an Sicherheit grenzender Wahrscheinlichkeit, in der gleichen Partie im 14., 19. und im 27. Zuge die folgenschweren Fehlentscheidungen gewiß nicht unterlaufen (siehe Seite 54ff.).

Doch da nach eigenem Urteil für Boris Spasskij das Schachspiel nur den Rang einer sportlichen Betätigung hat, darf ihm fairerweise weder die künstlerische Haltung noch das Kunsturteil abgefordert werden.

Stellung 71
Schwarz zieht

W S
Felder: 13: 8
Wirkgew: 22:15

nach 11. f2–f4

In dieser Stellung zog Bobby Fischer 11. Se7–g6, ein Zug, der auch von der Stellungsstruktur her keineswegs als selbstverständliche Antwort auf 11. f2–f4 gefordert wird, und reihte sich mit dieser genialen Leistung erneut in die Gruppe der großen Künstler des Schachspiels ein.

Die Hierarchie der Schachspieler

Auf der untersten Stufe der Schachspieler-Hierarchie stehen die Spieler, denen das Schachspiel ausschließlich ein Mittel zum Geldverdienen ist.

Sie beuten ihr, fast immer sehr begrenztes, dafür aber erfahrungsreich gesichertes Wissen zur Erlangung von Geldbeträgen aus, ohne auf die tiefergehende Problematik, elegante Spielführung oder gar künstlerische Ansprüche Rücksicht zu nehmen.

Glücklicherweise bleiben diese Summen, innerhalb der Schachclubs jedenfalls, und auch in den angeseheneren Schachcafés stets angemessen gering.

Deshalb sind solche gewinnsüchtigen Spieler stets gute Lehrmeister für den aufstrebenden Anfänger, weil sie auch geringfügige Unachtsamkeiten und Irrtümer rücksichtslos ausnützen und niemals gestatten, einen Zug zurückzunehmen.

Auch sind sie stets bereit, mit jedem schwachen Spieler eine Partie zu machen.

Die Schachsportler

Schachspieler, die, wie Weltmeister Boris Spasski, im Schachspiel eine ausschließlich sportliche Betätigungsmöglichkeit sehen, sind notwendig Eklektiker.

Sie spielen bereits bekannte Grundthemen, wenn auch gelegentlich mit eigenen Variationen, nach.

Die schachsportliche Leistung, die Rekorde und die Siege dieser Sport-Spieler gründen sich auf eine artistische, raschere, variationsreichere und präzisere Anwendung allgemeiner Schachgesetze und Regeln. Zum Beispiel auf die Herbeiführung und Ausnützung prinzipiell erforschter, kombinationsträchtiger Positionen. Das hervorragendste Beispiel solchen sportlich begründbaren Schachkönnens war Weltmeister José Raoul Capablanca.

Zu dieser Grundhaltung kann noch die besondere Befähigung der psychologischen Beurteilung des jeweiligen Schachpartners und die Beeinflussung von dessen Spielstärke durch theoretisch unkorrekte, dafür aber Unsicherheit und Verwirrung hervorrufende Züge und Zugfolgen kommen.

Diese letzteren Schachspieler, deren bedeutendster Vertreter Weltmeister Emmanuel Lasker war, sind weder kreative wissenschaftliche Forscher wie Großmeister Keres, noch schöpferische Künstler wie etwa Weltmeister Aljechin, Michail Tal, Bobby Fischer und die Großmeister Richard Réti und Dr. Tartakower. Das Können der Schachsportler hat sein Analogon eher in den großen Prestidigitateurs, also internationalen Zauberkünstlern, wie Bellachini und Kalanag.

Der Schach-Sportler unterscheidet sich vom Schachspiel-Wissenschaftler und vom Schachspiel-Künstler auch dadurch, daß ihm die große Spielbesessenheit fehlt, die der Schach-Wissenschaftler als extreme, oft überflüssige Gründlichkeit bei der Variantenerforschung aufbringt, während der echte Schach-Künstler sich nicht, wie das immer wieder behauptet wird, durch seine Siegesbesessenheit, sondern vielmehr durch seine *Gestaltungsbesessenheit* auszeichnet.

Der vom echten Schach-Künstler erstrebte Endsieg entspringt, wie noch nachgewiesen werden wird, keineswegs der Gewinnsucht, sondern vielmehr dem Schaffenstrieb nach der idealen Vollendung der Partie, die sich ja besonders leuchtend in einem Siege ausdrückt, der zwischen gleichwertigen Partnern unter dem Einsatz aller schöpferisch-gestalterischen Kräfte zustande kommt. Beim echten Schach-Künstler steht die antagonistische Gemeinschaftsleistung beider Partner und nicht die Überwältigung und Zerschmetterung des einen im Vordergrund der schöpferischen Bemühungen.

Daß Weltmeister Capablanca solche, rein künstlerische Gestaltungsbemühungen recht fremd waren und daß es ihm sogar weniger auf den Sieg in der einzelnen Partie, als vielmehr auf den Turniersieg ankam, kennzeichnet ihn als Schach-Sportler. Das wird – ganz unbewußt – von seinem Biographen, dem holländischen Schachmeister L. Prins, auch eindrucksvoll begründet:

»Im Gegensatz zu Lasker und Aljechin, die unter allen Umständen das Äußerste zu geben versuchten, hat Capablanca immer eine seltene Geschicklichkeit dafür bewiesen, seine Kräfte so wenig wie eben möglich zu verschwenden...

Ein Aljechin würde an Capablancas Stelle vor lauter Grimm über jedes Remis eine schlaflose Nacht verbracht haben. Capablanca aber fragte sich nur, wie er das Turnier ohne Kräftevergeudung gewinnen konnte.«

Die Schachwissenschaftler

Dem Schach-Wissenschaftler ist im Gegensatz zum Schach-Sportler oder zum Schach-Künstler der Schach-Gegner oder Schach-Partner ganz gleichgültig. Er ist für ihn als Individualperson überhaupt nicht vorhanden. Er fungiert für ihn lediglich als die materielle Veranlassung eines Gegenzuges.

Das Bearbeitungs- und Forschungsobjekt des Schach-Wissenschaftlers sind die Spielregeln, die Zugmöglichkeiten der Schachsteine, die Stellungen und die Zugvarianten, aus denen sich die jeweilige Stellung gebildet hat, desgleichen die spielgerechten Weiterentwicklungsmöglichkeiten, die aus der jeweiligen Stellung in zukünftige Stellungen hineinführen.

Die großen, mittleren und kleinen Schach-Wissenschaftler lassen sich zwei großen Gruppen mit unterschiedlichen wissenschaftlichen Schwerpunkten zuordnen:

1. den Erforschern von Schachregeln und Schachgesetzen
2. den theoretischen Analytikern

Die erste der beiden Gruppen hat Weltmeister in ihren Reihen gesehen, während in der zweiten Gruppe zahlreiche Großmeister, von denen nur zwei Weltmeister wurden, zu finden sind.

Aus der Geschichte der Schachwissenschaft

Die rein wissenschaftliche, vor allem mathematische Erforschung des modernen Schachspiels wurde bereits im Jahre 1714 von dem großen deutschen Philosophen und Naturwissenschaftler Gottfried Wilhelm Leibniz angeregt und begonnen.

Sie blieb jedoch ebenso wie alle späteren Versuche, etwa des Engländers Pratt, des Deutschen Dr. C. Rädell, des Russen C. F. v. Jänisch, des Franzosen Chéron bis hin zur geometrisch-analytischen »Anatomie des Schachspiels« des Polen Dr. Savielly Tartakower ohne jede praktische Bedeutung.

Die ersten großen Spieler, die das Schachspiel als »Angewandte Wissenschaft« betrieben, waren der französische Musiker André Danican Philidor (siehe Seite 214) und der zweite Weltmeister, Wilhelm Steinitz (siehe Seite 221 ff.).

Steinitz erklärte wiederholt, daß ihm der Gegner völlig gleichgültig sei und daß er ausschließlich nach denjenigen absoluten Gesetzen und Regeln des Schachspiels forsche, die dem, der den ersten Zug habe, den endgültigen Sieg garantierten.

Obwohl Steinitz schließlich einsah, daß diese Gesetze vom menschlichen Geist, trotz aller Bemühungen, niemals vollständig entdeckt werden würden, war er von seiner Uridee doch so besessen, daß er vor seinem Tode, während der Schübe geistiger Umnachtung, denen er ausgesetzt war, sogar Gott zum Schachwettkampf herausforderte und seinen Sieg als gewiß voraussagte.

Der Internationale Meister und Schachschriftsteller Alfred Brinckmann hat die Bedeutung der wissenschaftlichen Forschungen von Steinitz für die Entwicklung des Schachspiels in wenigen Worten erschöpfend dargestellt:

»*Steinitz* (1836–1901) ist es dann gewesen, der nach Prinzipien im Schachkampfe, wenn auch nicht systematisch, so doch sorglich geforscht hat. Die Bedeutung schwacher Punkte, rückständiger Bauern, der Bauermajorität auf dem Damenflügel, der bedeutungsvolle Begriff der ›balance of position‹, das sind Erkenntnisse, die wir ihm verdanken. Allerdings ein geschlossenes Lehrgebäude hat er nicht errichtet, sondern das, was von ihm auf uns gekommen ist, hat mehr aphoristischen Charakter, sind zerstreute einzelne Sätze. Er ist daher auch von seinen Zeitgenossen als Wissenschaftler zunächst weder anerkannt noch gewürdigt worden. Vergebens wird man ein Lehrbuch aus jenen Jahren aufschlagen, um dort etwas über Steinitzsche Theorien zu erfahren.

Deren Künder ist erst *Lasker* (1868–1941) geworden. Er hat, indem er mehr Eigenes hinzufügte, Zusammenhang in sie gebracht und sie zugleich mit der Gloriole einer über das Schachbrett hinausreichenden Philosophie umgeben.

Tarrasch (1862–1934) hingegen hat die Steinitz-Ideen in einer Weise umgebildet, die keinen Fortschritt bedeuteten. Er wollte aus ihnen, was Steinitz ganz fern lag, eine Gesetzeswissenschaft machen, wurde ein Verfechter des besten Zuges, des logisch-mathematischen Zwanges. Wir wissen heute, daß der Bogen zwischen dem sogenannten stärksten Zug und dem gerade noch tragbaren weit gespannt ist, daß man fast immer die Wahl hat zwischen verschiedenen guten Zügen. Tarraschs Lehren, so hoch auch ihre stimulierende Wirkung und ihr propagandistischer Wert zu veranschlagen sind, gerieten deshalb auch mit der lebendigen Wirklichkeit stets von neuem in Widerspruch, und so sah er denn am Schlusse seines Lebens sein Lehrgebäude zusammenstürzen.

Der Stoß wurde von den ›Modernen‹ geführt, an der Spitze *Nimzowitsch* (1886–1935). Er hat an Steinitz wieder angeknüpft und dessen Thesen ausgebaut. Seine revolutionierende Lehre vom Wesen des Zentrumskampfes, die Begriffe der Überdeckung, der Blockade seien als Beispiele genannt. Sie sind heute Allgemeingut geworden. Der gewaltige Komplex der indischen Eröffnungen ist ohne Nimzowitsch gar nicht denkbar. In Verfolg seiner Lehren wurden dann von den Modernen bestimmte Methoden entwickelt, so der Minoritätsangriff, die Ausnutzung der Schwächen auf schwarzen oder weißen Feldern, die Verwertung des Läuferpaares, das Spiel auf den guten und schlechten Läufer. Was wir Heutigen den früheren Generationen voraus haben, ist ein brauchbares Begriffssystem, eine eigene wissenschaftliche Schachsprache.«

Die nach Wilhelm Steinitz und Aaron Nimzowitsch bedeutendsten Schachwissenschaftler waren und sind die beiden aus der Tarraschschule und der sowjetischen Schachschule hervorgegangenen Weltmeister Machgielis Euwe und Michail Botwinnik.

Die Spielweise Botwinniks wird von seinen Kritikern und Biographen übereinstimmend so gekennzeichnet:

»Er vereinigt in einer bisher noch nicht dagewesenen Synthese wissenschaftlichen Tatsachensinn mit einem ungemein tiefen Verständnis für den Aufbau in der Eröffnung und im Mittelspiel. Auch sind bei ihm Strategie und Taktik dermaßen eins, daß man daran zu zweifeln beginnt, ob diese Ausdrücke überhaupt Daseinsberechtigung zur Bezeichnung verschiedener Begriffe haben.« Der erste Satz dieses Zitats kann auch für die Deutung der Spielweise von Weltmeister Euwe ohne Einschränkung gelten.

Da die »Taktik« dem Durchrechnen und Variantenwissen weitaus mehr verwandt ist als alle Schach-Strategie, die, wie Sie wissen, Tendenzen und allgemeine, positionell kombinationsträchtige Stellungskomplexe zu durchschauen gestattet, machen die Ausführungen des Biographen deutlich, daß Weltmeister Botwinnik zu den Schachwissenschaftlern gehört, deren theoretisch-analytischen Kenntnisse sich in seine Vorstellungen von den allgemeingültigen Regeln und Gesetzen des Schachs integriert haben.

Diese doppelte Begabung befähigte Botwinnik zu tiefschürfenden wissenschaftlichen Untersuchungen (siehe Seite 60) wie zum Beispiel zum Entwerfen erfolgreicher Schach-Computerprogramme, an denen er heute noch arbeitet. Sie machen es aber auch begreifbar, daß und warum er so künstlerisch-schöpferischen Feuergeistern wie Michail Tal und Bobby Fischer eines Tages weichen mußte. Er ließ es nach einigen tastenden Versuchen nicht darauf ankommen und zog sich, wie ein echter Wissenschaftler, im Jahre 1970 aus der internationalen Turnierarena zurück.

Wie echte und unechte Schachkunstwerke entstehen

Innerhalb der menschlichen Gesellschaft gibt es kaum ein anderes und ganz gewiß kein älteres, eigenständiges Kunstgebiet, das zähflüssiger, langsamer und stärker durch fundamentale Mißverständnisse abgedrängt zur Entstehung echter Kunstwerke gefunden hätte, als die Schachkunst.

Sogar die Fotografie und der Film hatten es, obwohl sie gegenüber dem jahrhundertealten Schachspiel noch in einer Jugendentwicklung stecken, viel leichter, sich trotz ursprünglich heftigster Ablehnung zu einem legitimen Kunstgebiet zu formieren.

Die Mißverständnisse, die unter den selbst genial begabten Schachspielern über das wirkliche Wesen echter Schachkunst grassieren und die noch heute oft genug die Entstehung echter, die Zeiten überdauernder Schachkunstwerke verhindern, lassen sich in zwei großen Gruppen ordnen.

Die erste Gruppe kreist die Blindheit der Schachspieler über sich selbst und ihre künstlerische Aufgabe ein.

Die zweite Gruppe erfaßt die schwerpunktsverschobene und einseitige Oberflächlichkeit, mit der die Wesensstruktur des Schachspiels traditionsgebunden verkannt wird.

Aus diesen Gründen ist bisher weder das Schachkunstwerk im gleichen Sinne eindeutig definiert worden, wie dies für die poetischen, musikalischen und die bildenden Kunstwerke gelungen ist, noch konnte bisher die Schachkunst als eigenständiges Kunstgebiet eingegrenzt und ihr konstitutiver Kern aufgedeckt werden.

Allerdings sind die Bemühungen um die Konstitution der Schachkunst weit älter als die Deutungsversuche des legitimen Schachkünstlers. Deshalb soll auch hier mit der Untersuchung der Wesensstruktur des Schachspiels, als Gestaltungsmittel echter Kunstwerke, begonnen werden.

Das falsche und das echte Schachkunstwerk

Ein echtes Kunstwerk – im klassischen Sinne – ist ein selbständiges, von seinem Schöpfer abgelöstes, mit eigenem, überwirklichem Leben begabtes, über die Zeiten fortwirkendes Werk.

Es gibt genug echte Kunstwerke klassischer Provenienz, die aus einem Ringen und Kämpfen einzelner Individualitäten mit- und gegeneinander hervorgegangen sind. Dies geschieht auf dem Kunstgebiet der Oper, der Tanzkunst, der Jazzmusik und vielen anderen.

Der Kampf zweier Geister gegeneinander ist also noch kein Hinderungsgrund für die Entstehung echter Kunstwerke. Er wird es aber immer dann, wenn ein Schachkampf zu einer einseitigen Zertrümmerungsdemonstration entartet, das heißt, wenn der Schachgegner aus Unwissenheit und Spielschwäche zum hilflos ausgelieferten Schlachtopfer degradiert wird.

So entstehen »falsche Schachkunstwerke«, die trotz aller Phantasie und kombinatorischem Erfindungsreichtum des Siegers bestenfalls artistische Kunststücke, nicht aber schöpferisch gestaltete Werke sein können. Zur schöpferischen Gestaltung aber gehören im Schachspiel immer zwei adäquate Geister.

Großmeister Dr. S. Tartakower hat den Versuch gemacht, die Wesenseigenschaften des Schachkunstwerks zu definieren:

»Eine Schachpartie, die das Prädikat 'Kunstwerk' verdienen soll, muß die folgenden Bedingungen erfüllen:

1. Die korrekte, psychologische Wahl einer Eröffnungsvariante, die dem Kampfesfluß gestattet, seinen freien Lauf zu nehmen.

2. Eine objektive Untersuchung der Situationen, die sich aus der Krisis ergeben (oder ergeben können), wobei nur mit guten Antworten des Gegners gerechnet werden darf, ohne der Intuition (sonst als Zufall bekannt) zu trauen.

3. Vor allem die Einheit der Idee, die von Beginn bis Ende der Partie – sei sie lang oder kurz – erkennbar sein muß und die alle ihre Phasen und jeden einzelnen Zug zu einem logischen und organischen Ganzen verbindet und zusammenschmilzt.«

Diese Definition ist zwar nicht falsch und vermittelt durch den Hinweis in Punkt 2: »wobei nur mit guten Antworten des Gegners gerechnet werden darf« sogar eine ferne Ahnung von der notwendigen schöpferischen Beteiligung *beider Partner* an der Gestaltung des echten Schachkunstwerks. Sie ist aber so einseitig auf nur einen der beiden Kämpfer ausgerichtet, daß sie dem wirklichen Wesen des Schachkunstwerks bei weitem nicht gerecht wird.

Der erste Schachmeister, der einen Weg erahnte, auf dem beide Kämpfer als Partner die Entstehung eines vollendeten Schachwerks bewirken könnten, war Weltmeister Lasker. Leider zielte sein Gedankengang an der Entstehungsmöglichkeit eines echten Schachkunstwerks genau vorbei. Der Bericht seines Biographen Dr. J. Hannak über Laskers Vorschlag lautet: »Er ließ von einer bestimmten Partiestellung aus die Leser (seiner Schachzeitschrift) durch Majoritätsbeschluß entscheiden, mit welchem Zuge die Partie fortgesetzt werden solle, und ebenso durch Majoritätsbeschluß derselben Leser, welches nun der beste Gegenzug sei und so fort, bis eine ganze Partie nicht durch den Kampf gegeneinander, sondern durch gemeinsame Zusammenarbeit zustande gekommen war.«

Es ist nach allem, was diese Untersuchung bisher ergeben hat, deutlich, daß dieser Versuch, sozusagen auf demokratischen Wegen Schachkunstwerke zu schaffen, ein Irrweg war.

Eine deutlichere Ahnung von der Entstehung echter Schachkunstwerke hatte Weltmeister Alexander Aljechin, der sich in einem seiner Bücher darüber beklagt, daß ihn seine Schachgegner daran *hindern*, große Schachkunstwerke zu schaffen, indem sie schwach oder gar schlecht spielen. Auch hat der gleiche Aljechin mehr als einmal in wichtigen Partien, die an Zeitnot zu scheitern drohten, absichtlich die Wiederholung gleichartiger Zugfolgen forciert, um seinem Gegner auf diese Weise über dessen Zeitnot hinwegzuhelfen und ihm so Gelegenheit zu geben, nach der Überschreitung der Zeitkontrolle wieder ordentlich und ausreichend lange über die folgenden Züge nachzudenken.

Der russische Großmeister Dr. Ossip Bernstein berichtete über eine Partie, die Aljechin 1910 gegen den Berliner Schachmeister Richard Teichmann spielte: »Aljechin wiederholte nur deshalb einige Züge, damit sein Partner nicht durch Zeitüberschreitung verlieren mußte. Der geistige und künstlerische Inhalt der Partie war ihm wichtiger als der Sieg.«

Aljechin wollte dadurch die Schönheit und den Glanz der bisher erspielten Partie nicht durch zeitnoterzwungene schwache oder häßliche Züge beeinträchtigen lassen.

Damit ist es nun möglich geworden, eine erste Definition des echten Schachkunstwerks zu versuchen. Die Schachpartner, die im Kampf gegeneinander ein solches Kunstwerk gestalten wollen, müssen gleichwürdig sein und im Ringen gegeneinander ihr Bestes geben. Auf diesem Wege können gemeinsame Geistesschöpfungen von einmaligem Charakter entstehen. Die schöpferische Gestaltung drückt sich in der durch die antagonistischen Bewältigungen von Zugfolgen, bei einer sich Zug um Zug steigernden Überhöhung und Ausprägung einer Gesamtgestalt, aus, die manchmal bis in die höchsten Höhen des überwältigenden Kunstwerkserlebnisses hinaufreicht und die Zeiten überdauert.

So entstanden Schachkunstwerke wie die zwischen Adolf Anderssen und Jean Dufresne in Berlin 1852, die Weltmeister Wilhelm Steinitz als »Immergrün« im Lorbeerkranz des Großen deutschen Meisters bezeichnete, so die Partie Aljechin gegen Réti im Wiener Turnier 1922, die Remis endete, so die Partie, die Weltmeister Lasker gegen den jungen Amerikaner W. E. Napier in Cambridge Springs 1904 spielte, von der Napier, obwohl er sie verlor, mit Stolz verkündete, daß sie die beste Partie seines Lebens gewesen sei.

Dagegen muß der weltberühmt gewordenen Partie Anderssen gegen Kieseritzki, die 1851 in London gespielt wurde und die den Namen »die Unsterbliche« trägt, wie schon Richard Réti feststellte, die Anerkennung als echtes Schachkunstwerk leider versagt bleiben, wenngleich sie natürlich eine schachsportliche Leistung von allerhöchstem Rang genannt zu werden verdient. Zum echten Schachkunstwerk reicht es bei dieser Partie deshalb nicht, weil Kieseritzki, obwohl er ein bedeutender Schachmeister seiner Zeit war, als Gegner Anderssens weit unter der Meisterspielstärke liegende Antwortzüge machte und ohne viel Rücksicht auf die unschwer zu erkennende Mattgefahr, dem ihm angebotenen großen Materialvorteil nachjagte.

Das Schachspiel ist kein Kriegsspiel mehr.

Weil die älteste Bezeichnung für unser heutiges Schach aus dem Sanskrit-Wort »Chatur-anga«, das heißt: das Vierteilige, abgeleitet ist, haben sich viele Historiker und Schachspieler für berechtigt gehalten, im Schachspiel ein Abbild der Kriegführung zu sehen.

Die Vierteilung erinnert an die alte indische Schlachtordnung, die sich aus dem Fußvolk, den Elefanten, den Reitern und den Streitwagen oder den Booten zusammensetzt.

Da das Fußvolk mit den Bauern, die Elefanten mit den Türmen, die Reiter mit den Springern und die Streitwagen oder Boote mit den Läufern verglichen werden können, sind von den historisierenden Schachspielern des 19. Jahrhunderts auch die übrigen Kriegführungs-Bezeichnungen vom »Angriff«, der »Zernierung«, der »Einkesselung«, der »Vernichtung«, bis hin zur »Taktik« und »Strategie« des Spielablaufs in die Stellungen auf dem Schachbrett mehr oder weniger gewaltsam hineininterpretiert worden.

Dieser kriegerisch vergleichende Unsinn hat es bis zum heutigen Tage verhindert, daß der weit edlere und die menschliche Schöpferkraft symbolisierende Wesenskern der echten Schachspielkunst allgemein erkannt und zum festen Bestandteil der menschlichen Bildung wurde. Armin von Oefele hat den Unfug bereits im Jahre 1904 in seiner wissenschaftlichen Untersuchung: »Das Schachspiel der Bataker. Ein ethnographischer Beitrag zur Geschichte des Schach« öffentlich angeprangert: »Wenn man zu weit vom eigentlichen Gegenstand abweicht, kommt man zumeist in seinen Erklärungen zu unwahrscheinlichen Resultaten. Weber fand den Ausdruck ›Schaturangan‹ öfters beim altindischen Heer in Anwendung gebracht, ja das ganze Heer soll damit bezeichnet worden sein, was alles zugegeben werden kann, ohne daß notwendig daraus folgen muß, das Schachspiel habe als Analogon der vier Waffengattungen der indischen Schlachtreihe davon seinen Namen erhalten. Den ersten Zweifel erlaubt ein kleiner Rechenfehler. Der kämpfenden Mächte sind neben dem König als Feldherrn *fünf*. Oder sollte die Dame, welche wohl dem Namen nach den eigentlichen Leiter der Schlacht versinnbildlicht, als stärkste Figur nicht auch als eine ansehnliche Truppengattung betrachtet werden?

Wenn die großartige Symbolisierung der leitenden geistigen Macht keine spätere Zutat ist, wofür wir keine Belege haben, so wäre sie doch ein unübersteigbares Hindernis für die Logik bezüglich obiger Namensgebung geworden. Daß 'Schaturangan' kein terminus technikus des Heerwesens war, beweist der heutige Tag. Der Hindu bezeichnet nämlich die Zweiundeinhalb-Rupienstücke, welche die englische Regierung in Vorderindien prägt, mit

Schaturangan, was schlankweg ein Quart heißt, ohne mit der Armee – mit Ausnahme der Zahltage – in näherem Zusammenhang zu stehen ... Ein Wort in dieser Bedeutung kann zweifellos auf viele Dinge angewandt werden, ohne daß unter diesen irgend eine solche Konnexion zu verzeichnen wäre.«

Soweit Armin von Oefele. Seine überzeugende Beweisführung, die aus dem Schachspiel ein originäres geistiges Phänomen mit hohem philosophischen Erkenntniswert herausentwickeln ließe, wurde schlankweg übersehen. Die alte Kriegsspiel-Auffassung ist, von wenigen Ausnahmen abgesehen, selbst bei Groß- und Weltmeistern vorherrschend geblieben. Damit kennzeichnen sich selbst die modernsten Schachspiel-Auffassungen als immer noch von den nationalistisch-militaristischen Traditionen des imperialistisch denkenden 19. Jahrhunderts beherrscht.

Diese Spielauffassung verhindert oft, zum Schaden vieler Großmeister- und sogar Weltmeisterkämpfe, die Entstehung echter Schachkunstwerke. Die Fixierung des Schachspiels auf den Krieg war so stark, daß sie sogar zur Übertragung menschlicher Charaktereigenschaften auf die Figuren des Schachspiels führte, wie zwei Schachspieler, von denen der eine als Dichter, der andere als Schachweltmeister berühmt wurde, schriftlich niedergelegt haben.

Der Dichter des »Ardinghello«, Wilhelm Heinse, schrieb 1777 an seinen Freund Klinger: »Das Schachspiel ist gleichsam die Algebra vom Kriege. Ein Schachspieler hat einen großen Vorteil gegen einen wirklichen Feldherrn. Sein Kampfplatz ist eben und schön. Jede Figur hat ihre bestimmte Kraft, ist treu und gehorsam bis in den Tod und opfert sich willig auf. Da gibt es keine Ausreißer. Sie fragen nicht, auf welcher Seite das Recht ist, oder ob ihr Zustand besser wird, wenn sie siegen.«

Und nun Weltmeister Dr. Emmanuel Lasker in seinem »Lehrbuch des Schachspiels« auf Seite 4: »Die Heere, die sich auf dem Schachbrett bekämpfen, bestehen aus weißen und schwarzen Schachsteinen ... Die Farbe eines Steines entscheidet also über dessen Gehorsam und Treue und zwar unbedingt. Niemals desertiert ein Stein zum Feinde, niemals verweigert er den Gehorsam, treu ist er bis in den Tod.«

Dr. Lasker braucht fast die gleichen Worte und Sinnverbindungen wie der Dichter Heinse. Er hat dessen Text mit Sicherheit gekannt, doch plagiierte er ihn damit nicht, sondern drückte sich nur der oben gekennzeichneten Denkweise seiner Zeit angemessen aus.

Daß diese Vermenschlichung des Wesens von Schachfiguren, damals wie heute, indessen ganz unerlaubt war und ist, das kann für den modernen Schachspieler durch zwei simple Hinweise überzeugend nachgewiesen werden:

Ein feindlicher Bauer, hinter dem sich ein König, ohne ihn zu schlagen, verstecken kann, schützt diesen König gegen Angriffe von vorne auf wirksame Weise. In solchen Fällen könnte, dem Heinse-Laskerschen Bilde entsprechend, sehr wohl von »Untreue«, wenn nicht gar von »Desertion« gesprochen werden.

Noch überzeugender ist das von Großmeister Aaron Nimzowitsch erarbeitete »Blockade-Bauern-System«. Dort wird eine durch ein Opfer herbeigeführte Bauernstellung in der Eröffnung zur Blockade der eigenen Figuren, die dadurch keinen optimalen Angriff mehr aufbauen können, so daß der Gegner, ohne Rücksicht auf die Verteidigung seines Königs, mehrere Figuren und Bauern zum Angriff auf die Königsstellung seines Gegners freibekommt.

Dennoch aber lassen sich bestimmte Spielweisen im Schach mit gutem Recht als »strategische« oder »taktische« Spielweisen bezeichnen. Auch gibt es Spielweisen und Stellungen, in denen etwa der Gegensatz zwischen einer »Schlachtordnung« und der sie störenden »Guerillaangriffe« als allegorische Analogie angewandt werden darf. Auch die Begriffe des »Pyrrhussieges« und der »Kapitulation« gehören dazu, weil sie nicht nur eine kriegerische, sondern eine analoge *menschliche* Situation oder Verhaltensweise schlaglichtartig kennzeichnen.

Die Partie, die der nachmalige Weltmeister Bobby Fischer in Santiago 1959 gegen Großmeister Luděk Pachman spielte und schließlich verlor, kann durch die Begriffe »Guerilataktik« und »Pyrrhussieg« ganz sinngemäß beschrieben, wenn auch keineswegs mit diesen verglichen werden.

Von der Schädlichkeit der Kriegsanalogien

Die einseitige Kampfauffassung des Schachspiels verhindert durch das Streben des Schachspielers nach der rücksichtslosen »Zertrümmerung« des Gegners, die durch den Einsatz aller möglichen psychologischen Kampfmittel zu erreichen versucht wird, die Entstehung und Gestaltung echter Schachkunstwerke.

Fast alle Schach-Großmeister empfinden sich nicht nur als sportliche Wettkämpfer oder gar nur Geldverdiener, sondern vor allem als Künstler. Das Schachkunstwerk aber kann ebensowenig einseitig gestaltet werden wie etwa das musikalische Kunstwerk im Bereich des Jazz, das ja auch aus einem Gegeneinander mehrerer Einzelkünstler, die sich bedrängen und überwältigen, als Gesamtkunstwerk gestaltet wird.

Der Schachspieler, der ohne Beachtung seines Gegners auf den Mattsieg zusteuert, anstatt ein gemeinsames Kampfkunstwerk mit ihm zu gestalten, ist nicht mehr als ein Sportler, der einen Rekord anstrebt, aber bei weitem kein echter Künstler.

Über die Abneigung gegen das Wort-Denken und die dadurch bewirkte Verkennung der künstlerischen Aufgabe bei Schachmeistern

Der Großmeister Richard Teichmann verkörperte als charakteristische Persönlichkeit die zwanghafte Neigung vieler Schachspieler, ihre Konzentration auf das Spielgeschehen dadurch im Bereich bildlicher und funktionaler Vorstellungen zu halten, daß sie mehr oder weniger sinnlose Wortfolgen vor sich hinplappern oder sprech-singen.

Die Reportage eines nicht schachkundigen Journalisten, der im Jahre 1904, während der Überfahrt europäischer Schachmeister zu einem amerikanischen Turnier, Großmeister Teichmann im Rauchsalon des Ozeandampfers bei einer Partie mit dem französischen Vorkämpfer, Großmeister Janowski, beobachten konnte, hat uns das mit unübertrefflicher journalistischer Genauigkeit überliefert. Diese Reportage offenbart aber zugleich für den Wissenden, wie wenig sich viele Schachmeister, infolge ihrer Gewinnsucht, der künstlerischen Aufgabe, zu der sie aufgerufen sind, bewußt werden.

»Dieser Teichmann, ein geborener Sachse, der seit einem Jahrzehnt als – nun, eben als Schachspieler in England lebt, ist eine auffällige Erscheinung. Ziemlich groß und stark, mit blondem Vollbart, fällt er sogleich dadurch auf, daß er eine schwarze Binde über dem rechten Auge trägt. Er ist überklug, weiß alles, kennt alles und wenn er den Spielen der anderen zusieht, spricht er eine Viertelstunde über jeden einzelnen Zug. Beim öffentlichen Spiel wird er sich gewiß vorsehen, hier aber entwickelt er höchst unangenehme Gewohnheiten, die den Gegner verrückt machen können. Teichmann singt und brummt unablässig vor sich hin und nicht etwa gleichgiltige Liedchen, sondern kleine satirische Schnadahüpfl auf den Gegner. Janowski schiebt seinen Läufer vor und sofort singt Teichmann fünfzehn, zwanzig Mal hintereinander:

>Der Zug war dumm,
>Bidebum, bidebum,
>Mein Herr, war dumm,
>Schrumm, schrumm, schrumm, schrumm,
>Ach, ja, wie dumm,
>Lirum, larum,
>War riesendumm,
>Bum, bum, bum, bum –

und so weiter, ohne Aufhören, bis man dem Sänger den ersten besten Gegenstand an den Kopf werfen möchte. Der Gegner tut einen Zug, dessen Bedeutung Teichmann vielleicht nicht sogleich erfaßt hat und à tempo hört man ihn einen neuen Singsang beginnen:

>Was soll das nun,
>Mein kleines Huhn,
>Was will er nun
>Mir wieder tun,
>Was will er jetzt,
>Warum denn setzt
>Das dumme Wurm
>Mir seinen Turm
>Dahin, dahin,
>'s hat keinen Sinn
>Und keinen Zweck,
>Meck, meck, meck, meck. –

Janowski sitzt bei alledem wie eine Bildsäule, sinnt, sinnt wieder und macht seine genialen Angriffszüge und rückt dem edlen Sänger immer dichter auf den Leib. Plötzlich intoniert Teichmann, während sein eines Auge aufleuchtet, ein neues Lied, mit annähernd folgenden Worten:

> Jetzt ist er hin,
> Bing, bing;
> Jetzt ist er da,
> Hurra, hurra;
> Jetzt hab' ich ihn,
> Quirin, quirin;
> Jetzt ist er mein,
> Bein, bein, bein, bein.

Und gleich darauf sitzt er selbst, der kühne Sänger, in der Patsche und bekennt sich geschlagen.«

Das echte Schachkunstwerk braucht zu seiner Entstehung *drei* Partner

Sie haben es nun eindringlich und ausführlich genug erkennen können, warum die beiden sich am Schachbrett gegenübersitzenden Partner auch dann noch aufeinander angewiesen sind, wenn sie sich als Gegner betrachten.

Selbst wenn jeder der beiden kein anderes Ziel hat, als die Stellungen seines Partners so schnell und heftig wie möglich zu zertrümmern und dessen König Matt zu setzen, muß er dennoch gerade dann, wenn er dieses Ziel auf dem kürzest möglichen Wege erreichen will, in ganz sorgfältiger und einfühlsamer Weise auf die Züge seines Partners eingehen. Denn die Züge des Partners entspringen ja dessen persönlichen *Vorstellungen* und sind damit – einige Beherrschung fortgeschrittenen Könnens vorausgesetzt – der Ausdruck seiner Persönlichkeit.

Selbst der orthodoxe Schachwissenschaftler, den ausschließlich die jeweilige Stellung und die in ihr verborgenen Entwicklungsmöglichkeiten interessieren, ist dennoch gezwungen die Überlegungen und Variantenerforschungen seines jeweiligen Partners –

wenn auch nur indirekt – zu berücksichtigen, weil dieser Partner ja durch seine Entscheidungen und Züge ganz unmittelbaren Einfluß auf die Weiterentwicklung und die strategischen wie taktischen Tendenzen jeder Stellung hat, denn er führt sie ja *durch seine Züge mit herbei.*

Selbst wenn der Schachwissenschaftler in einer Stellung – und sei es auch nur die Eröffnung – eine Zwangszugfolge entdeckt, die den Partner in entscheidenden Nachteil bringt, so muß dieser ihm die Durchführung dieser Zwangszugfolge durch seine vorausgegangenen Zugentscheidungen, bewußt oder unbewußt, *ermöglicht* haben.

Insofern wird aus jedem Schach-Gegner ein Schach-Partner und die Konstellation Spieler – Schachbrett – Spieler, bekommt den Charakter einer Gemeinschaft, aus der kein Glied getilgt werden darf, wenn eine »Schachpartie« sich als reines Gesamtwerk verwirklichen können soll.

Auch wenn zwei Spieler »blind« miteinander spielen, bedürfen sie des vorgestellten Schachbretts, der Wirkungssymbole der Schachsteine und der spielgerechten Funktionsabläufe der Zugfolgen.

Sie brauchen also, um sich schachspielend verwirklichen zu können, ein Werkzeug, das aus vielen selbständigen aufeinander bezogenen Ausdrucksmitteln besteht. Dieses Werkzeug müssen die Partner wechselseitig regel- und kunstgerecht handhaben, wenn ein sportlicher Wettkampf, ein wissenschaftliches Experiment oder gar ein Kunstwerk »Schachpartie« zur selbständigen, den Augenblick überdauernden (Notation) Daseinsform sich verwirklichen können soll.

So wie für das Schachbrett und die Schachsteine zwei Spielpartner (wer immer sie sein oder durch wen immer sie vertreten werden mögen) unbedingt existent sein müssen, wenn sich eine echte Schachpartie verwirklichen soll, so ist für die beiden Spielpartner, wenn sie das gleiche Ziel haben, auch die Gegenwart eines materiellen oder vorgestellten Schachspiels unerläßlich.

Insofern ist das Schachbrett samt seinen Spielsymbolen das unabdingbare künstlerische Handwerkszeug (vergleichbar den vorgestellten Instrumentengruppen für den Symphoniker) für die aus zwei Individualitäten bestehende Gemeinschaft der beiden Spieler, die sich wechselseitig daranmachen, durch ihr Kampfspiel ein Schachkunstwerk zu gestalten.

Die Spieler vollenden ihre Geistesschöpfung miteinander durch das unablässige gegeneinander Ringen, etwa so, wie das in der Oper durch den Komponisten, den Dirigenten und den Opernregisseur (wobei sich oft genug sogar auch noch die Sänger beteiligen) in analoger Weise geschieht.

Die echte künstlerische Bewältigung der Gestaltung des Schachkunstwerks vollzieht sich von Zug zu Zug in gegenseitiger Überhöhung, die sich in seltenen Fällen in schwindelnde Höhen hinauf übersteigert. Dann entstehen echte Schachkunstwerke.

Eine so in gegenseitiger geistiger Befruchtung gewachsene Spielgestalt wird, sofern sie überhaupt ins Leben getreten und keine lebensunfähige Mißgeburt ist, selbständig.

Sie löst sich wie jedes Kunstwerk oder schöpferisches Geisteswerk von ihren gemeinsamen Erzeugern ab. Sie beansprucht aber auch die ihr wesensgemäße Erfüllung ihrer »Lebens«bedürfnisse, damit sie reifen und sich vollenden kann.

Damit aber wird das entstehende Kunstwerk zum Dritten im Bunde, dem seine Erzeuger dienen müssen, damit es zur idealen Entfaltung fortschreiten kann.

Das echte Schachkunstwerk ist kein arithmetisches Kombinationserzeugnis, wie die materielle Struktur eines Mosaiks, sondern eine organisch gewachsene Kollektivgestalt. So wie das Mosaik einen seelischen Plan seines Schöpfers durch den *sinnbildlichen* Bedeutungszusammenhang seiner Farbflecke, Gestaltenglieder etc. verkörpert, der über die materiellen Korngrenzen der einzelnen Mosaiksteine hinausreicht und darüber zu schweben scheint, so sind die Felder des Schachbretts und die Schachsteine nur Bedeutungssymbole für das, was als »Partiestellung« bezeichnet wird.

Felder und Steine objektivieren in jeder Zugphase das Glied einer seelischen Gestalt, die sich vom ersten Zuge an durch das kontradiktorische Zusammenwirken beider Schachpartner bis zum jeweils letzten Zuge *geistig verwirklicht hat.*

In jeder Partiestellung sind alle vorhergegangenen Züge als Ausdruck der bisher erreichten Spielgestalt simultan mit gegenwärtig. Beide Partner sind die gleichberechtigten Väter dieser Gestalt.

Aus dieser analytischen Betrachtung werden Sie erkennen, daß und warum die Stellungen, die durch solche echt künstlerischen Gestaltungsbemühungen entstanden sind, oft genug von sich aus an beide Partner eindeutige Ansprüche stellen können.

Die organisch gewachsene Stellung strebt gewissermaßen ihrer idealen Vervollkommnung zu und offenbart aus sich heraus, ebenso wie die biologische Zelle, die dazu notwendigen Wege und Strukturen.

Aus diesen Gründen darf die Stellung als dritter Partner, der an der Gestaltung des echten Schachkunstwerks mitwirkend beteiligt sein kann, aufgefaßt werden.

Daß diese Deutung keine artistische Spekulation ist, geht aus zahlreichen Berichten über die Spielweise von Groß- und Weltmeistern und deren oft unerklärlichen Fähigkeiten hervor.

So berichtet Großmeister Vidmar von Weltmeister Lasker: »Lasker glaubt, ... daß die Stellung lebendig ist, sich nicht Gewalt antun läßt, kurzum verlangt, daß der sie behandelnde Spieler sie versteht, ihr gibt, was sie bekommen muß, dafür aber ausgiebige Abwehrkräfte entwickelt, wie ein gesunder Körper es ja auch tut.

Wenn er einen Angriff erwartete, *wußte* er, daß er die Abwehr finden würde, weil sie vorhanden sein müsse.«

Das gleiche gilt für Weltmeister Capablanca und Großmeister Rubinstein, von denen L. Prins, anläßlich einer Partie, die 1929 im Turnier in Karlsbad gespielt wurde, zum 18. Zuge anmerkt:

»Wer den Stil der beiden Meister kennt, kann mit Gewißheit annehmen, daß weder Capablanca noch Rubinstein die letztgenannte Variante genau berechnet hat. Beider Stellungnahme lautete vermutlich, daß ›die Stellung nichts anderes als etwas Derartiges enthalten konnte‹.«

Das Geheimnis der jahrzehntelangen Überlegenheit des jungen Capablanca über die erfahrensten internationalen Großmeister, die eines Tages, fast abrupt, zu Ende war, könnte darin mitbegründet sein, daß er sich stets als Partner der jeweils erreichten Stellung auf dem Brett fühlte und seine Entschlüsse von der Stellung leiten ließ.

Darauf deutet ebenso sein verbürgter Kommentar in einer Turnierpartie: »Ich weiß nicht, warum ich diesen Zug mache, aber ich weiß, daß er gut ist«, wie einige Erklärungen seines Biographen

L. Prins: »Für Menschen, die wie Capablanca mit einem sechsten Sinn begabt zu sein scheinen, ist jedes Merkmal, wie vage es auch sei, eine Realität, die sie handhaben wie ein Steuerrad.«

»Bewundernswert, wie Capablanca (29jährig) auf diesem schwierigen und ihm völlig unbekannten Terrain immer das Beste findet und einen gefährlichen Angriff des vielleicht größten Angriffsspielers der damaligen Zeit abschlägt.«

Diese Beispiele lassen sich für alle Zeiten und alle wahrhaft großen Schachspieler beliebig vermehren.

Die philosophische Beschränkung des Schachspiels

Weltmeister Emmanuel Lasker hat, als Professor einer sowjetrussischen Akademie, die ihn als Emigranten während der dreißiger Jahre aufgenommen hatte, den philosophischen Versuch unternommen, das Schachspiel und seine Regeln zu Leitbildern der menschlichen Gesellschaft umzudeuten. Dieser Versuch mußte notwendig scheitern, weil das Schachspiel – auch dann, wenn es ohne Ansicht des Brettes, als rein geistige Auseinandersetzung zweier menschlicher Gehirne gespielt wird – doch stets die gleichen eingeschränkten Objekte hat, die weit davon entfernt sind, das ungeheure Feld der menschlichen Existenz zu symbolisieren.

Die Objekte sind und bleiben allemal ganze sechs Figurensymbole und deren Bewegungsregeln, die in ein simples Ordnungsmuster von 64 Feldern eingespannt sind. Die Bauern, die Läufer, die Springer, die Türme, die Dame und der König bieten, angesichts der irdischen Welt, auf dem Schachbrett eine kleine, eng begrenzte, in »spanische Stiefel« eingeschnürte Scheinwelt.

Diese Welt aber ist immer noch groß genug und so vielfältig und erhaben, daß sie der menschliche Geist bis heute, trotz Mathematik und Computer, noch nicht völlig hat ausschöpfen können. Bei anderen, ähnlichen Brettspielen wie Dame, Mühle und Halma ist ihm dies ja längst gelungen.

Bibliographie

Richard Réti, »Die Meister des Schachbretts«, Mährisch-Ostrau 1930
Milan Vidmar, »Goldene Schachzeiten«, Berlin 1961
Dr. M. Euwe und L. Prins, »Capablanca«, Stuttgart 1952
Bent Larsen, »Ich spiele auf Sieg«, Zürich 1971
A. Nimzowitsch, »Mein System«, Berlin 1928
Richard Réti, »Die Neuen Ideen im Schachspiel«, Wien 1922
F. Gutmayer, »Der Weg zur Meisterschaft«, Berlin 1919
Friedrich Wilhelm Koch, »Codex der Schachspielkunst«, Magdeburg 1813
Dr. Tarrasch, »Das Schachspiel«, Berlin 1931
P. R. v. Bilguer u. v. d. Lasa, »Handbuch des Schachspiels«, Berlin 1852 und 1864
»Schach-Taschenbuch 1966«, Berlin 1966
Friedrich Anton, »Enzyclopädie der Spiele«, Leipzig 1879
W. Korn, »Moderne Schacheröffnungen«, Hamburg 1968
H. Kramer und S. H. Postmar, »Das Schachphänomen Robert Fischer«, Amsterdam 1966
József Hajtun, »Schachzauberer Tal«, Düsseldorf 1961
Peter Beyersdorf, »Der Bauer war vergiftet«, Hollfeld 1972
Alfred Brinckmann, »Schachmeister wie sie kämpfen und siegen«, Leipzig 1932
A. O'Kelly, »34 mal Schachlogik«, Berlin 1964
Paul Schmidt, »Schachmeister denken«, Düsseldorf 1949
Isaak Boleslawski, »Caro Kann bis Sizilianisch«, Berlin-Ost 1968
J. R. Capablanca/Dr. G. Wiarda, »Grundzüge der Schachstrategie«, Berlin 1927
Ludêk Pachman, »Der Titelkampf Fischer–Spasskij«, Düsseldorf 1972
Rolf Schwarz, »Handbuch der Schach-Eröffnungen«, Band 24, Hamburg 1967
Theo Schuster, »Unvergessene Schachpartien«, Stuttgart 1974

Hans Müller, »Botwinnik lehrt Schach«, Wien 1949
A. Aljechin, »Auf dem Wege zur Weltmeisterschaft«, Berlin 1963
Harold C. Schonberg, »Die Großmeister des Schach«, München 1974
M. van Fonderen/P. Beyersdorf, »Weltmeister Karpow«, Hollfeld 1975
T. V. Petrossian »Chess Logic«, Kopenhagen

Zeitschriften

»Schachzeitung« (Berliner Schachgesellschaft) XVIII Jahrg. ff., Leipzig 1863
»Deutsches Wochenschach und Berliner Schachzeitung«, Potsdam 1914
»Das Deutsche Schach« Scherlverlag, Berlin 1930 ff.
»Deutsche Schachzeitung« 80. Jhrg., Berlin/Leipzig 1925 ff.
»Wiener Schachzeitung« G. Marco, 2. Jhrg. ff., 1900
»Schach-Archiv«, das Loseblattwerk von Dr. Max Euwe, Hamburg 1975
Sowie die gegenwärtig erscheinenden Schach-Periodika in deutscher und englischer Sprache.

Namen- und Sachregister

A

Abgabezug 171
Ablenkungsangriff 306
Abseitsstellung 324
»Absolut bester Zug« 175
Abtauschvarianten 124
Aljechin, Dr. Alexander 15, 90, 97 f., 163, 206, 248, 273, 275, 288, 351, 358 f.
Aljechin-Verteidigung 38, 44, 163, 271
Allgemeine Spielgrundsätze 270
Allgemeingültige Spieltheorie 247
Analytische Urteile 341
Anatomie des Schachspiels 352
Anderssen, Adolf 34, 160 f., 189, 214, 222, 233, 348, 359
Angriff 285, 327
Angriffsstellung 215
Angriffs-Zug, schärfster 116
Anzugsinitiative 314
Archinghello 361
Ausgeglichene Stellungen 285

B

»Balance of position« 353
Bauern 269
Bauernführung 245
Bauernkette 137, 140, 146, 169, 267, 304
Bauernopfer 168, 234, 269, 306, 323, 346
Bauernstellung 238
Bauernwalze 269
Bedenkzeit 289
Pednarski, Jacek 325, 333
Beherrschung freier Felder 34
Beherrschung des Zentrums 31
Bellachini 351
Bernstein, Dr. Ossip 358
Bertin, Joseph 214
Berufsspieler 268
»Bester Zug« 251, 264, 354
Beyersdorf, Peter 61
Bilanz der freien Felder 23, 57
Bilguer, Paul Rudolf v. 247
Blackburne, James Henry 223 f., 243

Blitzturnier 65
Blockade 267, 322, 354
»Blockade-Bauern-System« 362
Blumenfeld-Gambit 97, 178, 205
Bogoljubow, Ewfim D. 103, 275
Bondarewski, Igor 172 f.
Botwinnik, Dr. J. Michael 60, 97, 176, 302, 328, 345, 354 f.
Breyer, Ir. Gyula 14
Brinckmann, Alfred 63, 353
Bucovic, Vladimir 249
Byrne, D. 313

C

Capablanca, José Raoul 15, 62 f., 87, 96, 115, 161, 163, 173, 194, 239, 255, 350 f., 368
Caro-Kann-Verteidigung 230
»Chatur-anga« 359
»Chess Logic« 60
Chiron 352
Colle, Edgar 288
Computer 60, 341

D

Dame 369
Damenbauereröffnung 210
Damengambit 194, 289, 317
Damenindische Verteidigung 178, 204, 321
Damenopfer 232
Defensivstellung 284

Denken nach Plänen 239
Denklogik 339
Denk- oder Positionsschach 245
Denkspiel 339
Doppelbauer 152
»Drachenvariante« 104, 289, 294, 296, 305
Dückstein 302, 345
Dufresne, Jean 359
Durchbruch 293

E

Edge, Frederik 348
Einheit der Idee 357
Einsperrungszüge 242
Einstein, Albert 240
Eliskases, Erich G. 107
Endsieg 125, 293, 310, 326
Endspiel 211
Endspielarten 247
Endspiel-Varianten 340
Englische Eröffnung 294, 296, 317
Englische Partie 294
Eröffnungen 163, 249, 264, 280, 288
Eröffnungsentwicklung 297
Eröffnungsfallen 89
Eröffnungslehre 161
Eröffnungspläne 67 f., 75
Eröffnungsrepertoire 286
Eröffnungstheorie 37, 66, 137, 140, 148, 209, 249, 281
Eröffnungs-Varianten 295, 340
Eröffnungszüge 29, 287, 334
Euwe, Dr. Max (Machgielis) 16, 90, 154, 354

F

Felderbilanz 344
Fianchettierung 280
Figurensymbole 369
Fischer, Robert James (Bobby)
49, 51, 55, 59, 61, 63, 67,
75 f., 78, 80 f., 117, 148,
154, 161, 197, 199, 201 f.,
293, 347, 351, 355, 362
Flohr, Salo M. 16, 80, 171
Fortsetzung, schärfste 82, 97,
321
Französische Verteidigung
44, 56, 68, 118 f., 177, 180
Freibauern 267, 348
Freie Felder 21 f., 41, 334
Furmann 301, 307

G

Gambit 95, 206, 213, 245,
254
Gambitspiel 132, 189
Gegenopfer 207
Geschlossene Spielweise 240
Geschlossene Stellung 293
Geetze 175, 353
Gestaltungsbesessenheit 351
Gheorgiu, Florin 295
Gibson, James E. 62
Gipslis, Aivar 329
Goethe, Johann Wolfgang von
174
Greco, Givachino 215
»Großes Plus« 326
Große sowjetische Enzyklopädie 340
Großmeister 80, 170, 211,
227, 243, 248, 288, 339, 344,
346, 352, 363, 368
Großmeister-Eröffnung 173
Großmeisterzüge 75
Grünfeld, Ernst 255
Grünfeld — Indische Verteidigung 45
Grundplan 95
Gutmayer, Franz 124, 211

H

Halboffene Stellungen 114,
241, 258
Halma 369
Hamann, Svend 352, 333
Handbücher 208, 328, 332
Handbuch der modernen
Schacheröffnungen 313
Handbuch des Schachspiels
247
Hannak, Dr. J. 358
Hajtun, József 62
Heinse, Wilhelm 361
Hemmung 267
Heydebrand u. d. Lasa, Tassilo v. 247
Henneberger, Walter 107
Historische Entwicklung 212
Holländischer Angriff 165
»Hypermodern« 46, 197,
240, 255, 265, 280
»Hypermoderne Spielweise«
132

I

»Immergrüne Partie« 359
Indische Eröffnung 196, 354

Indische Verteidigung 46, 289
Indisches Verteidigungssystem 68, 175
Initiative 140, 327, 333
Interzonenturnier 161
Intuitives Schachgefühl 160

J

Janowski, David 363
Johner 268
Jänisch, C. F. v. 352

K

»Kaffeehausspieler« 202
Kampfspiel 367
Kampf- oder Kombinationsschach 245
Karpow, Anatoli 372
Katalanische Eröffnung 289
Keres, Paul 78, 303, 345, 351
Kieseritzki, Lionel A. B. F. 359
Kirillow 328
»Klassiker« 197
»Klassische Schule« 14
»Klassische Spielweise« 251
Kleine Vorteile 121
Klinger 361
Königsindische Verteidigung 289
Kalanag 351
Kombinationen 32, 128, 137, 222, 224, 226, 274, 282, 293, 295, 308, 311, 326, 340, 342

Kombinationskraft 293
Kombinationsmöglichkeiten 212
Kombinationsspiel 223, 246
Kombinationsspieler 230, 236
Kombinative Ideen 239
Kombinativ-positionelle Zugfolge 195
Kortschnoi, Viktor 301, 307
»Kraft, Raum und Zeit« 241
Kramer, Haije 62
Kriegsspiel 359
Künstler 363
Kunst 340
Kunstwerke 61, 357

L

Läuferpaar 261
Larsen, Bent 49, 67, 80, 88, 103, 105, 154, 163 f., 174, 288, 295
Lasa, v. d. 247
Lasker, Dr. Emmanuel 15, 30, 36, 59, 61, 95, 112, 196, 202, 249, 253, 268, 288, 326, 340 f., 344, 351, 353, 358 f., 361, 368 f.
Lehrbücher 211
»Lehre von der Bauernführung« 216
Leibniz, Gottfried Wilhelm 352
Löcher 221
Löwenthal, Johann J. 160
Logik 285, 339, 360
»Logiker« 253
Lucena 245
»Luftloch« 186

M

Maroczy, Jr. Geza 67, 161 f., 246, 317, 342
Marshall, Frank J. 161
Mattnetz 229
Meek, Richter 120, 157, 328, 341
Mephisto 174
Mieses, Jacques 178
Mittelbauern 250
Mittelbauereröffnungen 287
Mittelspiel 211, 247, 264, 280
Mittelspiel-Varianten 340
»Modern Chess Instructor« 285
Morphy, Paul Ch. 59, 82 f., 120, 124, 160, 173, 211, 221, 231, 233, 246, 328, 341, 348
Mosaik 367
Mühle 369

N

Napier, William Ewart 359
»Neuromantiker« 14, 46, 240, 265, 281
»Neuromantisch-hypermoderne« Eröffnungsstrategie 289
Nikolajewski 323
Nimzo-Indische Verteidigung 97, 118, 178
Nimzowitsch, Aaron 14, 46, 67, 169, 175, 197, 240, 247 f., 251, 265 f., 275, 284, 354, 362

Nimzowitsch-Schule 286
Nimzowitsch-System 304

O

Ochsentour 286
Oefele, Armin von 360
Öffnung der Mitte 238
Offene Turmlinie 266
O'Kelly, de Galway, Alberic 66
Opfer 27, 36, 150, 224, 238, 245, 254, 282, 324, 340
Opferangriff 334
Opferkombination 341 f.
Opocensky, Karel 117, 273
Ornstein, Robert E. 62
»Orthodoxe« Verteidigung des Damengambits 317

P

Pachmann, Ludek 53, 362
Partiengestalt 340
Paulsen, Louis 160, 196
Petrosjan, Tigran V. 60, 67, 80, 293
Philidor, François André Danican 214, 216, 218, 245, 247, 253
Pillsbury, Harry Nelson 239
Planck, Max 240
Plan-Denken 240
Polugajevski, Lejba 167
Popov, Luben 323
Positionsgefühl 323
Positionsschwächen 323
Positionsspiel 223, 267, 270 f., 282 f.
Positionsvorteil 129

Postma, S. H. 62
Praktische Partie 118
Pratt 352
Prins, Lodewijk 15, 62, 96, 163, 351, 369
Prophylaxe 271
Psychologie 62

Q

Qualität 238
Qualitätsopfer 182, 304, 308

R

Rädell, Dr. C. 352
Randbauern 29
Randfelder 145
»Rauser-Angriff« 104
Rellstab, Ludwig 162
Remis 173, 232, 309, 319, 326, 347, 351
Remisbreite 124, 142, 195, 324, 329
Remisfortsetzung 136
Remisgrenze 327
Remisstellung 177
Remistod 60, 240
Repertoire 118
Reshevsky, Samuel 230
Réti, Richard 13, 82, 132, 142, 162, 175, 189, 211, 214, 237, 255, 273, 351, 359
Réti-Aufbau 321
Réti-Eröffnung 271, 321
Réti-System 289
Revolution 265

Reykjavik 61
Risiko 293, 295
Rochieren 220
Rotlevi, G. 230
Rubinstein, Akiba K. 196 f., 207, 230, 239, 252, 270, 368
Rubinstein-Variante 108, 180
Ruch und Zimbardo, v. 62
Ruinierte Stellungen 239
»Russischer Morphy« 240

S

Sämisch-Variante 179, 183
Schach-Akrobaten 288
Schach-Archiv 195, 289, 331
Schachcafés 350
Schach-Computerprogramme 355
Schach-Echo 248
Schachfiguren 362
Schachgefühl 261, 293, 338
Schach-Gesetze 270, 352
Schachgrundsätze 213
Schachkombinationen 212
Schach-Künstler 351
Schachkunstwerke 356 ff., 361, 363, 365
Schachlehrbuch 212
Schachlogik 339
Schachmeister 160
Schach-Notation 341
Schachpartie, hypermoderne 265 f., 270
Schachregeln 352
Schachspiel der Bataker 360
Schachspielkunst 360
Schachspielstil 211, 286

Schach-Sportler 350 f.
Schach-Strategie 286, 355
Schachtaktik 286
Schach-Wissenschaftler 352, 355
»Schäfermatt« 25, 213
Schaturangan 361
Schiffer, Emanuell 52, 309
Schlechter, Karl 239, 270
Schmidt, Dr. Paul 92
Schonberg, Harold C. 348
Schulten 83
Schwache Felder 19
Schwache Punkte 221, 236, 272, 336
Schwache Züge 123, 319
»Schwäche« 254, 284
Schwarz, Rolf 154
Selenus, Gustavus 214 f.
Shainswit 230
Sizilianische Verteidigung 46, 51, 56, 68, 289, 294, 305, 321
»Sizilianisch im Anzug« 296
Skandinavische Verteidigung 44
Slavische Verteidigung des Damengambits 316
Smyslow, Wassili W. 63, 230, 313
Sowjetische Schachschule 97, 152, 155
Sowjet-Union 249
Spanische Partie 35
Spasski, Boris 51, 55, 61, 97 f., 117, 163 f., 174, 188, 197, 199, 201, 348, 350
Spielalgorithmus 60
Spielmann, Rudolf 132, 189, 275

Spielplan 113
Spiel-Repertoire 338
Spielsicherheit 338
Sport 340
Sportler 363
»Stärken« 283
»Starke Figur« 222
Steinitz-Eröffnungsplan 175
Steinitz, Wilhelm 15, 20 f., 59, 197, 214, 221, 226, 233, 235, 239, 243, 247, 250, 254, 285, 353, 359
Steinitz-Spielsystem 222
Steinitz-Tarrasch-Spielweise 200
Stiller Zug 157
Strategie 25, 113, 210, 283
Strategisch-positionell 41, 299, 322, 347
Stufenplan 112
Symmetriespiel 328, 331
Symmetrievarianten 320
Symmetrische Entwicklung 326
Synthetische Urteile 339, 343 f.
Systematisch-planvolles Spiel 254

T

Taktik 113, 354
Taktisch-kombinatorisches Denken 41
Tal, Michail 49, 59, 62, 67, 75 f., 80 f., 97 f., 103, 162, 188, 230, 288, 303, 329, 347, 351, 355

Tarrasch, Dr. Siegbert 14,
  45, 56, 98, 123, 127, 175,
  177 f., 196, 206, 222, 239,
  241, 247 f., 251 f., 264, 270,
  287, 294 f., 353
Tarrasch-Epigonen 223
Tarrasch-Schüler 264, 286
Tarrasch-Schule 286
Tarrasch-System 242
Tartakower, Dr. Savielly G.
  14, 63, 131 f., 163, 207, 255,
  265, 273, 280, 287, 342,
  351 f., 357
Teichmann, Richard 270,
  358, 363
Tempo 175, 241, 282
»Tempogewinn« 175
Tendenzen 341
Theoretische Analytiker 352
Theorie 149, 249
Theorievarianten 288
Trippel-Bauern 149
Tschigorin, Michail 15, 46,
  52, 55, 189, 240, 309
Turmopfer 342
Turniere 68, 142, 206, 320
Turnier-Modevarianten 289
Turnierpraxis 136, 334
Turnierspiel 61, 70, 292
Turnierspieler 288
»Typische Gestalten« 293

U

Überdeckung 276, 354
Ungenaues Spiel 333
Unsicherheit 74

V

Variante der Symmetrie-
  variante der Englischen
  Partie 325
Varianten 30, 43, 160, 273,
  281, 287, 344
Variantenflut 195, 240, 264,
  289
Variantengewerbe 249
Variantentheorie 53
Variantenwissen 177, 270,
  290, 312 f.
Variantenzüge 30
Verhaltensplan 114
Verteidigung 285, 305
Verteidigungsplan 305
Vidmar, Prof. Dr. Milan
  142, 162, 264, 368
Vorbereitungszüge 116
»Vorgabe« 28
Vorteil anbieten 100
Vorteile 116 f.

W

Wesen des Schachspielers 339
Wirkungsgewichte 18 f., 22,
  41, 57, 334
Wissenschaft 340
Wissenschaftliche Schach-
  sprache 160, 354
Wort-Denken 363

Z

Zeitkontrolle 358
Zentrum 24, 29, 42, 268,
  275, 280 f.

Zentrumsbauern 290
Zentrumsbauernstellung 199
Zentrumsstrategie 269
Zukertort, Dr. Johannes H.
 55, 221 f., 224

Zug, stärkster 354
»Züricher Variante« 194
Zwangszugfolgen 113, 340,
 342

HEYNE RATGEBER für Hobby und Freizeit

Helga Balkhausen
Stricken
4564 / DM 6,80

Vera F. Birkenbihl
Zahlen bestimmen Ihr Leben
4521 / DM 3,80

**Das große
Heyne-Rätsellexikon**
4568 / DM 5,80

Kurt Karl Doberer
**Das Handbuch
des Briefmarkensammlers**
4566 / DM 4,80

Peter von Eynern
**Die faszinierende Welt
der Sterne**
4524 / DM 5,80

Andreas Feininger
Farbfotokurs
4571 / DM 7,80

**Kompositionskurs
der Fotografie**
4590 / DM 6,80

Roland Gööck
Das Party-Buch
4588 / DM 4,80

Helmut Hochrain
Das ABC des Pfeifenrauchers
4549 / DM 5,80

Hermann-Dietrich Hornschuh
Rechen-Spielereien
4540 / DM 4,80

Burkhardt Kiegeland
Modelleisenbahn
4531 / DM 6,80

Peter Kirchberg
Oldtimer – Autos von einst
4559 / DM 5,80

Marie Luise Kreuter
Der biologische Garten
4536 / DM 4,80

Gerhard Lehnert
Plastikmodellbau
4567 / DM 4,80

Gilbert Obermair
Glasmalerei
4560 / DM 4,80

H. C. Opfermann
**Schacheröffnungen –
meisterhaft gespielt**
4562 / DM 6,80

Günter Pössiger
**Die schönsten deutschen
Kinderlieder**
4553 / DM 4,80

Gerhard Ritter
Das chinesische Horoskop
4537 / DM 4,80

Wilhelm Heyne Verlag · Türkenstraße 5–7 · 8 München 2

kompaktwissen

Die Taschenbuch-Reihe für alle, die im Beruf Erfolg haben wollen!

kw 60 Gilbert Obermair
Mensch und Kybernetik

kw 61 Wolfgang Zöller
Was Führungskräfte von Finanzierung wissen müssen

kw 62 H. H. Stück
Statistik

kw 63 Tom Werneck/Reinhard Grasse
Planspiele

kw 64 Joachim Hofmann
Der Marxismus

kw 65 Dr. Fred Auer
Stress dich gesund

kw 66 Malte W. Wilkes
Das moderne Marketing-Wissen

kw 67 Milla Alihan
Etikette der Führungskräfte

kw 68 H. H. Stück
So gründe ich ein Geschäft oder mache mich selbständig

kw 69 Jürgen Eick
Wirtschafts-Quiz

kw 70 Reinhart von Eichborn
Public Relations – Schlüssel zum Erfolg

kw 71 Frank Burbach
Was Führungskräfte von Arbeitsrecht wissen müssen

kw 72 Franz Goossens
Was Führungskräfte von Volkswirtschaft wissen müssen

kw 73 H. H. Stück
Der Betrieb und seine Versicherungen

kw 74 Christian Gollnow
Praktische Mitarbeiter-Beurteilung

kw 75 Susanne Zöller
Wer zahlt welche Steuern?

kw 76 Tom Werneck/Reinhard Grasse
Argumentations-training

Preise: DM 4,80 bis DM 6,80

WILHELM HEYNE VERLAG · TÜRKENSTR. 5–7 · 8000 MÜNCHEN 2

audiotraining

Die neue didaktische Lernmethode aus dem Heyne Taschenbuchverlag. Auf jeder Kassette ist ein Kompakt-Lehrgang von 1 bis 1½ Stunden Dauer gespeichert. Die Kassette kann über jedes handelsübliche Recordergerät abgespielt werden. Eine Begleitbroschüre faßt den gesamten Trainingsstoff nochmals zusammen und bringt Übungsillustrationen.

hören und lesen

Heyne audiotraining je DM 19,80

G. K. M. Huber
Die Anti-Streß-Schule
audiotraining 6501

Angelika Steinacker-Scharnagl
Gesund durch Yoga
audiotraining 6503

G. K. M. Huber
Neue Kräfte durch Meditation
audiotraining 6505

Michael Schiff
Sprachschulung und Redetechnik
audiotraining 6502

Friedrich W. Doucet
Aktives Selbstbehauptungs-Training
audiotraining 6504

Renate Ebermann
Schlankheits- und Schönheitsgymnastik
audiotraining 6506

Hans Carl Opfermann

Die neue Schach-Schule
Meister durch schöpferisches Spiel. Vom Anfänger zum Gruppenmeister - vom Gruppenmeister zum Klubmeister. 432 Seiten, gebunden.

„Ein leidenschaftlicher Schachspieler öffnet seine Erkenntnisse über die Kunst des Schachspielens einem größeren Interessentenkreis. Dieses Buch ist nicht nur wertvoll für den Anfänger, sondern auch für den fortgeschrittenen Spieler." *Hobby*

„In diesem Lehrbuch gibt es keine Schachgrammatik, deren Regeln auswendig gelernt werden müssen, sondern es werden ausschließlich praktische Erfahrungen, die Spielsicherheit erzeugen, vermittelt."
Deutsche Schachblätter

Schacheröffnungen - meisterhaft gespielt
440 Seiten mit 72 Stellungsbildern und Analysen, gebunden.

„Hier wird ein Eröffnungsrepertoire geboten, das man sich rasch und sicher aneignen kann. Außerdem erfährt der Leser viel Wissenswertes über das Schach und dessen Meister." *Deutsche Schachblätter*

„H.C. Opfermann gehört zu den bekannten Interpreten des königlichen Spiels, der sich nicht mit dem üblichen begnügt, sondern auch hier wieder beweist, wie ungeheuer reich und vielfältig Schach sein kann, wenn man nicht im bekannten erstarrt ist. Opfermann führt den Schachfreund mit diesem Buch zu neuen Ufern und bereichert die vorliegende Literatur um ein wichtiges Sachbuch." *Rochade*

Verlag
Postfach 9229
4000 Düsseldorf 1